# 거인들의 예정

세움북스는 기독교 가치관으로 교회와 성도를 건강하게 세우는 바른 책을 만들어 갑니다.

세 움
클래식
0 9

# 거인들의 예정

불확실성 시대에 믿음의 거인들이 붙든 항구적인 확실성

**초판 1쇄 인쇄** 2022년 5월 20일
**초판 1쇄 발행** 2022년 5월 25일

**지은이** | 한병수
**펴낸이** | 강인구

**펴낸곳** | 세움북스
**등 록** | 제2014-000144호
**주 소** | 서울시 서대문구 연희로 160 연희회관 3층 302호
**전 화** | 02-3144-3500
**팩 스** | 02-6008-5712
**이메일** | cdgn@daum.net

**교 정** | 류성민
**디자인** | 참디자인

**ISBN** 979-11-91715-41-5 (03230)

세 움
클래식
0  9

# 거인들의 예정

### 불확실성 시대에
### 믿음의 거인들이 붙든 항구적인 확실성

한병수 지음

세움북스

recommendation
# 추천사

택자들의 구원을 향한 하나님의 영원한 예정은 성경의 명확한 가르침이며 기독교 신학의 근간 가운데 하나이다. 그러나 하나님의 예정은 인간의 이성이 결코 다 이해할 수 없는 신비이다. 따라서 예정에 대한 신학적 진술은 세심한 주의를 요구한다. 즉 예정에 대한 설명은 가장 확고하게, 그러나 가장 겸손하게 제시되어야만 한다. 교회 역사의 위대한 거장들은 예정을 설명할 때 확고함과 겸손함의 미덕을 잘 적용했던 인물들이었다. 한병수 교수는 이 책에서 성경으로부터 시작해 초대와 중세 그리고 종교개혁 시대와 정통주의 시대에 나타난 거장들의 예정론들을 선별하여, 선명하고 심도 있게 정리한다. 그리고 헬라어, 라틴어, 독일어, 불어, 영어를 망라하여 광범위한 원저작들을 정확하게 인용함으로써 이 교리에 대한 전문적인 연구를 위한 값진 자료들을 제공한다. 저자의 전문적인 식견과 해석 능력으로 다년간 진행된 연구들을 망라한 이 저술은 17세기 개혁파 정통주의에 대한 연구에 있어 중요한 이정표를 세운다.

게다가 이 저서는 지나치게 현학적이거나 학구적이지 않다. 한병수 교수는 예정을 설명함에 있어 '확고함'과 '겸손함'이라는 중요한 덕목에 스스로 충실하다. 성경이 유일한 근거이며, 교회 역사의 거장들이 신뢰할 수 있는 증인들이다. 독자들은 이 책에서 기독교 역사 전체에 걸쳐 강조된 예정론의 본질과 의미를 뚜렷하게 목격하게 될 것이다. 그리고 하나님의 예정에 대한 신학적 이해가 가져다 줄 신앙적 유익을 풍성하게 누릴 수 있을 것이다. 저자의 유려한 문장들은 하나님의 예정을 이해할 때 누릴 수 있는 이 유익들을 한껏 더 강화시켜 준다. 기독교 신앙이 자아실현의 한 도구로 치부되고 신학이 인문학적 유행에 따라 표류하는 경향 속에서도 하나님의 변함없는 뜻을 구하며 그 위에 흔들림 없이 서 있기를 소망하는 모든 성도들에게 이 책을 적극 추천한다.

**| 김요섭 교수** _ 총신대학교 신학 대학원, 역사 신학

대학에서 신학을 가르치다 보면 제일 자주 만나는 질문이 예정론에 대한 것이다. 하지만 마땅히 추천할 책이 없어서 안타까웠는데, 이 책이 출간되어서 너무나도 반갑다. 신학적 주제 중에서 가장 풀기 힘든 주제가 예정론이다. 하나님의 전적인 주권만 일방적으로 강조하면 인간의 자유의지에 대해 말할 수 없게 된다. 우리의 신앙은 거의 운명론 혹은 숙명론에 빠지게 된다. 반대로 인간의 자유의지만 일방적으로 강조하면 하나님은 세상을 만드시고 다만 멀리서 구경만 하는 분처럼 여겨질 수 있다. 이신론(理神論)의 오류에 빠지는 것이다.

　현대 학문의 병폐를 누구보다 날카롭게 지적해 온 저자의 본 작품은 예정론을 다룰 때에도 철저하게 성경적인 관점을 추구한다. 그리고 예정론에 대해 역사상 가장 성경적이고 정교한 작품들을 남긴 '예정론의 거인들'을 자세하고도 흥미진진하게 소개한다. 아우구스티누스, 토마스 아퀴나스, 루터, 칼뱅, 폴라누스, 윌리엄 트위스, 사무엘 러더포드, 존 오웬, 도

르트 신조, 웨스트민스터 신앙고백서 등에 나타난 예정론의 핵심과 의의를 이토록 자세하게 고찰한 책은 없었다. 독자들은 이 책을 통해서 단지 예정론뿐 아니라, 신학의 한 주제를 다른 모든 주제들과 연결시켜 다루는 통합 신학의 진수를 맛보게 된다. 이 책은 한 단락 한 단락을 묵상하듯이 읽어야 할 예정론의 고전이 될 것이다.

**| 우병훈 교수** _ 고신대학교, 교의학

하나님의 말씀을 듣는 교회는 예정 교리를 고백하며 하나님의 은혜를 찬송해 왔다. 한병수 교수의 『거인들의 예정』은 교회가 고백하고 가르친 예정론의 파노라마이다. 이 책은 하나님께서 교회에 주신 이 교리가 초대 교회의 교부 시대, 중세 시대, 종교개혁 시대, 정통주의 시대를 지나오기까지 계속되었고 풍성해져 왔음을 보여 준다. 이 책은 학문적 저술로서 어려운 주제들, 곧 교부들과 중세 교회의 예정론, 유기 문제, 구속 언약, 하나님의 속성과 작정에 관한 문제들의 일차 자료들을 세심히 살펴 풀어낸다. 나아가 이 책은 예정 교리가 얼마나 교훈적이며 실천적인가를 보여 준다. 즉, 하나님의 예정을 대하는 인간 본성에 대한 탐구, 예정과 기도의 관계, 여러 곳에 보이는 성경 본문의 해석과 묵상은 예정론이 실천 신학과 연결됨을 느끼게 한다. 이 책을 읽는 독자는 교회 역사 가운데 면면히 흘러온 예정 교리를 확인하면서 앞서간 교회와 신학자들과 함께 말할 수 없는 하나님의 은혜를 찬송하며 그의 주권 아래에서 쉬게 될 것이다.

**| 이남규 교수** _ 합동신학대학원대학교, 조직신학

이번에 한병수 박사의 『거인들의 예정』이 출판된 것을 크게 자랑스럽게 생각한다. '불확실성 시대를 위한 항구적인 확실성'이라는 논제로 시작되는 이 책은 예정론에 대한 역사적 탐색인 동시에 예정 혹은 예정론에 관한 성경적 해명이라고 할 수 있다. 이 책은 한국 신학계에서 일찍이 보지 못했던 예정 혹은 예정 교리에 대한 진지한 학구(學究)의 결실이라는 점에서 커다란 신학적 성취라고 확신한다. 우리나라에서 발간된 예정론에 대한 첫 연구서는 로레인 뵈트너(L. Boettner)의 『칼뱅주의 예정론』(*The Reformed Doctrine of Predestination*)인데, 이 책은 박형룡 박사에 의해 1937년 출판되었다. 알미니안과의 비교를 통해 칼뱅주의 예정론을 설명한 이 책은 한국에서 칼뱅주의 신학에 대한 최초의 역서이기도 했다. 그로부터 85년만에 한병수 박사의 이 책이 출판된 것이다. 그 동안 한국에서 예정 교리에 관한 해설, 논구, 혹은 토론이 있었지만 학문적으로 크게 기여하지 못했다.

또 예정론에 관한 일본 혹은 서구 학자들의 논저가 소개된 바 있으나 그것이 학술적으로 서구 신학의 광맥을 섭렵하는 학구적인 결실이라고 보기는 어려웠다. 그런 점에서 이번 한병수 박사의 『거인들의 예정』은 아우구스티누스에서부터 17세기 언약도와 「웨스트민스터 신앙고백서」에 이르기까지 서구 교회와 신학의 학맥을 조사(照査)하고 내파(內波)하되, 다시 직조(織造)하여 그 기간(基幹)을 제시하고 있다는 점에서 대단한 결실이라고 확신한다. 우선 나부터 이 책을 읽고 다시 공부해야겠다는 기대로 부풀어 있다.

한병수 박사야말로 이런 연구를 수행할 수 있는 학자라고 생각한다. 그의 고전에 대한 풍부한 지식, 서구 신학의 정수를 헤아리는 안목, 각종 학리 사상을 간파하는 통찰력이 이런 저술을 가능하게 했다고 생각한다. 한국 교회사를 풍요롭게 하기 위해서는 서구 신학을 헤아리는 안목이 필요하고, 서구 신학을 통해 한국의 역사 현실을 헤아리는 성찰이 필요하다고 주장해 왔던 나로서는 이 책이야말로 한국 교회사, 한국 교회, 그리고 불안한 시대를 사는 한국의 그리스도들을 위한 값진 저술이라고 확신한다. 이보다 더 좋은 책을 위해서는 상당 기간 인내하지 않으면 안 될 것이다. 우리 신학계의 부박(浮薄)을 물리치기 위해 서양 교회의 역사, 신학, 사상을 섭렵하는 긴 여정을 마다하지 않았던 저자의 노고에 경의를 표한다.

| **이상규 교수** _ 백석대학교 석좌 교수, 고신대학교 명예 교수

# preface
# 머리말

코로나19 바이러스는 우리 시대의 근간을 흔들었다. 관점이 달라졌고, 행위가 달라졌고, 만남이 달라졌고, 관계가 달라졌고, 화폐가 달라졌고, 국경선이 달라졌고, 삶의 무대가 달라졌다. 지구라는 생태계에 총체적인 변화가 일어났다. 오랫동안 기대어 온 인생의 믿음직한 언덕들이 하나 둘씩 사라진다. 모든 것이 위태로운 불확실성 시대의 민낯을 드러내고 있다. 정치, 경제, 사회, 문화, 교육, 스포츠, 예술의 비대면과 온라인화 현상이 가속되고 있다. 불안한 현실을 더 불안한 가상의 공간이 견인하고 있다. 교회도 이러한 추세에서 자유롭지 않다.

총체적인 변화와 혼돈이 한 시대를 강타할 때에는 언제나 기본으로 돌아가는 것이 가장 안전한 회복의 상책이다. 이러한 시대에 나는 성경이 가르치고 믿음의 거인들이 깨달은 하나님의 예정에 대한 묵상을 제안하고 싶다. "땅이 변하든지 산이 흔들려 바다 가운데에 빠지든지 바닷물이 솟아나고 뛰놀든지 그것이"(시 46:2-3) 범람하여 산조차 홍수의 희생물이 되는 어떠한 격동의 시대에도 우리가 두려워할 필요가 없는 예정의 잔잔한 시냇물이 있다. 하나님의 예정은 흔들리는 시대에 흔들리지 않는 판단력의 토대, 위태로운 시대에 어떠한 위협도 없는 인생의 항구적인 안식처, 혼돈의 시대에 출몰하는 다수의 광기들이 결코 출입하지 못하는 평화의 울타리, 불확실성 시대에 일말의 미동도 없는 신뢰의 보루이기 때문이다. 세상의 표면에 드러난 가시적인 격변의 심연에는 놀랄 모든 종류의 이유를 소멸하는 하나님의 도도한 정하심이 있다. 하나의 사례로서, 욕심이 잉태하여 죄를 낳고 죄가 자라서 사망에 이른다는 정하심이 있다. 만족할 줄 모르는 인간의 탐욕은 언제든지 생태계의 교란을 낳고, 육안으로 보이지도 않는 바이러스 하나로 인한 지구촌의 마비로 귀결된다. 이는 영원한 예정이 세상으로 걸어 나올 때의 한 단면이다.

예정을 알면, 현실이 보이고 역사가 읽어진다. 대부분의 사람들은 각기 옳다고 생각하는 대로 살고 싶어서 타율적인 정해짐을 싫어한다. 그러나 무서운 변화와 예측 불허의 상황을 경험하면 예정에 대한 인식이 달라진다. 어떤 극단으로 질주할지 모르는 럭비공 같은 인간의 본성이 주는 불안감을 제어할 고차원적 수단의 존재가 오히려 고맙게 느껴진다. 예정은 인류가 절망과 멸망의 벼랑으로 낙하하지 않도록 지켜 주는, 인간의 우둔한 손길이 미치지 않아 끊어질 수 없는 마지막 희망의 밧줄이다. 예정은 오늘 지구가 멸망해도 사과나무 한 그루를 심을 마음의 여유와 평정심이 믿을 구석이다. 택하심을 받은 자들의 구원만이 아니라 모든 만물과 인류의 역사 전체에 대한 삼위일체 하나님의 신비로운 회의록 같은 정하심은, 아침 안개와 같이 덧없는 인간이 영원을 의식하며 그 영원을 일평생 누리는 행복의 거룩한 밥상이다. 영원과 시간, 천상과 지상, 약속과 성취, 보이지 않는 것과 보이는 것, 하나님과 인간을 동시에 보여 주는 주님의 안경이다. 그런데 창조 이전에 준비하신 이 기막힌 선물을 받으려는 사람들이 적다. 무엇 때문일까? 자신의 동의와 허락도 없이 뭘 정해 두었다는 사실 자체가 불쾌해서? 이성의 허술한 논리로 식별하지 못하는 것을 진리로 인정하면 자존심이 구겨져서? 고도의 학문과 기술이 발달된 시대에 어울리지 않는 맹목적인 미개인 같아 보일까 봐? 저마다 각자의 고유한 물음표에 판단의 발목이 묶여서 성경에 명시되어 있는데도 하나님의 정하심을 거부한다. 이러한 거부의 안타까움 때문에 하나님의 정하심을 몇 년간 연구했다. 무엇보다 성경의 증언에 귀를 기울였고, 다양한 시대의 거인들이 이해하고 누린 예정의 비밀을 찾기 위해 그들의 모국어를 방문하고 고대와 중세와 종교개혁 및 정통주의 시대의 다양한 문헌들을 탐독했다. 연구해 보니 하나님의 예정은 칼뱅의 말처럼 진정한 겸손으로 들어가는 문이었다. 참된 겸손은 예정에 대한 인정에서 시작되고 확인된다. 그 문으로 들어가야 하나님의 무한한 크심을 경험한다. 그분의 지극히 크심과 인간의 지극히 작음이 하나님을 영화롭게 하는 묘한 화음을 빚어낸다. 그 장엄한 교향곡의 세계로 독자들을 초대하고 싶다.

학술적인 책임에도 불구하고 흔쾌히 출간을 결정해 주신 세움북스 강인구 대표님께, 함께 연구하고 게재한 논문 "웨스트민스터 신앙고백서의 예정론"을 이 책에 수록할 수 있도록 허락해 주신 논문의 공동 저자 유경민 교수님께 감사를 드린다. 그리고 추천사로 사랑과 격려를 보내 주신 이상규 교수님, 이남규 교수님, 김요섭 교수님, 우병훈 교수님께 진심으로 감사를 드린다. 하나님의 예정에 대한 성경의 간결한 표현, 교부들의 명료한 이해, 중세 학자들의 철학적 설명, 종교개혁 인물들의 신학적 진술, 정통주의 시대의 체계적인 도식을 일별한 이 책을 통해 이 불안한 시대에 한 분이라도 주님께 더욱 가까이 나아가 안식의 수혜자가 되기를 소망하며…!

2022년 봄 전주에서
한병수

# Contents

# 목차

# Chapter 01
# 예정론의 사전 지식

## 요약

이 장에서는 기독교 진리의 큰 그림 속에서 예정론이 차지하는 위치와 하나님의 예정에 대한 인간의 본성적인 거북함을 탐구한다. 예정이 삼위일체 하나님의 공통적인 사역임을 확인하고 하나님의 속성 및 실질적인 섭리와의 관계도 주목한다. 예정의 인간적인 거북함을 이해하기 위해서는 깊은 사유가 필요하다. 그 거북함의 원인은 예정의 주체이신 하나님 자신이나, 예정이 기록된 성경 텍스트나, 예정을 기록한 저자에게 있지 않고 우리에게 있음을 강조한다. 그 원인은 하나님을 감히 자신과 동류로 여기는 인간의 교만이다. 내가 내 지성의 주인이 되고 분석과 판단의 기준이 되는 한, 예정에 대한 나의 거북함은 결코 없어지지 않을 것이라고 생각한다. 그래서 하나님의 예정은 선악의 기준과 판단의 주체성이 인간에게 있지 않다는 사실을 보여 주며, 모든 사람에게 철저한 겸손을 가르친다. 예정에 대한 오해에서 비롯된 인간적인 거북함도 있다. 이는 지성의 역사에서 우리의 의식 저변을 차지한 기계적인 사고, 수학적인 사고, 논리적인 사고 등의 합작품인 스토아적 운명론 혹은 숙명론적 결정론이 하나님의 예정과 동일한 것이라는 오해 때문에 발생했다. 이 오해를 극복해야 예정론이 이해된다. 예정론은 어떠한 시대라도 인간의 인식론적 한계를 극복해야 할 필요성을 가르친다. 그 극복의 방법은 계시 의존적인 사색과 하나님 의존적인 판단이다.

우리가 지금은 거울로 보는 것 같이 희미하나 그때에는 얼굴과 얼굴을 대하여 볼 것이요 지금은 내가 부분적으로 아나 그때에는 주께서 나를 아신 것같이 내가 온전히 알리라 _고전 13:12

어떠한 사안을 다루든지 우리의 사유는 계시 의존적인 사색이 합당하고 신론 중심적인 접근법을 고수함이 마땅하다. 사유의 대립은 대체로 논리가 아니라 전제의 싸움이다. 아무리 매끄러운 논리의 상아탑을 축조했다 하더라도 전제가 부실하면 쉽게 와해되고, 경우에 따라서는 가장 간교한 속임수의 수단으로 오용될 수 있어서다. 우리의 전제는 사람의 상식과 논리와 합의와 약속이 아니라 하나님의 상식과 신적인 논리와 일방적인 계시와 주권적인 선포여야 한다. 예정론은 이것을 촉구한다. 인간의 일반적인 이성에서 결코 산출될 수 없고 계시의 입술을 통하지 않고서는 발설할 수도 없는 교리가 예정이기 때문이다. 그러나 비록 계시에서 출발했다 할지라도 깨달음과 찬동은 또 별개의 사안이다. 예정의 교리를 이해함에 있어서 계시의 주체이신 하나님 자신을 중심으로 생각하지 않고 인간의 경험과 개념을 투사하여 벗기려는 모든 시도는 필히 실패한다. 결국 성경에 계시된 그대로의 예정론을 거절하고 다양한 방식으로 인간화된 사상으로 대체하게 된다. 이처럼 예정론은 계시를 전제로 삼아 하나님 중심적인 사유로 풀어가지 않으면 안 되는 교리이다. 인간이 임의로 설정한 프레임이 아니라 계시가 제공하는 신적인 사유의 틀을 따라 깨달음을 시도하는 것은 철저한 자기 부인 없이는 불가능한 일이다. 하나님을 대적하여 높아진 인간의 본성과 사상과 삶을 예정의 교리보다 더 극명하게 고발하고 도전하는 가르침은 없다.

예정은 비록 피조물을 대상으로 삼지만 시공간이 마련되기 이전의 영원 속에서 이루어진 일이며 하나님의 생각 속에서의 일이기에, 참으로 신비롭고 난해하다. 이러한 신적인 일을 이해하기 위해서 유한하고 부패한 지성의 소유자인 인간이 무흠하고 무한하신 하나님의 세계에 접근하고 있다는 사실을 망각하지 말아야 한다고 했던 칼뱅의 경계는 과장이 아니다. 또, 하나님의 예정을 인간의 헛된 호기심과 상상으로 접근하면, 깊은 어둠으로 빠져들 수밖에 없고 다시는 되돌아올 수 없는 미궁으로 진입하는 것이라고 했던 그의 설명도 합당하다. 따라서 예정론 탐구는 하나님의 신적인 지혜의 거룩한 심연으로 들어가는 일이기에 최고의 적정과 절도가 요구된다. 주께서 깊이 감추어 두시기로 정하신 사안을 인간이 마음대로 생각해서 말하거나, 영원하고 숭고한 지혜를 인간이 억지로 파헤치려 드는 것은 올바르지 않다. 사안의 정도가 엄중하고 고결한 만큼, 그것에 준하는 깊은 겸손과 경건의 구비 없이 무작정 경박하게 뛰어들려고만 하는 인간의 고삐풀린 기질을 우리는 철저히 제어해야 한다.

이러한 태도의 구현은 결국 성경과 연관되어 있다. 즉 예정론을 탐구하기 위해서는 주께서 기록된 말씀으로 가르쳐 주신 것만을 알고자 하는 자세가 요구된다. 칼뱅의 이러한 자세에 대한 뵈트너(Loraine Boettner, 1901~1990)의 설명은 예정론을 대하는 우리의 태도가 어떠해야 함을 훌륭하게 가르친다. "그(칼뱅)는 성경이 인도하는 곳까지만 갔고, 그것이 그를 [인도하지] 않는 곳에서는 멈추었다. 기록된 것 이상으로 넘어가는 것의 이러한 거절은 성경이 가르치는 것의 적극적인 수용과 결부된 것으로서, 그를 비방하는 자들을 불쾌하게 만드는 그의 주장들에 최종성과 긍정성의 기류를 제공했다."[1]

성경이 인도하는 곳까지만 가고 그 적정선 이상은 넘어가지 않는다는 칼뱅의 자세를 자신의 신학 접근법에 적용하는 것이란 그리 간단하지가 않다. 가장 큰 장애물은 저마다 설정한 임의의 적정선이 있다는 것과 그 적정선을 쉽게 포기하지 못한다는 것이다. 성경은 분명히 예정론을 가르친다. 그러나 하나님의 예정과 관련된 인간의 모든 궁금증을 후련하게 다 풀어 주는 진술은 제공하지 않는다. 이때 성경이 멈춘 진술의 경계선에 머무는 것과 궁금증의 고집스러운 해소 사이에 긴장이 발생한다. 이런 때에 칼뱅은 인간의 호기심을 거절해야 한다고 조언한다. 눈은 보아도 족함이 없고 귀는 들어도 차지 않기 때문이다. 호기심은 번식력이 강하여 또 다른 호기심 낳기를 반복하고 삽시간에 눈덩이 수준으로 증대된다.

사람들은 과학적 호기심을 따라 사물의 보다 정밀한 단계를 관찰하고 싶어 쪼개기 시작했다. 급기야 인간의 시력은 육안으로 공유할 수 없는 차원의 극미시 세계까지 이르렀다. 그러나 거기는 아름다움 및 삶의 의미가 산출되고 누리는 차원은 아니었다. 즉 그런 단계의 세계가 인간의 눈이 안식하는 적정선은 아니었다. 문제는 지금까지 지속된 쪼갬이 아직도 마지막 단계에 이르지를 않았다는 사실이다. 이는 관찰하고 조작하는 기술이 더욱 정교하면 할수록 그 만큼의 보다 정밀한 쪼갬은 계속해서 갱신되기 때문이다. 쪼갬의 마지막 단위라는 말은 과학이 도달한 한계를 의미한다. 그러나 과학이 발달하면 할수록, 인간이 관찰할 수 있는 영역이 넓어지면 질수록, 육안으로 보는 가시광선 영역이 얼마나 아름답고 고귀하며 유익한 것인지를 더 확실하게 반증할 것이라고 나는 생각한다.

신학도 그러하다. 어떠한 교리를 다룸에 있어서 성경의 적정선에 머무는 교리적 입장이 얼마나 건강하고 얼마나 유익하고 얼마나 지혜로운 일

---

1   Loraine Boettner, *The Reformed Doctrine of Predeestination* (Grand Rapids: Eerdmans, 1932), 5.

인지를 나는 신학의 연수가 쌓여 갈수록 보다 분명히 깨닫는다. 성경의 주변 문헌들이 발견되면 거기에 상상력을 동원하고 인간적인 개연성을 따라 추론에 추론을 거듭한다. 거기서 얻은 연구의 불분명한 결과를 과도하게 존중하여 그것에 근거해 성경의 각 책들의 저자를 결정하고 저작 연대를 추정한다. 그리고 그 추정된 연대에 근거한 의미를 텍스트에 부여한다. 텍스트 자체가 제공하는 정보의 수준에 만족하지 않고 텍스트 밖으로 넘어가는 새로운 연구의 시도와 그 연구의 새로운 결과가, "가장 새로운 것을 말하고 듣는 것 이외에는 달리 시간을 쓰지 않"(행 17:21)는 아테네의 학자들의 성향처럼, 오늘날 신학을 연구하는 학자들의 관심사를 독점하고 있다. 그러나 칼뱅이 보여 준 신학함의 태도처럼, 우리의 신학은 성경이 인도하는 곳까지만 가고 성경이 침묵하는 곳에서는 입을 다무는 것이 상책이다. 그것이 가장 아름답고 온전한 신학이다. 그것이 가장 높은 가치가 구현되고 주님께서 성경의 계시로 주고자 하시는 최적의 복이 구현되고 주어지고 누려지는 지점이다.

## 신학의 구조 속에서 예정론의 위치

바울에 의하면, 우리가 추구하여 도달할 수 있는 진리는 신령한 것들의 '전부'가 아니라 '부분'이다. 전체를 한꺼번에 보는 것은 불가능하다. 성경도 부분적인 것을 알도록 주어진 계시이다. 사도는 그 "부분적인 것"에 대해서도 투명 유리 수준의 선명한 지식이 아니라 뿌연 동거울에 비추어진 수준의 "희미한 지식"을 가질 뿐이라고 단언한다(고전 13:12). 믿음의 선배들은 인간의 이러한 지적 한계를 인정하며 '우리의 신학'(*theologia nostra*)을 사려하되, 하나님의 자기 지식 혹은 하나님의 신학(*theologia in se*)이 아니며, 완전한 하나님이시며 완전한 인간이신 그리스도 예수의 하나님 지식 혹은 그리스도 신학(*theologia Christi*)도 아니고, 하늘에서 얼굴과 얼굴을 대면하며 하나님을 아는 천사들과 축복된 의인들의 신학(*theologia beatorum*)도 아니며, 기록된 하나님의 계시인 성경을 있는 그대로 완전하게 이해한 신학(*theologia revelationis absolute considerata*)도 아닌, 고작 나그네의 부패한 이성으로 계시를 사려하여 얻은 부족하고 상대적인 신학(*theologia viatorum quatenus est in ipsis vel secundum quid*)이라 하였다. 이 땅에서 나그네로 살아가는 동안에는 어떠한 교리에 대해서도 희미하고 부분적인 앎에 만족해야 한다. 다른 사람들을 함부로 판단하고 정죄하지 않는 태도도 희미하고 부분적인 앎에 의존하는 것이다. 우리는 신학에 있어서 누구에 대해서도 엄밀한 심판자가 아님을 명심해야 한다. 물론 이것은 분명히 계시된 말씀에 근거한 분별로써 진리를 지키고 오류를 바로잡으며 악한 무리들의 궤계에 맞서는 일을 금한다는 뜻이 아니다. 그러나 그러한 직무에 성실한 중에라도 떠나지 말아야 겸손의 자리가 있다. 즉 진리에 대한 우리의 인식은 부분적이고 희미한 앎이라는 것 말이다.

영원 속에서 이루어진 하나님의 신비로운 예정에 대해서 생각할 때에는 더더욱 이러한 겸손이 요청된다. 그러나 우리에게 계시된 진리가 아무리 부분적인 것이고 희미하게 알려져 있다 하더라도, 그 진리에 가장 가까이 다가가는 것은 우리의 마땅한 도리이다. 그래서 예정을 이해할 때에도 성경에 알려진 것은 우리에게 허락된 최고의 지혜를 극도로 발휘해서 하나도 간과하지 말아야 할 탐구의 대상이다. 이를 위해서는 무엇보다 신학의 종합적인 체계 속에서 통전적인 시각으로 예정론에 접근하는 태도가 필요하다. 기독교의 모든 교리는 서로 연결되어 있다. 무엇을 연구하든 학습 효과 차원에서 쪼개고 분석하는 것은 불가피한 일이지만, 그 모든 교리의 조각들을 다시 유기적인 통합 속에서 재해석할 때 우리는 보다 온전하고 선명한 지식에 도달한다.

믿음의 선배들은 신학을 정의하면서, 신학은 하나님에 의해 배워지고 하나님을 가르치고 하나님을 향하여 나아가는 것이기에 하나님을 신학의 주체와 대상과 목적으로 규정했다. 이러한 이해는 신학의 구조에도 고스란히 반영된다. 우리의 신학은 먼저 '믿어야 할 것들'(credenda)과 '행하여야 할 것들'(operanda)로 구분된다. 믿어야 할 대상은 '하나님'(de Deo)과 '교회'(de Ecclesia)로 구분된다. 신학의 이러한 체계에 반영된 사도신경 구조를 유심히 살펴보면, 외관상 하나님과 교회로 구분되어 있는 듯하지만 성부와 성자와 성령에 대한 진술들로 이루어져 있음을 확인한다("나는 ~을 믿는다"(credo in)는 문구가 세 번 언급된다). 교회는 성령의 항목에 포함되어 있다. 즉 사도신경 구조는 하나님 자신만이 믿음의 대상임을 뚜렷하게 보여준다. 교회는 그리스도 예수의 몸으로서 하나님께 연합하는 식으로 구성되어 있다. 신학의 구조에 있어서도 편의상 하나님과 교회를 믿음의 두 대상으로 분류하고 있으나 사실상 하나라고 봄이 타당하다.

　　하나님에 대한 믿음은 다시 하나님의 존재성(essentia Dei)과 하나님의 사역들(opera Dei)로 구분된다. 하나님의 존재성에 대한 지식은 일체성(unitas)과 삼위성(trinitas) 혹은 속성들(attributa Dei)과 위격들(personae)을 구분하되, 일체성 항목에는 하나님의 이름들(nomina)과 실체적 특성들(proprietates Dei essentiales)이 있으며, 삼위성 항목에는 성부(pater)와 성자(filius)와 성령(spiritus)에 대한 논의들이 들어간다. 하나님의 사역들은 두 종류의 사역으로 구분된다. 먼저 실체적 사역(opera Dei essentialia)과 위격적 사역(opera Dei personalia)으로 구분된다. 위격적 사역은 순전하게 위격적인 사역(simpliciter)과 특정한 방식의 위격적 사역(certo modo)으로 구분된다. 전자는 성자의 발생과 성령의 발출로 구성되고, 후자는 시공간 속에서 이루어진 위격적 사역들을 의미한다. 피조물과 관련된 모든 사역은 실체적 사역으로 분류된다.

하나님의 사역들은 내적인 사역(*opera ad intra*)과 외적인 사역(*opera ad extra*), 혹은 의도(*intentio*)와 실행(*executio*), 혹은 내적인 섭리(*providentia interna*)와 외적인 섭리(*providentia externa*)로 구분된다. 내적인 사역은 사역의 대상에 따라 모든 피조물과 관계된 일반적인 작정(*decretum generalis*)과 이성적인 피조물과 관계된 특별한 작정(*decretum specialis*)으로 구분된다. 이 특별한 작정이 바로 예정인데 두 종류의 구분이 뒤따른다. 첫 번째는 이성적 피조물을 어떤 목적으로 예정하는 것(*ad certum finem*)과 그 목적에 도달하는 수단으로 이끄시는 것(*ad media*)의 구분이고, 두 번째는 선택(*electio*)과 유기(*reprobatio*)의 구분이다. 선택은 그리스도(*Christi*) 및 그리스도 지체들(*memebrorum Christi*)에 대한 선택으로 구성된다. 그리스도 지체들의 선택은 축복된 천사들(*beatorum angelorum*)과 영원히 보존될 인간(*hominum aeternum servandorum*)의 선택으로 구성된다. 인간의 선택은 인간을 영원한 생명으로 정하심(*destinatio*)과 인간을 구원으로 이끄는 수단들의 준비(*praeparatio mediorum*)로 구성된다. 유기도 선택과 유사하게 유기자를 영원한 사망으로 정하심과 유기자의 유기를 집행하는 수단들의 준비로 구성되고 유기의 대상은 마귀(*diaboli*)와 마귀의 지체들(*membrorum diaboli*)로 구성된다. 외적인 사역은 창조(*creatio*)와 실질적인 섭리(*providentia actualis*)로 구분된다. 예정론의 통합적 이해를 위한 신학의 구조는 이 정도의 설명으로 충분하다.

여기서 우리는 예정의 주체와 관련하여 볼 때, 예정이 하나님의 실체적 사역임을 확인한다. 실체적 사역의 개념이 낯선 분들의 이해를 돕기 위해서는 삼위일체 하나님의 구조적 설명이 필요하다. 아우구스티누스는 이전 교부들의 보편적 신앙을 정리하며 "성부와 성자와 성령은 분리됨이 없이 존재하신 대로 분리됨이 없이 일하시는"(*quamuis pater et filius et spiritus sanctus sicut inseparabiles, ita inseparabiliter operentur*) 분이시며, 이는 자신의 고유한 견해가 아니라 "신구약 성경의 범교회적 해석가들"(*divinorum librorum veterum et novorum catholici tractatores*) 전체의 견해요 이것이 "보편적 신앙"(*catholica fides*)이기 때문에 자신도 믿는다고 진술했다. '실체적 사역'이란, 하나의 특정한 위격만 관여하는 사역이 아니라 성부와 성자와 성령이 모두 관여하는 공통의 동시적 사역을 의미한다. 위격적 사역이란 하나 혹은 둘의 특정한 위격만 관여하는 사역이다. 피조물과 관계된 하나님의 사역은 실체적 사역인 경우와 실체적 사역인 동시에 위격적 사역인 경우로 구분된다. 창조는 성부와 성자와 성령이 모두 관여하신 일이기 때문에 실체적 사역이다. 그래서 '창조자'라는 명칭은 성부와 성자와 성령 모두에게 돌려진다. 성자가 이 땅으로 보내심을 받은 성육신은 단순히 실체적 사역만이 아니다. 성육신이 삼위 하나님의 사역인 동시에 특정한 위격인 성자만이 보내심을 받았기 때문에 또한 위격적 사역이다. 오순절에 성령께서 마가의 다락방에 임하신 것도 성부와 성자와 성령의 동시적인 사역이기 때문에 실체적 사역이며, 동시에 거기 임하신 위격은 성부와 성자가 아닌 성령이기 때문에 성령의 고유한 위격적 사역이다. 예정은 성부와 성자와 성령의 실체적 사역이다. 특정한 위격에 고유하게 돌려지는 내용이 없기 때문에 위격적인 사역은 아니며, 다만 대표성을 성부에게 돌리기 때문에 대체로 성부의 사역인 것처럼 언급된다.

신학의 구조에 의하면, 시공간 속에서 일어나는 모든 일은 작정의 실행이며 인간과 관련된 모든 일들은 예정의 실행이다. 이는 온 세상의 모든 만물과 인류의 역사 전체에서 하나님이 정하신 작정을 벗어나고 하나님의 섭리적인 실행을 벗어나는 것은 하나도 없음을 강조한다. 여기서 '정했다'는 말이 '자유의 박탈'이라는 뉘앙스로 읽힐 수 있어 거북함이 촉발될 수 있겠으나, 인간의 시공간적 인식 속에서의 '결정'과 영원 속에서 이루어진 하나님의 신적인 '결정'이 동일시될 수 없다는 사실만 생각해도 웬만한 오해는 쉽게 풀어진다.

# 예정론을 위한 인식론[2]

성경의 모든 내용이 그렇지만, 특별히 신적인 예정은 우리에게 '이해'를 요구하기 이전에 '신앙'과 '지적 승복'을 요구한다. 이는 성경의 계시에 대한 믿음의 동의 없이는 무에서의 창조를 이해하지 못하고, 창조된 모든 것을 통치하고 계시지만 인간의 눈에 보이지 않으시는 하나님의 섭리를 이해하지 못함과 일반이다. 이는 전제와 접근법의 부실 때문이다. 사람들은 무엇이든 인간의 자리에서 인간의 안목으로 인간의 수준에 맞추어서 이해하려 한다. 왜 그럴까? 근본적인 이유로는 죄 때문이다. 죄는 하나님의 밝은 관점과 기준을 무시하고 자신의 어두운 관점과 기준을 존중하게 한다. 그것이 옳다고 유혹한다. 모든 판단의 배후에는 빛보다 어두움을 더 사랑하는 죄의 일그러진 기호가 작용하고 있다. 신학은 인간을 합리적인 피조물로 규정한다. 그러나 죄 때문에 합리성에 변질이 발생했다. 그 변질은 돌이킬 수 없도록 치명적인 것이었다. 보아도 보지 못하게 되었고, 들어도 듣지 못하게 되었으며, 마음으로 생각하여 깨달음에 이를 수도 없게 되었기 때문이다. 인간은 지각의 총체적인 난국에 치달았다.

이성의 운동장이 이미 기울어진 인간이 어떻게 사물과 사태를 올바르게 인식할 수 있겠는가? 가장 심각한 문제는 아담과 하와의 불순종 때문에 인간이 지각의 독립적인 주체가 되었고 선악의 판단자가 되고 말았다는 것이다. 어떤 것을 지각할 때 우리는 우리의 언어와 우리의 사유와 우리의 논리와 우리의 상식과 우리의 기준과 우리의 개념과 우리의 어법으로 이해한다. 불가피한 일이지만, 그래서 난국이다. 모든 사물과 사건과 사태는 하나님의 섭리와 무관하지 않다. 그렇다면 그것들의 실상을 이해

---

2  이 부분은 「한국개혁신학」 59 (2018): 352–382쪽에 게재된 논문 "Intentionality on Augustine and Husserl"의 일부(356–360쪽)를 번역하되 편집하고 수정했다.

하기 위해서는 반드시 하나님의 섭리를 고려하고 존중해야 한다. 더군다나 예정은 이 땅에서의 신적인 섭리를 고려한다 할지라도 쉽게 이해되지 않는 신비로운 영역이다. 영원의 시점에서 이루어진 일이고 어떠한 피조물도 관계하지 못하는 하나님의 고유한 일이셨기 때문이다. 결국 하나님 자신의 설명 외에는 의존할 수 있는 자료가 하나도 없다는 결론에 도달한다. 그래서 예정론은 계시 의존적인 사색이 가장 절박하게 요청되는 교리이다.

사람들은 하나님의 주권적인 예정 자체에 거부감을 표출한다. 인간의 편만한 사고에 저촉되기 때문이다. 여기에는 본성의 저변에 군살처럼 박혀 있는 인식의 여러 인자들이 장애물로 작용한다. 하나님의 예정을 인정하지 못하게 방해하는 인간의 보편 사고들 중에는 기계적 사고와 수학적 사고와 환원주의 사고와 분석적 사고와 언어적 사고와 논리적 사고와 현상적 사고 등이 있다. 이것들 중 어느 것 하나라도 단독적인 사고로 존재하지 않고 인간성 자체에 뿌리를 두고 있으면서 서로 연결되어 있다.

어떤 사람들은 세상을 하나의 거대한 기계로 이해한다. 그들의 눈에는 만물이 어떤 질서를 따라 서로 정교하게 맞물려 움직이고 있다. 물과 공기와 바람과 불과 흙이 아주 정교한 기계처럼 서로 협력하고 연합하고 소통한다. 이러한 관찰에 근거하여 자연의 운동과 변화를 정밀한 인과율로 파악할 수 있다고 생각한다. 자연에서 일어나는 신비로운 발생과 성장과 퇴행과 소멸의 순환도 어떤 생명체의 유기적인 현상으로 이해하지 않고 다양한 기계적 움직임의 복잡한 조합일 뿐이라고 생각하기 때문에 유기적인 사고와는 상반된다. 그리고 이러한 사고에 따르면, 자연의 변화는 사물의 본성을 따라 혹은 초자연적 주체의 뜻에 의해 설정된 특정한 목적을 구현하는 과정이 아니기 때문에 목적론적 사고와도 무관하다. 기계론적 사고를 가진 자의 눈에는 자연의 변화가 원인과 결과라는 필연적인 연쇄를 따라 어디론가 흘러가는 무지향성 운동에 불과하다. 눈에 보이는 물질과 운동을 가지고 자연을 설명하기 때문에 보이지 않는 존재와 움직임은 철저히 배제된다.

이러한 사고는 고대 그리스 철학으로 소급될 수 있겠지만 학계에 다듬어진 사고의 유형으로 등판한 시점은 17세기였다. 그때부터 자연의 질서에서 초자연적 속성이나 생명을 가진 유기체의 존재와 활동은 제거된다. 홉스(Thomas Hobbes, 1588~1679), 데카르트(ReneDescartes, 1596~1650), 스피노자(Baruch de Spinoza, 1632~1677), 라메트리(La Mettrie, 1709~1751), 뉴턴(Isaac Newton, 1642~1727) 등은 정신과 물질의 이원론적 구분을 시도하고 자연에서 초자연적 속성을 제거하고 단순히 물질의 운동으로 자연의 변화를 해명하려 했다. 그러나 기계적 사고의 무딘 메스로가 자연의 신비를 다 해부하지 못한다는 것은 자명하다. 그런 물질적인 인과율의 촉수가 파고들지 못하는 자연의 깊은 신비와 미와 조화와 복잡성은 결국 인위적인 수단의 한계 때문에 파악되지 않고, 그럼에도 불구하고 기계적인 사고에 절대적 권위를 부여하면 자연의 깊음은 제거되고 만다. 그런 차원의 존재가 고려되지 않은 기술과 문명과 의식의 수명은 짧아진다. 자연은 하나님께서 보시기에 좋았던 상태의 있는 그대로를 인간이 존중할 때, 인간을 최고의 피조물로 존중하는 법이니까. 그렇다고 기계적 사고가 제공하는 자연의 변화에 대한 유용한 설명력을 무조건 거부해야 한다는 극단적인 반감도 자연을 대하는 병적인 태도이다. 우리는 기계론적 사고를 자연에 대한 이해에 기여하는 그 만큼만 존중하면 된다.

기계론적 사고의 기초를 떠받히고 있는 것은 바로 수학적 사고이다. 피타고라스는 "모든 만물의 원리는 모나드며($\dot{\alpha}\rho\chi\dot{\eta}\nu$ $\mu\dot{\epsilon}\nu$ $\dot{\alpha}\pi\dot{\alpha}\nu\tau\omega\nu$ $\mu o\nu\dot{\alpha}\delta\alpha$), 모나드의 산물인 수들($\dot{\alpha}\rho\iota\theta\mu o\dot{\iota}$)은 우주($\chi\dot{o}\sigma\mu o\nu$)를 구성하고 있는 네 가지의 요소 즉 불과 물과 흙과 공기를 만든다"고 했다. 그리고 수에 대한 완전한 이해

는 우리로 하여금 사물(res)과 우주(cosmos) 모두에 대한 완벽한 이해에 도달하게 한다고 주장한다.[3] 이러한 종류의 추론은 고대 이집트의 수학 교과서 안에서도 발견된다. 즉 수학은 "존재하는 모든 것들의 지식이며, 모든 비밀한 것들의 신비이다."[4] 피타고라스 학파의 영향을 받았으나[5] 이러한 '종교적' 사고를 제거한 플라톤에 따르면, 수와 산술(ἀριθμός καὶ λογισμόν)은 모든 기술들과 사고들과 학문들이 사용하는 공통적인 것이며 이 모든 사람들이 배워야 할 공부의 1순위에 해당한다.[6] 그리고 "수본성에 대한 관조"(θέαν τῶν ἀριθμῶν φύσεως)는 영혼으로 하여금 "진리 자체"(αὐτὴν τὴν ἀλήθειαν)와 "영원토록 존재하는 것들의 지식"(τοῦ ἀεὶ ὄντος γνώσεως)에 이르게 만든다고 주장했다.[7]

유사한 맥락에서 히포의 주교(Augustinus Hipponensis, 354~430)는 수가 공간이나 시간에 속하지 않은 것이기 때문에 "우리의 이성을 초월하며 진리 자체로 불변적인 상태를 유지하는 것"(nostras mentes transcendere atque incommutabiles in ipsa manere veritate)이라고 했다.[8] 나아가 "수의 원리와 진실"(rationem veritatemque numerorum)은 물질적인 감각에 속하지 않았기 때문에 이성을 사용하는 모든 이에게 불변적인 것이며 순전한 것이며 공통적인 것이라고 했다. 물질적인 세계와 관련하여 그는, 이 세상의 모든 것들은 수를 가지고 있으며 수로 말미암아 사물은 자신의 형상을 얻는다고 주장한다. 게다가 존재하는 모든 변동적인 것들은 불변적인 형상 자체를 통

---

3  *Diogenis Laertii Vitae Philosophorum*, VIII, 25.

4  A.B.Chace, L. Bull & H. P. Manning, *The Rhind Mathematical Papyrus* (Ohio: Mathematical Association of America, 1929), 84: "tp-ḥsb n h.·t m ḫ·t rḫ nt·t nb·t snk·t št:·t nb·t."

5  *Diogenis Laertii Vitae Philosophorum*, VIII, 15.

6  Plato, *The Rebuplic* (London: Harvard Univ. Press, 1935), VII, 522C: "Οἶον τοῦτο τὸ κοινόν ᾧ πᾶσαι προσχρῶνται τέχναι τε καὶ διάνοιαι καὶ ἐπιστῆμσι, ὃ καὶ παντὶ ἐν πρώτοις ἀνάγκη μανθάνειν."

7  Plato, *The Rebuplic*, 526B–527B.

8  Augustine, *De libero arbitrio libri tres*, II, xi, 31; idem, *De libero arbitrio libri tres*, II, xvi, 42–46.

하여 존재하고 그 형상의 수로 채워져 있고 기동하기 때문에 형상에서 "수를 제거하면 남아나는 것이 전무하게 될 것이라"(*adime illis haec, nihil erunt*)고 했다.[9]

이처럼 수학적 사고는 진리를 인식함에 있어서도 독보적인 지위를 확보하고 있다. 그러나 수에 관한 사고는 정교화와 전문화와 세분화의 과정을 거치면서 신비적인 요소와 초자연적 속성과 결별한다. 특별히 후설(Edmund Husserl, 1859~1938)은 진리의 확실성을 보증함에 있어서 수학의 한계와 문제를 공적으로 지적한 인물이다.[10] 수학의 산술적인 명제들은 무엇이 실질적인 것인지 사려된 실질적인 것들은 과연 어떤 것인지 우리에게 말해 주는 것이 전혀 없다는 회의를 표명했다. 물론 후설도 수학을 모든 학문 중에 가장 향상되고 이상적인 것으로서, "진리를 취득하고 조직적인 방식으로 진리의 영역을 설정하며 해명하는 인간적인 수단들의 총체"라고 생각했다.[11] 그럼에도 불구하고 그는 순수한 수학을 포함하는 모든 정교한 자연과학 분야의 체계적인 이론 구축 및 방법론의 중추적인 스타일(Stil)을 범우주적 방법으로 향상시킬 필요성을 절감했다. 우리가 어떠한 편견에도 얽매이지 않고 세상과 인간에 대한 보편적인 지식을 얻어 결국 "최고의 원리이신 하나님"(oberstes Prinzip: Gott)"을 지각할 수 있는 범우주적 방법론을 갈망했다.[12]

철학의 위기가 유럽 학문계와 영적인 삶의 위기[13]라고 간파한 후설은 그런 위기의 근원이 자연 혹은 세계에 대한 갈릴레오 방식의 수학화

---

9   Augustine, *De libero arbitrio libri tres*, II, viii, 24.

10  Edmund Husserl, *Logical Investigations* (London: Routledge & Kegan Paul, 1970), 180. Cf. Dagfinn Føllesdal, "Gödel and Husserl", in *From Dedekind to Gödel: essays on the development of the foundations of mathematics*, ed. Hintikka, Jaako (Dordrecht: Kluwer, 1995), 440-446.

11  Husserl, *Logical Investigations*, 173.

12  Husserl, *The Crisis of European Sciences and Transcendental Phenomenology* (Evanston: Northwestern Univ. Press, 1970), I, § 1.

13  Husserl, *The Crisis*, Vienna Lecture, Appendix I, 290-91.

(Galileischen Mathematisierung der Natur oder Welt)[14] 즉 순수한 수학의 범우주적 적용성(universalen Anwendbarkeit der reinen Mathematik)[15]에 있다고 주장했다. 이는 순수한 수학이 관여하는 분야가 물리적인 세계이며 단지 추상화의 방식으로 관여하기에, 학문과 삶의 모든 영역에서 우리 감각의 직관 속에서의 실질적으로 경험하는 세계의 일반과는 무관한 것이 되었다고 보았기 때문이다. 결국 수학의 보편화는 삶과 학문의 분리를 초래했고, 이런 분리가 유럽의 위기를 낳았다고 진단했다. 후설은 모든 편견이나 전제에서 자유로운 본질적 존재에 대한 학문으로서 순수한 혹은 초월적 현상학(die reine oder transzendentale Phänomenologie) 수립에 있다고 믿고 거기에 여생을 투자했다.[16] 그렇게 함으로써 오직 신만이 가진 사물의 본질에 대한 절대적 지식에 이르고자 했다.[17] 그러나 그런 후설도 그런 학문을 추구하는 주체인 인간이 가진 인간성 자체의 한계가 학문의 객관성을 허무는 마지막 인자로 작용하고 있으며, 그 인자는 어떤 식으로도 제거될 수 없다는 인식의 벽에 부딪혔다.

고도로 추상화된 '수'라는 기호를 만물의 근원이요 자연의 질서를 읽어내는 코드라고 생각하게 된 배후에는 환원주의 사고가 주도적인 역할을 한 것으로 사료된다. 환원주의 사고라는 것은 복잡하고 고등한 단계의 사물이나 사상이나 개념을 단순하며 하등한 단계로 분할하되, 더 이상 분할할 수 없는 마지막 단위까지 쪼개어서 그 단위를 알면, 모든 것들의 비밀이 풀어질 것이라고 주장하는 사고의 유형이다. 환원주의 사고로 보면 물체는 원자들의 집합이고, 자연의 질서는 수의 집합이며, 사상은 감각 인상

---

14 Husserl, *The Crisis*, § 9.

15 Cf. Galileo Galilei, *Dialogue concerning the Two Chief World Systems: Ptolemic & Copernican*, trans. by Stillman Drake (California: Univ. of California Press, 1953), 103; E. Husserl, *The Crisis*, II, § 9, i; *Ideen zu einer reinen Phänomenologie und Phänomenologischen Philosophie* (Martinus Nijhoff, 1950), § 43.

16 Husserl, *Ideen*, 6.

17 Husserl, *Introduction to the Logical Investigations (1913)*, 40.

들의 조합이고, 정보는 다양한 파장들의 결합이다. 그래서 모든 것의 해체가 가능하다. 이러한 해체를 향해 학문과 과학이 발전하고 전문화와 세분화와 정밀화를 추구하는 것은 하나의 문화적 현상으로 이해될 수도 있겠지만, 나는 그것을 인간성 자체가 해체 친화력이 있다는 의미로 이해한다.

인간은 무언가를 지각하기 위해 방향을 설정해야 하고 초점을 맞추어야 한다. 고개를 돌려 대상을 향하고 대상에 대한 지각의 명료화를 위해 초점을 조율한다. 이것은 단순히 외부에서 관찰되는 가시적 감각의 과정만이 아니라 지각된 정보를 토대로 지식에 도달하는 비가시적 의식의 과정에도 적용된다. 전체를 동시에 이해하는 것은 인간성과 부합하지 않다. 그래서 인간은 전체를 부분으로 분할하여 하나의 부분을 선별하는 방식으로 다른 부분들을 제거하고, 선별된 부분에 눈의 초점을 맞추고서 시각에 걸러진 내용들을 자료로 삼아, 그것들의 짜깁기와 재구성 단계를 거친 이후에 비로소 이해의 세계로 들어간다. 이러한 활동의 배후에는 의식의 분할화가 있다는 게 철학계의 일반적인 진단이다. 문자의 분할화, 언어의 분할화, 소리의 분할화, 사물의 분할화, 현상의 분할화는 모두 인간성 자체에 해당하는 의식의 분할화가 시킨 일들이다. 분할화의 대안으로 제시되는 통섭(通涉)도 전체를 한꺼번에 통찰하는 신적인 직관에는 결단코 이르지를 못하는 인간적인 통합의 최선이다.[18]

인간의 의식은 무언가를 지향한다. 의식의 이러한 지향성은 대상이 있어 발생하는 것이 아니라, 대상의 존재와 무관하게 의식 자체가 방향을 가지고 있다는 개념이다. 그래서 대상이 없어도 무언가를 찾는 행위가 의식에서 관찰된다. 대상이 없어도 이미 무언가를 향하는 방향이 설정되어 있다는 것은 객관성 확보에 치명적인 결함으로 작용한다. 여기서 우리는 인

---

18  통섭의 한계에 대해서는 한병수, 『기독교 인문학』 (서울: 부흥과개혁사, 2018), 68-73쪽을 참조하라.

간이 인자(因子)로 작용하는 어떠한 것에서도 온전한 객관성에 도달하지 못한다는 사실을 확인하게 된다. 분할화의 원흉이 인간의 의식적 지향성에 있다는 사실과 동시에, 그런 인간의 내재적 속성인 지향성 때문에 어떠한 분야의 학문이든 활동이든 주장되는 모든 객관성은 상대적일 수밖에 없다는 사실을, 우리는 영원 속에서 이루어진 하나님의 사역인 예정을 생각할 때에도 고려해야 한다. 인간의 관찰과 실험과 언어와 논리와 해체와 조합과 추상화는 객관성을 담보하는 근거들이 아니라 모두가 외부의 정보를 가공하여 내부로 유입하는 방식이다. 이러한 방식을 취했다고 해서 지식의 객관성이 담보되는 것은 아니며 그저 정보를 입수한 것에 불과하다. 정보를 취득하는 일체의 과정에 인간이 개입되기 때문에 어떠한 지식의 객관성도 인간의 욕구가 만들어 낸 신기루에 불과하다. 결국 인간의 지각과 의식과 지식은 그 객관적 원리와 근원을 인간성 자체에서 찾아서는 안 되고 외부에 의존할 수밖에 없다는 결론에 도달한다. 그래서 신적인 차원의 엄밀한 객관성을 지닌 계시가 중요하다. 계시 의존적인 사색을 하더라도 계시 그 자체를 있는 그대로 보존하는 태도와 방향이 또한 중요하다.

# Chapter 02
# 성경의 예정론

## 요약

이 장에서는 성경에서 가르치는 하나님의 예정을 탐구한다. 하나님의 예정은 철학의 고안물이 아니라 성경의 교훈이다. 특별히 바울의 서신들 중에 에베소서 및 로마서에 나타난 하나님의 예정을 주목한다. 성경이 분명히 말하고 있음에도 불구하고 침묵으로 지나가는 것은 하나님의 말씀을 삭제하는 것과 동일하고, 성경이 침묵하고 있는 부분까지 알기 위해 과도한 호기심을 따라 침묵의 경계선을 넘어가는 것은 성경에 인간의 말을 섞는 것과 동일하다. 성경은 우리에게 예정의 주체, 예정의 시점, 예정의 대상, 예정의 방법, 예정의 범위, 예정의 목적을 분명히 가르치고 있다. 믿음의 거인들은 이러한 성경의 가르침에 따라 2,000년에 걸쳐 예정의 교리를 확립했고, 그 진리의 망각과 유실을 방지하기 위해 계속해서 가르쳤다. 성경은 하나님의 견고한 예정을 통해 교회를 위로하고 평화를 선포하며 충성을 권면하고 궁극적인 승리를 약속한다. 지금 우리가 경험하는 하나님의 구원과 사랑은 일시적인 충동의 결과가 아니라 창세 전부터 준비되어 온 것이기에 무한하고 영원하다. 예정을 모른다면 알 수 없는 하나님의 진실이다. 그러한데 어찌 성경이 예정을 침묵할 수 있겠는가!

하나님의 예정은 성경이 분명히 가르치고 있다. 예정론은 신적인 의지의 깊은 영역에서 이루어진 일이기에, 탐구의 고삐를 사람의 경박한 호기심에 맡기지 말아야 할 교리이다. 다른 교리도 그렇지만 하나님의 예정은 특히나 성경이 안내하는 방향으로 가야 하고, 성경이 이끄는 지점까지 이르러야 하며, 성경이 가리워 둔 영역을 벗기려고 함부로 덤비지 말아야 할 교리의 표상이다. 예정의 교리가 농축된 성경 본문은 에베소서 1장과 로마서다. 에베소서 1장은 신적인 섭리의 거대한 그림을 그려 주고, 로마서는 기독교 진리의 전체적인 틀 속에서 예정론이 갖는 의미를 제공한다.

에베소서 1장 11절, "Ἐν ᾧ καὶ ἐκληρώθημεν προορισθέντες κατὰ πρόθεσιν τοῦ τὰ πάντα ἐνεργοῦντος κατὰ τὴν βουλὴν τοῦ θελήματος αὐτοῦ...εἰς ἔπαινον δόξης αὐτοῦ τοὺς προηλπικότας ἐν τῷ Χριστῷ"은 다음과 같이 번역된다. "자신의 뜻의 의논을 따라 모든 것을 행하시는 분의 작정을 따라 예정된 우리가 그 안에서 선택을 받아서 그리스도 안에서 전부터 바라던 그의 영광의 찬미가 되려고." 이것을 몇 가지의 개념으로 구분하면 다음과 같이 정리된다.

1) 자신의 뜻(*voluntas*)의 의논(*consilium*)을 따라: κατὰ τὴν βουλὴν τοῦ θελήματος αὐτοῦ

2) 모든 것(*tota*)을 행하시는(*operans*): τὰ πάντα ἐνεργοῦντος

3) 분의 작정(*decretum*)을 따라: κατὰ πρόθεσιν τοῦ

4) 예정(*praedestinatio*)된: προορισθέντες

5) 우리(*nostra*)가 그(그리스도) 안에서 선택(*electio*)을 받아서: Ἐν ᾧ καὶ ἐκληρώθημεν

6) 그리스도 안에서 전부터 바라던 그의 영광의 찬미가 되게 하려고: εἰς ἔπαινον δόξης αὐτοῦ τοὺς προηλπικότας ἐν τῷ Χριστῷ.

위의 구절에서 확인되는 것은 하나님의 '뜻'만이 작정과 예정과 선택의 유일하고 최종적인 원인으로 언급되고 있다는 사실이다. 이는 존재이든 상태이든 행위이든 하나님의 뜻 이외에 다른 어떠한 것도 예정의 원인으로 간주될 수 없다는 선언이다. 이는 또한 하나님의 뜻 외에 다른 어떤 것에 의해서도 이 예정은 취소되지 않고 변경되지 않음을 의미한다. 다른 어떠한 것에도 종속되지 않았고 의존하지 않았기에 결코 바뀔 수 없는 불변적인 정하심이 하나님의 예정이다. 그리고 예정의 원인과 관련하여 하나님의 뜻만이 아니라 "뜻의 의논"이라는 언급이 등장한다. 이는 예정이 삼위일체 하나님의 특정한 위격만이 관여하는 고유한 일이 아니라 전 위격의 공통적인 사역임을 함축한다. 그래서 앞에서도 살펴본 것처럼 예정은 신학의 체계 속에서 삼위일체 하나님의 전 위격이 개입하는 실체적 사역으로 분류된다.

그리고 하나님은 자신의 뜻의 의논을 따라 모든 것을 행하시는 분이라고 한다. 즉 하나님은 모든 것을 행하시되 충동적인 감정을 따라 임의적인 방식으로 행하시는 분이 아니라, 만세 전에 자신의 뜻과 삼위일체 안에서 이루어진 의논을 따라 행하시는 분이시라는 것이다. 그리고 뜻의 의논을 따라 모든 것을 행하시는 하나님의 결정 혹은 작정이 있다고 진술한다. 작정은 이렇게 '모든 것'을 행하심과 관계되어 있다. 그렇다면 하나님의 결정과 무관한 것은 이 세상에 존재하지 않고, 그 결정과 무관한 일은 발생하지 않는다고 우리는 이해해야 한다. 이는 뜻이 하늘에서 이루어진 것처럼 땅에서도 이루어질 것이라는 주기도문 내용과도 일치한다. 땅에서 일어나는 모든 일은 자신의 뜻에 따라 하늘에서 이루어진 의논의 결과로서 작정과 결부되어 있다.

그리고 "예정"에 대한 언급이 등장한다. 여기서 예정은 "우리"라는 대상과 연결되어 있고 하나님의 작정을 따른 것이라고 한다. 우리를 미리 정하신 것은 하나님의 뜻에서 비롯되고 삼위일체 하나님의 의논에 따라 결정된 특별한 작정이다. 그리고 "그리스도 안에서" 택함을 받았다는 구절이 이어진다. 이는 그리스도 자신도 선택의 대상임을 나타낸다. 실제로 예수는 "창세 전부터 미리 알린 바 되신 이"라고 베드로는 고백한다(벧전 1:20). 하나님은 이사야를 통해서도 그리스도 예수를 "나의 택한 자"(יְרִיחַב)라고 밝히셨다(사 42:1). 그리스도 자신도 자기의 존재만이 아니라 자기의 인생도 예정과 결부되어 있음을 밝히신다. "인자는 이미 작정된 대로 가거니와"(눅 22:22). 즉, 예수의 삶은 예정의 실현이다.

우리가 그리스도 안에서 택함을 받은 목적은 "그리스도 안에서… 그의 영광의 찬미"가 되는 것이라는 결론으로 바울은 예정론 논의의 종지부를 찍는다. 물론 이것은 국역에 따른 순서이다. 에베소서 1장 11절의 주절은 바로 "우리가 그리스도 안에서 택함을 받았다"고 가르친다. 나머지는 이러한 택함의 깊고 은밀한 배경 설명이다. 즉 우리를 택하심은 임의적인 것도 아니고 충동적인 것도 아니며 어떤 시점에서 급하게 일어난 해프닝도 아니라고 한다. 하나님의 뜻에 따른 것이고, 삼위일체 안에서 일어난 의논의 결과이며, 인간과 같은 이성적인 피조물에 대한 예정이다. 에베소서 1장 11절은 하나님의 뜻의 의논의 결정대로 결국 하늘과 땅에 속한 모든 것이 그리스도 안에서 통일되는 것인데, 우리도 그리스도 안에서 택함을 받아 그 통일에 참여하게 될 것이며, 이로써 그리스도 안에서 하나님께 영광의 찬미가 된다는 사실을 진술한다.

나아가 에베소서 1장 4절, "ἐξελέξατο ἡμᾶς ἐν αὐτῷ πρὸ καταβολῆς κόσμου εἶναι ἡμᾶς ἁγίους καὶ ἀμώμους κατενώπιον αὐτοῦ ἐν ἀγάπῃ"은 예정의 다른 측면을 설명한다.

1) 세상이 세워지기 이전에 그 안에서 우리를 택하사: ἐξελέξατο ἡμᾶς ἐν αὐτῷ πρὸ καταβολῆς κόσμου
2) 우리로 사랑 안에서 그의 앞에 거룩하고 흠 없게 하시려고: εἶναι ἡμᾶς ἁγίους καὶ ἀμώμους κατενώπιον αὐτοῦ ἐν ἀγάπῃ

앞에서 우리는 예정이 하나님의 뜻의 의논에서 이루어진 결정에 따른 것이라는 사실을 확인했다. 하나님의 의논이 언제 이루어진 것인가에 대해서는 에베소서 1장 11절에서 언급되지 않았고, 그래서 나도 지적하지 않고 넘어갔다. 그런데 에베소서 1장 4절은 세상이 정초되기 이전에 선택이 있었다고 한다. 이는 예정이 시간 속에서 그때그때 일어나는 하나님의 정하심이 아님을 의미한다. 세상의 창조 이전이라 한다면 시간과 공간이 형성되기 이전이며, 당연히 영원 속에서의 일이라는 결론에 도달한다. 이는 어떤 사람이 시간 속에서 믿음을 소유하는 순간 혹은 믿음을 거부하는 순간 택하심과 버리심이 결정되는 것은 아님을 의미한다. 예정은 시간 이전에, 공간 밖에서 이루어진 사건이다.

그리고 이 구절에는 선택의 목적이 언급되어 있다. 즉 택자로 하여금 거룩하고 흠이 없게 하시려는 것이라고 한다. 거룩과 흠 없음의 기준은 '그리스도 예수의 관점'이며 방법은 '사랑 안에서'다. 즉 주님께서 보시기에 거룩해야 하고 흠이 없어야만 한다. 이러한 예정이 성취되는 유일한 방법은 사랑이다. 이어지는 구절에서 제공되는 자세한 설명에 의하면, 그 사랑은 하나님께서 사랑하시는 그리스도 안에서 우리에게 값없이 은혜로 주신 것이라고 한다. 이처럼 우리가 거룩하게 되는 성화(*sanctificatio*)는 하나님께서 만세 전에 우리를 택하시고 우리로 하여금 사랑 안에서 이르기를 원하시는 목적이다. 그리스도 예수로 말미암아 주어진 사랑 밖에서는 어떠한 성화도 기대할 수 없다고 바울은 강조한다. 신구약 전체가 집중하고 있는 그 사랑은 만세 전부터 하나님의 백성에게 예정된 것이었다. 여기서 우리는 믿음의 칭의로 말미암아 구속된 자녀가 되는 것만이 아니라 그 이후에 거룩하게 되어지는 성화도 예정에 포함되어 있음을 확인한다.

에베소서 본문에서 예정의 논리적 순서를 정리하면, 1) 하나님의 뜻(*voluntas Dei*), 2) 그 뜻의 의논(*consilium*), 3) 의논에서 이루어진 작정(*decretum*), 4) 작정의 특별한 내용으로 예정(*praedestinatio*), 5) 그 예정에 따른 선택(*electio*), 6) 작정과 예정의 실행(*executio*)에 포함된 창조와 선택의 실행, 7) 그 선택의 실행에 포함된 것으로서 우리의 칭의와 성화와 영화(*justificatio, sanctificatio, glorificatio*), 8) 하나님의 영광(*gloria Dei*) 등으로 전개된다.

믿음을 예정의 조건으로 오해하는 분들의 비성경적 주장을 방지하기 위해 살펴볼 성경 본문이 있다. 사도행전 13장 48절(영생을 주시기로 작정된 자는 다 믿더라)이다. 여기서 우리는 믿음이 작정의 원인이 아니라 작정의 결과라는 사실을 확인한다. "믿더라"(ἐπίστευσαν)의 시제보다 "작정된"(τεταγμένοι)의 시제가 앞선다는 문법적인 요소도 이 사실을 힘써 지지한다. 믿음의 부재 혹은 불신도 같은 맥락에서 이해될 수 있는데, 예수님은 "너희가 내 양이 아니므로 믿지 않는다"(요 10:26)고 하시므로 시간 속에서 벌어지는 불경한 자들의 불신이 그들의 양 자격을 박탈하는 원인이 아님을 분명히 밝히셨다. '양이 아니라'는 존재의 정하심이 먼저이고 '믿지 않는다'는 행위는 그 정하심의 논리적인 귀결이다.

이 문제는 요한복음 1장 12~13절을 통해서도 확인된다. 거기에는 "영접하는 자 곧 그 이름을 믿는 자에게는 하나님의 자녀가 되는 권세"를 주신다는 말씀이 진술되어 있다. 그런데 이 구절을 근거로 하나님의 자녀로 정해짐이 믿음에 후행하는 것이라고 주장하는 사람들이 있다. 시간의 한 시점에서 보면 그러한 주장이 가능하다. 하지만 늘 인간을 기준으로 내린 판단에서 빚어지는 그런 오해의 소지를 미리 막으려고 사도는 "이는 혈통이든 육정이든 사람의 뜻으로 나지 아니하고 오직 하나님께로부터 난 자"라는 보다 근원적인 원인을 덧붙여 언급했다. 하나님의 자녀가 되는 권세는 인간의 실력으로 취득되는 것이 아니라 은혜로 값없이 주어지는 선물이다. 그 선물의 깊은 고대성은 에베소서 1장에서 살펴본 것처럼 영원까지 소급된다. 그 은혜의 기원은 하나님 안에서만 찾아진다. 물론 그 은혜가 펼쳐지고 선물이 주어지는 양상은 믿음으로 하나님의 자녀가 되는 권세를 얻는다는 것임에는 분명하다. 그럼에도 불구하고 시간 속에서 벌어지는 가시적인 현상에 지각의 코를 박고 궁극적인 인과율을 찾겠다고 덤비는 것은 경솔이다. 어느 때에든 무엇에 대해서든 성경의 진리는 계시된 그대로 수납하는 것이 진리를 대하는 우리가 취해야 할 태도의 최선이다.

로마서는 우리에게 기독교 진리의 전반적인 체계 속에서 예정론이 차지하는 의미를 가르친다. 로마서 1장은 복음 이야기로 시작한다. 그 복음의 내용은 하나님의 또 다른 의 즉 그리스도 예수 자신이다. 이전에 피조물만 보아도 하나님의 영원한 신성과 능력을 핑계할 수 없도록 알았지만 감사치도 않고 영화롭게 하지도 않았던 자들에게 더더욱 핑계할 수 없도록 양심도 주어졌다. 그리고 유대인을 향해서는 양심의 성문화인 율법이 주어졌다. 그러나 그 율법의 성취로 말미암는 자녀됨을 상징하는 할례는 영에 있고 율법의 조문에 있지 않다고 바울은 설명한다. 율법이 주어진 목적은 죄의 깨달음을 위함이다. 율법의 행위로는 누구도 하나님 앞에서 의롭다 할 자가 없기에 비록 신앙과 삶의 규범적인 성격도 있지만, 주께서는 인간에게 의에 이를 정도의 완벽한 준행을 기대하고서 율법을 주신 것은 아니었다. 그래서 또 다른 의가 주어졌다. 율법의 행위로 말미암지 않은 또 다른 하나님의 의로움은 그리스도 예수를 믿음으로 말미암아 모든 자에게 차별 없이 미치는 것이었다. 이것은 율법적 의의 실패에 따라 급하게 마련된 자구책 혹은 보완책이 아니었다. 이 의는 이미 율법과 선지자들 모두가 증거해 온 것이었다.

시간적인 면에서도 믿음으로 말미암는 의는 율법이 모세를 통하여 수여되기 이전의 일이었다. 그러므로 이 의는 율법적 의의 대안이나 후속적인 조치가 아님에 분명하다. 그래서 바울은 모세 이전에 믿음으로 말미암아 의롭다 함을 얻은 믿음의 조상 아브라함 이야기를 언급한다. 그의 믿음은 바랄 수 없는 중에 하나님의 약속을 소망하고 믿었는데 그 하나님은 진실로 죽은 자를 살리시며 없는 것을 있는 것처럼 부르시는 분이다. 이러한 믿음으로 말미암아 주어지는 하나님의 의는, 시간 속에서 율법의 이행으로 말미암아 주어지는 의나 불이행 때문에 초래되는 불의에 의해 좌우되는 종속적인 의가 아니었다. 오히려 그리스도 예수를 믿음으로 말미암아 주어지는 하나님의 의는 환난이나 곤고나 박해나 기근이나 적신이나 위험이나 칼이나 사망이나 생명이나 천사나 권세자나 현재의 일이나 장래의 일이나 능력이나 높음이나 깊음이나 다른 어떠한 피조물도 변경하지 못한다고 선언한다. 그리스도 예수 안에서 우리에게 베푸신 하나님의 사랑은 시간 속에서 시작된 것이 아니기에 시공간 속에서의 어떠한 일들도 변수가 되지 못하기 때문이다.

그래서 바울은 시간 속에서 일어난 일들의 비밀한 근원을 창세기의 한 이야기와 더불어 풀어낸다. 그가 엄선한 사례는 약속의 자녀인 이삭의 쌍둥이 아들 야곱과 에서 이야기다. 창세기 25장 23절에 보면 "큰 자가 어린 자를 섬길 것이라"는 구절이 언급되어 있다. 이 구절의 의미는 "내가 야곱은 사랑하고 에서는 미워했다"(말 1:2-3) 하심과 같다고 바울은 주해한다(롬 9:12). 또한 야곱은 사랑하고 에서는 미워한 이유에 대해서는 "그 자식들이 아직 나지도 아니하고 무슨 선이나 악을 행하지 아니한 때에 택하심을 따라 되는 하나님의 뜻이 행위로 말미암지 않고 오직 부르시는 이로 말미암아 서게 하려는 것"(롬 9:11)이라고 설명한다. 이런 이야기를 들으면 대부분의 사람들은 전두엽에 마비가 찾아오고 거기에 꼬인 이성은 더욱 뒤틀려 곧장 바울을 돌팔이 신학자 혹은 공상가로 격하게 매도한다. 이는 인간의 보편적인 상식에 비추어 터무니가 없어도 적정한 수준을 너무나도 넘어서는 발상이기 때문이다.

만약 바울이 옳다면 인간의 상식은 설자리가 없어지고 선악을 구별하는 기준도 투항의 백기를 들어야만 한다. 그러므로 바울이 완전히 틀렸다는 확신과 확인에 도달하기 전까지 인간의 부패한 마음은 편하지가 않다. 그런데 어쩌나. 바울은 하나님의 감동을 따라 성경을 기록한 하나님의 구별된 사람이다. 로마서는 바울 개인의 사사로운 입장을 표명한 글이 아니라 감취었던 하나님의 비밀한 지혜를 풀어낸 사도의 서신이다. 그러므로 하나님의 사람들은 이 사안을 인간의 이성적인 판단에 순응하지 않고 바울의 진술을 근거로 삼아 예정의 비밀로 접근해 들어가야 한다. 로마서 9장 11절을 살펴보자.

1) 아직 태어나지 않았을 때: μήπω γὰρ γεννηθέντων
2) 선이나 악을 행하지도 않았을 때: μηδὲ πραξάντων τι ἀγαθὸν ἢ φαῦλον,
3) 택하심에 따른: ἵνα ἡ κατ' ἐκλογὴν
4) 하나님의 작정이 세워지되: πρόθεσις τοῦ θεοῦ μένη,

5) 행위로 말미암지 아니하고: οὐχ ἐξ ἔργων

6) 부르신 이로 말미암아: ἀλλ' ἐχ τοῦ χαλοῦντος

먼저 1) "태어나지 아니한 때"라는 말은 예정에서 대상의 실존이 고려되지 않았음을 의미한다. 그리고 2) "선이나 악을 행하지도 않았을 때"라는 말은 인간이 실재로 존재하게 된 이후에 이루어진 어떠한 행위도 예정의 원인이 아니라는 사실을 암시한다. 그리고 3~4) 하나님의 정하신 뜻은 그분에 의해 이루어진 선택을 통해 성취된다. 5~6) 하나님께서 그렇게 하시는 이유는 그 뜻의 성취가 사람의 행위에 의존하지 않고, 오직 우리를 부르시는 하나님 자신으로 말미암아 되게 하기 위함이다. 하나님의 뜻이 정해지고 성취되는 것은 전적으로 하나님의 일이라는 말이다. 그리고 선택이, 신적인 뜻의 확립과 성취가 하나님 이외의 다른 어떤 것에 의해서도 좌우되지 않도록 하시려는 그분의 방식이며 하나님의 절대적인 주권과 사역과 은혜임을 우리가 안다면, 그에게 합당한 감사와 영광을 돌리는 것이 합당하다. 바울의 이러한 창세기 주해를 근거로 우리는 창세기의 재해석을 시도하고 예정론적 맥락에서 창세기의 의미를 새롭게 발견해야 한다. 그런 관점으로 보면, 온 세상의 죄악이 관영할 때까지 길이 참으시는 하나님의 인내와 자비와 긍휼의 무궁함이 창세기 속에서 번뜩인다. 나아가 창세기를 비롯한 모든 성경의 이야기는 하나님의 긍휼과 공의라는 속성을 드러내는 영광의 표출이요 그 영광이 드러나는 계기와 양상이다. 그렇게 이해할 때에, 에베소서 1장에 언급된 것처럼 하늘과 땅의 모든 것이 그리스도 안에서 통일되고 그 모든 것이 하나님께 영광의 찬미가 되는 역사의 우주적인 골격이 성경 곳곳에 스며들어 있음을 인정하게 된다. 또한 성경의 각 본문은 예정 및 예정의 목적과 결부시켜 이해할 때 보다 부요하고 온전한 의미를 확보하게 된다.

그러나 바울의 이러한 예정론적 창세기 해석은 사람들의 상식과 합리와 논리에 충돌하고 그들의 격한 반응을 촉발한다. "하나님은 불의한 분 아닙니까?" 하지만 바울은 "하나님께 불의가 있느냐 그럴 수 없다"는 확언으로 우리의 호기심과 의문의 싹을 잘라 낸다. 그러면서 모세에게 주어진 하나님의 말씀을 인용한다.

> 내가 긍휼히 여길 자를 긍휼히 여기고 불쌍히 여길 자를 불쌍히 여기기라 _롬 9:15

하나님의 긍휼은 인간이 마음으로 열렬히 원한다고 주어지는 것이 아니며, 이마에 수고의 땀방울이 비처럼 쏟아지는 달음박질 행위에 일평생 투신한다 할지라도 획득되는 결과가 아니라고 한다. 모세의 언술에 대한 바울의 해석처럼, 이는 "하나님이 하고자 하시는 자를 긍휼히 여기시고 하고자 하시는 자를 완악하게 하시는 분"이시기 때문이다. 이 구절을 조금 더 면밀하게 살펴보자.

1) 그가 하고자 하시는 자를 그는 긍휼히 여기시고(ὃν θέλει ἐλεεῖ)
2) 그가 하고자 하시는 자를 그는 완악하게 하신다(ὃν δὲ θέλει σκληρύνει)

여기서 하나님이 정하시는 대상은 긍휼히 여길 자와 완악하게 할 자로 구분된다. 그리고 택자와 유기자를 구분하되 특별히 유기자를 비선택과 연결하지 않고 완악하게 하심과 결부시켜 설명한다. 하지만 긍휼히 여길 자들과 완악하게 하실 자들을 정하시는 근거는 동일하다. 즉 하나님이 "하고자 하시는"(θέλει) 뜻만이 근거로서 언급된다. 선택이든 유기든 모두가 하나님의 뜻으로 말미암아 이루어진 예정이다.

이러한 설명에는 다음과 같은 항변과 반문이 예상된다. "그러면, 하나님의 정하신 뜻에 감히 저항할 수 있는 사람이 아무도 없을 텐데, 하나님은 어찌하여 허물을 찾으시려 하십니까?" 즉 어떤 사람의 완악함은 하나님의 뜻을 따라 예정된 일인데 어찌하여 그 완악함에 대하여 정죄하고 형벌을 가하실 수 있느냐는 항의성 반문이다. 지금 바울은 모든 인간의 보편적인 의문과 호기심을 대변하는 반문을 소개하고 있다. 사실 하나님의 정하심에 대한 바울의 이야기가 맞다면 모든 인간의 어떠한 행위에 대해서도 하나님은 판단과 정죄와 심판의 칼을 공의롭게 뽑으실 수 없다는 이야기가 된다. 사실 이러한 반문은 로마서 3장에서 이미 등장했다.

우리 불의가 하나님의 의를 드러나게 하면 무슨 말 하리요 _롬 3:5

하나님의 의를 선명하게 드러내는 수단으로 쓰임을 받았으니, 형벌이 아니라 보상이 주어져야 한다는 힐문이다. 이에 대한 궁극적인 답변처럼 바울은 이제 9장에 이르러 예정론을 언급하고 있다. 일반 사람들의 이러한 반문에 대한 바울의 반응은 단호하다.

이 사람아 네가 누구이기에 감히 하나님께 반문하느냐 지음을 받은 물건이 지은 자에게 어찌 나를 이같이 만들었느냐 말하겠느냐 _롬 9:20

창조자와 피조물은 감히 따지는 어법으로 소통하는 관계성이 아니라고 한다. 따진다는 것은 상대방이 실수를 했다거나 착오가 있었다는 전제 위에서 벌어지는 일이기에, 인간의 말대꾸는 하나님이 인간 자신보다 옳지 않다는 속내의 표출이다.

그러나 하나님은 실수가 전혀 없으시다. 오류도 없으시다. 회전하는 그

림자가 없으신 하나님은 그 자체가 빛이시며 누구도 힐문할 수 없고 누구도 반박할 수 없는 분이시다. 그분에게 대드는 것 자체가 불경이고 불신이다. 아무리 인간의 머리에 천재성이 있고 중다한 무리의 두둑한 다수결이 지원한다 할지라도 하나님께 논박의 도전장을 내미는 것은 가당치도 않은 피조물의 경솔한 객기에 불과하다. 진리와 사실을 논함에 있어서는 우리의 어떠한 관찰과 분석과 합리도 최종적인 권위와 판단을 하나님의 절대적인 계시에 양도해야 한다. 어떤 식으로든 계시가 이성의 후순위로 떠밀리는 순간 아담과 하와가 저지른 선악과 범법의 교만이 재연된다. 사실 예정론 앞에서는 이러한 인간의 본성적인 교만도 적나라한 본색을 드러내고 만다. 동시에 예정론은 인간이 어디까지 겸손할 수 있는지를 가늠하는 저울의 기능도 수행한다.

바울은 예정의 두 대상에 대한 설명을 이어 간다. 두 대상은 하나님의 진노를 보이시고 그의 능력을 알리시기 위해 멸하기로 준비된 진노의 그릇과 하나님의 영광을 받기로 예비하신 긍휼의 그릇이다. 대표적인 진노의 그릇은 이스라엘 백성들을 노예로 삼고 괴롭혔던 바로이고 긍휼의 그릇은 "우리"라고 규정한다. 여기서 "우리"는 유대인 중에도 있지만 이방인 중에서도 부르신 자라고 설명한다. 표면적 유대인이 유대인이 아니라 이면적 유대인이 진정한 하나님의 백성이다. 일부의 선택된 이방인도 이면적 유대인에 포함된다. 지금 이 순간에도 유대인과 이방인 중에서 많은 사람들이 주님의 택하심을 따라 부르심을 받고 주님의 품으로 돌아오고 있다. 여기에서 긍휼의 그릇으로 표현된 선택의 대상은 분명히 사람을 가리키고 있지만 천사들도 선택의 대상이며(딤전 5:21), 진노의 그릇으로 표현된 유기의 대상도 사람을 가리키고 있지만 영원히 멸망당할 천사들(벧후 2:4, 유 1:6)도 유기의 대상이다.

바울이 모든 사람에게 불경하고 불신적인 반박의 입을 다물라고 단호한 어조로 반응한 이유의 결론을 다음과 같이 정리한다.

> 깊도다 하나님의 지혜와 지식의 풍성함이여, 그의 판단을 헤아리지 못할 것이며 그의 길은 찾지 못할 것이로다 누가 주의 마음을 알았느냐 누가 그의 모사가 되었느냐 누가 주께 먼저 드려서 갚으심을 받겠느냐? 이는 만물이 주에게서 나오고 주로 말미암고 주에게로 돌아감이라 그에게 영광이 세세에 있을지어다 아멘 _롬 11:33-36

하나님의 신적인 지혜와 지식의 풍성함은 인간의 둔하고 어설픈 측량을 불허한다. 주께서 행하시는 섭리의 발자취와 내리시는 판결의 심오함을 추적할 수 있는 인간이 없기 때문이다. 하나님의 무한한 마음을 이해할 자는 과연 누구인가? 그분에게 '이래라 저래라'는 언사를 감히 내뱉는 권한이 주어진 피조물은 없다. 이 세상에는 하나님께 어떤 원인을 제공해서 그에게서 어떤 결과를 끄집어 낼 어떠한 능력자도 없다. 하나님의 행위에는 수동태가 없다. 하나님께서 친히 여시고 닫으시며, 하나님께서 시작하시고 종결하시며, 하나님께서 뜻하시고 이루시며, 하나님께서 정하시고 행하신다. 누가 먼저 드려서 갚으심을 받겠는가? 오직 모든 것이 주에게서 나오고 주로 말미암고 주에게로 돌아간다. 주님은 알파와 오메가요, 처음과 나중이시다.

그러므로 영광은 영원토록 주님께만 돌림이 합당하다. 그렇게 전적으로 그분께만 돌릴 때의 영광이 하나님께 합당한 영광이다. 바울은 이러한 기독교 진리의 큰 그림을 가지고 하나님께 우리 몸을 거룩한 산 제물로 드리라고 권면한다. 이러한 그림을 가질 때에 비로소 가정과 교회와 이웃과 사회와 국가에 대해 믿음의 분량대로 지혜롭게 생각하며 살아 내는 사랑이 가능하다. 이상에서 언급된 것이 바로 로마서가 우리에게 제공하는 기독교 진리의 전체적인 틀 속에서의 예정이다. 이처럼 예정은 구원의 신비이며, 하나님의 절대 주권이고, 주권적 은혜이며 영원하고 온전한 감사와 찬양과 영광의 근원이다.

이처럼 예정을 하나님께 영광을 돌리는 송영의 문맥에서 언급하는 이유는 바울의 예정론 때문이다. 에베소서 1장에서 예정은 하나님을 향한 찬송의 근거로 언급된다. 하나님께 돌려지는 찬송의 온전함은 예정과 무관하지 않다. 구원의 원인을 하나님의 뜻 이외에 다른 어떠한 것에도 돌리지 않을 때에 온전한 영광이 하나님께 돌려진다. 이사야 48장 11절에서 하나님은 "내 영광을 다른 자에게 양도하지 않겠다"는 입장을 분명히 표하셨다. 만약 아무리 미미한 부분이라 할지라도 하나님께 돌려야 마땅한 영광을 취하여 다른 것에 돌린다면, 오로지 하나님 한 분에게만 돌려야 할 영광을 갈취하는 것이고, 그러한 일이 발생하지 않게 하겠다는 하나님의 결의를 무시하고 대적하고 짓밟는 패역과 다르지가 않다. 사도행전 12장 23절에서 헤롯이 하나님께 영광을 돌리지 않아 주의 사자에게 터지고 벌레에게 먹히고 죽음을 맞이했던 것은 이러한 패역의 대표적인 사례이다.

로마서에 묘사된 기독교 진리의 체계 끝자락에 등장하는 구절은 예정과 영광의 관계성을 보다 선명하게 묘사한다.

> 이는 만물이 주에게서 나오고 주로 말미암고 주에게로 돌아감이라 그에게 영광이 세세에 있을지어다 아멘 _롬 11:36

우리의 구원을 포함한 만사와 만물의 궁극적인 원인을 오직 하나님의 의지에만 돌리게 만드는 예정의 성경적인 개념은 하나님의 긍휼과 공의라는 속성에서 시작하여 그 긍휼과 공의의 현시로 말미암는 신적 영광에 이르러야 비로소 온전하다.

자신을 중심으로 생각하는 자들이 지극히 높은 하나님의 진리에 이르지 못하는 것은 스스로가 가장 치명적인 인식의 장벽이기 때문이다. 그들은 죄를 저질러도 자신의 불의가 하나님의 의를 드러내고 자신의 거짓말이 하나님의 참되심을 드러내기 때문에 그 모든 것이 하나님께 영광의 원인으로 작용하지 결코 형벌의 근거가 되지는 않는다는 궤변까지 내뱉는다. 이러한 생각의 배후에는, 하나님께서 모든 것을 정하셨고 이 세상에서 벌어지는 모든 일이 그 정하심의 실현이며 자신들의 타락과 패역도 그 실현의 일부이기 때문에 자신에게 어떠한 형벌이나 심판도 주어질 수 없다고 하는 인간적인 망상이 도사리고 있다. 이에 바울은 인간의 실존과 죄악의 인지(認知) 이전에 하나님께서 긍휼히 여길 택자와 강퍅하게 하실 유기자를 정하셨고, 그 정하심의 유일한 근원은 하나님의 뜻이라는 점에 있어서는 동의했다. 그러나 죄인을 벌하시는 것은 하나님께서 잘못을 저지르는 것이라고 하나님께 힐문하며 인간의 단순한 인과율을 하나님께 적용하는 것은 무례와 불경의 극치라고 꼬집었다.

바울은 서둘러 어법을 교정하여 하나님과 택자 및 유기자 사이의 관계성을 그릇 제조자와 그릇으로 비유하면서 그릇이 그릇 제조자에 대해 반문을 던지는 것 자체가 성립될 수 없음을 강조한다. 이는 창조자 하나님에 대한 무지를 근거로 피조물이 창조자에 대해 어떤 판결을 가하려는 태도 자체가 그 이상의 심각한 타락이 없을 정도로 불경한 짓이라는 말이다. 그리고 바울은 영원한 예정과 시간적인 실현이 너무도 경이롭고 절묘하여, 하나님의 지혜와 지식의 부요함은 어떠한 인간에 의해서도 측량되지 아니하며 인간의 역량으로 도무지 추적되지 않는다는 논지를 이어간다. 그러나 분명한 것은 하나님께서 모든 것의 처음과 나중이 되신다는 사실이다. 하나님에 대해 누구도 앞서지 못하며 영광의 표적에 있어서도 다른 어떠한 것이 결코 하나님을 대신하지 못한다고 말하면서 그것을 하나님의 영영한 영광과 결부된 것으로 묘사한다. 이것이 바로 성경에 나타난 송영으로서의 예정의 개념이다. 예정은 결코 성경이 침묵하는 교리가 아니며 신학적인 사색의 고안물도 아니고 성경의 진리를 훼손하는 것도 아니다. 오히려 예정은 하나님의 뜻과 기독교 진리의 궁극적인 방향이 수렴되는 교리이다.

로마서나 에베소서 예정론의 맥락과는 사뭇 다르지만 구약 안에서도 예정의 진리가 아름다운 시어로 묘사되어 있다. 특별히 시편 139편 후반부에 등장하는 구절이다.

> 내 형질이 이루어지기 전에 주의 눈이 보셨으며 나를 위하여 정한 날이 하루도 되기 전에 주의 책에 다 기록이 되었나이다 _시 139:16

시인은 시편 서두에서 하나님의 전지에 대한 구체적인 설명을 제시한다. 즉 나의 앉고 일어섬을 아시고 멀리서도 나의 생각을 밝히 아시며 나의 모든 길과 내가 눕는 것을 살피시고 나의 모든 행위를 익히 아시며 내 혀의 말을 알지 못하시는 것이 하나도 없다고 노래한다. 이 지식이 자신에게 너무 기이하고 높아서 능히 미치지를 못한다는 고백과 함께 그 이유로서 자신의 오묘한 창조와 창조 이전의 신적인 정하심에 대한 언급을 이어간다. 즉 주께서 자신을 지으심이 자신의 눈에는 너무도 기이하나 주 앞에서는 자신의 형체가 숨겨질 수 없다고 말하면서 더 나아가 자신의 형체가 조성되기 이전에도 주께서는 그것을 보셨다고 말하고 주께서 자신을 위하여 정하신 날이 하루도 되기 전에 주의 책에 기록까지 되었다고 언급한다. 이로 보건대, 시인 자신의 현존에 관한 하나님의 전지성은 하나님께서 시인을 지으신 분으로서, 지으시기 이전에도 이미 시인의 형체를 알고 계셨으며, 시인의 모든 삶도 출생 이전에 정해 놓으셨음과 연관되어 있다. 시인에게 하나님의 예정은 자신을 향한 하나님의 보배로운 생각이 그 수효를 헤아릴 수 없도록 많다는 경이로운 은혜를 노래하는 맥락 속에서의 정수(精髓)였다. 이것은 나의 해석이다.

# Chapter 03

# 교부 시대 예정론
## : 아우구스티누스를 중심으로

## 요약

이 장에서는 교부 시대 예정론을 탐구한다. 아우구스티누스 이전 시대
의 교부들은 예정에 대한 체계적인 논의를 문헌으로 산출하지 않고 간
헐적인 언급만 하였다. 그들의 핵심적인 주장은 예지에 근거한 예정이
고 인간의 공과(功過)에 근거한 하나님의 결정이다. 예정론의 체계적인
틀을 확립한 아우구스티누스도 초기에는 이러한 입장을 따랐으나, 하
나님의 절대적인 은혜에 대한 성경과 키프리아누스의 가르침에 감동
하여 입장을 변경한다. 즉 예정의 궁극적인 원인은 인간의 미래의 신앙
혹은 불신앙에 대한 하나님의 예지가 아니라 하나님의 의지이며, 기존
에 인간의 공로로 여겨진 믿음도 하나님의 선물임을 고백한다. 그의 예
정론은 철학적인 운명론을 거부하고 인간의 자유로운 의지의 선택을
박탈하지 않는 하나님의 절대적인 주권과 전적인 은혜를 강조한다. 이
것은 자신의 신학적 과거를 극복하고 전통적인 예정론의 미흡한 부분
을 개선한 결과라고, 나는 평가한다.

## 서론

아우구스티누스 외에 다른 교부들의 예정론은 학자들에 의해 충분한 관심과 연구가 진행되지 않은 주제이다.[1] 그 이유 중 하나는, 아우구스티누스 이전 시대에는 하나님의 작정과 예정이 신학적인 주제로서 충분한 주목을 받지 못했기 때문이다. 바빙크가 진단한 것처럼, 예정에 대한 당시의 낮은 신학적 관심도는 교부들이 이방의 숙명론과 자연주의 사상을 반박하며 인간의 '도덕적 본성, 자유 그리고 책임'을 강조해야 했기 때문이다.[2] 특별히 동방의 교부들을 중심으로 정리된 하나님의 작정은 하나님의 예지와 그 예지에 근거한 상벌의 결정으로 구성되어 있다고 바빙크는 정리한다. 사람을 예정할 때에도 그들이 앞으로 믿고 변절하지 않을 것인지 혹은 아예 믿지 않을 것인지, 혹은 믿었다가 변절할 것인지를 미리 알고 그것에 근거하여 어떤 사람은 신앙으로 이끄시고 어떤 사람은 불신으로 이끄시는 하나님의 정하심이 당시 교부들이 생각한 예정의 지배적인 견해

---

1 예정론을 비롯한 교리들의 교부적인 이해를 정리한 책으로는 Amandus Polanus, *Symphonia catholica seu consensus catholicus* (Basel: Conrad Waldkirch, 1607)를 참조하고, 교부들의 생애와 저작 및 포괄적인 사상을 정리한 책으로는 Abraham Scultetus, *Medulae theologiae partum Syntagma* (Ambergae, 1598; Frankfurt: Haeredes Jonae Rhodii, 1634)을 참조하라. 예정론에 대한 교부들의 사상에 대해서는 John Gill, *The Cause of God and Truth: Being the Judgment of the Ancient Christian Church* (London: Aaron Ward, 1738)를 참조하라. 교부들의 사상에 대한 서구 신학의 수용에 대한 현대의 뛰어난 연구서는 Irena Backus et al., ed., *The Reception of the Church Fathers in the West: From the Carolingians to the Maurists*, 2 vols. (Boston and Leiden: Brill, 2001)이다. 교부들의 신학에 대한 다른 문헌들에 대해서는 291–310쪽을 참조하라.
2 헤르만 바빙크, 『개혁교의학 2』, 박태현 옮김 (서울: 부흥과개혁사, 2011), 430(II.234).

였다. 아우구스티누스도 비록 초기에는 그런 견해를 가졌지만 이후에는 인간의 어떠한 공로도 고려되지 않고 오직 하나님의 기뻐하신 뜻에만 의존하는 작정과 예정의 신비롭고 절대적인 은혜를 주장하면서 어떤 사람들은 영원한 생명으로, 어떤 사람들은 영원한 멸망으로 정하시는 이중 예정론을 확립하게 된다.

이러한 아우구스티누스의 예정론에 대한 학자들의 연구는 방대하다.[3] 그러나 그 이전 시대의 예정론과 비교한 연구는 희귀하다. 이러한 학계의 상황에서 나는 아우구스티누스의 예정론을 탐구하되 다른 입장을 취하는 교부들의 세세한 견해들을 일별하고 아우구스티누스가 당시에 보여준 '예정론의 독특성'을 더욱 선명하게 드러내려 한다. 이를 위하여 다양한 교부들의 원문을 읽고 연구자의 신학적 개념으로 정리하는 것이 아니라, 그들의 문헌적인 뉘앙스를 담아내기 위해 원문을 최대한 살리려고 했다. 아우구스티누스는 우리가 신비로운 진리를 탐구하는 것은 "지식과 지혜의 모든 보화가 감추어져 있는 왕의 침실(*cubiculum regis*)"을 출입하는 일이라고 지적한다.[4] 연구자는 바빙크가 평가한 것처럼, 아우구스티누스가 예정론을 다룸에 있어서도 인간의 지나친 호기심을 경계하고 성경이 계시하고 있는 가르침만 추구하되, 예정에 대한 탐구는 하나님의 신비로운 생

---

3 은총론의 맥락에서 이 교부의 예정론을 분석한 공성철, "어거스틴의 은총론과 예정론 관계 연구," 「한국조직신학논총」 3 (1998), 275-358; 예정론의 특징들을 일별한 김종희, "어거스틴의 예정론의 성격," 「개혁논총」 33 (2015), 117-143; 그의 예정론 전체를 잘 요약한 임원택, "아우구스티누스의 예정론," 「역사신학논총」 4 (2002), 143-166; 그와 아퀴나스 예정론을 비교한 장재호, "아우구스티누스와 토마스 아퀴나스의 예정론 비교 연구," 「한국조직신학논총」 54 (2019), 171-207; 이 교부의 예정론에 대한 17세기 개혁파 신학자의 활용 사례를 소개한 우병훈, "도르트 회의와 아우구스티누스: 파레우스의 "조사"와 영국 특사들의 "의견서"를 중심으로," 「한국개혁신학」 59 (2018), 133-174; Susannah Ticciati, "Reading Augustine Through Job: A Reparative Reading of Augustine's Doctrine of Predestination," *Modern Theology* 27/3 (2011), 414-441; E.A. De Boer, "Augustine on Election: The Birth of an Article of Faith," *Acta Theologica* 32/2 (2013), 54-73; Joshua Brotherton, "A Contemporary (Catholic) Approriation of Augustine's massa damnata Theory of Predestination," *International Journal of Systematic Theology* 21/4 (2019), 431-456; Sergius Bulgakov, "Augustinianism and Predestination," *Journal of Orthodox Christian Studies* 2/1 (2019): 65-99.

4 Augustinus, *In Joannis Evangelium Tractatus*, PL 35:1777.

각 속으로 들어가는 일이어서 경건한 설렘과 두려움을 동시에 가져야 한다는 그의 성경 의존적인 경건의 실상을 주목하고 있다. 아우구스티누스의 예정론을 둘러싼 당시의 교부적 배경으로 삼아야 할 주요 인물들은 유스티누스, 이레니우스, 테르툴리아누스, 오리게네스, 크리소스토모스[5] 등이라고 생각하여 예정의 대한 그들의 견해들을 먼저 일별하고 아우구스티누스의 예정론을 논하고자 한다.

## 본론

### 아우구스티누스 이전 교부들의 예정론

유스티누스의 예정론

초기 기독교 변증가 유스티누스(Justinus, 100~165)는 하나님의 예정을 교리적 차원에서 논하지 않은 사람이다. 그래서 예정에 대한 그의 견해를 이해하기 위해서는 그의 여러 저작에서 언급된 예정론의 조각들을 취합하여 그의 입장을 유추해야 한다. 그 견해의 흔적은 그의 책『제1 변증』(*Apologia prima*)에서 발견된다. 그는 성경의 예언과 성취 때문에 사람들이 이 세상에서 일어나는 모든 일을 "운명적인 필연에 따라"(*fati necessitate*) 일어나는 것으로 오해할 수 있다고 우려한다.[6] 그런 문맥에서 교부는 이 세상에서 발생하는 모든 일들은 형벌일 수도 있고 상급일 수도 있는데, 그것은 우연이나 운명의 필연이 아니라 각자가 취한 "행위의 공로를 따라"(*pro meritis actionum*) 나타나는 결과라고 주장한다. 그래서 인간은 선하게 행하기도 하

---

5   예정론의 교부적 이해를 위해 이들을 선택한 이유는 다른 교부들이 이 주제에 대해 유의미한 논의를 제공하지 않기 때문이다. 이는 또한 아우구스티누스 이전의 시대에는 예정론에 대한 신학적 관심사가 적었음을 암시한다.

6   Justinus, *Apologia prima*, PG 6:391-394.

고 악하게 행하기도 하는 자유로운 의지의 선택 능력을 가진 존재라고 한다. 만약 악의 원인을 운명으로 돌린다면 사람들은 선하지도 않고 악하지도 않으며, 미덕과 악덕의 구분도 사라질 것이라고 한다. 선과 악이 구분되는 것은 고작 "견해"(*opinio*)에 불과하게 된다는 것이다. 교부는 이것이 "최악의 불경이요 불의"(*maxima impietas et injustitia*)라고 경고한다.[7]

누구도 "피할 수 없는 운명"(*fatum ineluctabile*)이 있다면 그것은 선을 행하는 자에게는 값진 보상이 주어지고, 악을 택하는 자는 그것에 걸맞은 보응을 받는다는 하나님의 규정이다. 이는 거룩한 예언의 영이 모세의 입을 통하여 "너의 앞에 선과 악이 있으니 너는 선을 택하라"고 한 말에 근거한 주장이다(신 30:15-19).[8] 이렇게 교부는 행하고 심은 그대로 인간에게 갚으시는 하나님을 강조한다. 그는 하나님의 미리 정하시는 예정을 인과응보 혹은 권선징악 원리의 확립으로 이해한다. 그에 의하면, 미래를 예언하는 것은 그 예언의 내용이 운명의 필연성을 따라 반드시 일어나는 일임을 의미하지 않고, "인간에 의해 이루어질 미래의 모든 행위들"을 하나님이 "미리 보신다"(*praevideat*)는 것으로 의미한다. 이 교부에게 하나님의 작정은 인간의 모든 행위들에 어울리는 "적합한 보상"(*digna praemia*)이 주어질 것이라는 규칙이다.[9] 그의 『트리포와의 대화』(*Dialogus cum Tryphone*)라는 책에서도 이 규칙을 강조한다. 즉 의롭지 못한 자로 미리 알려진 사람들이 악하게 되는 것은 '하나님의 잘못'이 아니라 '각자 자신의 잘못' 때문이다. 교부는 이러한 규칙의 성경적인 근거로서, 아버지가 아들 때문에 멸망하지 않고 아들이 아버지 때문에 멸망하지 않고, 각자는 오직 자신의 죄 때문에 멸망하고 자신의 의로움 때문에 구원받는다는 에스겔의 기록(겔 18:20)을 인용한

---

7  Justinus, *Apologia prima*, PG 6:394.
8  Justinus, *Apologia prima*, PG 6:394, *"Ecce in conspectu tuo bonum et malum: elige bonum."*
9  Justinus, *Apologia prima*, PG 6:395.

다.[10] 이처럼 유스티누스의 예정론은 창세 전에 이루어진 하나님의 계획과 결정을 말하고자 함이 아니라 이 세상에서 발생하는 일들의 인과적인 원리를 규명하기 위한 것이었다.

### 이레니우스의 예정론

리용의 주교 이레니우스(Irenaeus, 130~202)는 단일하고 동일하신 하나님이 구약과 신약의 저자라는 사실을 주장하며, 구약의 시대이든 신약의 시대이든 모든 것들을 미리 아시는 "예지를 가지신"(praescium) 분이라는 사실을 우리가 반드시 배워야 한다고 강조한다.[11] 구약과 신약의 단일한 저자가 모든 일을 미리 알고 있기 때문에 성경의 메시지는 예언과 성취의 조화가 완벽하다. 성경만이 아니라 이 세상의 모든 역사도 성경에 기록된 진리의 예언이 성취되는 현장이다. 이것을 교부는 삼위일체 개념으로 이렇게 표현한다. 성부는 모든 것을 선하게 계획하고 명하시며, 성자는 이것을 실행에 옮기시고 만물을 만드시며, 성령은 창조된 모든 것을 배양하고 자라나게 하는 분이시다.[12] 교부는 하나님의 계획에 관하여 이렇게 진술한다. "하나님은 선함이 드러나고 의로움이 완성되며 교회가 그 아들의 형상을 본받아 완전한 사람이 되게 하시려고 인간의 온전함을 위해, 그리고 계획의 성취와 발현을 위해 모든 것을 정하시는 분이시다."[13]

인간은 하나님의 계획과 실행과 도우심을 따라 하나님께 나아가 온전함을 이루어야 한다. 그러나 이것을 위해서는 단계를 밟아야 한다고 교부는 주장한다. 즉 인간은 먼저 1) 지어져야 하고, 2) 성장해야 하고, 3) 강

---

10    Justinus, *Apologia prima*, PG 6:395.

11    Irenaeus, *Adversus haereses*, PG 7:1071.

12    Irenaeus, *Adversus haereses*, PG 7:1108, *"Patre quidem bene sentiente et jubente; Fili overo ministrante et formante; Spiritu vero nutriente et augente."*

13    Irenaeus, *Adversus haereses*, PG 7:1104, *"praefiniente Deo omnia ad hominis perfectionem, et ad efficaciam, et manifestationem dispositionum; uti et bonitas ostendatur, et Justitia perficiatur, et Ecclesia ad figuram imagines Filii ejus coaptetur, et tandem aliquando matures fiat homo."*

해져야 하고, 4) 풍성해야 하고, 5) 피조물의 본성을 극복해야 하고, 6) 영화롭게 되어야 하고, 7) 그 이후에야 주님을 대면하게 된다는 것이다. 그런데 아담과 하와는 이러한 과정을 생략한 채 스스로 하나님과 같아지려 했고 그래서 타락했다. 이에 대하여 교부는 하나님께서 최초 사람의 이러한 죄와 그것에 따른 치명적인 부패를 "미리 보심에 따라"(*secundum providentiam*) 아셨으며 결국 자신의 사랑과 능력으로 "만들어진 본성의 실체"(*factae naturae substantiam*)를 극복하실 것이라고 설명한다.[14]

이러한 신적인 극복의 수혜자는 누구인가? 이 세상에는 영원하신 하나님을 추구하는 사람과 추구하지 않는 사람들이 있다. 하나님은 썩지 아니함을 추구하는 자들에게 그들이 원하는 진리의 빛을 비추시고, 썩어 없어지는 것들을 추구하며 진리의 빛(*lumen*)을 조롱하고 멸시하는 자들에게는 "합당한 어둠"(*congruentes tenebras*)을 준비하는 분이시다. 자신에게 순복하는 자에게는 합당한 상을 베푸시고, 순복하지 않으려는 자에게는 그에게 합당한 형벌을 내리신다.[15] 어떤 이에게는 상을 베푸시는 하나님과 어떤 이에게는 벌을 내리시는 하나님은 결코 다른 하나님이 아니라 동일한 분이라고 교부는 강조한다. 장차 순종하는 사람과 순종하지 않는 사람을 위해 "태초부터"(*ab initio*) 영원한 상과 영원한 벌을 준비해 놓으신 것은 하나님께서 미래의 모든 일을 알고 계셨기 때문이다.[16] 그러나 불순종의 사람으로 하여금 불순종과 불법을 저지르게 만드는 "본성의 원인 자체"(*ipsam causam naturae*)에 관해서는 하나님과 성경이 모두 침묵하기 때문에 지나친 호기심을 가지고 알려고 하지 말라고 충고한다.[17]

교부는 로마서 9장에서 에서와 야곱의 기록을 해석할 때에도 미래의 예

---

14    Irenaeus, *Adversus haereses*, PG 7:1109.
15    Irenaeus, *Adversus haereses*, PG 7:1111.
16    Irenaeus, *Adversus haereses*, PG 7:810.
17    Irenaeus, *Adversus haereses*, PG 7:810.

지에 근거한 하나님의 택하심을 강조한다. 이 교부에 의하면, 하나님께서 야곱을 사랑하시고 에서를 미워하신 이유는 감추어진 것들도 물론 아시지만 그 쌍둥이가 태어나기 이전에도 앞으로 일어날 미래의 모든 일들을 아셨기 때문이다.[18] 이러한 설명은 이집트의 바로에 대해서도 동일하게 적용된다. "모든 것의 예지자"(omnium praecognitor) 되시는 하나님은 심지어 믿지 않을 자들의 수효까지 아신다고 한다. 따라서 교부는 "그가 스스로 미리 정하신 수를 완성하기 위해 기록이 되었거나 생명으로 정하여진 모든 자들이 자신의 육체와 혼과 영을 가지고 다시 일어날 것이라"고 진술한다.[19]

하나님의 예정을 따라 생명으로 정하여진 모든 사람들은 한 사람도 예외 없이 반드시 구원에 이른다는 선택의 불변성 혹은 확고함 때문에, 교부는 "선택의 탑"(turris electionis)이라는 표현까지 사용한다.[20] 당연히 바로가 "결코 믿지 않을 자"(nunquam crediturum)라는 사실을 알기에 하나님의 진노를 보여 자신의 능력을 나타내는 도구로 쓰셨다는 것은 결코 부당하지 않다고 설명한다.[21] 바로가 불신에 빠지고 그의 마음이 강퍅하게 되고 자신이 택한 어둠에 머물도록 하나님이 내버려 두신 이유는 바로의 삶 전체에 대한 그분의 예지 때문이라는 것이다. 구약에서 선지자들 및 의로운 사람들이 앞으로 이루어질 예수의 오심을 갈망하며 보고자 한 이유는, 하나님의 "예지가 그분에 의해"(ab ipso praescientiam) 말씀을 통하여 그들에게 알려지고 보여졌기 때문이라고 한다.[22] 이처럼 예지는 만물과 역사에 대한 하나님의 미리 정하시는 계획에 원인으로 작용하며 믿음의 사람에게 소망의

18  Irenaeus, *Adversus haereses*, PG 7:1044–1045.
19  Irenaeus, L.2, c.62, inter Fragment. *Graec. ad. calcem*. John Gill, *The Cause of God and Truth* (London; Aaron Ward, 1738), 37쪽에서 재인용. Gill의 이 책은 Whitby 박사의 예정론 (*Discourse on the Five Points*)을 반박하기 위해 성경과 교부들에 근거하여 개혁파의 입장을 주장한다.
20  Cf. John Gill, *The Cause of God and Truth*, 39.
21  Irenaeus, *Adversus haereses*, PG 7:1064.
22  Irenaeus, *Adversus haereses*, PG 7:1001.

근거로도 작용한다. 이레니우스의 예정론 안에서도 썩지 아니하는 것과 썩는 것 중 하나를 선택하는 인간의 자유로운 의지는 그들의 삶을 어둠 혹은 빛으로 정하시는 하나님의 예정에 원인으로 작용한다.

### 테르툴리아누스의 예정론

카르타고 출신의 교부 테르툴리아누스(Tertullianus, 155~240)는 하나님의 사역을 예정과 계시로 구분한다. 만물과 역사를 미리 정하신 하나님은 그 정하심을 섭리로서 시공간 속에 보이시는데, 구약에서 미리 알리시는 하나님은 그 예언을 신약에서 또한 친히 이루신다는 것이다.[23] 교부는 예정이 하나님의 예지와 불가분의 관계에 있음을 강조한다. 즉 하나님은 "정해질 것들에 대해 미리 아셨고 알려질 것들에 대해 정하셨다"(*disponendo praesciit, et praesciendo disposuit*)는 것이다.[24] 예를 들어, 하나님은 죄가 발생할 것을 미리 아셨기 때문에 죄를 지으면 반드시 죽을 것이라는 규정을 미리 정하셨다. 같은 맥락에서 교부는 하나님이 인간에게 "선택의 자유"(*arbitrii libertatem*)를 정하셨기 때문에 "인간 앞에 선과 악, 생명과 죽음"을 두시고서 "엄포와 타이름의 방식으로"(*minante et exhortante*) 인간을 가르치신 것이라고 한다.[25] 그래서 죄의 원인을 하나님께 돌리지 못하고 오직 인간의 자유롭고 자발적인 의지의 선택에 돌리는 이유도 여기에 있다고 주장한다. 인간에게 의지의 자유를 주셨기 때문에 하나님은 인간이 주어진 자유를 잘못 행사하려 할 때에도 그 자유를 박탈하지 않으시고, 인간이 자유의 그릇된 행사로 인해 발생하는 위험에 빠지지 않도록 자신의 예지와 능력을 사용하실 수 있음에도 불구하고, 인간의 자유로운 의지 행사에 개입하지

---

23  Tertullianus, *Adversus Marcionem*, PL 2:483-484.
24  Tertullianus, *Adversus Marcionem*, PL 2:290.
25  Tertullianus, *Adversus Marcionem*, PL 2:290.

않으신다고 말이다.[26]

교부는 하나님께서 이 세상의 역사를 다스리실 때 동일한 사람을 택하기도 하시고 버리기도 하시는 다소 모순적인 행하심이 성경에 기록되어 있음을 인정한다. 그러나 그런 행하심은 결코 하나님 안에 모순이 있음을 의미하는 것이 아니라고 두 사람의 사례를 제시하며 설명한다. 첫째, 사울은 하나님에 의해 왕으로 택하심을 입었으나 하나님의 말씀에 온전히 순종하지 않아 버리심을 당하였다. 둘째, 솔로몬도 비록 왕으로 택하심을 입었으나 하나님이 가장 싫어하는 이방의 우상들을 대규모로 수용하는 왕으로서 버리심을 당하였다. 이런 현상에 대해 교부는 "현재의 공과(功過)에 근거하여 버리기도 하고 택하기도 하는 것"(*pro praesentibus meritis et rejiere et allegere*)은 결코 부당하지 않으며, 오히려 의로운 통치자의 표지라고 설명한다.[27] 미래의 악행에 근거하여 현재 선을 행하는 사람을 버리시는 것과 미래의 선행에 근거하여 현재 악을 행하는 사람을 택하시는 것이 오히려 부당한 것이라고 역설한다. 교부는 "정해진 죽음 이후에 각 사람의 공로에 따라(*pro cujusque meritis*) 하나님에 의한 심판이 선언될 것"이라고 한다. 그런 심판의 결과로서, 악한 자들은 영원한 불 가운데서 영원히 살아가고, 경건하고 순결한 자들은 영원한 복 가운데서 영원히 살아갈 것이라고 한다.[28]

로마서 9장에 나오는 에서와 야곱을 해석함에 있어서 교부는 창세기 25장 23절에 근거하여 그 두 사람을 두 개인이 아니라 두 "백성과 나라"(*populus et gens*)로 이해한다. 그리고 로마서의 에서와 야곱 이야기를 예정론의 관점에서 이해하지 않고, 에서는 큰 백성과 나라를 의미하고 야곱은 작은 백성과 나라를 의미하는 것이라고 해석한다. 나아가 먼저 태어난 큰 자 에서는 유대인을 의미하고 나중에 태어난 작은 자 야곱은 그리스도

---

26  Tertullianus, *Adversus Marcionem*, PL 2:290.
27  Tertullianus, *Adversus Marcionem*, PL 2:311.
28  Tertullianus, *Ad nationes*, PL 2:585.

인을 의미하는 것이라고 주장한다. 큰 자가 작은 자를 섬기게 될 것이라는 예언을 따라 유대인은 그리스도인을 섬길 것이고 그리스도인은 유대인을 능가하게 되는 것이라고 해석한다.[29] 이처럼 테르툴리아누스의 예정론은 예지와 예정의 연관성을 간단하게 언급하되, 창세 전의 영원한 정하심이 아니라 인간의 자유로운 의지가 행한 공과에 근거한 시간 속에서의 신적인 택하심과 버리심을 주목한다.

### 오리게네스의 예정론

3세기 알렉산드리아의 교부 오리게네스('Οριγενες, 185-254)는 이성적 존재의 영원 전 창조를 주장한다. 『원리에 대하여』(Περὶ Ἀρχῶν)에 따르면, 하나님은 이성적인 존재를 세상의 창조 이전에 만드시되, 자기 안에 "변화와 다양성"(*varietas ac diversitas*)이 없으시기 때문에 모든 이성적인 존재들을 "동등하고 유사하게"(*aequales ac similes*) 만드셨다.[30] 이들 사이에 차이 혹은 다양성이 발생하는 이유는 "의지의 자유"(*libertas voluntatis*) 때문이다. 즉 이 자유로운 의지의 선택을 따라 이성적인 존재들이 하나님을 모방하면 진보하고 게으르면 실패하게 되는 다양성이 발생하게 되었다고 주장한다. 오리게네스는 하나님이 피조물을 그들의 "공로에 따라"(*pro merito*) 다양한 등급으로 배정하며 그 모든 것들이 각자의 자리에서 하나의 조화로운 세계가 형성되게 하신다고 한다. 출생의 행복과 불행도 우연이 아니라 출생 이전에 이루어진 각자의 공로에 따른 것이기 때문에 하나님은 "불공평한"(*injustus*) 분이 아니라고 한다.

인간이 어떠한 장소에 어떠한 인종과 어떠한 신분으로 태어나는 것도 다 출생 이전의 공로, 즉 영혼이 가진 "순결함 혹은 불순함의 정도에 따

---

29  Tertullianus, *Adversus Judaeos*, PL 2:597-598.
30  Origenes, *De principiis*, PG 11:230.

라"(*secundum mensuram puritatis aut impuritatis*) 결정되는 것이라고 오리게네스는 주장한다.[31] 만약 각자가 가진 "자유로운 선택의 능력"(*facultas liberi arbitrii*)이 예정의 근거로서 존중되지 않는다면 사람들이 자신의 처지를 부당하게 여기거나 우연의 산물로 여길 것이라고 예측한다. 그렇기 때문에 그는 각각의 이성적인 피조물은 "공로의 품위에 따라"(*pro meriti dignitate*) 좋은 천사로, 좋은 인간으로, 나쁜 인간으로, 나쁜 천사로, 심지어는 사탄으로 존재하게 되는 것이라고 주장한다.[32] 이 교부는 이러한 논리를 로마서 9장에 나오는 에서와 야곱의 출생에 대해서도 적용한다. 에서가 에서로, 야곱은 야곱으로 태어나 형이 동생을 섬긴다는 것은 부당한 것이 아니라 우리가 알지 못하는 "선행적인 원인들에 근거한"(*ex praecedentibus causis*) 결과이기 때문에 하나님께 어떠한 부당함도 없다고 평가한다.[33] 하나님은 만물을 말씀과 지혜로 지으시고 그의 정의에 따른 질서를 세우신 것이 지금의 우주라고 그는 설명한다.

오리게네스는 기도를 논하는 글 『기도에 대하여』(*De Oratione*)에서 출생한 이후에도 하나님의 예정은 인간의 자유로운 의지와 결부되어 있다고 주장한다.[34] 이 교부에 의하면, 하나님은 모든 것을 아시며 인간이 "덕행이든 악행이든, 혹은 적절한 것이든 부적절한 것이든" 자유로운 의지로 어떤 선택을 할 것인지도 모두 아는 분이시다. 그러나 "일어날 모든 일과 자유로운 의지로 말미암아 우리의 충동에 따라 일어날 일의 원인이 하나님의 예지"(πρόγνωσις)인 것은 아니라고 생각한다.[35] 그러나 모든 일에 대한 하나님의 예지가 모든 일을 "미리 정하시는"(προδιατάσσεται) 하나님의 예정의

---

31 Origenes, *De principiis*, PG 11:233.

32 Origenes, *De principiis*, PG 11:230-231.

33 Origenes, *De principiis*, PG 11:232.

34 오리게네스, 『기도론』, 이두희 옮김 (서울: 새물결플러스, 2018), 155-169.

35 오리게네스, 『기도론』, 159.

근거가 되기는 하다고 주장한다. 즉 인간의 자유로운 의지가 선택할 일과 잘 어울리게, 주변의 모든 상황과 앞으로의 결과까지 미리 정하시는 것을 미래에 대한 그의 "미리 보심에 근거하여"(ἀπὸ τῆς προνοίας) 하신다는 주장이다. 그렇다면 인간의 자유로운 의지, 하나님의 예견 혹은 예지, 하나님의 예정은 어떠한 관계인가? 이 교부에 의하면, 하나님의 예지를 통해 인간의 자유로운 의지는 하나님의 예정에 원인으로 작용하고 있다는 논리적인 관계가 형성된다. 기도에 있어서도 이 관계는 유지된다. 인간이 자신의 자유로운 의지를 따라 어떠한 것을 기도할 때에 하나님은 그 기도를 미리 아시기 때문에 "그 미리 보심에 근거하여" 응답할 것인지 응답하지 않을 것인지를 가장 적합하게 정하시고 이루신다는 것이다. 그에 의하면, 우리가 살면서 경험하는 모든 환경과 사건은 우리의 자유로운 의지가 행할 모든 일을 미리 아시고 미리 정하시는 하나님의 가장 적합한 반응이다.[36] 이처럼 오리게네스의 예정론은 인간의 의지를 예정의 원인으로 이해하고, 모든 환경과 역사는 그 의지의 결정을 미리 아시는 하나님이 가장 적합하게 정하시고 이끄시는 것이라고 이해한다.

### 크리소스토모스의 예정론

황금의 입을 가진 동방의 교부, 콘스탄티노폴리스 대주교 요한 크리소스토모스(Ἰωάννης ὁ Χρυσόστομος, 349-407)는 예지에 근거한 예정을 주장한다. 로마서 9장 10절을 해석하며 그는 "하나님의 선택이 작정과 예지에 따라 이루어진 것"(secundum propositum et praescientiam)이라고 했다.[37] 하나님의 예지는 불가해한 것이며 우리는 인간의 내면적인 선함과 악함의 여부도 알지 못하기 때문에 "불가해한 선택"(incomprehensibili electionem)의 신비 앞에 모

---

36    오리게네스, 『기도론』, 160–161.
37    Ioannes Chrysostomus, *Homiliae in Epistolam ad Romanos*, PG 60:557.

두가 겸손히 엎드려야 한다고 강조한다.[38] 그럼에도 불구하고 교부는 로마서 9장 20~21절에 근거하여 예정의 대상이 "동일한 인류"(*eodem hominum genere*)이며, 그들 중 일부는 하나님의 선택을 받아 그의 사랑을 나타내고 다른 일부는 선택을 받지 못하여 그의 능력을 나타냄으로써, 이 선택이 결국 하나님의 영광에 이른다고 주장한다. "동일한 진흙"이 "동일한 실체"를 가졌다고 해서 그 진흙에서 만들어진 각각의 그릇이 "동일한 의지의 결정"(*eadem voluntatis proposita*)을 내린다는 것을 의미하는 것은 아니라고 한다. 또 교부는, 어떤 이는 진노의 그릇이 되고 어떤 이는 긍휼의 그릇이 되는 것, 즉 그릇의 명예와 불명예가 결정되는 차이는 토기장이 손에 의존하지 않고 각각의 그릇이 가지고 있는 "의지의 고유한 결정에 근거한"(*ex proprio voluntatis proposito*) 것이라고 주장한다. 바울의 토기장이 비유는 "작정의 필연성에 따른"(*ad propositi necessitatem*) 이야기가 아니라 "경륜들의 권능과 다양성에 따른 것"(*ad oeconomiarum potestatem ac differentiam*)이라는 말이다.[39]

그리고 교부는 로마서 9장 22-24절의 설명에서 어떤 사람들이 진노의 그릇 혹은 긍휼의 그릇이 되는 근거의 "전부"(*totum*)가 하나님께 돌려지지는 않는다고 주장한다. 하나님의 은혜와 인간의 책임을 동시에 강조하기 때문이다. 즉 바로가 진노의 그릇이 된 것은 그 자신의 불법성 때문이며, 어떤 사람이 긍휼의 그릇이 된 것은 적극적인 순종의 자세 때문이다. 물론 하나님의 은총이 차지하는 긍휼의 지분이 더 크지만(*plus*) 사람의 반응에도 약간의(*parum*) 지분을 돌려야 한다고 주장한다. 또 같은 맥락에서 로마서 9장 11절에서 "원하는 자로 말미암은 것도 아니고 달음질하는 자로 말미암은 것도 아니라"는 말의 의미는, 인간의 자유로운 의지를 빼앗는 것이 아니요, 인간의 의지로만 되는 것도 아니요, "위로부터 주어지는 은

---

38    Ioannes Chrysostomus, *Homiliae in Epistolam ad Romanos*, PG 60:557.
39    Ioannes Chrysostomus, *Homiliae in Epistolam ad Romanos*, PG 60:559-560.

혜”(*superna gratia*)가 필요함을 역설하는 것이라고 해석한다.[40]

교부는 자신의 에베소서 강해에서 1장 4절을 해석하며 우리가 세상의 창조 이전에 그리스도 안에서 택함을 받았다는 말의 의미를 설명한다. 즉 그것은 우리가 태어나기 전에 이미 그리스도 예수를 믿는 “믿음을 통하여”(*per fidem*) 택함을 받는다는 방식이 정해져 있었음을 의미하는 것이라고 한다.[41] 택자들이 된다는 것은 “하나님의 자비와 관용”만이 아니라 그 택자들이 가진 “미덕의 표시”(*virtutis indicium*)라고 교부는 주장하는데, 이는 우리가 예정된 것은 하나님의 “사랑만이” 아니라 “우리의 덕”에서도 비롯된 것이라는 주장이다. 이렇게 주장하는 이유는, 차별이 없으신 하나님의 사랑에만 근거한 것이라면 모두가 선택을 받아야 하고, 인간의 미덕에만 근거한 것이라면 선택은 하나님의 사랑과 무관하고 차가운 판결자의 기계적인 결정이 되기 때문이다.[42]

교부는 하나님의 뜻을 두 가지, 일차적인 뜻과 이차적인 뜻(*voluntas prima et secunda*)으로 구분한다. 죄인이 멸망하지 않은 것은 하나님의 일차적인 의지이고, 사람이 악하면 망한다는 것은 하나님의 이차적인 의지라고 그는 설명한다. 그렇다면 예정의 근원이 되는 하나님의 “기뻐하신 뜻”은 무엇일까? 교부는 그 뜻이 일차적인 뜻이면서 선행적인 뜻, 간절한 뜻, 간절한 열망을 수반하는 뜻이라고 설명한다. 예정은 바로 신적인 선함에 근거한 일차적인 뜻의 열매로서 주어지는 “은혜”(*gratia*)라고 정의한다.[43] 그래서 예정은 선택된 자들을, 하나님께서 베푸시는 그 “은혜의 영광”을 찬양하

---

40  Ioannes Chrysostomus, *Homiliae in Epistolam ad Romanos*, PG 60:561.

41  Ioannes Chrysostomus, *Homiliae in Epistolam ad Ephesios*, PG 62:12.

42  Ioannes Chrysostomus, *Homiliae in Epistolam ad Ephesios*, PG 62:12–13, “*qui praedestinavit nos. Non enim sit a laboribus et gestis, sed a caritate; neque a caritate solum, sed etiam a nostra virtute. Nam si a caritate sola, oporteret omnes esse salvos: si autem rursus a nostra sola virtute, supervacaneus fuisset ejus adventus, et quaecumque facta sunt per dispensationem. Sed neque a sola caritate, neque a nostra virtute, sed ex utrisque.*”

43  Ioannes Chrysostomus, *Homiliae in Epistolam ad Ephesios*, PG 62:13.

며 드러내는 악기로 살도록 인도한다. 이처럼 크리소스토모스의 예정론은 하나님의 주권과 인간의 책임을 모두 존중하되 인간의 자유로운 선택에 근거한 하나님의 정하심을 주장하고 있다.

## 아우구스티누스의 예정론

히포의 주교 아우구스티누스는 앞선 교부들의 예정론을 현저히 발전시킨 사람이다. 그가 예정론의 체계화에 관심을 기울인 소극적인 이유는 그의 시대에 등장한 "새로운 이단들을 대적하기"(*contra novos haereticos*) 위함이다.[44] 적극적인 이유는 자기 시대의 사람들이 자비로운 하나님의 예정을 깨닫고 누구도 "덤비지 못하는 진리의 격렬함"(*invicta violentia veritatis*)에 사로잡힌 사고의 겸손한 주체가 되어 "자기 자신이 아니라 하나님을 영화롭게 하도록"(*non in se ipso, sed in Domino glorietur*) 만들기 위함이다.[45] 그는 체계적인 예정의 논의를 위한 대표적인 책으로서 『성도들의 예정에 대하여』(*De praedestinatione sanctorum*)라는 논문을 저술했다. 이 책에서 교부가 가장 먼저 언급하며 거절한 주장은 이것이다. 즉 "은혜의 근거가 되는 우리의 신앙은 우리가 스스로 가지게 된 것이며, 그 신앙이 우리 안에서 자라나는 것은 우리의 공로에 근거하여 하나님이 이루시는 것"이라는 인간적인 주장이다. 교부는 이러한 주장의 뿌리와 같은 "하나님의 은혜는 우리의 공로를 따라 주어지는 것"이라는 펠라기우스의 사상을 거부한다.[46] 그리고 "만물이 그에게서, 그로 말미암아, 그에게로"(롬 11:36)라는 바울의 말에 근거하여 우리의 믿음도 하나님이 그 기원이며 "그에게서" 나오는 것이라고 주장

---

44  Augustinus, *De Dono perseverantiae*, PL 45:1025.
45  Augustinus, *De Dono perseverantiae*, PL 45:1025.
46  Augustinus, *De praedestinatione sanctorum*, PL 44:962, "*Gratiam Dei secundum merita nostra dari.*"

한다. 이 주장에 의하면, 하나님의 은혜는 믿음을 비롯한 우리의 어떤 공로가 산출하는 결과가 아니라 한 개인과 온 세상에서 발견되는 "모든 선한 공로들"의 원인이다.[47]

교부는 믿음과 공로에 대한 자신의 부실한 과거 사상을 회고한다. 그의 과거 사상에 따르면, "하나님이 선택하신 자들 안에서 하나님의 역사를 통해 선을 행하도록 공로를 시작하는 것은 행위가 아니라 믿음인 것처럼, 정죄를 받은 사람들 안에서 형벌 자체로 악을 행하도록 형벌의 공로를 시작하는 것은 불순종과 경건하지 않음이다."[48] 이것은 아우구스티누스 이전의 교부들이 주장했던 예정론의 핵심이다. 사실 교부는 이러한 사상을 이후에도 "지극히 올바르게 말한" 것이라고 생각했다. 그러나 그가 과거에는 깨닫지 못하여 간과한 부분은 "믿음의 공로 자체가 하나님의 선물"이란 사실이다.[49]

과거에도 교부는 인류의 일부가 형벌로 예정되고 인류의 다른 일부는 은혜로 예정되어 있다는 '이중 예정론'을 주장했다.[50] 그러나 이 예정의 근거에 대해서는 이전 시대의 교부들이 생각한 것처럼 아우구스티누스도, 하나님의 자비는 "믿음의 선행하는 공로"(praecedenti merito fidei)에 근거하고 하나님의 강퍅하게 하심은 "선행하는 부당함"(praecedenti iniquitati)에 근거한 것이라고 생각했다. 그때에는 그 선행하는 믿음조차 "하나님의 자비에

---

47 Augustinus, *De praedestinatione sanctorum*, PL 44:962.

48 Augustinus, *De praedestinatione sanctorum*, PL 44:965, "*Sicut enim in his quos elegit Deus, non opera, sed fides inchoat meritum ut per munus Dei bene operentur; sic in his quos damnat, infidelitas et impietas inchoat poenae meritum, ut per ipsam poenam etiam male operntur.*"

49 Augustinus, *De praedestinatione sanctorum*, PL 44:965, "*fidei meritum etiam ipsum esse donum Dei.*"

50 Augustinus, *Enchiridion*, PL 40:279, "*ad damnationem quos juste praedestinavit ad poenam, et ad eorum salute quos benigne praedestinavit ad gratiam*"; idem, *Enarrationes in psalmos*, PL 36:704, "*Relictis comparet se collectus, et repulsis electus: comparet se vasis irae vas misericordiae; et videat quia ex una massa fecit Deus alius vas in honorem, aliud in contumeliam.*" 이중 예정론에 대한 교부의 입장은 예정론을 논하는 거의 모든 저술들에 반영되어 있다.

서 나오는" 것임을 교부가 이해하지 못했었다.[51] 믿음에서 믿음으로 이르는 성도의 여정에서 믿음의 처음과 나중이 모두 하나님의 자비에서 나오는 신적인 선물임을 나중에야 깨달았다. 교부는 자신의 이러한 깨달음이 "어떠한 것도 우리의 것이 아니기에 우리는 어떠한 것도 자랑하지 말아야 한다."라고 하는 경건하고 겸손한 키프리아누스의 가르침에 근거한 것이라고 밝힌다.[52] 두 교부의 깨달음은 우리에게 있는 모든 것이 하나님에 의해 주어진 것이라는 바울의 가르침에 근거한다.[53] 믿음도 그러하고 선행도 그러하고 선한 의지나 선한 생각이나 좋은 성품도 그러하고 좋은 건강이나 환경도 그러하다.[54] 이로써 인간은 믿음을 시작하고 하나님은 그 믿음의 성장에 관여할 뿐이라는 주장과, 하나님은 믿음을 시작하고 인간은 믿음의 성장을 주관한다는 주장은 모두 거부된다.[55] 교부에 의하면, 믿음의 시작만이 아니라 믿음의 성장과 완성도 "하나님의 선물"(donum Dei)이다.[56] 왜냐하면 야고보가 기록한 것처럼 믿음과 같은 "모든 최고의 은사와 완전한 선물"은 빛들의 아버지께서 주시는 것이기 때문이다.[57]

　동일한 진리의 말씀을 들어도 어떤 사람들은 믿고 어떤 사람들은 거부한다. 이러한 차이는 믿고자 하는 의지의 여부 때문에 발생한다. 그런데 교부는 믿고자 하는 의지가 "주님에 의해"(a Domino) 준비되기 때문에 믿게 되고, 믿고자 하지 않는 자들의 의지가 주님에 의해 준비되지 않았기 때문

---

51　Augustinus, *De praedestinatione sanctorum*, PL 44:965.

52　Augustinus, *De praedestinatione sanctorum*, PL 44:962, "*In nullo gloriandum, quando nostrum nihil sit.*" Cf. Cyprianus, *Ad Quirinum: Testimonium libri tres adversus Judaeos*, PL 4:734. 교부는 키프리아누스를 "참되고 진실로 기독교적이고 보편적인 신앙"을 검증하는 분이라고 생각한다. Cf. Augustinus, *Contra duas epistolas Pelagianorum*, PL 44:636.

53　"네게 있는 것 중에 받지 아니한 것이 무엇이냐"(고후 4:7).

54　교부는 암브로시우스를 인용하며 하나님의 자녀가 되는 능력, 선한 생각과 마음을 가질 능력은 인간에게 있지 않고 "하나님의 힘 안에" 있고 "하나님으로부터" 받는다고 주장한다. Augustinus, *De Dono perseverantiae*, PL 45:1004.

55　Augustinus, *De praedestinatione sanctorum*, PL 44:991.

56　Augustinus, *De Dono perseverantiae*, PL 45:995, 1022.

57　Augustinus, *De correctione et gratia*, PL 44:921.

에 믿지 않게 되는 것이라고 분석한다.[58] 그리고 이 자비는 "하나님의 의를 얻게 하는 선택" 안에 있다고 설명한다. 나아가 하나님의 선택보다 선행하는 것은 없다고 단언한다. 선택에 뿌리를 둔 이 자비의 은혜는 "어떠한 강팍한 마음에 의해서도 거절되지 않는다"(*a nullo duro corde respuitur*)고 하는 저항할 수 없는 은혜를 주장하는 것이다.[59] 그러나 하나님은 이 은혜를 모든 사람이 아니라 일부의 사람에게 베푸신다. 이러한 사실 때문에 하나님께 불의함이 있다고 주장하는 사람들이 있다. 그러나 교부는 반대한다. 왜냐하면 그 은혜는 하나님의 지극히 공정하고 정의롭고 지혜로운 의지가 내린 결정이기 때문이다. 하나님의 존재와 의지 이외에 다른 모든 인자들은 그 결정에 개입하는 순간 객관성을 떨어지게 한다. 그런 인자들이 반영되면 하나님의 결정이 개선되는 것이 아니라 필히 개악된다.

그렇다면, 특정한 자에게만 은혜를 베푸시는 이유는 무엇인가? 이 질문에 대해 교부는 바울의 말을 인용하며 "그의 판단은 헤아릴 수 없고 그의 길은 찾지 못한다"고 대답한다.[60] 다만 이렇게 추정한다. 하나님의 은혜로 복음을 믿지 못하는 자들은 두 부류로 구분된다. 첫째, 복음을 아예 듣지 못한 사람이다. 그는 복음을 들었어도 믿지 않았을 것으로 미리 알려진(*non credituri praesciebantur*) 자들이다. 둘째, 복음을 들은 사람인데 그는 복음을 이미 들었어도 믿지 않은 사람이다. 이 사람은 첫 번째 부류의 사람에게 본보기(*exemplum*)가 된다고 교부는 설명한다.[61] 이들과는 달리 복음을 듣고 믿는 사람들은 누구인지, 언제 어디에서 믿을 것인지도 예수는 미리 안다는 사실은 "보다 확실한 것"(*verius*)이라고 한다. 그렇게 믿을 자들은 바로 "창세 전에 그분 안에서 택하심을 받은 자들"이다. 이러한 이해에 근

---

58  Augustinus, *De praedestinatione sanctorum*, PL 44:968.
59  Augustinus, *De praedestinatione sanctorum*, PL 44:972.
60  Augustinus, *De praedestinatione sanctorum*, PL 44:973.
61  Augustinus, *De praedestinatione sanctorum*, PL 44:974.

거하여 교부는 은혜와 예정의 차이점과 관계성을 이렇게 설명한다. "예정은 은혜의 준비이고 은혜는 선물 자체이다."[62] 동시에 교부는 은혜를 "예정의 열매"(praedestinationis effectus)라고 정의하고,[63] 더 나아가 예정은 예지 없이는 존재할 수 없고 예지도 예정 없이는 존재할 수 없다고 진술한다. 그이유는 하나님께서 "예정을 통하여 자신이 하고자 하실 일을 미리 아시기" 때문이라는 것이다.[64] 나아가 교부는 "성도들의 예정"을 "구원받는 자들이 누구이든 지극히 확실하게 구원을 받게 하는 하나님의 예지와 관용의 준비"라고 정의한다.[65] 이런 맥락에서 때로는 예정이 "예지라는 이름으로"(nominee praescientiae) 나타나는 경우도 있다고 주장하며 "하나님이 미리아신 자기 백성을 버리지 않으셨다"(롬 11:2)는 바울의 말을 예시로 제시한다.[66] 그리고 교부는 "미리 정했다는 것은 자신이 행할 것을 미리 알았다는 것"이기 때문에 예정과 예지는 동일한 것이라고 말하기도 한다.[67]

교부는 하나님의 약속도 그의 "예정에서 비롯된"(de praedestinatione) 것이라고 한다. 그런데 하나님의 그 약속은 인간이 이루는 것도 아니고, 인간이 그분으로 하여금 이루게 만드는 것도 아니고, 오직 하나님 자신이 이루신다. 왜냐하면 하나님은 사람이 하고자 하는 것이 아니라 자신이 하고자하시는 것을 약속하기 때문이라는 것이다.[68] 인간이 이룬 것처럼 보이는

62    Augustinus, *De praedestinatione sanctorum*, PL 44:974, "*praedestinatio est gratiae praeparatio, gratia vero jam ipsa donatio.*"

63    Augustinus, *De praedestinatione sanctorum*, PL 44:975.

64    Augustinus, *De praedestinatione sanctorum*, PL 44:975, 988, "*praedestinatio est, quae sine praescientia non potest esse: potest antem esse sine praedestinatione praescientia. Praedestinatione quippe Deus ea praescivit, quae fuerat ipse facturus…Cum ergo nos praedestinavit, opus suum praescivit, quo nos sanctos et immaculatos facit.*"

65    Augustinus, *De Dono perseverantiae*, PL 45:1014, "*Haec est praedestinatio sanctorum, nihil aliud: praescientia scilicet, et praeparatio beneficiorum Dei, quibus certissime liberantur, quicumque liberantur.*"

66    Augustinus, *De Dono perseverantiae*, PL 45:1022.

67    Augustinus, *De Dono perseverantiae*, PL 45:1023, "*praedestinasse est hoc praescisse quod fuerat ipse facturus.*"

68    Augustinus, *De praedestinatione sanctorum*, PL 44:975, "*Promisit enim quod ipse facturus fuerat, non quod homines.*"

것도 믿음의 눈으로 보면 하나님이 이루신 것임을 확인한다. 인간의 의지와 노력으로 이루어진 것은 하나도 없고 모두 하나님이 이루셨다. 왜냐하면 은혜도 하나님에 의해 주어졌고, 믿음도 하나님에 의해 주어졌고, 약속의 성취도 하나님에 의해 이루어진 것이기 때문이다. 바울이 말한 것처럼 이 모든 것은 원하는 자로 말미암은 것도 아니고, 달리고 노력하는 자로 말미암은 것도 아니고, 오직 긍휼히 여기시는 하나님의 택하심을 따라 성취된다. 은혜와 약속과 믿음의 원인과 관련하여 인간의 의지와 노력이 배제되면, 인간의 어떠한 선행적인 공로나 미래적인 선행도 배제되는 것은 당연하다.[69]

교부에 의하면, "예정과 은혜의 가장 뛰어난 빛은 구세주 자신, 하나님과 인간의 중보자인 인간 그리스도 예수 자신이다."[70] 예수는 과연 그 이전에 "자신의 믿음이나 행위의 어떠한 선행적인 공로들로 말미암아" 자신의 인성을 가졌는가?[71] 결코 그렇지 않다. 예수의 인성은 어떠한 선행적인 공로로 말미암은 것이 아니라 하나님의 특별한 은총의 결과이다. 이 예수는 이 세상에 태어나는 모든 사람들의 모델이며 모든 "은혜의 원천"(fons gratiae)이다.[72] 예수가 은혜로 메시아가 된 것처럼, 누구든지 성도가 되었다는 것은 그가 가진 "믿음의 시초부터" 은혜로 말미암은 결과이다. 예수가 성령으로 말미암아 잉태한 것처럼 성도도 동일한 성령으로 말미암아 거듭난다. 비록 예수가 죄악된 여인 마리아의 태에서 나왔으나 죄가 없는 것은 성령의 효력으로 말미암았기 때문인 것처럼, 동일한 성령에 의해 죄의 사하심이 성도에게 주어진다. 성령으로 말미암아 인간 예수의 키와 지혜가 자라나신 것처럼, 모든 성도의 신앙도 성령으로 말미암아 성장한다. 이 모

---

69  Augustinus, *De praedestinatione sanctorum*, PL 44:981.

70  Augustinus, *De praedestinatione sanctorum*, PL 44:981, "*Est etiam praeclarissimum lumen praedestinationis et gratiae, ipse Salvator, ipse Mediator Dei et hominum homo Christus Jesus.*"

71  Augustinus, *De praedestinatione sanctorum*, PL 44:981.

72  Augustinus, *De praedestinatione sanctorum*, PL 44:982.

든 일들은 하나님께서 정하신 것이고 또한 미리 아신 내용이다. 이것이 바로 "성도들 중의 성도[이신 예수 그리스도] 안에서 가장 명확하게 보인 성도들의 동일한 예정이다."[73]

이러한 예정의 성경적인 근거로서 교부는 로마서 1장 4절에 나오는 "호리죠"(ὁρίζω)를 지목하며 이 단어를 "예정된"(praedestinatus)으로 번역한다.[74] 바울이 밝힌 것처럼 "하나님의 아들과 인간의 아들"이신 예수가 우리의 머리로 예정된 것은, 우리가 그의 지체들로 예정된 것을 의미한다. 어떠한 공로에 대한 보상의 차원이 아니라 값없는 예정의 은혜로서 그리스도 예수를 "믿음의 시조와 종결자"(principem fide et perfectorem)로 만드신 하나님은 동일하게 인간 안에 "믿음의 시작과 완성"(principium fidei et perfectionem)을 친히 이루셨다.[75] 하나님이 "미리 아시고 미리 정하신"(praescivit et praedestinavit) 택자들은 하나님의 부르심을 받아 그 아들의 형상으로 자라간다.

부르심과 믿음의 관계를 논함에 있어서도 교부는, 인간의 공로를 거부하고 하나님의 은혜를 강조한다. "우리가 믿었기 때문에 택하심을 받은 것이 아니라 택하심을 받았기 때문에 믿게 된 것"처럼, 우리가 택하심의 유효적인 부르심을 받는 것도 믿었기 때문이 아니라 믿도록 부르신 것이라고 설명한다. 이런 논리는 하나님이 우리를 택하시도록 우리가 하나님을 택한 것이 아니라, 우리가 하나님을 택하도록 하나님이 우리를 택하신 것과 동일하다. 선택과 부르심과 믿음의 관계에 대한 교부의 설명에 따르면, 하나님께서 우리를 택하시고 세상에서 불러내신 것은 우리가 창세 전에 이미 그리스도 안에서 택하심을 받았기 때문이다.[76]

---

73  Augustinus, *De praedestinatione sanctorum*, PL 44:982., "*Ipsa est igitur praedestinatio sanctorum, quae in Sancto sanctorum maxime claruit.*"

74  Augustinus, *De praedestinatione sanctorum*, PL 44:982.

75  Augustinus, *De praedestinatione sanctorum*, PL 44:983.

76  Augustinus, *De praedestinatione sanctorum*, PL 44:985, "*Elegit ergo eos de mundo cum hic ageret carnem, sed jam electos in se ipso ante mundi constitutionem.*"

세상에 존재하지 않는 사람을 선택하는 것은 과연 가능한가? 교부는 하나님께서 "예정을 통해서만" 존재하기 이전의 우리를 택하실 수 있다고 설명한다. 존재하지 않는 선택의 대상은 과연 거룩하지 않고 깨끗하지 않은 자들인가? 펠라기우스 분파는 미래에 자유로운 의지를 따라 거룩하고 깨끗하게 될 자들을 하나님께서 미리 아시고 그렇게 될 자들만 창세 전에 택하신 것이라고 주장한다. 이런 주장을 반대하는 교부는 그 근거로서 에베소서 1장 4절을 제시한다. 교부는 바울의 가르침을 따라, 택하심을 받은 우리의 거룩함과 흠 없음이 "우리가 장차 그러할 것이었기 때문이 아니라 우리가 그렇게 되도록"(non quia futuri eramus, sed ut essemus) 택하심을 받았다고 반박한다.[77] 이는 택자들 미래의 거룩함과 흠 없음이 예정의 원인이 아니라 예정의 결과라는 반박이다. 교부는 키프리아누스의 주기도문 해석을 인용하여, 거룩함이 인간의 노력으로 마련되는 미래적인 공로가 아니라 하나님의 선물이기 때문에 거룩함을 구하는 것이라고 주장한다.[78] 하나님께서 거룩하지 않고 깨끗하지 않은 자들 중 일부를 택하셔서 거룩하고 흠 없게 만드시는 예정을 하셨다고 교부가 말할 때, 그는 창세 전 예정의 대상이 타락 이전의 인간이 아니라 타락 이후의 인간임을 전제하고 있다. 후대의 개념으로 평가해 볼 때, 아우구스티누스의 예정론은 전택설이 아니라 후택설의 입장에 가깝다고 생각된다.

또한 교부는 하나님의 택하심을 받은 사람들은 반드시 영원한 생명으로 인도함을 받는다는 "견인"(perseverantia)을 주장한다. 그런데 인간의 믿음을 "시작하고 끝까지 유지되게 하는 하나님의 은혜는, 우리의 공로를 따라 주어지지 않고 그 자신의 지극히 은밀하고 동시에 지극히 의롭고 지극히 지혜롭고 지극히 자비로운 의지에 따라 주어진다."[79] 이처럼 견인은 하

---

77    Augustinus, *De praedestinatione sanctorum*, PL 44:987.

78    Augustinus, *De correctione et gratia*, PL 44:922-923.

79    Augustinus, *De Dono perseverantiae*, PL 45:1012, "*inchoandi et usque in finem perseverandi*

나님의 이 의지에 의한 예정의 은혜와 연동되어 있다. 이는 교부가 주장하는 것처럼, 하나님의 역사 전체가 "모든 시간 이전의 예정"(*praedestinatio ante omnia tempora*)과 "예정된 것의 시간적인 집행"(*praedestinata temporaliter exequi*)으로 구성되어 있기 때문이다.[80] 하나님께서 우리에게 베푸시는 사랑의 시작은 이 세상에서 믿음이라는 하나님의 선물이 주어지는 때가 아니라 세상의 창조 이전이다. 시간 속에서의 신적인 사랑은 "새로운 사랑"(*nova dilectio*)이 아니라 영원 속에서 예정된 동일한 사랑의 집행인 것이다.[81] "하나님의 예지와 예정"에 의해 택하심을 받지 못한 사람들은 비록 겉으로는 부르심을 받고 교회에 출석하고 "복되고 경건하게 살아가는" 것처럼 보일 수도 있겠지만, 결국에는 영원한 생명으로 인도되지 않고 생을 마감한다. 그러나 택하심의 예정을 받은 사람들은 가난하고 비천하게, 심지어 경건하지 않게 살아간다 할지라도 결국에는 하나님의 자비로운 "고치심"(*correctio*)을 받고 그분께로 돌아와 영원한 생명으로 들어간다.[82] 즉 하나님의 택하심을 받은 모든 사람은 하나도 탈락되지 않고 모두가 부르심을 받고, 의롭다 하심을 받고, 거룩하게 하심을 받고, 영화롭게 되며 주님께로 간다.[83] 이는 변함 없으신 하나님의 영원한 사랑과 그 사랑에 근거한 "예정의 불변성"(*immobilitatem praedestinationis*)[84]으로 인하여 "성도들의 예정

---

gratiam Dei non secundum merita nostra dari; sed dari secundum ipsius secretissimam, eamdemque justissimam, sapientissimam, beneficentissimam voluntatem."

80  Augustinus, *Confessionum*, PL 32:866. 교부는 요한복음 17장 6~7절에서 아버지와 함께 누렸던 예수의 영광을 해석할 때에도 창세 전의 예정과 시간 속에서의 집행이라는 도식을 사용한다. Augustinus, *De trinitate*, PL 35:1906-1907.

81  Augustinus, *De trinitate*, PL 42:924.

82  Augustinus, *De correctione et gratia*, PL 44:925.

83  Augustinus, *De correctione et gratia*, PL 44:924; idem, *De trinitate*, PL 42:1070. 교부는 택자들의 숫자도 확고하여 하나도 구원에서 탈락하지 않는다는 사실만이 아니라, 하나님이 행하실 "자신의 미래 일들의 배열"(*opera sua futura disponere*) 즉 예정은 "실패할 수도 없고 변경될 수도 없다"고 확신한다. Augustinus, *In Evangelium Ioannis tractatus*, PL 45:1019.

84  Augustinus, *In Evangelium Ioannis tractatus*, PL 35:1921.

된 수"(praedestinatus numerus sanctorum)가 반드시 채워질 것이기 때문이다.[85]

만약 택자들 중에 하나라도 탈락하는 일이 생긴다면, 그것은 미리 정하시고 미리 아셔서 당신의 목적을 따라 선택하고 부르시는 "하나님이 실패하신 것이며"(fallitur Deus) "인간의 죄에 의하여 패배를 당하신 것"(vitio homano vincitur)으로 간주된다.[86] 그런데 하나님은 결코 실패함이 없으시다. 교부는, 성도의 완전한 견인은 사람의 공로나 능력이나 의지에 근거한 것이 아니라 하나님의 실패하지 않으심에 근거한 것이라고 강조한다. 그럼에도 불구하고 예수께서 베드로의 "믿음이 떨어지지 않기"를 기도하신 것은, 택하심을 받은 베드로도 견인되지 않고 도중에 믿음이 떨어질 수 있다는 증거라고 주장하는 사람들이 있다. 이에 교부는 예수의 이 기도가 베드로의 믿음 안에 "가장 자유롭고 가장 강하고 가장 정복되지 않고 가장 항구적인 의지"가 있음을 보여 주는 것이라고 해석한다. 나아가 하나님의 은총이 인간의 자유를 제한하는 것이 아니고, 의지의 자유와 대립되는 것도 아니며, 서로 조화되는 관계라고 설명한다. 인간의 의지는 의지의 자유로 말미암아 은혜에 도달하는 것이 아니라, 은혜로 말미암아 진정한 자유에 이른다고 교부는 강조한다.[87] 이것을 다르게 표현하면 이러하다. "넘어지는 자는 자신의 [자유로운] 의지로 넘어지고 일어서는 자는 하나님의 은혜로 [자유롭게] 일어선다."[88] 예정의 은혜를 베푸시는 하나님은 인간이 범하는 죄의 저자가 아님에 분명하다. 죄의 책임은 자유로운 의지로 죄를 범하는 인간에게 돌아가고, 용서의 공로는 하나님께 돌아간다.

견인의 뒤안길에 하나님의 사랑을 받아 성도처럼 살아간 사람들이 생

85  Augustinus, *De bono viduitatis*, PL 40:449.

86  Augustinus, *De correctione et gratia*, PL 44:924.

87  Augustinus, *De correctione et gratia*, PL 44:926, "*Ecce quemadmodum secundum gratiam Dei, non contra eam, libertas defenditur voluntis. Voluntas quippe humana non libertate consequitur gratiam, sed gratia potius libertatem.*"

88  Augustinus, *De Dono perseverantiae*, PL 45:1003, "*Voluntate autem sua cadit, qui cadit; et voluntate Dei stat, qui stat.*"

의 마지막에 결국 견인되지 못하는 일이 발생하는 이유는 무엇인가? 이러한 모순적인 인생의 질문에 대해 교부는 솔직히 "나도 모른다"고 고백한다. 영원 속에서 이루어진 미지의 신적인 의논에 대해 불평하지 말아야 할 것은, "하나님의 불가해한 심판"(inscrutabilia judicia Dei)과 하나님의 지혜와 지식의 깊이와 심오함 때문이다. 이에 대하여 교부는 계시된 분량과 감추어진 분량의 이 조화로운 비율이 "우리에게 가장 유익한 것"(nobis saluberrimum)임을 믿자고 권면한다.[89] 계시된 말씀에 근거해서 보면, 자의적인 죄를 짓지도 않고 죽은 두 유아 중에 하나가 버려지고, 예수님의 좌우에 있는 동일한 죄인 중에 하나가 버려지고, 경건하게 보이는 두 사람 중의 하나가 마지막 순간에 믿음에서 떠나는 것은, 우리가 비록 그러한 일들의 "감추어진 원인들"(causarum latentium)을 다 알지는 못하지만 이들이 모두 "우주를 경영하는 자의 계획을 따라 예정된 자들이 아니라"는 사실만은 분명하다.[90] 나아가 교부는, 벳세다 사람들이 믿지 않았던 예수의 놀라운 행적을 두로와 시돈에서 행했다면 그 두 도시가 회개하고 정죄를 당하지 않았을 것이라는 예수의 이야기가 우리에게 "보다 높은 예정의 신비"(altius mysterium praedestinationis)를 보여 주는 것이라고 주장한다. 이 이야기가 신비로운 이유는, 벳세다 사람들이 예수의 행적을 보고서도 믿지 않을 것이라는 점을 미리 알고 계셨지만 그들에게 보이셨고, 두로와 시돈이 예수의 행적을 보았다면 믿게 되었을 것이라는 점을 미리 알고 계셨지만 그들로 하여금 보도록 예정하지 않으셨기 때문이다.[91] 이 이야기는 갓 태어나서 죽은 유아의 버려짐에 대해서도 해명의 열쇠를 제공한다. 즉 두로와 시돈이 예수의 기적을 보았다면 믿었을 것을 하나님이 미리 아셨지만 택함을 받

---

89    Augustinus, *De correctione et gratia*, PL 44:926.

90    Augustinus, *De Dono perseverantiae*, PL 45:1005, "*non erant praedestinati secundum propositum ejus, qui universa operatur.*"

91    Augustinus, *De Dono perseverantiae*, PL 45:1005.

지 않았다는 사실은, 그 유아가 복음을 들었어도 믿지 않았을 것을 하나님이 미리 아셨기 때문에 택함을 받지 않은 것이 아니라는 사실을 설명한다.[92] 이러한 설명을 통하여 교부는 미래의 신앙에 대한 예지나 미래의 불신앙에 대한 예지가 선택과 유기의 예정에 영향을 주지 않는다는 점을 가르친다.

그렇다면 예정은 복음의 선포와 순종과 기도의 필요성도 없애는가? 교부는 결코 그렇지 않다고 주장한다. 그 근거로서 바울과 예수의 사례를 제시한다.[93] 먼저 "하나님은 선한 뜻을 위하여 우리 안에 의지하는 것과 실행하는 것을 이루시는 분이라"(빌 2:13)고 말한 바울은, 우리에게 하나님을 기쁘시게 하는 일을 의지하고 행하라고 가르친다. "너희 안에서 선한 일을 시작하신 이가 그리스도 예수의 날까지 이루실 줄을 확신"(빌 1:6)한 사도는, 우리에게 주 예수를 믿으라고 하고 그 믿음을 지키라고 하고 지속적인 기도에 매진할 것을 가르친다. 이처럼 예정의 교리를 체계화한 바울 자신이 인간의 적극적인 순종과 실천도 강조하고 있다. "나를 보내신 아버지께서 이끌지 않으시면 아무도 내게 올 수 없"(요 6:44)다고 하신 예수도 "아버지를 믿으니 또한 나를 믿으라"(요 14:1)고 가르쳤다. 그래서 교부는 성경의 기록에 근거하여 예정이 복음의 선포와 진리의 교훈과 훈계와 책망을 무용하게 만들지 않는다고 주장한다.[94] 오히려 예정론을 가르치면 "가장 치명적인 오류"(*perniciosissimum errorem*)를 제거할 수 있다고 주장한다. 즉 예정의 가르침은 "하나님의 은혜가 우리의 공로를 따라 주어지기 때문에 주님을 자랑하지 않고 자기 자신을 자랑하게 되는" 오류를 제거한다.[95] 자

---

92  Augustinus, *De Dono perseverantiae*, PL 45:1005–1006.

93  Augustinus, *De Dono perseverantiae*, PL 45:1013.

94  Augustinus, *De Dono perseverantiae*, PL 45:1013.

95  Augustinus, *De Dono perseverantiae*, PL 45:1019, "*impediri potius atque subverti hac praedestinationis praedicatioine illum tantummodo perniciosissimum errorem, quo dicitur, gratiam Dei secundum merita nostra dari; ut qui gloriatur, non in Domino, sed in se ipso glorietur.*"

신의 이러한 입장은 다른 교부들의 가르침과 다르지 않음을 강조한다. 아우구스티누스는 자신이 예정론을 논하면서 가장 많이 언급한 키프리아누스와 암브로시우스의 입장을 제시한다. 이 두 교부가 "모든 것들을 통하여 믿어야 하고 모든 것들을 통하여 선포해야 하는" 진리의 핵심은, 거저 주시는 "하나님의 값없는 은혜"(gratiam Dei gratuitam)였고, 이 가르침은 "나태한 자들을 훈계하고 악한 자들을 책망하는 것"과 결코 상충되지(adversam) 않는다는 것이었다.[96] 이처럼 히포의 교부가 보기에 예정과 순종은 성경과 전통이 하나의 목소리로 가르친 내용이다.

이러한 논의의 맥락에서 교부는 자신이 과거에 『고백록』에 쓴 "당신이 명하시는 것을 주시고 당신이 원하시는 것을 명하소서"(Da quod jubes, et jube quod vis)라는 문장의 의미를 설명한다.[97] 하나님은 주시는 분이면서 동시에 명하시는 분이시다. 하나님의 명령과 소원의 내용은 동일하게 우리의 믿음이다. 믿음의 시작과 성장과 완성은 모두 하나님이 원하시고 명하시고 베푸시는 선물이다.[98] 우리가 의롭게 살아가기 위해 필요한 모든 "수단들"(media)도 하나님에 의해 주어지는 것이라고 교부는 강조한다.[99] 이처럼 교부가 보기에 하나님의 은혜와 그 은혜의 샘으로서의 하나님의 영원한 예정은 신앙의 핵심이다. 그런데 펠라기우스를 비롯한 당시의 이단들은 하나님의 은혜가 우리의 공로로 말미암은 것이라고 주장하며 그 "은혜의 전적인 부정"(gratiae omnino negatio)을 시도했다. 교부에게 이 부정은 성경 전체를 부정하는 것이었다. 그래서 교부는 자신의 모든 힘을 동원하여 예정론을 가르치는 성경의 모든 텍스트를 다른 누구보다 "더 풍성하고 명료

---

96  Augustinus, *De Dono perseverantiae*, PL 45:1023. 그러나 아우구스티누스는 예정론 자체에 대한 다른 교부들의 구체적인 생각을 말하지는 않고, 인간의 어떠한 공도로 없이 주어지는 하나님의 은혜로운 은혜를 예정의 은혜로 간주하며 교부들의 생각을 인용한다.

97  Augustinus, *De Dono perseverantiae*, PL 45:1026.

98  Augustinus, *De Dono perseverantiae*, PL 45:1026-1027.

99  Augustinus, *De Dono perseverantiae*, PL 45:1028.

하게" 변호한 것은 오롯이 "성경을 지키기" 위한 것이라고 고백한다.[100] 즉 교부는 모든 성경이 가르치고 모든 경건한 믿음의 선진들이 받아들인 "보편적인 신앙"(catholica fides) 즉 하나님의 모든 은혜가 인간의 공로를 따라 주어지지 않고 하나님 자신의 기뻐하신 뜻을 따라 이루어진 예정의 결과라는 신앙의 고백을 지키고자 했던 것이다.[101]

동시에 아우구스티누스는 하나님의 예정과 예지에 대한 세속 학자들의 반대도 반박한다. 특별히 교부는 미래의 일들에 대한 신적인 예지를 거부한 키케로와 미래의 모든 일들을 운명으로 돌리는 스토아 학파의 입장을 거부하면서, 하나님은 미래의 모든 일들도 아시고 우리는 우리의 자유로운 의지를 따라 우리가 알고 느끼는 것을 행한다고 주장한다. 미래의 일들은 "선행하는 유효적 원인들에 의하지 않고서는"(nisi praecedentibus efficientibus causis) 일어날 수 없다는 철학적 주장에 대해 시간의 제약을 받지 않으시는 "하나님의 의지"(voluntas Dei)가 얼마든지 유효적 원인이 된다고 교부는 반박한다.

인간의 행위에 대해서는, 미래의 일들이 발생하게 되는 다양한 "원인들의 순서"(ordeinem causarum)는 하나님의 미리 정하심과 미리 아심 안에 있으며 그 순서 안에는 "인간의 의지"도 포함되어 있다고 설명한다. 왜냐하면 인간의 행위에 원인이 되는 인간의 의지도 하나님께 미리 알려진 무수한 원인들 중의 하나이기 때문이다. 이처럼 하나님의 예정과 예지는 인간의 자유로운 의지를 무시하는 운명이 아니면서 동시에 인간의 의지와 충돌되는 것도 아니라고 주장한다.[102] 물론 교부는 하나님의 의지와 인간의 의지

---

100 Augustinus, *De Dono perseverantiae*, PL 45:1026.

101 Augustinus, *De Dono perseverantiae*, PL 45:1027. 이러한 보편적 신앙의 근간을 흔드는 것은 펠라기우스가 저지른 일 중에서도 "일급 범죄"(capitale crimen)라고 교부는 평가한다. Augustinus, *De Dono perseverantiae*, PL 45:1028.

102 Augustinus, *De civitate Dei*, PL 41:148-150. 이 주제에 대해서는 John M. Rist, "Augustine on Free Will and Predestination," *The Journal of Theological Studies* 20/2 (1969): 420-447을 참조하라.

가 모두 유효적인 원인임을 인정한다. 그러나 차이점이 있다. 만물의 원인인 하나님의 의지는 모든 것을 "이루지만 이루어진 것은 아닌"(*facit, nec fit*) 원인이고, 인간의 의지를 포함한 다른 원인들은 무언가를 "이루지만 또한 이루어진"(*faciunt, et fiunt*) 원인이다.[103] 모든 원인들의 원인인 하나님의 의지는 인간의 의지와 달라서 미래의 일들도 미리 정하시고 미리 아시는 것이 얼마든지 가능하다. 하나님의 의지는 "모든 지상적인 현상들과 운동들의 으뜸가는 최고의 원인"(*prima et summa causa omnium corporalium specierum atque motionum*)이다. 교부는 이 세상에서 보이거나 감지되는 어떠한 일도 최고 통치자의 "보이지 않는 궁정"에서 "보상과 형벌, 은총과 보응, 설명할 수 없는 정의에 입각한 명령과 허용" 없이는 일어남이 없다고 강조한다.[104] 여기에서 명령은 주로 선과 관계하고 허용은 주로 악과 관계한다. 그러나 악도 하나님의 허용 없이는 일어날 수 없기 때문에, 하나님의 허용은 "안 원하심"(*nolens*)이 아니라 "원하심"(*volens*)을 의미하는 것이라고 교부는 주장한다.[105] 악의 의지적인 허용에 있어서도 하나님은 당신의 절대적인 능력으로 그 악조차 선으로(*de malo bene*) 바꾸시려 할 때에만 허용하는 분이시라는 것이다.

교부는 이 세상에 온갖 불의하고 거짓되고 폭력적인 일들이 일어나고, 세상의 여러 왕들이 일어나 손을 잡고서 예수를 대적하며, 헤롯과 빌라도와 이스라엘 백성이 예수에 대해 적개심과 폭력을 휘두르는 것까지도 하나님에 의해 예정된 것이라고 주장한다. 이 주장은 사도행전 4장 28절에 근거한다. 이 구절에 의하면, 긍정적인 일만이 아니라 부정적인 일

---

103  Augustinus, *De civitate Dei*, PL 41:151.

104  Augustinus, *De trinitate*, PL 42:873, "*Nihil enim fit visibiliter et sensibiliter quod non de interiore invisibili atque intellegibili aula summi Imperatoris, aut iubeatur, aut permittatur secundum ineffabilem iustitiam praemiorum atque poenarum, gratiarum et retributionum, in ista totius creaturae amplissima quadam immensaque republica.*"

105  Augustinus, *Enchiridion*, PL 40:279.

도 하나님의 "손과 의논"(ἡ χείρ σου καὶ ἡ βουλὴ, *manus et consilium*)이 "미리 정한"(προώρισεν, *praedestinava*) 것들이다.[106] 이러한 주장 때문에 아우구스티누스가 하나님을 "죄의 저자"로 만든다는 오해가 발생한다. 그러나 교부는 사탄이 "죄의 괴수"(*principis peccatorum*)이며 "모든 죄들의 제일 저자"(*primus auctor omnium peccatorum*)라고 생각한다.[107] 물론 하나님은 햇빛과 비를 악한 자와 선한 자 모두에게, 의로운 자와 불의한 자 모두에게 주시는 차원에서 "지옥의 자식들"도 지으시고 먹이신다. 그러나 하나님은 그들에게 죄 자체를 주입하신 일이 없고 죄의 원인을 제공하지도 않으시기 때문에 결코 죄의 저자나 원인일 수 없다. 그가 악한 자들에게 베푸시는 양식은 죄를 배부르게 하는 에너지가 아니라 "본성의 선함에 속한 것"(*ad naturae pertinent bonitatem*)이고, 음식의 섭취에 의한 그들의 성장도 악의 근육을 키우는 것이 아니라 하나님께서 창조하실 때에 모든 인간에게 부여하신 "선한 본성에게 주는 것"(*dat bonae naturae*)이라고 교부는 주장한다.[108] 즉, 선 자체를 베푸시고 선행의 원인을 주시는 하나님은 당신의 선하심을 따라 인간의 본성을 선하게 지으신 분이라고 역설하는 것이다. 교부는 분명히 밝히기를, 마귀는 "죄의 저자"이고 하나님은 "본성의 저자"이다.[109]

## 결론

유스티누스, 이레니우스, 테르툴리아누스, 오리게네스, 크리소스토모스 등 아구누스티누스 이전의 교부들은 예정의 교리를 하나의 단일한 주제로 논의하지 않고 필요에 따라 아주 간략하게 진술했다. 그들은 대체로

---

[106]  Augustinus, *De praedestinatione sanctorum*, PL 44:984.
[107]  Augustinus, *De peccatorum meritis et remissione et de baptism parvulorum*, PL 44:131; idem, *De natura et gratia*, PL 44:262.
[108]  Augustinus, *De nuptiis et concupiscentia*, PL 44:455.
[109]  Augustinus, *De natura et gratia*, PL 44:275; idem, *De nuptiis et concupiscentia*, PL 44:442.

하나님의 예지와 예정을 인정했다. 그들에게 하나님의 예지는 미래에 일어날 모든 일에 대한 선행적인 인식이고, 하나님의 예정은 그 예지에 근거한 신적인 결정이다. 그 교부들에 의하면, 하나님을 믿고 선을 행할 것으로 예지된 자들은 영원한 생명으로 예정하고, 하나님을 부인하고 악을 행할 것으로 예지된 자들은 영원한 죽음으로 예정된다. 이처럼 하나님의 예정은 예지이고, 인간의 공과가 그 예지의 내용이다. 결국 인간의 행위에 근거한 예정이다. 이러한 교부들의 예정론을 긍정적인 관점에서 평하자면, 하나님의 은혜를 강조하는 것보다 하나님이 죄의 저자가 아니라는 점을 변호하고, 인간에게 있는 의지의 자유로운 선택을 존중하고 보호하며, 죄의 결과에 대해서는 인간에게 책임을 적법하게 돌리기 위한 그들의 의도가 반영되어 있다.

아우구스티누스도 초기에는 이전 교부들의 입장을 수용했다. 그러나 후기에는 모든 것이 하나님의 선물이기 때문에 자랑할 것이 하나도 없다고 말하는 고린도전서 4장 7절과 키프리아누스의 절대적인 은혜 개념에 감동하여 자신의 예정론을 혁신했다. 하나님의 은혜가 혁신의 요체였다. 교부의 혁신된 예정론은 세상에 없었던 전혀 새로운 견해가 아니라, 그가 보기에 성경으로 돌아가는 것이었고 가장 좋은 전통으로 돌아가는 것이었다. 자신의 신학적인 과거와 완전히 단절한 것도 아니었다. 하나님께서 먼 미래에 일어날 어떤 사람의 신앙 혹은 불신앙을 미리 아셔서, 신앙을 가질 사람들은 영원한 생명으로 정하시고 불신앙을 가질 사람들은 영원한 죽음으로 정하시는 것은, 그가 이전에도 가진 사상이고 이후에도 지극히 올바른 것이라고 확신했다. 다만 이후에 바뀐 부분은 택하심을 받은 자들의 미래적인 신앙이 그들의 공로가 아닌 하나님의 은혜라는 대목이다.

하나님은 인간의 존재 여부나 행위 여부에 근거하지 않으시고, 은혜를 주실지 주시지 않을지를 결정하는 그분의 기뻐하신 뜻을 따라서만 예정의 대상을 결정하는 분이시다. 이 결정에 어떠한 불의함도 없는 것은 하나님의 존재와 의지가 지극히 지혜롭고 지극히 공의롭고 지극히 거룩하고 지극히 선하시기 때문이다. 그런 의지가 모든 원인들의 원인이며 예정의 궁극적인 원인이기 때문이다. 만약 이러한 의지의 완전한 결정에 다른 견해가 반영되고 다른 요소가 섞인다면 하나님의 예정이 개선되는 것이 아니라 오히려 개악될 가능성이 높다. 아우구스티누스는 인간의 자유로운 의지의 선택을, 어떠한 강요나 박탈도 없으며 지극히 자유롭고 결코 정복되지 않는 것으로서 존중한다. 인간적인 의지의 선택은 하나님의 명령과 허용을 벗어나지 못하는데, 그렇다고 해서 죄를 하나님께 돌릴 수도 없는 이유는 하나님의 신비로운 섭리 때문이라고 교부는 고백한다. 아우구스티누스의 예정론 논의는 교부 시대에 가장 세세하고 잘 체계화된 형태였다. 이는 과거의 전통적인 예정론 및 과거에 자신이 가진 신학적 결핍과 완전히 결별하지 않으면서 미흡한 부분과는 정교하게 싸우고 극복한 결과라고 평가하고 싶다.

## Chapter 04
# 중세 시대 예정론
## : 토마스 아퀴나스 사상을 중심으로

---

### 요약

이 장에서는 중세의 예정론을 다루되 토마스 아퀴나스 사상을 중심으로
탐구한다. 예정론은 교부 시대 및 종교개혁 시대만의 교리가 아니라 중
세에도 계승되고 가르쳐진 교리였다. 그러나 중세의 예정론에 대한 연구
는 대단히 미진하다. 물론 이 교리를 논하면서 중세의 인물들 중에 갓초
크와 스코투스 에리우게나 같은 이름이 이따금씩 거명되나, 이 교리의
중세적 연속성 혹은 수용성에 대해서는 대체로 함구한다. 본 글에서 나
는 예정의 교리에 대한 단절적인 이해의 신학적 이음새를 제공하고, 하
나의 교리에 대한 역사적 연속성 존중의 필요성을 강조하려 한다. 논지
의 전개는 중세의 초기와 중기의 예정론 이해를 간략하게 정리하고 중
세의 중반과 후반에 해당하는 토마스의 예정론을 다루되, 에베소서 1장
주석과 예정론을 집요하게 다룬 로마서 9장에 대한 주석과 그의 주저인
《신학대전》(Summa theologiae, ST)을 중심으로 탐구하여, 택자와 유기자의
이중적인 단일 예정론과 인간의 공로에 대한 예지가 예정의 원인이나 근
거가 아니라는 점과 하나님이 죄의 저자가 아니라는 주된 사상의 연속성
을 밝히고자 한다. 연구의 결과에 따르면, 토마스 아퀴나스 사상에 나타
난 중세의 예정론은 먼저 성경의 텍스트에 뿌리를 두고 교부들의 가르침
중에 버릴 것은 거부하고 취할 것은 계승하는 절충적인 태도로 자기 시
대에 걸맞은 체계화를 시도한 흔적이 역력하다. 토마스의 예정론은 로마
서와 에베소서 주석에서 성경적 토대를 확립하고 《신학대전》 안에서 신
학적 체계를 구축한다. 주석에 나타난 예정론은 성경 텍스트의 문자를
해석하는 작업에 충실하고, 신학적 체계 속에서는 8개의 질문을 던지고
답을 제시하는 방법으로 예정론의 중세적 관심사를 나타낸다.

# 서론

이 장에서는 중세의 예정론을 다루되 토마스 아퀴나스(Thomas Aquinas, d.1274) 사상을 중심으로 탐구한다.[1] 예정론은 교부들 중에 아우구스티누스에 의해 발의되고 종교개혁 주역들 중 칼뱅에 의해 채택되어 지금까지 계승된 것이라는 것이 일반적인 인식이다. 물론 이 교리를 논하면서 중세의 인물들 중에 갓초크(Gottschalk, d.869)와 스코투스 에리우게(Johannes Scotus

---

\* 이 장은 "중세의 예정론— 토마스 아퀴나스 사상을 중심으로," 「한국조직신학논총」 53 (2018. 12.), 165-197에 게재된 논문이다.

1 토마스 아퀴나스 사상에 나타난 예정론 혹은 섭리론 연구에 대해서는 다음을 참조하라. James Halverson, "Franciscan Theology and Predestinarian Pluralism in Late-Medieval Thought," *Speculum* 70/1 (1995): 1-26; B. L. Hebblethwaite, "Some Reflections on Predestination, Providence and Divine Foreknowledge," *Religious Studies* 15/4 (1979): 433-448; Peter Furlong, "Indeterminism and Freedom of Decision in Aquinas," Ph.D. Dissertation, The Catholic University of America (2013); Matthew Levering, "Grace," in *Paul in the Summa Theologiae* (Washington, DC: Catholic University of America Press, 2014): 153-185; idem., "Aquinas on Romans 8: Predestination in Context," in *Reading Romans with St. Thomas Aquinas, ed. Matthew Levering and Michael Dauphinais* (Washington, DC: Catholic University of America Press, 2012): 196-215; J. J. MacIntosh and J. J. MacIntosch, "Aquinas and Ockham on Time, Predestination and the Unexpected Examination," *Franciscan Studies* 55 (1998): 181-220; Calvin G. Normore, "Compatibilism and Contingency in Aquinas," *The Journal of Philosophy* 80/10-2 (1983): 650-652; A. D. R. Polman, *De praedestinatieleer van Augustinus, Thomas Aquinas en Calvijn* (Franeker, 1936); H. A. Oberman, "De Praedestinatione et Praescientia: An Anonymous 14th-Century Treatise on Predestination and Justification," *Nederlands archief voor kerkgeschiedenis* 43 (1960): 195-220; Christopher Ryan, *Dante and Aquinas: A Study of Nature and Grace in the Comedy* (London: Ubiquity Press, 2013); McGinn Bernard, "The Development of the Thought of Thomas Aquinas on the Reconciliation of Divine Providence and Contingent Action," *Thomist: A Speculative Quarterly Review* 39/4 (1975): 741-752; Steven C. Boguslawski, *Thomas Aquinas on the Jews: Insights into His Commentary on Romans 9-11* (New York: A Stimulus Book, 2008); Paul W. White, "Predestinarian Theology in the Mid-Tudor Play "Jacob and Esau," *Renaissance and Reformation* 12/4 (1988): 291-302. 이상의 문헌들 중에서 토마스의 예정론에 대한 다소 체계적인 논의는 Polman(1936)과 Levering(2012)에서 발견되고 나머지는 다른 주제를 연구하는 중에 예정의 교리에서 필요한 부분만 언급한다.

Eriugena, d.877)나 같은 이름이 이따금씩 거명되나, 이 교리의 중세적 연속성 혹은 수용성에 대해서는 대체로 함구한다. 하나님의 진리는 역사 속에서 변경이나 단절 없이 보존된다. 성경에 분명히 언급된 예정의 가르침도 그러하다. 그래서 이 장에서는 예정의 교리에 대한 단절적인 이해의 신학적 이음새를 제공하고 하나의 교리에 대한 역사적 연속성 존중의 필요성을 강조하려 한다. 논지의 전개는 중세의 초기와 중기의 예정론 이해를 간략하게 정리하고, 중세의 중반과 후반에 해당하는 토마스의 예정론을 다루되 에베소서 1장 주석(*Super Epistolam B. Pauli ad Ephesianos lectura*)과 예정론을 집요하게 다룬 로마서 9장에 대한 주석(*Super Epistolam B. Pauli ad Romanos lectura, SR*)[2]과 그의 주저인 『신학대전』(*Summa theologiae, ST*)을 중심으로 탐구하여, 택자와 유기자의 이중적인 단일 예정론과 인간의 공로에 대한 예지가 예정의 원인이나 근거가 아니라는 점과 하나님이 죄의 저자가 아니라는 주된 사상의 연속성을 밝히고자 한다.

## 본론

### 아퀴나스 이전의 중세 예정론

한국에서 중세의 예정론에 대한 연구는 거의 전무하다. 중세에도 예정론은 중요한 교리로 여겨졌고 논의도 계속해서 이어졌다. 중세의 예정론을 간략하게 정리하면, 초기에는 예정론에 대한 직접적인 관심사의 대립보다 인간의 의지를 강조하는 펠라기안 사상과 하나님의 은총을 강조하

---

2   이 글에서 토마스의 *Summa Theologiae*는 *ST*라는 축약어로 표기하고 1부, 1문항, 1조항은 I.i.1.과 같이 표기한다. *Super Epistolam B. Pauli ad Ephesianos lectura* 와 *Super Epistolam B. Pauli ad Romanos lectura* 의 경우에는 각각 *SE*와 *SR*로 표기하고 1장 1절의 주석은 i.1.과 같은 방식으로 표기한다.

는 아우구스티누스 사상이 대립했다. 중기에는 세비야의 이시도르(Isidor of Saville, d.636) 입장을 따라 갓초크가 아우구스티누스의 예정론을 복원했고 힌크마르(Hinkmar, d.882)가 그 반대편에 서서 갓초크를 비방했다. 이어서 갓초크의 예정론에 대한 반응으로 에리우게나의 비판과 레미기우스(Remigius of Lyons, d.875)의 수용이 대립했다. 후기에는 아퀴나스가 레미기우스의 긍정을 대체로 이어 갔고, 오컴(William of Ockham, d.1347)이 에리우게나의 부정을 비슷하게 이어 갔다. 즉 갓초크와 레미기우스와 아퀴나스는 예정론에 대해 긍정적인 입장을, 힌크마르와 에리우게나와 오캄은 예정론에 대해 부정적인 입장을 취하였다.

이상의 요약을 설명하면, 아우구스티누스 이후 중세의 초기인 6~8세기에도 예정에 대한 관심사는 있었다. 비록 인간의 자유로운 의지의 실천으로 구원에 이른다는 펠라기안 교리가 풍미하고 있었지만, 죄로 결박된 의지를 자유롭게 하는 은총의 강조와 예정론의 수용이 곳곳에서 발견된다. 즉 인간의 의지는 비록 선택의 자유가 있지만 선을 행하는 자유는 없어서 노예적인 의지이며, 오직 하나님의 주권적인 은혜에 의해서만 선을 행하는 것이 가능하다. 시간 속에서 일어나는 이러한 일들은 비록 그 원인이 땅에도 있지만 보다 근원적인 원인은 하나님의 예정인 것이다.[3] 특별히 세비야의 이시도르는 아우구스티누스의 견해에 기초하여 택자와 유지가의 이중적인 예정론을 주장했다.[4]

9세기의 갓초크는 중세의 중기에 아우구스티누스 사상을 추종하며 이

---

3   이에 대해서는 Francis X. Gumerlock, "Predestination in the Century before Gottschalk (Part I)," *Evangelical Quarterly* 81/3 (2009): 195–209쪽과 "Predestination in the Century before Gottschalk (Part II)," *Evangelical Quarterly* 81/4 (2009): 319–337쪽을 참조하라.

4   Isidore of Seville, *Sententiae*, II.vi.1, Patrologia Latina 83:606. 이시도르의 이중 예정론이 아우구스티누스의 예정론과 완전히 일치하는 것은 아니다. 둘의 입장차에 대한 연구로는 Sergey Vorontsov, "The Teaching of Isidore of Seville on Predestination," *Vestnik Pravoslavnogo Svâto-Tihonovskogo Gumanitarnogo Universiteta* 43/5 (2012):95–108쪽을 참조하라.

중 예정론을 주장한 대표적인 인물이다.[5] 그는 나이가 들면서 수도원을 탈퇴할 권한을 요구했고, 이에 수도원의 극심한 반대에 봉착했다. 반대의 주창자는 알퀸의 학교를 이끌던 갓초크의 스승이요 수도자 규칙서를 편찬한 라바누스 마우루스(Labanus Maurus, d.856)였다. 당시 알퀸과 『카롤링거 전서』 저자들의 신학은 아우구스티누스 사상에 의존했다. 의존하는 방식은 그 교부의 문헌에서 발견한 경구들의 발췌와 초록과 선집에 만족하는 것이었다. 그러나 이런 식의 만족은 미흡했다. 이에 갓초크는 보다 온전한 아우구스티누스 신학으로 돌아가려 했다. 특별히 그의 예정론을 주목했다. 이에 알퀸의 제자들은 말과 폭력으로 그의 시도를 잠재우려 했다. 먼저 그들은 예정론에 대한 갓초크의 입장을 왜곡했다. 즉 신은 인간으로 하여금 죄를 짓도록 정해 놓았으며 영원한 삶이나 영원한 죽음을 예정해 놓았다는 것이 갓초크의 입장인 것처럼 호도했다. 그리고 자신들은 신이 선하고 옳으며 죄인의 죽음을 원치 않는다고 주장했다. 즉 신은 선하시며 모든 인간의 구원을 원하시는 분이라는 입장이다.

그러나 갓초크의 입장은 이중 예정론(*gemina praedestinatio*), 즉 '인간이 알 수 없는 신의 결정에 따라 신국에 속하거나 악마의 종자에 속한다'는 후기 아우구스티누스의 입장을 확인하는 것이었다. 하지만 이러한 갓초크의 입장은 당시의 사회적 질서를 파괴하는 것처럼 내비쳤다. 영원한 운명이 우리의 행위와 무관하게 예정되고 확정되어 있다면, 결국 그 누구도 자신이 원하는 것을 얻을 수 없지 않느냐는 논리가 작동했다. 확립된 질서는 위험에 빠지고, 카롤링거 왕조의 문화도 방향을 잃게 되리라는 느낌의 확산은 아우구스티누스 추종자인 갓초크 제거라는 처방으로 이어졌다. 나아가 그리스도 예수는 모든 사람을 위해 죽은 것이 아니라 단지 극소수의

---

5    Andrzej P. Stefanczyk, "Doctrinal Controversies of the Carolingian Renaissance Gottschalk of Orbais' Teachings on Predestination," *Roczniki Filozoficzne* 65/3 (2017): 53-70.

선택된 사람을 위해 죽었다는 생각은, 칼 대제의 제국에 내재해 있던 선교의 성향과 영토 확장 명분에 찬물을 끼얹는 일이었다. 그러므로 제한 속죄 개념도 거절을 당하였다. 결국 갓초크는 교회에서 단죄되고 말았으며, 라바누스는 마인츠에 모인 주교들 앞에서 채찍으로 갓초크를 징계했다.

그리고 갓초크는 힌크마르 교구장의 손으로 넘어갔고 수도원에 갇혀서 여생을 보내야만 했다. 힌크마르는 예정론에 대한 갓초크의 입장을 반박하기 위해 『하나님의 예정과 자유로운 의지에 대하여』(*De praedestinatione Dei et libero arbitrio*)를 저술했고 그의 삼위일체 교리를 비판하기 위해 『셋이 아닌 단일한 신성에 대하여』(*De una et non trina deitate*)를 집필했다. 나아가 힌크마르는 칼 대제의 왕립학교 석학에게 예정론 논쟁의 전모에 대한 조사를 요청했다. 그 석학의 이름은 요하네스 스코투스 에리우게나였다. 갓초크와 에리우게나 입장은 다음과 같이 대비된다. 먼저 예정에 대한 갓초크의 입장이다. 1) 하나님은 택자를 영원한 생명으로, 유기자를 영원한 죽음으로 정하셨기 때문에 예정은 하나이나 이중적인 성격을 나타낸다. 2) 유기자의 예정은 그들이 저지르는 악에 대한 하나님의 예지에 기초한다. 3) 하나님은 모든 사람의 구원을 원하지는 않으신다. 4) 인류는 택자와 유기자로 구분되며 택자는 결코 잃어버린 바 되지 않고 유기될 가능성이 없다. 5) 그리스도 예수는 오직 택자만을 위해 죽으셨다. 6) 타락한 인류는 오직 죄만 지을 수 있기 때문에, 선을 행하는 것은 오직 하나님의 은혜에 의해서만 가능하다.[6]

---

6  보다 자세한 설명은 Francis X. Gumerlock, "Predestination in the Century before Gottschalk (Part I)," 195쪽과 갓초크의 원문들을 영어로 번역한 Victor Genke & Francis X. Gumerlock, *Gottschalk & A Medieval Predestination Controversy: Texts Translated from the Latin*, Mediaeval Philosophical Texts in Translation, vol. 47 (Milwaukee: Marquette University Press, 2010)를 참조하라. 갓초크는 이중 예정론을 다음과 같이 표현한다. Hincmar, *De praedestinatione Dei et libero arbitrio*, Patrologia Latina 125:89–90: "*Ego Gothescalcus credo et confiteor, profiteor et testificor, ex Deo Patre, per Deum Filium, in Deo Spiritu sancto, et affirm atque approbo coram Deo et sanetis ejus, quod gemina est praedestinatio, sive electorum ad requiem, sive reproborum ad mortem: quia sicut Deus incommutabilis ante mundi constitutionem omnes electos suos incommutabiliter per*

이와는 달리 갓초크의 예정론에 적대적인 에리우게나가 자신의 책『예정론에 대하여』(De praedestinatione)[7]에서 내세운 주장은 다음과 같이 요약된다. 1) 하나님의 절대적 단순성에 근거하여 이중 예정론은 터무니 없는 주장이다. 2) 신은 영원하기 때문에 미리 보거나 결정하지 않으신다. 3) 죄의 예견과 지옥의 예정은 이단적인 주장이다. 4) 일체의 죄와 악은 본질적인 것도 아니고 실존하는 것도 아니며 오직 단순한 결핍에 지나지 않기 때문에 예지의 가능성은 없다. 5) 신은 선이요 흘러 넘치는 선이기 때문에, 죄인에 대한 진정한 벌은 그 죄인이 자신에게 내릴 뿐이며 공간적인 것으로 생각되는 지옥에서 이뤄지지 않는 것이요 자신의 후회 자체가 바로 지옥이다. 6) 이중 예정이 없을 뿐만 아니라 어떠한 예정도 존재하지 않는다.

이러한 에리우게나 입장과 대척점에 있는 예정론의 다른 문법은 레미기우스가 정리한 7가지의 규칙들(regulae)에서 확인된다. 즉 1) 하나님의 예정은 영원하고 변하지 않는다는 것, 2) 하나님의 창조에서 예지되지 않고 예정되지 않은 것은 하나도 없다는 것, 3) 하나님의 모든 사역에서 예지된 모든 것은 또한 예정된 것이며 예정된 것은 예지된 것이라는 것, 4) 하나님은 인간과 천사의 모든 것들을 미리 다 아셨지만 악한 것을 예정하진 않으셨고 선한 것은 예지하신 동시에 예정하신 것이며 그 자신이 선한 것의 저자라는 것, 5) 하나님의 예정은 악한 자와 악한 일이 일어나게 하는 어떠한 강요나 강제도 부과하지 않는다는 것, 6) 이러한 규칙들은 비록 성경에 명시되어 있지는 않지만 함축되어 있다는 것, 7) 택함을 받은 자는 모두 구원을 받고 정죄함을 받은 자는 모두 멸망을 당한다는 것.[8] 이처럼 부

---

gratuitam gratiam suam praedestinavit ad vitam aeternam, similiter omnino omnes reprobos, qui in die judieii damnabuntur propter ipsorum mala merita, idem ipse incommutabilis Deus per justum judicium suum incommutabiliter praedestinavit ad mortem merito sempiternam."

7  Johannes Scotus Erigena, De praedestinatione, PL 122: 347–440.

8  Remigius of Lyons, Liber de tribus epistolis, PL 121:989–1000: "Praescientia et praedestinatio Dei sempiterna et incommutabilis…Omnia aeternae praescientiae et ordinationi eius immobiliter subsunt…In operibus Dei omne praescitum est praedestinatum…Bona opera principaliter Dei sunt,

정적인 입장이든 긍정적인 입장이든 아퀴나스 이전인 중세의 중기에도 예정론에 대한 관심사가 사라지지 않았다는 사실은 분명하다.

## 토마스 아퀴나스의 예정론

예정론에 부정적인 입장을 취한 에리우게나와 긍정적인 입장을 가진 레미기우스의 시대 이후에도 예정의 교리는 끊어지지 않고 이어졌다. 중세의 석학 토마스 아퀴나스 신학에서 보다 체계적인 형태로 부활한다. 토마스는 예정론에 대한 아우구스티누스의 입장을 복원하되 자신의 시대에 주어진 신학적 과제를 푸는 중세적 어법으로 예정론의 체계화를 시도했다. 무엇보다 에베소서 1장 주석에서 토마스는 성경 텍스트에 기초하여 예정의 여섯 가지 특징들을 다음과 같이 정리한다.

1) 예정은 창세 전에 이루어진 영원한 행위이다. 2) 예정은 '우리'를 시간적인 대상으로 삼는다. 3) 예정은 그리스도 예수로 말미암아 양자가 되는 현실적인 특권을 제공한다. 4) 예정의 결과는 미래에 그리스도 자신을 향하여 이루어질 일들이다. 5) 예정이 실현되는 방식은 '작정에 따라' 은혜롭게 성취된다. 6) 예정은 영광의 찬양이라는 합당한 효력을 발휘한다.[9]

---

sed et ipsius creaturae. Mala solius creaturae ideo praescita, non praedestinata...Praedestinatio Dei nulli necessitate ad malum imponit...Ex re etiam sine verbis intelligenda in Scripturis praescientia et praedestinatio nulla bona opera ex nobis, sed ex Deo, ipsaque praedestinata...Electorum nullus perire potest. De reprobis nullus salvatur. Cur salvari non possunt reprobi. De parvulis." 레미기우스에 대해서는 다음을 참조하라. G. R. Evans, "The Grammar of Predestination in the Ninth Century," *The Journal of Theological Studies* 33/1 (1982): 134-145.

9  *SE*, i.5.: "*praedestinationem implicat sex. Primo actum aeternum, ibi praedestinavit, secundo, temporale obiectum, ibi nos, tertio, praesens commodum, ibi in adoptionem, etc., quarto, fructum futurum, ibi in idipsum, quinto, modum gratuitum, ibi secundum propositum, sexto, effectum debitum, ibi in laudem gloriae, et cetera.*"

이것을 요약하면, 예정은 하나님이 자신 안에서 우리를 택하셨기 때문에 자유로운 행위이고(*libera*), 세상의 기초가 세워지기 전에 이루어진 일이어서 영원하며(*aeterna*), 우리가 거룩하고 흠없게 되어지기 때문에 실효적인 것이며(*fructuosa*), 사랑 안에서 이루어진 일이기에 은혜로운(*gratuita*) 섭리이다.[10]

예정에 대한 토마스의 보다 구체적인 생각은 로마서 9장 주석에 나타난다. 그곳에서 그는 이스라엘 출신이라 할지라도 다 이스라엘 백성이 아니요, 아브라함 일가에서 태어난 자녀라 할지라도 오직 이삭의 씨만이 유효한 씨라고 한 바울의 논지를 언급하며 그 사례로서 에서와 야곱이 있다고 설명한다. 에서는 형이고 야곱은 동생이다. 그런데 큰 자가 작은 자를 섬긴다는 역설적인 사실, 그리고 동일한 아버지와 동일한 어머니가 동일한 시간에 한 번의 동일한 성적 결합을 통해서 낳은 에서는 미움의 대상, 야곱은 사랑의 대상이 되었다는 황당한 사실의 이유는 무엇일까? 바울의 설명은 "그 자식들이 아직 나지도 아니하고 무슨 선이나 악을 행하지 아니한 때에 택하심을 따라 되는 하나님의 뜻이 행위로 말미암지 않고 오직 부르시는 이로 말미암아 서게 하려"는 것이었다. 이러한 바울의 설명에 근거하여 토마스는 이중 예정론, 즉 야곱이 받은 사랑은 하나님의 영원한 예정(*aeternam Dei Praedestinationem*)에 속한 것이고 에서가 받은 미움은 하나님의 유기(*reprobationem*)에 속한 것이라고 해석한다.[11] 그런데 토마스는 예정이 출생이나 행위에 근거하지 않고 오직 하나님 자신에게 근거를 둔 것이라고 말하면서, 유기에 대해서는 유기가 "하나님이 죄인들을 버리시는 것"(*qua Deus reprobate peccatores*)이라고 규정한다. 후대의 기준으로 구분해 본다면, 토마스는 타락 후 선택설을 지지한다. 그리고 하나를 택하고 다

---

10    *SE*, i.4.
11    *SR*, ix.13.

른 하나를 버리는 것에 어떠한 선행적인 공로도 고려되지 않았다고 말하면서, 인간이 먼 미래에 행할 공로에 대한 예지는 예정의 근거가 아니지만 죄들에 대한 예지는 유기의 근거가 된다고 주장한다.[12]

에베소서 주석과 로마서 주석에서 밝힌 예정의 성경적인 가르침에 근거하여, 토마스는 자신의 『신학대전』 안에서 여덟 개의 질문을 던지고 답변하는 방식으로 예정의 교리적 체계화를 시도한다.

**질문 1**[13]: 예정을 하나님께 돌리는 것이 합당한가? 이에 토마스는 인간을 예정하신 것은 하나님께 합당한 일이라고 답변한다. 만물(*omnia*)[14]이 그의 섭리에 속하였고, 사물을 그것의 목적으로 향하게 하는 것은 섭리에 속한다는 것이다. 토마스에 의하면, 하나님에 의해서 정해지는 사물의 목적은 두 가지로 구분된다. 첫째, 피조된 본성의 역량과 능력을 초월하는 것으로서 영원한 생명이며 이는 하나님을 바라보는 것(*divina visio*)으로 이루어져 있다. 둘째, 피조된 본성과 상응하는 것으로서 본성의 힘을 따라서 취득할 수 있는 목적이다. 두 목적이 지향하는 궁극적인 목적(*finem ultimum*)은 신적인 선함(*bonitas divina*)이다.[15] 그 목적을 지향하는 만물의 질서는 하나님께 있다.

중세의 석학에게 "예정"은 섭리[16]의 한 부분이며 "신적인 마음에 존재하

---

12  *SR*, ix.13-14: "*praescientia meritorum non potest esse aliqua ratio praedestinationis, quia merita praescita cadunt sub praedestinatione; sed praescientia peccatorum potest esse aliqua ratio reprobationis ex parte poenae... Deus sine merito praecedente unum eligit, et alterum reprobat.*"

13  *ST*, I.xxiii.1.

14  *ST*, I.xxii.2. 토마스는 일반적인 의미에서 보편적인 의미의 만물만이 아니라 모든 개체들에 있어서도(*non in universali tantum, sed etiam in singulari*) 하나님의 섭리에 모두 종속되어 있다고 주장한다.

15  *ST*, I.xxii.1.

16  토마스는 어떤 목적을 향하도록 미리 정한 사물들의 질서라는 원리(*ratio*)와 그 질서의 실행(*executio*)이 하나님의 섭리에 속한다고 주장한다. *ST*, I.xxii.3. 그리고 하나님의 행위는 본성의 필연성에 의하지 않고(*per necessitate naturae*) 의지와 지성의 결정에 따라(*secundum determinationis voluntatis et intellectus ipsius*) 실행된다. 그러나 섭리에 하나님의 의지와 지성이 동일한 수준으로(*ex aequali*) 관여하는 것은 아니라고 한다. 만약 그렇다면 하나님 안에서 동일한(*idem*) 의지와 지성이 신적인 순일성(*divina simplicitas*)에 영향을 주게 된다고 우려하기 때문이다. *ST*, I.xxii.1-2.

는 것[17]으로서, 어떤 이들을 영원한 생명으로 정하시는 것의 근원"(*quaedam ratio ordinis aliquorum in salutem aeternam, in mente divina existens*)이며, "현재의 은혜와 미래의 영광의 준비"(*praeparatio gratiae in praesenti, et gloriae in futuro*)이다. 목적을 향하여 정해진 사물의 질서라는 의미에서 "필연성의 부과"(*impositionem necessitates*)라는 다메섹 요한의 이해도 수용한다.[18]

섭리의 목적과 관련하여, 비이성적 피조물은 인간적인 본성의 능력도 초월하는 그런 영원한 생명이라는 첫째 목적에 이르지를 못한다고 토마스는 주장한다. 그래서 그런 피조물은 예정이 되었다고 말하지를 않으며, 예정은 오직 인간과 천사에게 적용되는 것이라고 한다. 영원한 생명으로 예정된 인간과 천사가 있고, 영원한 죽음으로 예정된 인간과 천사가 있다는 말은 가능하다. 토마스가 보기에 이러한 예정이 모든 이들에게 알려져야 한다는 것은 합당하지 않다. 모든 사람에게 그들의 예정이 알려지면 두 가지의 문제가 발생한다. 즉 예정되지 않은 사람들은 절망하게 되고 예정된 자에게는 나태가 초래된다. 이처럼 절망과 나태라는 이중적인 이유 때문에 예정에 대한 보편적인 인지의 필요성을 토마스는 부정한다.[19]

**질문 2**[20]: 예정은 무엇인가? 이것은 예정이 예정된 자들 안에 무언가를 두느냐의 물음이다. 예정은 예정된 자들 안에 있는 어떠한 것도 고려되지 않았다고 토마스는 대답한다. 예정은 예정의 주체이신 하나님 안에서만 발견된다. 토마스는 능동성과 수동성을 구분하여 예정을 이렇게 표현한다. 즉 예정은 수동적인 혹은 결과적인 면에서(*passive*) 예정된 자들 안에 있고, 능동적인 면 혹은 원인에 있어서는(*active*) 예정자인 하나님 안에 있다.

---

17 다른 논의에서 토마스는 하나님의 마음에는 존재하나 실제로는 존재하지 않는 것을 예정의 대상으로 삼지만 그 예정에는 오류가 없다는 아우구스티누스의 생각을 제시한다. *ST*, I.xxii.4.

18 *ST*, I.xxiii.1.

19 *ST*, I.xxiii.1.

20 *ST*, I.xxiii.2.

이는 섭리가 섭리의 대상에게 속하지 아니한 것과 일반이다. 예정만이 아니라 예정의 집행 즉 통치(*gubernatio*)는 수동적인 면에서는 통치되는 것들 안에 있지만, 능동적인 면에서는 통치자의 권한이다. 예정은 신적인 마음 안에 있는 것으로서 일부의 사람들을 영원한 생명으로 정하시는 것의 유형을 일컫는다. 예정의 집행은 소명과 그 이후의 일들(*vocatio et magnificatio*)이다.[21]

토마스의 주장에서 특이한 것이 발견된다. 그는 "은혜"(*gratia*)라는 개념이 예정의 본질적인 정의에는 들어가지 않고, 다만 결과의 원인들과 목적에 이르는 행위를 제공하는 것이라고 주장한다.[22] 예정 자체도 하나님의 은혜이고, 예정의 내용도 하나님의 은혜이며, 그 예정의 실현도 하나님의 은혜라는 포괄적인 은혜의 사고가 토마스의 예정 이해에는 없다.

**질문 3**[23]: 어떤 사람들의 유기는 하나님께 속한 일인가? 토마스는 먼저 일부 사람들에 대한 하나님의 유기를 주장한다. 이는 사물들 안에 어떤 결핍을 허용하는 것이 섭리에 속한 것이기에, 하나님의 섭리로 일부의 사람들이 영원한 생명으로 정하여진 것처럼 다른 일부의 사람들이 그 목적을 저버리는 것을 허용하는 유기(*reprobatio*)도 섭리의 일부라는 주장이다.[24] 예정은 은혜와 영광을 수여하는 의지를 포함하고, 유기는 어떤 이로 하여금 죄에 빠지는 것을 허용하면서 그 죄 때문에 파멸의 형벌을 부과하는 의지를 포함한다.[25]

유기는 인과율에 있어서 예정과 다르다고 토마스는 주장한다. 즉 예

---

21　*ST*, I.xxiii.2.

22　*ST*, I.xxiii.2.

23　*ST*, I.xxiii.3.

24　토마스를 비롯하여 중세에는 예정 안에 선택과 유기가 있다는 도식과는 달리 예정과 유기를 대등한 개념으로 이해한다. Cf. Petrus Lombardus, *Sententiarum*, I.xl.2.

25　유기에 대한 토마스의 이러한 이해는 롬바르드 『명제집』(*Sententiarum*)의 견해와 상이하다. 거기에서 하나님의 영원한 유기는 "불법적인 자들의 예지와 그들의 파멸의 준비"(*præscientia iniquitatis quorundam et præparatio damnationis eorundem*)로 정의된다. Petrus Lombardus, *Sententiarum*, I.xl.2.

정은 예정된 자들이 기대하는 영광의 원인이고, 지금 있는 은총의 원인이나 유기는 지금 현존하는 죄의 원인이 아니라 하나님에 의한 "버림의 원인"(*causa derelictionis*)이며 미래에 주어질 "영원한 형벌의 원인"(*causa poenae aeternae*)이다. 토마스는 "오 이스라엘, 너의 파멸은 너에게서 온 것이니라"(*Perditio tua, Israel, ex te*, 호 13:9)라는 선지자의 말씀에 근거하여 죄책은 유기된 자들의 자유로운 의지에서 나온다고 설명한다.[26] 토마스는 유기자가 은총을 받을 수 없다고 말할 때에 이것을 "절대적인 불가능성"(*impossibilitatem absolutam*)이 아니라 조건적인 불가능성 암시로 이해하는 것이 좋다고 진술한다. 예정된 자들은 필히 구원을 받지만 그 구원은 그들의 선택적인 자유를 제거하지 않은 "조건이 가미된 필연"(*necessitate conditionata*)이다. 그럼에도 불구하고 그들이 죄에 빠지는 것은 그들의 자유로운 의지의 어리석은 사용에서 비롯된다. 그러므로 죄책을 그들에게 돌리는 것이 마땅하다.[27]

**질문 4[28]**: 예정된 사람은 하나님의 택하심을 받는가? 이 질문에 대한 토마스의 견해는 독특하다. 그에게 예정은 순서에 있어서 선택을 전제한다. 그 선택은 사랑을 전제한다. 사랑은 의지를 전제한다. 즉 예정은 선택을 뒤따르고 선택은 사랑을 뒤따르고 사랑은 의지를 뒤따른다(*voluntas → dilectio → electio → praedestinatio*).[29] 목적에 대한 의지가 선행하지 않고서는 어떠한 것도 목적을 지향하지 않는다. 어떤 사람들을 영원한 생명으로 예정

---

26  *ST*, I.xxiii.3.
27  *ST*, I.xxiii.3.
28  *ST*, I.xxiii.4.
29  로마서 9장 13절 주석에서, 토마스는 사랑과 선택과 예정을 다음과 같이 설명한다. 하나님이 어떤 사람에게 선을 확실하게 의지하신 것은 하나님의 사랑이다. 하나님께서 어떤 사람을 위해 자신이 준비하신 선을 베푸는 방식으로 다른 어떤 사람보다 그를 더 좋아하는 것은 하나님의 선택이다. 그리고 하나님께서 어떤 사람으로 하여금 자신이 준비하신 선으로 향하도록 그를 사랑하고 선택하는 방식으로 이끄시는 것은 하나님의 예정이다. *SR*, ix.13: "*ipsa Dei dilectio dicitur secundum quod vult bonum alicui absolute; electio autem dicitur secundum quod per bonum quod alicui vult, eum alteri praefert; praedestinatio autem est secundum quod hominem dirigit in id bonum quod ei vult, diligendo et eligendo.*"

하는 것은 하나님께서 그들의 구원을 의지하고 계신다는 것을 전제한다. 선택과 사랑은 모두 이 의지를 전제한다. 선택과 사랑이 결정되는 방식은 하나님과 우리 사이에 구별된다. 우리 안에서는 사랑의 의지가 선을 유발하지 않고 이미 있는 선에 의하여 사랑의 의지가 자극된다. 그러므로 우리는 사랑하기 위해 누군가를 선택한다. 우리 안에서는 선택이 사랑에 선행한다. 그러나 하나님 안에서는 역순이다. 하나님께서 어떤 사람들을 사랑하며 선한 것을 주시려는 그의 의지는 어떤 사람에게 선을 제공하는 사랑의 원인(*causa dilectionis*)이다.[30]

토마스는 선의 종류를 구분하고 선의 수여와 선택 사이의 관계를 설명한다. 즉 일반적인 선의 제공에 있어서 하나님은 선택이 없이도 자신의 선하심을 전달한다. 그러나 특별한 선의 제공에 있어서는 선택 없이 그의 선을 전달하지 않으신다. 하나님은 이 특별한 선을 어떤 이에게는 주시지만 다른 이에게는 주지 않으신다. 인간의 의지는 선택한 "대상 안에 이미 선재하는 선에 의해서"(*a bono in re praeexistente*) 그 선택이 촉발된다.[31] 그러나 하나님은 그렇지 않으시며 스스로 택하시는 분이시다. 하나님은 모든 사람의 구원을 원하기만 하시고 일부의 사람들이 구원에 이르는 것은 선택 없이 이루어진 일이라고 주장하는 사람들에 대해, 토마스는 만인의 구원에 대한 하나님의 뜻은 후행적인 것(*consequenter*)이 아니라 선행적인 의지(*antecedenter*)이긴 하나, 반드시 그렇게 되게 하겠다(*simpliciter velle*)는 결과적인 의지가 아니라 어떠한 조건을 따라(*secundum quid*) 이루기를 원하시는 상대적인 의지라고 한다.[32]

**질문 5**[33]: 공로의 예지는 예정, 유기, 혹은 선택의 원인 혹은 근거인가?

---

30  *ST*, I.xxiii.4. 사랑과 선택의 관계에 대한 동일한 설명이 로마서 9장 13절에 대한 토마스의 주석에서도 발견된다. *SR*, ix.13.
31  *ST*, I.xxiii.4.
32  *ST*, I.xxiii.4.
33  *ST*, I.xxiii.5.

공로의 예지는 예정의 근거가 결코 될 수 없다고 토마스는 단호하게 답변한다.[34] 예정은 의지를 포함하기 때문에 신적인 의지의 근거(*ratio divinae voluntatis*)와 예정의 근거(*ratio praedestinationis*)가 탐구되는 방식은 유사하다. 만약 하나님께서 어떤 것을 다른 어떤 것 때문에 의지하신 것이라면, 신적인 의지의 근거는 하나님의 "의지하는 행위"(*actus volendi*)에서 발견되지 않고 "의지된 것들"(*volitorum*)에서 발견되는 것임에 분명하다.[35] 이러한 입장의 사례를 들자면, 전생의 공로가 예정에 반영되는 것이라는 오리겐의 주장과 이생의 공로가 예정에 영향을 주되 일의 시작은 인간이 하고 일의 완성은 하나님이 하신다는 식의 펠라기안 주장이다.

오리겐은 이전의 삶에서 선재하는 공로 때문에 예정의 결과가 결정되는 것이라고 주장한다. 태초에 인간의 영혼이 만들어 졌고 각각의 영혼이 행한 일의 다양성을 따라 이 세상에서 육체와 결합될 때에 다양한 상태가 각 영혼에게 할당된 것이라고 주장한다. 그러나 토마스는 성경이 이러한 입장을 지지하지 않는다며 거부한다.[36] 바울의 기록을 따라 사람이 태어나기 전에, 선악을 행하기도 전에 부르시는 이로 말미암아 된 것이라고 진술한다. 오리겐의 입장과 유사한 맥락에서 펠라기안 분파는 이 세상에서 선재하는 공로가 예정을 결과시킨 이유와 근거라고 주장한다. 선한 행위의 시작이 우리에게 돌려지고 완성은 하나님께 돌려지는 것이라고 가르쳤다. 그러나 이것에 대해서도 토마스는 과거의 세상이든 현재의 세상이든 미래의 세상이든 인간이 시작된 어떠한 것도 예정을 결과시킨 원인일 수 없다고 주장하며, 토마스는 자신이 무언가의 출처인 것처럼 자만하지 말라(고후 3:5)는 바울의 말을 인용한다. 현재 우리 안에 있는 것들이 예정의

---

34    *ST*, I.xxiii.5; *SR*, ix.13.

35    *ST*, I.xxiii.5.

36    토마스도 인간을 이해함에 있어서 인간의 성정이 신약과 구약에서 다르다는 특이한 주장을 내세운다. 이 주제의 자세한 논의는 한병수, "언약의 중세적 통일성: 토마스 아퀴나스 견해에 대한 연구," 「교회와 문화」 33 (2014): 187-215쪽을 참조하라.

근거는 아니지만 예정의 결과에 대한 근거(*ratio effectus praedestinationis*)일 수 있다는 것은 인정한다.[37]

마치 군인에게 말을 선물하는 것은 그가 말을 잘 활용할 것이라는 군인의 성향 때문이듯 예정의 결과에 뒤따르는 인간의 공로가 예정의 원인이 된다고 주장하는 사람들에 대해, 토마스는 만약 우리 안에 있는 어떠한 것이 예정의 이유라면 그것은 예정의 결과에 포함되지 않는 것이므로 모순이 된다고 꼬집는다. 잘 활용하는 것도 하나님의 은혜에 속하는 것이고 그 은혜는 예정의 근거가 아니라 예정의 결과이기 때문에 선용의 공로도 예정의 결과라고 한다.[38]

그리고 하나님의 섭리는 제2원인들의 작용을 통하여 결과를 산출한다. 자유로운 의지에서 흘러나온 것도 예정의 원인이 아니라 예정에 속한 제2의 원인이다.[39] 그래서 예정의 결과를 이중적인 측면에서 사려해야 한다고 토마스는 주장한다. 1) 예정의 한 결과가 다른 결과의 근거가 되도록 예정하는 것은 가능하다. 뒤따르는 결과는 이전의 결과에 대해 목적적인 차원에서 근거(*rationem causae finalis*)이며, 이전의 결과는 뒤따르는 결과에 대해 공로적인 차원에서 원인(*rationem causae meritoriae*)이다. 하나님은 공로 때문에 영광을 주시기로 미리 정하셨고 그 공로에 은총을 주시기로 미리 정하셨다. 2) 예정의 모든 결과가 우리에게 근거한 어떤 원인을 가져야만 한다는 것은 가능하지 않다. 인간 안에 있는 것 중에 인간을 구원으로 이끄는 모든 것들(은총의 준비들)은 예정의 결과에 포함되어 있기 때문이다. 이와 관련하여 토마스는 예레미야애가 5장 21절을 인용한다. "주여 우리를 당신에게 돌이키면 우리가 돌이키게 될 것입니다."[40]

---

37  *ST*, I.xxiii.5.
38  *ST*, I.xxiii.5. Cf. *SR*, ix.16.
39  자유로운 의지의 선택에 대해서는 유지황, "인식과 자유 선택: 토마스 아퀴나스의 이성과 의지 관계 이해," 「한국교회사학회지」 17 (2005):135−165쪽을 참조하라.
40  *ST*, I.xxiii.5.

예정은 결과와 관련하여 하나님의 선하심이 그 원인이다. 그래서 어떤 이의 예정과 다른 이의 유기는 그 원인을 하나님의 선하심(*divina bonitas*) 안에서 찾아야 한다고 토마스는 강조한다. 하나님은 모든 것들을 자신의 선하심을 통해 만드셨다. 그래서 신적인 선하심이 모든 만물에서 표상된다. 하나님의 선하심은 유일하고 하나여서 나누어질 수 없는데 피조물 안에서는 다양하게 표상된다. 이는 어떤 피조물도 하나님의 순일성에 이르지는 못하기 때문이다. 우주의 완성을 위해 다양한 준위들의 존재(*diversi gradus rerum*)가 요구된다. 단계의 다양성이 사물들 안에 보존되어 있어야 하기 때문에, 하나님은 어떤 이에게는 악을 허락하고 선한 것들은 도무지 일어나지 않게 만드신다.[41]

하나님은 인간에게 자신의 선하심을 나타내길 원하신다. 어떤 이들에 대해서는 자비를 따라 예정했고, 다른 이들에 대해서는 그들을 벌하시며 공의를 따라 유기했다. 이것이 하나님의 선택과 유기의 이유라고 토마스는 설명한다. "큰 집에는 금그릇과 은그릇도 있지만 나무와 흙그릇도 있다. 어떤 것은 영광으로, 어떤 것은 불명예를 위하여." 그러나 영광을 위한 일부의 선택과 다른 일부의 유기에 있어서 하나님의 의지만이 유일한 원인이다. 하늘과 땅과 바다에 다양한 생물들이 있는 것도 그 원인은 하나 즉 창조자 자신이다. "공평하지 않지 않은 것을 가지고 공평하지 않은 것을 준비하는"(*inaequalia non inaequalibus praeparat*) 경우, 불의를 하나님께 돌리는 것은 부당하다. 즉 예정의 결과가 빚에서(*ex debito*)가 아니라 은혜에서(*ex gratia*) 비롯된 것이라면, 어떤 이에게는 많이 주고 어떤 이에게는 적게 주는 것이 불의나 악의 근거가 되지 않는다는 주장이다.[42] 품꾼을 고용한 주인이 노동의 길이에 근거하지 않고 자신의 약속에 근거하여 보상하는 것

---

41   *ST*, I.xxiii.5. *Cf. SR*, ix.16.
42   *ST*, I.xxiii.5.

이 악하거나 불의하지 않다고 한 것도 같은 맥락이다. "내 것을 가지고 내 뜻대로 할 것이 아니냐 내가 선하므로 네가 악하게 보느냐"(마 20:15).[43]

**질문 6[44]**: 예정된 자들은 실패함이 없이 구원을 받는가? 예정은 가장 확실하고 실패함이 없이 실현된다. 그럼에도 불구하고 토마스는, 예정의 실현은 필연의 결과가 아니라고 주장한다. 어떤 것은 가까운 원인들의 상태에 따라(secundum conditionem causarum proximarum) 우연적인 방식으로(contingenter) 발생한다는 것이다. 이는 신적인 섭리가 그러한 결과가 나오도록 정한 방식이다. 섭리의 질서가 실패함이 없듯이 섭리의 부분인 예정의 질서도 확실하다. 그럼에도 불구하고 자유로운 의지는 파괴되지 않기 때문에 예정의 결과는 자유의 우발성(contingentiam)을 가진다고 토마스는 지적한다. 신적인 의지와 예지는 지극히 확실하고 실패함이 없지만 사물들 안에 있는 우발성을 파괴하는 것은 아니라고 한다.

행하기에 따라 예정된 영광의 면류관을 취하기도 하고 잃기도 한다며 예정의 변동성을 주장하는 사람들을 반박하기 위해 토마스는 어떤 사람에게 면류관이 주어지는 방식을 두 가지로 구분한다. 1) 하나님의 예정에 따라 누구도 자신의 면류관을 상실하지 않는다. 2) 은혜의 공로를 따라 우리가 공로를 끼친 것은 우리의 것이다. 후자의 측면에서 누구든지 치명적인 죄로 인하여 자신의 면류관을 잃는 일은 가능하다. 욥기 34장 24절에 근거하여 토마스는 인간이 타락한 천사들을 대신하게 될 것이고, 이방인은 유대인을 대신하게 될 것이라고 주장한다. 이처럼 예정의 실현은 필연성과 우발성의 합작이다. 하나님께서 어떤 피조물을 의지하신 것은 그가 그렇

---

43  *ST*, I.xxiii.5. 로마서 9장 16-17절을 설명할 때에 토마스는 두 거지를 비유로 사용한다. 즉 한 사람이 두 거지를 만나서 한 사람에게 자비를 베푼다면, 그는 불의한 자가 아니라 자비로운 자로 이해된다. 이와 같이 하나님도 모든 죄인들 중에 그의 은혜로 일부의 사람들을 택한다면 하나님은 불의한 분이 아니라 자비로운 분으로 이해되는 것이라고 토마스는 설명한다. *SR*, ix.16-17.

44  *ST*, I.xxiii.6.

게 의지를 하셨다는 사실에서 신적인 의지의 불변성 때문에 필연적인 것이지만(*necessarium ex suppositione*), 그럼에도 불구하고 절대적인 필연성은 아니라(*non tamen absolute*)고 토마스는 정리한다.[45]

**질문 7**[46]: 예정된 자들의 수는 확실한가? 예정된 자들의 수는 확실하다. 그래서 늘어남도 없고 줄어듦도 없다. 그런데도 어떤 사람들은 예정된 자들의 수가 확실하긴 하나, 그것은 수 자체의 형식적인 확실성을 의미하고 그 수에 해당되는 개별 인물들과 관계된 질료적인 확실성은 아니라고 주장한다. 이에 대한 토마스의 답변은 이러하다. 예정된 자들의 수는 사람에게 확실하지 않고 하나님께 확실하되 형식적인 차원만이 아니라 질료적인 차원에 있어서도 확실하다(*non solum formaliter, sed etiam materialiter*). 바다의 모래나 빗방울의 개수조차 하나님 앞에서는 확실한 것처럼 택자들의 수도 확실하되, 단지 그의 인지에 의해서가 아니라(*non solum ratione cognitionis*) 그들에 대한 그의 의도적인 선택과 정하심에 근거하여(*sed ratione electionis et definitionis cuiusdam*) 하나님께 확실하다.[47]

토마스는 택자들의 수에 대한 두 가지의 대표적인 견해, 즉 택자들의 수가 타락한 천사들의 수와 같다는 주장과 하나님에 의해 창조된 모든 천사들의 수와 같다는 주장을 반박하며, 영원한 복이 예비된 택자들의 수는 하나님 이외에는 아무도 모른다는 입장을 피력한다.[48]

**질문 8**[49]: 예정이 성도들의 기도로 인하여 변경될 수 있는가? 이는 섭리와 기도의 관계성에 대한 질문이다. 어떤 사람들은 기도가 무의미한 것이고 종교의 피상적인 행습일 뿐이라며 기도의 무용성을 주장한다. 이에 대

---

45  *ST*, I.xxiii.6.
46  *ST*, I.xxiii.7.
47  *ST*, I.xxiii.7.
48  *ST*, I.xxiii.7.
49  *ST*, I.xxiii.8.

해 토마스는 성경이 우리로 하여금 기도와 선행을 권한다는 반론을 내세운다. 기도의 무용성을 주장하는 자에게 토마스는 추가적인 논증을 하나 제시한다. 도움을 받는다는 것은 분명 연약한 자들에게 해당된다. 그러나 하나님께서도 우리의 도움을 받는다는 사고를 토마스는 인정한다. 하지만 주인이 종을 통하여 자신의 일을 이루듯이 사람들을 통해서 당신의 뜻을 이룬다는 의미의 도움일 뿐이라고 해명한다.[50] 이에 어떤 사람들은 기도가 하나님의 예정을 바꾼다고 주장한다. 이에 토마스는 이러한 주장도 성경과 대치되는 견해라고 지적하며, 하나님의 은사와 부르심은 후회함이 없다는 말씀으로 응수한다. 나아가 토마스는 예정에 있어서 신적인 정하심과 그것의 결과를 사려해야 한다고 강조한다. 신적인 정하심은 성도들의 기도로 변경되지 않는데, 이는 어떤 사람의 신적인 예정이 기도에서 비롯되지 않았기 때문이다. 예정의 실현에 대해서는 예정이 "성도들의 기도와 선행에 의해 지원을 받는다"(*iuvari precibus sanctorum, et aliis bonis operibus*)는 점을 인정한다.[51] 이는 하나님의 섭리가 이차적인 원인들을 제거하지 않기 때문이다.

한 사람의 구원이 하나님에 의해 예정되는 것은 그 사람으로 하여금 구원에 이르도록 돕는 모든 것들이 예정의 순서에 들어가는 것을 포함한다. 돕는 것들 중에는 기도도 있고 선행도 포함된다. 그러므로 택함을 받은 자들은 기도와 선행을 추구해야 한다고 토마스는 주장한다. 이는 그러한 수단들을 통하여 하나님의 예정이 가장 확실하게 실현되기 때문이다. 이런 문맥에서 토마스는 "선행으로 너희의 부르심과 택하심을 굳게 하도록 더욱 힘쓰라"(벧후 1:10)는 베드로의 권고를 인용한다.[52]

---

50   *ST*, I.xxiii.8: "*Alio modo dicitur quis adiuvari per aliquem, per quem exequitur suam operationem, sicut dominus per ministrum.*"
51   *ST*, I.xxiii.8.
52   *ST*, I.xxiii.8.

# 결론

　이상에서 우리는 아우구스티누스의 체계적인 예정 교리가 중세의 초기와 중기와 말기에도 계승되어 왔음을 확인했다. 세밀하게 살펴본 토마스 아퀴나스 사상에 나타난 중세의 예정론은, 먼저 성경의 텍스트에 뿌리를 두고 교부들의 가르침 중에 버릴 것은 거부하고 취할 것은 계승하며 절충적인 태도로 자기 시대에 걸맞은 체계화를 시도한 흔적이 역력하다. 토마스의 예정론은 로마서와 에베소서 주석에서 성경적 토대를 확립하고 『신학대전』 안에서 신학적 체계의 옷을 착용한다. 주석에 나타난 예정론은 성경 텍스트의 문자를 해석하는 작업에 충실하고, 신학적 체계 속에서는 8개의 질문을 던지고 답을 제시하는 방법으로 예정론의 중세적 관심사를 털어 낸다.

　예정에 대한 중세의 신학적 관심사를 보여 주는 첫 질문은 예정의 주체와 관계하며, 토마스는 하나님을 예정의 주체로 여기는 것이 합당함을 논증한다. 둘째는 예정의 정의에 대한 질문이며, 토마스는 하나님 안에 있는 능동적인 측면과 예정의 대상 안에 있는 수동적인 측면을 구분하여 답변한다. 셋째는 유기에 대한 것인데, 이는 일부의 인간이 자신의 자유로운 의지를 따라 죄에 빠지는 것을 허용하는 것과 파멸의 형벌을 부과하는 의지로 구성되어 있다. 넷째는 예정의 선행적인 전제에 대한 것으로서, 사랑과 선택을 거론한다. 예정의 논리적인 순서에 따르면, 하나님의 의지가 먼저이고 그 다음이 사랑이며 그 다음이 선택이고 그 다음이 예정이다. 다섯째는 공로의 예지에 대한 질문인데, 이에 토마스는 인간의 공로에 대한 하나님의 예지는 예정, 유기, 혹은 선택의 원인이나 근거가 되지 않는다고 답변한다. 이는 인간이 예정의 대상이고 그 공로는 예정의 결과이기 때문에 원인이나 근거일 수 없다는 논증이다. 여섯째는 예정의 확고한 실현,

특별히 예정을 받은 사람들의 확실한 구원에 대한 질문이다. 이에 토마스는 예정이 가장 확실하고 실패함이 없이 실현될 것이며, 이는 필연성의 결과가 아니라 신적인 의지의 불변성이 가져오는 결과라고 한다. 일곱째는 예정된 자들의 수에 대한 질문이며, 이에 토마스는 예정된 자들의 수는 늘어남과 줄어듦이 없이 확정되어 있고 그 수의 형식적인 확실성과 질료적인 확실성 모두에 있어서 변경됨이 없다고 답변한다. 여덟째는 기도에 의한 예정의 변경에 대한 질문인데, 이에 토마스는 예정의 변경과 관련된 기도의 무용성과 전능성 모두를 거부하며, 기도는 예정을 이루는 수단이며 변경하는 원인이 되지는 않는다고 주장한다.

후대의 기준을 따라 토마스의 예정론을 본다면, 예정의 대상은 타락한 자들이기 때문에 타락 후 선택설을 지지하고, 이중 예정론을 고수하고 있으며, 예정의 원인은 하나님의 의지가 유일하고, 예정의 결과는 너무도 확고하여 실패함이 없이 성취된다고 하는 이 내용이 16세기의 종교개혁 신학과 그 신학을 계승한 17세기의 정통주의 신학 안에서도 발견되는 것이기 때문에, 우리는 이 예정의 교리가 중세와 종교개혁 및 정통주의 시대의 교리적 연속성을 보여 주고 있음을 확인한다.

# Chapter 05

# 종교개혁 시대 예정론
## :루터의 예정론

## 요약

이 장에서는 루터의 예정론을 그의 문헌들에 근거하여 살펴보고 그 입장의 연대기적 흐름을 탐구한다. 많은 학자들이 예정론을 루터와 칼뱅 사이에 신학의 결정적 차이로 부각시켜 이해하고 이를 근거로 개혁파와 루터파를 구분한다. 어떤 학자들은 루터의 예정론이 칼뱅의 것보다 더 강하다고 주장하기도 하며, 또 다른 학자들은 루터의 예정론이 구원보다 오히려 신적인 주권과 더 강하게 결부되어 있다고 주장한다. 루터의 예정론에 대한 기존의 학문 연구 일반을 살펴보면, 대체로 루터가 가진 특정한 시기의 입장을 그의 신학 전반에 걸친 보편적인 입장인 것처럼 과장하는 경향을 나타낸다. 그리고 때로는 문헌적인 근거가 분명히 있는데도 이를 간과하는 경향도 관찰된다. 이것은 모두 루터의 일차적인 문헌에서 발굴한 객관적인 증거의 빈곤에서 비롯된 결과라고 생각된다. 본 글은 루터의 신학적인 활동 초기부터 말기까지 저술된 문헌들을 두루 살피면서, 예정에 관한 루터의 관심은 초기부터 말기까지 언제나 뚜렷했고, 이중적인 예정론의 입장도 초기부터 말기까지 고수했고, 그럼에도 불구하고 예정에 대한 인간의 과도한 호기심을 극도로 경계하며 성경의 경계선을 넘어가지 말 것을 엄중히 경고하고 있음을 주장한다. 루터가 비록 예정에 대한 관심은 가졌지만 독립된 단행본 혹은 논제로서 다루지 않았다는 것은 분명한 사실이다.

## 서론

이 장에서는 하나님의 영원한 예정에 관한 루터의 사상을 논구한다.[1]
다른 교리들에 대해서도 그렇지만, 하나님의 영원한 예정에 관한 루
터의 입장을 분석한 학자들의 시각도 다양하다. 윌리엄 커닝햄(William
Cunningham, 1905~1861)은 예정론과 관련하여 루터를 "지극히 특별하게 칼
뱅적인 교리들로 여겨지는 것을 고수한" 사람으로 평가한다.[2] 로레인 뵈트
너(Loraine Boettner, 1901~1990)는 루터가 칼뱅만큼 열렬하게 예정론을 생각
했고 칼뱅보다 더 뜨겁게 예정론을 변론했던 학자라고 주장한다.[3] 빌헬름
니젤(Wilhelm Niesel, 1903~1988)도 루터를 "칼뱅보다 예정론을 훨씬 더 강조
한" 사람으로 분류한다.[4] 브라이언 맷슨(Brian G. Mattson)은 루터가 하나님
의 절대적인 주권과 관련하여 이중 예정론을 고수한 것을 강조하며, 이는

---

\* 이 장은 "루터의 예정론," 「한국개혁신학」 55 (2017), 40~68에 게재된 논문이다.

1 루터의 예정론을 다룬 논문들 중에는 지원용, "예정관에서 본 루터와 칼뱅," 「신학연구」 8
(1962.3): 45~60과 신혜경, "마틴 루터의 예정사상 연구," 목원대학교 신학대학원 석사학위
논문 (2004)이 있고 루터의 예정 사상을 가볍게 언급하고 지나가는 문헌들 중에는 김주한, "루
터와 에라스무스의 자유의지 논쟁의 재해석," 「한국기독교사학회지」 17 (2005): 31~50; 한병
수, "교회의 통일성: 루터의 교회론을 중심으로," 「한국조직신학연구」 23 (2015): 119~143; 양
신혜, "칼뱅의 예정론 이해," 「한국개혁신학」 49 (2016): 101~131 등이 있다. 아쉽게도 여기에
서 루터의 원문 저작들을 연대기적 순으로 탐구한 문헌은 없다.

2 William Cunningham, *The Reformers & the Theology of the Reformation* (London: Banner of
Truth, 1967), 109.

3 Loraine Boettner, *The Reformed Doctrine of Predestination* (Phillipsburg: Presbyterian &
Reformed, 1932), 1.

4 Wilhelm Niesel, *Reformed Symbolics: A Comparison of Catholicism, Orthodoxy and Protestantism*,
trans. David Lewis (Edinburgh: Oliver and Boyd, 1962), 232~33.

칼뱅이나 츠빙글리 입장과도 다르지가 않다고 주장한다.[5] 그러나 로버트 콜브(Robert Kolb, 1941~)는 루터의 예정이 택자들의 구원을 가리키는 것보다는 구원의 역사에 있어서 "만물에 대한 하나님의 주권적인 통치"를 가리키는 용어라고 분석한다.[6] 나아가 베르너 엘레르트(Werner Elert, 1885~1954)는 루터에게서 예정의 교리가 "그저 부수적인 사유"였을 뿐이며 "택자들을 위해서만 공포되는 것"이라는 단일 예정론이 보인다고 주장한다.[7] 미키 매톡스(Mickey L. Mattox)는 루터와 루터주의 견해를 구분하며, 루터는 이중 예정론의 입장을 취했지만 루터주의 전통은 그와 일관되지 않게 예정을 보다 목회적인 접근법을 따라 이해하는 차이를 보인다고 진단한다.[8] 예정에 대한 루터의 정확한 입장을 확정하는 것은 이처럼 난해하기 때문에, 조엘 비키(Joel R. Beeke, 1952~)는 선명한 판단을 유보하는 듯하다가 루터가 목회적 차원에서 이중 예정론을 강조한 것만은 확실함을 표명한다.[9]

따라서 이 장에서는 앞에서 소개한 루터의 예정론에 대한 여러 입장들을 존중하되, 예정에 대한 루터의 사상이 시간의 흐름을 따라 어떻게 변천되어 왔는지를 살피고자 한다. 루터의 방대한 저작들 전체에 흩어져 있는 예정에 대한 사상의 조각들을 하나씩 검토하고 그 조각들을 재구성해 루터의 예정론을 확립하고 기존의 입장들과 비교하며 비판적 결론을 내리고

---

5   Brian G. Mattson, "Double Or Nothing: Martin Luther's Doctrine of Predestination" (1997). https://www.monergism.com/thethreshold/articles/onsite/double_luther.html 참조. Cf. Alsiter McGrath, *Iustitia Dei: A History of the Christian Doctrine of Justification* (Cambridge: Cambridge University Press, 2005), 230. 루터가 하나님을 죄의 저자로 여겼다는 맥그래스의 주장은 검토가 필요하다.

6   Robert Kolb, *Bound Choice, Election, and Wittenberg Theological Method: From Martin Luther to the Formula of Concord* (Grand Rapids: Eerdmans, 2005), 39, 77.

7   Werner Elert, *The Structure of Lutheranism*, vol.1, Walter A. Hansen (St. Louis: Concordia, 1962), 122–23.

8   Mickey L. Mattox and A. G. Roeber, *Changing Churches: An Orthodox, Catholic, and Lutheran Theological Conversation* (Grand Rapids: Eerdmans, 2012), 62.

9   Joel R. Beeke, *Debated Issues in Sovereign Predestination Early Lutheran Predestination, Calvinian Reprobation, and Variations in Genevan Lapsarianism* (Göttingen: Vandenhoeck & Ruprecht, 2017), 17–24.

자 한다.

## 본론

루터는 콜브의 평가처럼 예정론을 독립된 논제로 다루지도 않았고[10] 예정에 대한 논의의 위험성을 언급한 것도 사실이다. 그래서 루터는 예정론에 대해 강한 경계심 혹은 소극적인 태도를 취했다는 인상을 제공한다. 그러나 예정에 대한 논의의 위험성을 언급했던 문맥을 살펴보면 이해가 달라진다. 즉 루터는 예정론이 "위험과 멸망의 원인이 가득한" 이유가 예정론 자체 때문이 아니라 "하나님의 비밀한 의지와 의논에 대해 말씀 바깥에서(extra verbum) 논구하기 때문에" 그런 것이라고 했다.[11] 아담의 실패도 하나님을 "말씀 바깥에서" 추구했기 때문이다. 루터가 예정론의 위험성을 지적한 이유는 "우리의 이성으로 하나님을 이해하려 하지 말아야 한다"는 점을 교훈하고 싶기 때문이다.[12]

예정에 대한 루터의 생각이 대중의 주목을 끌게 된 이유는 당시에 최고의 인문학자 에라스무스가 『자유로운 선택에 대하여』(De libero arbitrio, 1524)를 저술하자, 그것에 대한 반론으로 집필된 루터의 『노예적인 선택에 대하여』(De servo arbitrio, 1525) 때문이다. 루터의 예정론에 대해 대부분의 학자들은 이 문헌과 더불어 로마서와 에베소서 주석을 참조한다. 그러나 루터의 예정론은 이러한 문헌들이 집필되기 이전 1513~15년에 시편을 강의할 때부터 이미 시작된 사고였다. 루터는 특별히 시편 89편 3절의 "내가 택한

---

10   Robert Kolb, *Bound Choice, Election, and Wittenberg Theological Method: From Martin Luther to the Formula of Concord* (Grand Rapids: Eerdmans, 2005), 170.

11   Martin Luther, *Genesisvorlesung (cap. 8 –30) 1538/42*, WA 43:239: "*Removeamus autem disputationes de praedestinatione et similes,* [14] *quae plenae sunt periculi et exitii, quia de Dei voluntate et consiliis* [15] *arcanis extra verbum inquirunt*"

12   Martin Luther, *Genesisvorlesung (cap. 8 –30) 1538/42*, WA 43:239: "*Ideo discamus Deum appraehendendum esse non nostra ratione.*"

자"라는 구절을 주석하며, 이 택자는 "선택된 자들의 육체를 따라 태어난 자가 아니라 예정을 따라 선택된 자"라고 설명한다.[13]

시편 105편 5절 주석을 보면 이중 예정론의 징후도 관찰된다. 즉 루터는 말라기 1장과 로마서 9장에 근거하여 야곱은 택함을 받았고 에서는 버림을 받았다는 선택과 유기를 분명히 표현하고 있다.[14] 시편 60편 1절을 주석할 때에 루터는 하나님께서 "진노하신 것"은 "유기자"(reprobis)를 가리키고 "긍휼히 여기신 것"은 "택자"(electis)를 가리키는 말이라고 설명한다.[15] 시편 92편 6절을 주석할 때에는 어리석고 무지한 자가 너무나도 깊은 하나님의 생각을 깨닫지 못한다는 시인의 언급이 "예정과 유기가 논의되는 하나님의 심오한 의논과 결정"을 말하고자 함이 아니라고 함으로써, 하나님의 의논이 예정과 유기로 구성되어 있다는 사고를 은연중에 드러낸다.[16]

신학적 활동 초창기에 쓰여진 시편 주석만이 아니라, 루터가 이후로 저술한 문헌들 곳곳에서 예정에 대한 그의 사상적 편린들이 발견된다. 1514년에 선포한 설교에 보면, "택자들"(electi)은 은혜로 말미암아 강해져서 심지어 음부에 있더라도 하나님을 찬양하나, "유기된 자들"(reprobi)은 은혜가 없으므로 약해져서 죽음과 음부만이 아니라 이 세상의 일시적인 불편함에 대해서도 두려움을 갖고 매사에 하나님의 지고한 뜻과 반대되는 것들을 원한다고 루터는 진술한다.[17]

1515년에 저술된 로마서 주석에서 루터는 8장 28절을 설명할 때, 이 구

---

13  Martin Luther, *Psalmenvorlesung 1513/15*, WA 55–1:606: "'*electo meo' qui secundum predestinationem eliguntur, non qui secundum carnem de electis nascutur.*"

14  Martin Luther, *Psalmenvorlesung 1513/15*, WA 55–1:694.

15  Martin Luther, *Psalmenvorlesung 1513/15*, WA 55–2:467.

16  Martin Luther, *Psalmenvorlesung 1513/15*, WA 55–2:718: "*Non est putandum, quod hic propheta loquatur de consiliis et Iudiciis Dei profundis, que, predestinationis et reprobationis dicuntur.*" 1519년과 1521년 사이에 이루어진 시편 주석에서 루터는 하나님의 의논이 "예정"(*praedestinatio*)과 "미움"(*odium*)으로 구성되어 있는 것으로 묘사한다. *Operationes in Psalmos 1519–1521*, WA 5:618.

17  Martin Luther, "*Die S. Iohannis sermo*," WA 1:39.

절이 예정과 선택에 대한 주제를 다룬다고 설명하며, "하나님을 사랑하는 자들"을 "작정에 따라 예정을 따라 부르심 받은 자들"이라 해석하고, "모든 것들이 합력하여 선을 이룬다"는 구절을 택자들이 받는 "구원의 완성"으로 이해한다.[18] 그리고 택자들은 필히(*necessario*) 구원에 이를 것이지만 모든 사람이 예정에 따라 부름을 받는 것은 아니라는 루터의 생각은 "부름을 받은 사람들은 많되 택함을 입은 자들은 적다"(마 22:14)는 주님의 말씀에 근거한다. 예정의 방식에 의한 구원의 이유는 우리의 구원이 우리의 공로가 아니라 "순전한 선택과 그의 불변적인 뜻에 의한" 것임을 나타내기 위함이다.[19] "하나님의 영원하고 지속적인 사랑"이 이끌지 않으면 누구도 구원에 이르지 못한다고 한다. 루터가 생각하는 작정의 개념은 "하나님의 예정 혹은 자유로운 선택과 숙고 혹은 의논"(*Dei predestinatio seu libera electio et deliberatio seu consilium*)이다.[20] 그런데 9장 11절을 설명할 때에는 작정을 "예지와 예정"(*praescientia et predestinatio*)으로 본다.[21] 예지를 하나님의 속성으로 돌리지 않고 작정의 한 부분으로 간주하는 루터의 관점이 특이하다.

루터는 로마서 주석에서 이중 예정론을 표명한다. 8장 28절에서 "작정에 따라 부르심을 받은 자"를 주석하면서 "작정에 따라 부르심을 받지 않은 다른 사람들이 있다"는 의미가 함축되어 있다고 설명한다.[22] 루터의 계속되는 설명에 의하면, 택함을 받은 자들에 대해 바울은 "내가 긍휼히 여길 자를 긍휼히 여기고"를 인용하고, 버림을 받은 자들에 대해서는 "내가 이 일을 위하여 너를 세웠으니" 구절을 인용한다. 그리고 "하나님께서 하고자 하시는 자를 긍휼히 여기시고 하고자 하시는 자를 완악하게 하시느

---

18  Martin Luther, *Epistola beati Pauli apostoli ad Romanos*, WA 56:83.

19  Martin Luther, *Epistola beati Pauli apostoli ad Romanos*, WA 56:382.

20  Martin Luther, *Epistola beati Pauli apostoli ad Romanos*, WA 56:384.

21  Martin Luther, *Epistola beati Pauli apostoli ad Romanos*, WA 56:91.

22  Martin Luther, *Epistola beati Pauli apostoli ad Romanos*, WA 56:384: "*Qui secundum propositum vocati sunt. ergo manifeste sequitur, quod alii non secundum propositum vocati sunt.*"

니라"는 구절의 인용은 선택과 유기의 종합적인 결론이다.[23] 이 예정은 성도들이 무수히 많은 악들에 노출되나 그들을 잃지 않으시는 하나님의 붙드심에 의해 확인된다. 또한 이 선택은 많은 사람들이 태초부터 선한 삶을 살고 선을 행하지만 구원에 이르지는 못하는 반면, 참으로 사악한 죄들을 범하지만 그럼에도 불구하고 갑자기 변화되어 구원에 이르는 현상에 의해서도 증명된다.[24] 인간의 행위나 공로에 의지하지 않은 하나님의 불변적인 뜻에 있다는 예정과 선택의 교리를 루터는 "가장 완벽하고 가장 단단한 음식"(*perfectissimi et solidissimi cibi*)으로 규정한다.[25]

9장에서 루터는 야곱과 에서가 선이나 악을 행하기도 전에 서로 달랐는데, 만약 "선택이 없었다면"(*nisi electio*) 서로의 다름도 없었을 것이라고 설명한다.[26] 그리고 그 선택을 받은 자들 중에는 세 가지의 등급이 있다고 주장한다. 셋째 등급은 하나님의 뜻이 무엇이든 그것으로 만족하되 자신들은 택함을 받았다고 생각하고 멸망을 원하지 않는 그룹이다. 둘째 등급은 하나님의 뜻에 자신을 맡기되 버려진 자들로 분류되게 하시는 경우에도 감사하려 하는 그룹이다. 최고의 등급은 하나님의 뜻이라면 자신을 실제로 지옥에도 내던지는 그룹이다. 이 마지막 그룹의 택자들은, 사랑은 최악의 고통과 비교해도 밀리지 않는다는 사실과 사랑은 죽음보다 강하다는 사실을 입증하는 자들이다.[27]

로마서 9장 15절을 해석할 때에 루터는 헬라어 원문을 먼저 다음과 같이 번역한다. "내가 긍휼을 베푸는 자에게 긍휼을 베풀 것이며 내가 불쌍히 여기는 자에게 불쌍히 여길 것이니라." 이 번역에 근거하여 루터는 긍

---

23    Martin Luther, *Epistola beati Pauli apostoli ad Romanos*, WA 56:384.
24    Martin Luther, *Epistola beati Pauli apostoli ad Romanos*, WA 56:384.
25    Martin Luther, *Epistola beati Pauli apostoli ad Romanos*, WA 56:387.
26    Martin Luther, *Epistola beati Pauli apostoli ad Romanos*, WA 56:384.
27    Martin Luther, *Epistola beati Pauli apostoli ad Romanos*, WA 56:388.

휼을 베풀고 불쌍히 여기는 것이 "예정의 순간"에 이루어진 일이고, 긍휼을 베풀 것과 불쌍히 여길 것은 "이후에 실제로" 이루어질 일이라고 주장한다. 이 인용문의 히브리어 구문은 "내가 긍휼을 베풀 자에게 긍휼을 베풀 것이고 내가 은혜 베풀 자에게 은혜 베풀 것이라"로 번역된다. 이에 루터는 히브리어 구분에는 예정에 대한 암시가 없이 시공간 속에서의 우연적인 자비가 강조되고 있음을 지적한다. 루터에 따르면, 이런 어법은 자신이나 타인의 예정에 집착하는 자들로 하여금 그 집착에서 벗어나게 하기 위함이다.[28]

그리고 루터는 로마서 11장 1~3절을 주석할 때, 바울이 이스라엘 백성을 하나님이 버리지 않았다고 주장하는 것, 즉 이스라엘 사람이며 죄인 중에서 괴수인 자신도 버리지 않았다고 주장하는 것은 "그의 예정과 선택이 얼마나 확고한 것인지를 증명하는 것"이라고 해석한다. 11장 4절 해석에서 루터는 "남은 자들"의 의미는 바로 하나님의 은택과 선택을 강조함에 있다고 설명하며, "과거에도 남은 자들이 있었고 멸망한 자들이 있었듯이" 지금도 "은혜의 택하심을 따라" 구원을 받을 "남은 자들이 있다"고 루터는 이해한다.[29] 그러나 여기에서 '지금도 멸망할 자들이 있다'는 표현을 생략했다. 유기에 대한 표명을 자제하는 루터의 자세가 감지된다. 11절 25절 주해에서 루터는 "이방인의 충만한 수"도 "이방인의 충만한 예정"(*impleta predestinatio Gentium*)을 가리키는 것이라고 이해하며, 이방인의 상태를 "예정의 충만함을 따라" 설명한다.[30] 남은 자들의 선택에 대한 루터의 사고에는 이중 예정론의 틀이 발견된다.

1516년에 루터는 사사기를 강해했다. 특별히 사사기 13장에 등장하는 삼손 이야기를 설명할 때, 삼손을 "신적인 예정에 의해 출생한"(*ex*

28   Martin Luther, *Epistola beati Pauli apostoli ad Romanos*, WA 56:397.
29   Martin Luther, *Epistola beati Pauli apostoli ad Romanos*, WA 56:430.
30   Martin Luther, *Epistola beati Pauli apostoli ad Romanos*, WA 56:113.

*predestinatione divina natus*) 사람으로 규정한다. 단순히 혈통을 따라 태어난 범인이 아니라 하나님의 예정에 따른 나실인의 신분으로 태어나 하나님의 교훈을 받고 결국에는 그 교훈을 완수한 인물로 평가했다.[31] 1517년에 저술된 스콜라 신학에 대한 반박의 글에서 루터는 "은혜를 위한 최고의 실패 불가능한 준비와 유일한 배정은 하나님의 영원한 선택과 예정"이라 했다.[32] 이는 하나님의 모든 은혜가 필히 우리에게 주어지는 이유는 하나님의 영원한 선택과 예정 때문임을 밝히는 대목이다. 1518년에 자신의 친구였던 에크(Johann Maier von Eck, 1486~1543)의 글에 대한 반박문과 십계명 해설에서 로마서 8장 28절을 언급하며 모든 것이 합력하여 선을 이루는 대상을 "택자"(*electis*)라고 표현했다.[33] 이중 예정론의 관점에서 루터는 1521년도에도 다니엘서 8장을 주석하는 중에 같은 구절에 대해 "유기된 자에게는 모든 것 심지어 선조차도 합력하여 악을 이루고 선택된 자에게는 모든 것 심지어 악조차도 합력하여 선을 이루는데, 후자는 하나님의 영을 통하여 전자는 사탄의 영을 통하여 이룬다"고 주석했다.[34]

1519년에 쓰여진 갈라디아서 주석에서 루터는 1장 15절을 설명하며 "그리스도 예수에 대한 신앙과 지식은 율법에서 비롯되지 않고 하나님의 은혜 안에서의 예정과 소명에서 온다"고 설명한다.[35] 3장 9절의 해석에서 루터는 믿음의 사람들이 곧 아브라함 자손인데, 이것은 "보다 심오한 신비

---

31    Martin Luther, *Praelectio in librum Iudicum*, WA 4:579.

32    Martin Luther, *Disputatio contra scholasticam theologiam*, WA 1:225: "*Optima et infallibilis ad gratiam praeparatio et unica dispositio* [28] *est aeterna dei electio et praedestinatio*."

33    Martin Luther, *Asterisci Lutheri adversus Obeliscos Eckii*, WA 1:303; idem., *Decem praecepta*, WA 1:405, 487. 이러한 생각은 이후에도 지속된다. Idem., *Tractatus de libertate christiana*, WA 7:57; idem., "Auff des königs zu Engelland lesterschrift titel Martin Luthers Antwort," WA 23:33.

34    Martin Luther, "*Ad librum eximii Magistri Nostri Magistri Ambrosii Catharini, defensoris Silvestri Prieratis acerrimi, responsio*," WA 7:774: "*quando reprobis omnia cooperantur in malum, etiam bona, sicut electis omnia in bonum, etiam mala, hoc per spiritum dei, illud per spiritum Satanae*."

35    Martin Luther, *Commentaries in epistolam Pauli ad Galatas*, WA 2:470: "*quod fides et cognitio Christi non ex lege mihi venerit, sed ex praedestinante et vocante gratia dei*."

의 원리"를 가진다고 말하면서 다음과 같이 설명을 이어 간다. "신적인 약속과 예정은 실패할 수 없으며 어려움과 우연성이 없이 반드시 발생할 것이기 때문에, 약속을 받은 모든 사람이 믿음의 사람이 되듯이, 약속들에 대한 믿음도 행위들과 그 믿음의 필연성에 있지 않고 신적인 선택의 확고함에 있다."[36] 루터의 설명에 의하면, 믿음의 조상에게 속할 약속의 자손들은 혈통에 따른 그의 자손들이 모두 믿게 되어서 된 믿음의 자녀들이 아니라, 약속을 받은 모든 자들이 신적인 예정의 불변적인 확고함을 따라 실패함이 없이 믿음에 이르러서 된 선택의 자녀들을 일컫는다.

1519~21년도에 저술된 시편 주석에서 하나님의 영원한 예정에 대한 루터의 사고가 발견된다. 특별히 시편 5편 11~12절을 설명하면서 예정은 하나님의 말씀 밖에서는 사려되지 말아야 할 주제라고 강조한다. 그리고 우리를 혼돈에 빠뜨리는 사탄의 전략은 하나님의 계명을 망각하게 만드는 것이라고 한다. 우리로 하여금 예정의 여부에 대한 우리 자신의 과도한 호기심에 이끌려 성경의 경계선을 벗어나게 만드는 일의 명수인 사탄의 전략에 빠지지 않으려면 오직 말씀 안에서 "하나님을 믿고 소망하고 사랑해야 한다"(*credere et sperare et diligere Deum*)고 강조한다.[37] 하나님의 말씀만이 "하나님께 이르는 길"(*via ad Deum*)이다. 헛된 열심을 가지고 그 길을 벗어나 무언가를 궁구하는 것은 근심과 혼돈의 첩경이다. 루터는 그 길을 벗어나면 "우리는 다른 것을 추구하고, 우리의 구원과 예정에 대한 근심을 통한 사탄의 유혹으로 인해 필히 범죄하게 되고, 하나님께 이르는 길을 잃게 만들 뿐만 아니라 그렇게 함으로써 우리의 예정과 구원마저 상실하게 된다."고

---

36  Martin Luther, *Commentaries in epistolam Pauli ad Galatas*, WA 2:513: "*Cum autem divina promissio et praedestinatio fallax non possit esse, sine difficultate et consequentia infallibili erit, ut omnes sint fideles qui promissi sunt, ut sic fides promissorum stet non necessitate operum et fidei illorum,* [9] *sed firmitate divinae electionis.*"

37  Martin Luther, *Operationes in Psalmos 1519–1521*, WA 5:171–72.

주장한다.[38] 여기에서 우리는 루터가 예정과 구원의 상실 가능성을 언급하고 있음을 확인한다. 그러나 이 구절이 실제로 루터가 우리의 예정과 구원이 상실될 수 있다는 의도로 언급한 것인지의 여부는 분명하지 않다. 왜냐하면 다른 곳에서 루터는 "하나님의 흔들리지 않는 예정 혹은 오히려 미움"(*immobilem dei praedestinationem seu potius odium*)이라는 불변성의 표현을 사용하기 때문이다.[39]

루터는 우리의 모든 행위와 범죄를 예정과 결부시켜 이해하는 것을 경계한다. 즉 "우리 백성과 하나님의 성읍들을 위하여 담대히 하자"(삼상 10:12)는 요압의 말을 인용하면서 요압의 승리가 하나님에 의해 예정되어 있었던 것이냐고 우리가 묻는다면, 그런 물음 자체는 "우리의 지극히 불경한 불경이요 지극히 어리석은 우매이며 지극히 사악한 악독"(*impiissimam impietatem, stultissimam stultitiam, perversissimam perversitatem nostram*)이라고 지적한다.[40] 왜냐하면 그 승리는 성경에 기록된 대로 하나님께서 "선히 여기시는 대로" 행하신 일의 결과이기 때문이다. 하나님은 자신의 신적인 의논을 인간에게 다 알리지 않으신다. 만약 그것이 공개되면 "하나님에 대한 두려움"도 없어지고 우리 안에 "믿음이나 소망이나 사랑은 자리를 얻지 못하게 될 것이라"고 루터는 우려한다.[41]

루터는 시편 15편 4절을 주석할 때, 교황의 그릇된 교회관에 맞서 "우주적인 교회"(*ecclesia universalis*)를 "예정된 자들의 총체"(*praedestinatorum universitas*)로 규정한다.[42] 교회의 왜곡된 이해를 교정하기 위해 예정 의존적인 교회

---

38  Martin Luther, *Operationes in Psalmos 1519–1521*, WA 5:173: "*qua amissa aliam dum quaerimus, tentante diabolo per curam nostrae salutis et praedestinationis, necessario erramus et utrunque amittimus, tam viam dei quam nostram, ac per hoc et praedestinationem et salutem.*"

39  Martin Luther, *Operationes in Psalmos 1519–1521*, WA 5:618.

40  Martin Luther, *Operationes in Psalmos 1519–1521*, WA 5:174.

41  Martin Luther, *Operationes in Psalmos 1519–1521*, WA 5:175.

42  Martin Luther, *Operationes in Psalmos 1519–1521*, WA 5:451.

의 정의를 내렸지만, 루터는 시편을 주석하며 예정의 위험성도 늘 견지하고 있다. 시편 22편 9절을 설명할 때도 루터는 사탄이 신자들로 하여금 그들의 예정에 대한 확실성 확보에 집착하게 만든다는 점을 경고한다. 그러한 사탄의 꾀임에 빠져 하나님의 기록된 뜻을 넘어 예정을 과도하게 강조하고 사색하는 것은, 결국 믿음을 파괴하고 믿음의 방패를 없앰으로 적들의 치명적인 무기에 노출되게 만든다고 분석한다. 바로 여기에 기독교의 핵심적인 진리를 흔들려고 하는 "사탄의 사악함"(nequitiam Satanae)이 있다고 지적한다.[43]

1519년에 작성된 "그리스도의 성육신과 인간의 갱신에 관한 13가지의 결론"에서 루터는 자신의 확고한 신앙을 예정과 관련하여 표명한다. 즉 그리스도 예수의 성육신과 십자가 희생으로 말미암아 마련된 영원한 은택들은 세상의 창조 이전에 하나님에 의해 창조되고 그의 자비로운 선하심을 따라 자비롭게 하나님의 아들들이 되는 입양으로 예정되지 않은 사람들은 그 누구라도 받지 못한다고 주장한다. 루터에 의하면, 예정을 입은 사람들은 누구든지 말씀을 듣고 깨달아서 믿음에 이르고, 하나님의 은총을 얻지만 유기된 자들은 믿음에 이르는 초청을 받지 못하며 그들의 완고한 마음 때문에 그냥 버려진다.[44] 여기에서 루터는 이중 예정론의 입장도 분명하게 드러낸다. "예정"을 "선택"의 개념으로 사용하고 있음도 여기에서 확인된다.

그리고 1519년에 작성된 창세기 주석에서 루터는 이삭이나 야곱의 선

---

**43** Martin Luther, *Operationes in Psalmos 1519–1521*, WA 5:623.

**44** Martin Luther, "*Tredecim conclusiones de Christi incarnatione et humani generis reparation*," WA 6:26: "*5. Firmissime credendum, nullum hominem accepturum benedictionem eternam, quem (etiam nolentem et contradicentem) non fecerit deus vas misericordie bonitate sua gratuita, et ante mundi constitutionem in adoptionem filiorum dei predestinatus a deo eiusque fuerit vestigia secutus. 6. Predestinatis quoddam divinum munus et audiendi et intelligendi, quo ad fidem moveantur, datur. Reprobis autem non adhibentur, per que credere possent: obdurata enim eorum corda relinquuntur.*"

택이 인간적인 판단에 의해서가 아니라 "오직 하나님의 자비에 의해서"(*ex sola misericordia*) 이루어진 것임을 표명한다. 특별히 창세기 32장과 33장에 대해 루터는, 믿음의 조상이 선택한 사람은 이스마엘이고 이삭이 선택한 사람은 에서이지만, 하나님의 심오한 판단은 인간의 것과는 달라서 이삭과 야곱을 택자로 삼았다고 설명했다.[45] 에서가 법적으로 가진 장자권의 영예를 야곱이 차지하게 된 것도 법에 의한 것이 아니라 하나님의 자비로 말미암은 것이라고 루터는 해석한다.

1521년에 "폐지해야 할 로마 가톨릭교회의 미사에 대한 사적인 생각"에서 루터는 그리스도 예수의 유언과 상속자에 대해 논의할 때에 예정을 의식한다. 즉 다른 사람들이 아니라 "하나님의 거룩하고 선택된 아들들"(*sancti et electi filii dei*)이 하나님의 유언에 "약속된 죄사함의 상속자"가 될 것이라고 루터는 진술한다.[46]

1523년 창세기에 관한 루터의 설교에 의하면, 만약 아담이 타락한 이후에 "나의 잘못은 내가 인도자와 주님에 의해 창조된 아내와 함께 있었을" 뿐이라고 여긴다면, 그리고 "하와는 범죄했고 당신이 지었는데 왜 아내를 창조하신 것이냐"고 묻는다면 그것은 단순히 "죄"일 뿐만 아니라 "막가는 행위"이며 "극도의 불경"이다. 왜냐하면 아담의 이런 사유는 확대하면 자신의 죄가 주께서 창조하신 여인 때문이고 여인의 죄는 주께서 창조하신 뱀 때문에 저질러진 것이라고 주장하는 셈이기 때문이다. 루터가 보기에 아담의 이러한 가정적인 주장은 "극도로 주의해야 할, 예정에 대한 가장 교묘한 비방"(*occultissima accusatio praedestinationis, id quod summe notandum*)이다.[47] 이는 하나님이 존재를 미리 정하셨고 정하신 존재를 시공간 속에서 지으

---

45  Martin Luther, *Scholia in librum Genesios*, WA 9:414.
46  Martin Luther, *De abroganda missa privata Martini Lutheri sententia*, WA 8:444.
47  Martin Luther, *Vorlesungen über Micha*, WA 14:138; idem., *Declamationes in Genesin Mosi librum sanctissimum*, WA 24:97.

섰고 지어진 존재가 하나님의 정하심을 따라 죄를 범한 것이라는 주장이기 때문이다. 이것은 아담의 범죄가 그의 "자유로운 선택"(*liberum arbitrium*)이 아니었고, 그러므로 아담이 아니라 하나님이 죄의 저자라는 주장과 일반이다. 이에 대해 루터는 이보다 더 터무니가 없는 불경건은 없다고 생각한다.[48] 그리고 같은 책에서 루터는 하나님이 "그의 택자들과 더불어 행하시는 고유한 사역들"이 있는데, 첫째는 백성들과 함께 기꺼이 있으려고 한다는 것, 둘째는 하나님의 약속들과 사역들을 품는 것, 셋째는 믿음으로 그것들을 간구하는 것이라고 한다.[49]

1524년에 쓰여진 미가서 주석에서 루터는 미가서 7장 18절을 설명하는 중에 복음을 믿는 것은 모든 사람에게 발생하지 않고 "오직 영원부터 택함을 받은"(*tantum electae ab aeterno*) 자들에게 일어나는 일이라고 주장한다.[50] 이는 복음을 믿고 하나님의 백성과 동행하고 하나님의 약속을 가슴에 품고 믿음으로 간구하는 것이 택자들 안에서 행하시는 하나님의 일이라는 주장이다. 1525년에 쓰여진 신명기 주석에서 루터는 선택의 주체와 관련하여 이스라엘 백성이 하나님을 선택한 것이 아니라 하나님이 그들을 택하셨고, 섭리에 관해서는 죄악된 이방 민족들을 제거할 인물이 준비된 것도 백성의 공로가 아니라 "하나님의 선택과 부르심과 명령"에서 기인하는 것이라고 진술한다.[51] 이스라엘 백성이 하나님의 사랑을 받는 것도 그들에게 공로나 자격이 있어서가 아니라 "하나님의 선행적인 택하심"(*electione Dei praevenientis*)이 있기 때문이다.[52] 이처럼 루터는 주님께서 이스라엘 백성을

---

48  Martin Luther, *Predigten über das erste Buch Mose*, WA 14:138.

49  Martin Luther, *Predigten über das erste Buch Mose*, WA 14:579.

50  Martin Luther, *Vorlesungen über Micha*, WA 13:342. 루터의 전집(WA) 중에 필자는 1522년에 쓰여진 루터의 글들에서 예정이나 선택이나 작정이나 하나님의 영원한 의논에 관한 논의를 발견하지 못하였다.

51  Martin Luther, *Deuteronomion Mosi cum annotationibus*, WA 14:625.

52  Martin Luther, *Deuteronomion Mosi cum annotationibus*, WA 14:627.

사랑하고 지키시는 근거를 하나님의 선택에 돌리고자 한다.

1525년에 저술된『노예 선택에 대하여』(*De servo arbitrio*)에서 루터는 예정에 대한 결론적인 생각을 다음과 같이 표현한다. "하나님은 모든 것들을 미리 아시고 미리 정하시며, 그는 자신의 예지와 예정에 있어서 속으실 수 없고 방해를 받으실 수 없으므로 그가 뜻하심이 없다면 어떠한 것도 일어날 수 없다."[53] 여기에서 루터는 선택과 유기를 모두 언급한다. 먼저 선택은 비밀하고 경외해야 할 하나님의 뜻으로서, 하나님께서 "자신의 의논을 따라 그가 원하시는 자로 하여금 선포되고 베풀어진 자비의 수혜자와 참여자가 되도록 정하신 것"이라고 규정한다.[54] 유기를 말하면서는, 육신을 입으신 하나님은 스스로 모든 것을 원하시고 말하시고 행하시고 고난도 당하시고 구원에 필수적인 모든 것들을 모든 자들에게 주시지만, "주권자의 비밀한 뜻을 따라 버려져서 혹은 강퍅해져 주님의 원하심과 말하심과 행하심과 주심을 거절하는 많은 자들을 불쾌하게 여기셨다."고 말한 직후에, "주권자의 뜻은 작정을 따라 어떤 사람들을 떠나시고 버리셔서 폐하도록 하셨다"고 언급한다.[55] 선택과 유기를 묶어서 이렇게도 표현한다. "택자들과 경건한 자들은 성령에 의해 회복될 것이고 나머지는 회복되지 않은 채 폐하여질 것이다. … 택자들은 그것을 믿겠지만 나머지는 그것을 믿지 않은 체 분노하고 불경을 저지르며 폐망하게 된다."[56]

---

53  Martin Luther, *De servo arbitrio*, WA 18:786: "*Deus praescit et praeordinat omnia, tum neque falli neque impediri potest sua praescientia et praedestinatione, Deinde nihil fieri, nisi ipso volente.*"

54  Martin Luther, *De servo arbitrio*, WA 18:684: "*qui de praedicata et oblata misericordia Dei loquitur, non de occulta illa et metuenda voluntate Dei ordinantis suo consilio, quos et quales praedicatae et oblatae misericordiae capaces et participes esse velit.*"

55  Martin Luther, *De servo arbitrio*, WA 18:689–90: "*Deus, inquam, incarnatus in hoc missus est, ut velit, loquatur, faciat, patiatur, offerat omnibus omnia, quae sunt ad salutem necessaria, licet plurimos offendat, qui secreta illa voluntate maiestatis vel relicti vel indurati non suscipiunt volentem, loquentem, facientem, offerentem … voluntas maiestatis ex proposito aliquos relinquat et reprobet, ut pereant.*"

56  Martin Luther, *De servo arbitrio*, WA 18:632: "*Corrigentur autem electi et pii per spiritum sanctum, Caeteri incorrecti peribunt… electi vero credent, caeteri non credentes peribunt, indignantes et blasphemantes.*"

루터는 선택과 유기라는 이중적인 예정의 주체이신 하나님을 "어떤 선택으로 인해 구원 받을 자들과 파멸 당할 자들을 구분하신 분"(*qui discreverit certa electione salvandos et damnandos*)이라고 표현한다.[57] 이 선택과 유기라는 하나님의 은밀한 뜻은 탐구의 대상이 아니라 "거룩하신 주권자의 가장 심오한 비밀로서 경외심을 가지고 찬미해야 하는 것"이라고 루터는 주장한다.[58] 이 주장에 따르면, 하나님의 은밀한 뜻은 힐문하지 말고 의심하지 말고 거부하지 말고 인정하는 것이 상책이다. 루터는 "진실로 은혜가 하나님의 작정에 의해서 혹은 예정에 의해서 오는 것이라면, 그것은 우리 자신의 어떤 헌신적인 노력이나 수고에 의해서가 아니라 필연성을 따라 오는 것"이라고 생각한다.[59]

루터는 세상의 모든 일을 주님께서 미리 아시며 그러하기 때문에 필히 발생하는 것이라고 주장한다.[60] 하나님은 모든 것을 미리 아시고 정하시고 행하시되(*praevidet et proponit et facit*) 불변하고 영원하고 실패함이 없는 의지를 따라(*incommutabili et aetrna infallibilique voluntate*) 우연적인 혹은 변동적인 방식(*contingenter et mutabiliter*)이 아니라 필연적인 혹은 불변적인 방식으로 (*necessario et immutabiliter*) 행하시는 것을 의심하고 부정하는 것은 "불신이며 극도의 불경이며 지극히 높으신 하나님의 부정"(*incredulitas et summa impietas et negatio Dei altissimi*)이라는 것이다.[61] 루터는 이러한 내용으로 당시 최고의 인문학자 에라스무스의 자유 선택론을 반박했다.

루터는 신학적인 글이나 주석에서 예정에 대한 관심을 보였을 뿐만 아

---

57  Martin Luther, *De servo arbitrio*, WA 18:706.

58  Martin Luther, *De servo arbitrio*, WA 18:684.

59  Martin Luther, *De servo arbitrio*, WA 18:772.

60  Martin Luther, *De servo arbitrio*, WA 18:617, 636, 667, 670. 루터는 비록 사건의 필연성을 말하지만 *necessitas consequentiae* 와 *necessitas consequentis*의 구분이 폐기해야 하는 인간의 고안물일 뿐이라고 생각한다. Martin Luther, *De servo arbitrio*, WA 18:715.

61  Martin Luther, *De servo arbitrio*, WA 18:615, 619.

니라 개인적인 서신을 쓸 때에도 이중 예정론에 대한 관심사를 드러낸다. 특별히 1526년에 바젤의 출판업자 요하네스 헤르바기우스(Johannes Hervagius, 1497~1558)에게 보낸 편지에서 루터는 바울 서신의 한 부분(살전 2:11-13)을 인용하며, 사랑하는 자들에게 진리의 사랑을 주시고 멸망하는 자들에게 미혹의 역사를 보내시는 하나님의 말씀이 성취되고 앞으로도 성취될 것이어서 "택자들은 받아들여지고 유기자들은 망하게 될 것이라"(*probentur electi et damnentur reprobi*)는 표현으로 서신의 맺음말을 대신할 정도로 하나님의 예정을 일상에서 의식한다.[62]

1527년도에 다시 출간된 창세기 주석에서 루터는 노아의 의로움도 이중적인 예정의 틀에 근거하여 설명한다. 모든 사람들이 죄를 범하였기 때문에 정죄는 불경건한 사람이든 선택된 사람이든 모든 사람에게 적용된다. 그러나 "진실로 선택된 사람들은 저주에 머물지 않고 복음으로 말미암아 자유롭게 되고 하나님의 은혜와 자비로 부르심을 받아 믿음으로 의롭다 하심을 얻는다"는 사실에 비추어서, 루터는 노아가 택함을 받았고 은총을 입었으며 믿음으로 의롭다 하심을 받았다고 주장한다.[63]

예정론에 대한 루터의 의식은 초기의 저작에만 나타나지 않고 중기와 말기에 쓰여진 글에서도 확인된다. 1532년도에 저술된 전도서 주석에서 루터는 복음을 증거하는 것과 관련하여 이중적인 예정의 실천적인 의미를 소개한다. 루터의 생각에, 우리가 복음을 선포할 때 모든 사람의 회심을 추구하고 기대하는 것은 어리석었다. 왜냐하면 복음서와 서신서를 기록한 사도들도 복음을 증거했을 때에 일부가 믿었으며 심지어 예수님께서 복음을 증거하실 때도 복음을 들은 전부가 아니라 일부가 믿었기 때문이

---

62  Martin Luther, "*Martinus Lutherus Iohanni Hervagio Typographo Argentinensi, Gratiam et pacem*," WA 19:473.

63  Martin Luther, *Declamationes in Genesin Mosi librum sanctissimum*, WA 24:170: "*Electi vero in maledictione non manent, sed per Euangelium liberantur, et evocantur per gratiam et misericordiam Dei ac per fidem iustificantur.*"

다. 복음을 들은 사람들의 전부가 아니라 소수만이 믿음에 이르는 현상은 복음을 말하고 듣는 사람들의 능력을 초월한다.[64] 구원자는 오직 그리스도 예수시다. 그 예수님은 "택자들을 구하셨고 나머지는 버리셨다."[65] 즉 구원자의 이중적인 예정을 변경할 요인이 이 세상에는 없기 때문에 소수만 믿음으로 들어간다. 이때에도 루터는 예정론의 위험성을 경계한다. 1532년에 저술된 시편 주해에서 그는, 예정과 선택을 과도하게 논하는 자들은 "지옥적인 사유 즉 진노의 느낌"에 빠져 영원히 버려지고 영원한 정죄를 당한다고 느끼는 자들과 같다고 경고한다.[66] 선택은 하나님께 속하였고 순종은 우리에게 속하였기 때문에 선택에 대한 호기심을 접고 우리를 택하신 하나님을 따르라고 권면한다.[67]

1535년도에 쓰여진 창세기 주석에서 루터는 예정론에 관한 논쟁의 위험성을 다시 언급한다. 영원부터 세워진 하나님의 뜻은 신적인 실체이기 때문에 그것을 논의의 대상으로 삼는다는 것은 위험스런 "호기"(ausus)에 불과하다. 함부로 입을 열어서는 안 되는 이유로서, 루터는 노아와 아브라함 그리고 바울의 사례를 언급한다. 노아는 온 세상의 심판에서 보여진 하나님의 진노에서 그의 영원한 뜻을 탐구하지 않고 두려움과 경외심을 보였으며, 아브라함 역시 소돔과 고모라의 심판 앞에서 하나님의 영원한 뜻을 파헤치는 것보다는 탄원의 태도를 취했고, 바울도 하나님의 지혜와 지식의 부요함과 깊이 앞에서 탄성만 쏟았다는 점을 지적한다.[68] 같은 경계의 맥락에서 루터는 "예정의 덫"(laqueos praedestinationis)이라는 표현까지 사

64    Martin Luther, *Annotationes in Ecclesiasten*, WA 20:155: "*Caeterum quos non possumus nostris admonitionibus convertere ad fidem ac retinere, illos sinamus valere*"; idem, *Anno: D. M. in Epis: Ioan*, WA 20:748: "*Caetera omnia sunt stercora et caecitates praeter fidem et charitatem.*"

65    Martin Luther, *Annotationes in Ecclesiasten*, WA 20:144–45: "*Quid Christus fecit? electos hat er heraussen gerissen, alios hat er lassen ghen…Ille electos eripuit, caeteros reliquit.*"

66    Martin Luther, *In XV Psalmos gradium*, WA 40–3:341.

67    Martin Luther, *In XV Psalmos gradium*, WA 40–3:439: "*Pertinet itaque electio non ad nos, sed ad Deum, obedientia autem ad nos pertinet, ut, quod Deus elegit, nos exequamur.*"

68    Martin Luther, *Genesisvorlesung (cap. 1–17) 1535/38*, WA 42:297.

용한다.[69] "하나님의 작정을 따라 이루어진 예정"을 논구하는 것은 구원에 도움이 되지 않으며, "말씀과 성례" 안에서 우리에게 계시하신 그대로의 하나님을 아는 것이 진실로 유익함을 강조한다.[70]

선택과 유기의 이중 예정론은 루터의 사역 초기에만 존재했던 사고가 아니라 1537년 5월에 이루어진 "논박"(disputatio) 안에서도 등장한다. 거기에서 루터는 예정론과 관련하여 제시된 논증에 반응한다. 다음은 예정에 대해 삼단 논법 형식으로 루터에게 제시된 논증이다. "만약 어떠한 공로도 없다면, 예정의 어떠한 근거도 주어질 수 없다. 그러나 예정의 근거는 필히 주어져야 한다. 그러므로 어떤 다른 것이 공로이다."[71] 이에 대하여 루터는 먼저 이 논증을 다음과 같이 바꾸어야 한다고 제안한다. "예정의 근거는 주어질 수 없기 때문에 어떠한 공로도 없다."[72] 하지만 루터는 "하나님은 모든 사람이 구원 받기를 원하고 계신다"는 바울의 말(딤전 2:4)에 근거하여 "공로가 있다"는 사실을 인정해야 한다고 말하면서, 그 공로는 사람의 것이 아니라 그리스도 예수의 것이라고 설명한다. 하나님 아버지는 "그의 아들의 이 공로" 때문에 우리에게 영원한 생명을 주신다는 것이다.

이러한 루터의 설명에 대한 반론이 다음과 같이 제기된다. "우리의 공로가 없다면 어떻게 아벨은 받으시고 가인은 받지 않으셨나? 다윗은 받으시고 사울은 왜 받지 않으셨나?" 이러한 반론에 대한 루터의 답변에 따르면, 아벨과 다윗은 믿음으로 "여자의 후손에 대한 값없는 약속"을 믿었으나 가인과 사울은 믿지 않았으며 오히려 그리스도 안에서 제공되는 은혜

69  Martin Luther, *Genesisvorlesung (cap. 1–17) 1535/38*, WA 42:336.

70  Martin Luther, *Genesisvorlesung (cap. 1–17) 1535/38*, WA 42:313.

71  Martin Luther, *Die Zirkulardisputation de veste nuptial 1537*, WA 39–1:287: "*Si nullum est meritum, nulla potest reddi ratio praedestinationis. Sed necesse est reddere rationem praedestinationis. Igitur aliquod est meritum.*"

72  Martin Luther, *Die Zirkulardisputation de veste nuptial 1537*, WA 39–1:288: "*nulla sunt merita, quia ratio reddi non potest praedestinationis.*"

를 멸시했기 때문이다.[73] 여기에서 우리는 루터가 그리스도 예수의 공로를 예정의 근거로 이해하고 있음을 확인한다. 또한 아벨과 가인, 다윗과 사울의 차이점을 설명할 때 루터는 그들에 대한 하나님의 택하심과 버리심을 영원한 예정에 근거하여 이해하지 않고, 그들이 취하였던 믿음의 여부라는 시공간적 요소에 근거하여 이해하고 있음도 확인한다.

루터는 재차 강조한다. 하나님의 말씀 밖에서 혹은 초월하여 "사사로운 사색"으로 하나님의 판단을 탐구하고 그 탐구를 탐닉하는 것은 대단히 심각하고 위험하다. 하나님의 계시된 뜻 혹은 하나님의 기록된 말씀 안에서 우리가 생각할 수 있는 범위라고 루터가 제시하는 것은, "하나님은 그리스도 때문에 모든 사람이 칭의와 구원에 이르도록 행하시고 이르기를 원하시되 우리도 이 호의 때문에 부르심을 받고 택하심을 받고 예정을 입고 아버지 하나님의 사랑을 받는 자로 머문다"는 정도이다.[74] 즉 "하나님의 계시된 뜻"(revelata voluntas Dei)에서 시작하여 앞으로 나아가되 그 뜻의 경계선을 넘어서는 안된다는 것이 예정을 생각할 때에 반복해서 강조되는 루터의 원칙이다. "하나님의 감추어진 뜻"에 해당되는 탐구 불가능한 하나님의 판단을 우리는 "두려움과 떨림으로"(timore et tremore) 숭앙해야 한다고 그는 주장한다.[75]

이중적인 예정에 대한 루터의 사고는 1538~42년에 저술된 창세기 주석 안에서도 발견된다. 창세기 26장 9절을 설명하며 루터는 다음과 같이 진술한다. "내가 만약 선으로든 악으로든 예정되어 있다면 나는 구원을 받겠지만, 만약 내가 예정되지 않았다면 멸망하게 될 것이다."[76] 그러나 동시

---

**73** Martin Luther, *Die Zirkulardisputation de veste nuptial 1537*, WA 39–1:288.

**74** Martin Luther, *Die Zirkulardisputation de veste nuptial 1537*, WA 39–1:289: "*Deus facit et vult facere in iustificatione et salvatione hominis omnia propter Christum, propter hunc dilectum sumus vocati, electi et praedestinati et manemus dilecti Dei patris.*"

**75** Martin Luther, *Die Zirkulardisputation de veste nuptial 1537*, WA 39–1:289.

**76** Martin Luther, *Genesisvorlesung (cap. 18 –30) 1538/42*, WA 43:458: "*Si sum praedestinatus, sive bene, sive male agero, salvabor. Si non sum praedestinatus, damnabor.*"

에 여기서도 루터는 하나님의 말씀 밖에서 "위험과 멸망이 가득한" 예정과 같은, 하나님의 신비한 뜻과 의논에 대해 탐구하는 것을 경계한다. 특별히 루터는 아담의 과도한 호기심을 지적한다. 그는 아담이 하나님의 말씀으로 만족하지 않고 보다 자세한 설명을 흠모했기 때문에 사탄의 유혹에 빠졌다고 진단한다.[77]

예정과 약속을 생각할 때에 성경은 분명히 그것들을 이루는 수단들이 있다고 가르친다. 그래서 루터는 "하나님께서 정하신 모든 행위들과 수단들을 제거하는 것"(*tollunt omnes actiones et media, quae ordinavit Deus*)은 불경하고 사악한 사고라고 지적한다. 하나님은 자신이 정하신 그 수단들을 우리가 사용하길 원하신다. 곡식의 경우에도 땅을 갈고 씨를 심고 물을 뿌리고 거름을 주고 추수하여 결실을 거두듯이, 하나님의 약속도 성취되는 과정과 성취하기 위한 수단이 있음을 루터는 지적한다.[78] 여기에서 주목할 것은 선택과 유기만이 아니라 그것에 이르는 행동들과 수단들도 하나님의 작정에 있다는 사고가 루터에게 있다는 사실이다. 창세기 43장을 설명하는 곳에서는 "이 생명에 이르는 수단들" 같은 표현도 사용한다.[79] 비록 루터의 언급이 그리 강하지는 않지만, 수단도 예정의 한 일부라는 생각을 그가 의식의 한편에 가지고 있었다는 사실은 분명하다.

1543년에 쓰여진 이사야 주해에서 루터는 또 다시 예정을 대하는 우리의 태도가 어떠해야 함을 언급한다. 먼저, 어리석은 자들은 하나님에 관하여 설명할 수 없는 원인들에 대해 질문하고 탐구하는 중에 하나님을 놓친다고 경고하는데, 그렇지 않기 위해서는 하나님을 항상 응시해야 한다고 말한다. 하나님과 더불어 자라나고 하나님에 대한 믿음에서 성장하면 하나님께 가까이 나아가게 되고, 그러면 육신의 장막을 가진 인간을 괴롭히

77  Martin Luther, *Genesisvorlesung (cap. 18 –30) 1538/42*, WA 43:239.
78  Martin Luther, *Genesisvorlesung (cap. 18 –30) 1538/42*, WA 43:547−48.
79  Martin Luther, *Genesisvorlesung (cap. 31 –50) 1543/45*, WA 44:527.

던 "예정에 대한 모든 질문들"은 소멸될 것이라고 한다. 나아가 하나님의 아들을 기뻐하고 사랑하기 시작할 때 우리는 의로운 자들의 수에 포함되어 있으며 철학자에 의해 휘둘리지 않고 아버지 하나님의 계시와 통찰에 의해 이끌리고 있음을 확신하게 될 것이라고 한다. 다른 어떤 황홀경과 환상 그리고 독특한 계시와 조명의 저자는 마귀이기 때문에 이를 결코 신뢰하지 말라고 경고한다.[80] 여기에서 루터는 인간에게 알려지지 않은 예정이라는 신적인 영역을 어떠한 식으로든 범해서는 안 된다고 주장한다.

1543~45년에 출간된 창세기 주석서의 32장 6~8절 주해에서 루터는 예정론의 부작용 혹은 오해 하나를 소개한다. 즉 나는 예정된 자이기 때문에 내가 무엇을 행하든 파멸될 수 없다든지, 주께서 나를 살리기를 원하시면 기근과 전염병이 찾아와도 살고 의약품과 음식이 없어도 얼마든지 살아갈 수 있다든지 등의 사고들을 루터는 우리가 반드시 피해야만 하는 "사탄의 소리"라고 한다. 우리가 발생된 "결과들에 속한 것들"(eventurum)을 작정된 것이라고 평가하는 것은 참되지만 내일 우리가 죽느냐 사느냐의 여부에 대해서는 누구도 예정에 근거하여 단언할 수 없다고 주장한다.

미래는 아직 우리에게 주어지지 않은 하나님의 것이며 "우리에게 속한 그의 예지와 예정은 없다"고 루터는 단언한다.[81] 우리에게 주어진 것은 예지나 예정이 아니라 약속이고 우리에게 요구되는 반응은 믿음의 순종이다. 그럼에도 불구하고 "하나님이 특별한 의논 안에서 결정하신 것을 탐구하는 것"은 루터가 보기에 심히 어리석다.[82] "우리에게 알려지지 않은 하나님의 신비로운 의논과 통치를 다 간파한 것처럼, 예정에 대하여 언급하는 모든 사람들의 우매함과 불경건"을 늘 경계해야 한다.[83] "하나님의 말씀 밖

---

80  Martin Luther, *Enarratio capitis noni Esaiae*, WA 40–3:657.
81  Martin Luther, *Genesisvorlesung (cap. 31–50) 1543/45*, WA 44:528.
82  Martin Luther, *Genesisvorlesung (cap. 31–50) 1543/45*, WA 44:77, 527.
83  Martin Luther, *Genesisvorlesung (cap. 31–50) 1543/45*, WA 44:78.

에서 무언가를 듣고 시험하는 것을 무슨 위대한 지혜와 능력으로 여기는 광적인 인간들"도 거부해야 한다.[84] 왜냐하면 예수님도 자신을 시험하는 사탄에게 하늘의 신비로운 지식이나 하나님의 비밀한 의논 안에서 어떤 무기를 꺼내서 대응하지 않으시고, "기록되어 있으되 주 너의 하나님을 시험하지 말라"(마 4:7)는 말씀으로 응하셨기 때문이다.[85]

## 결론

루터의 예정론에 대한 이상의 연구에서 우리는 몇 가지의 특징들을 언급하는 것으로서 결론을 맺으려고 한다. 첫째, 루터는 신학적인 활동을 시작할 때부터 예정에 대한 관심을 보였으며 죽기 직전까지 그 관심을 유지했다. 예정의 관점에서 성경을 읽거나 예정을 중심으로 신학적인 체계를 세우거나 모든 교리를 예정과 결부시켜 이해한 것은 아니지만, 예정의 신학적인 중요성과 지속적인 관심사는 분명히 확인된다. 둘째, 루터는 신학적인 활동의 초기와 중기와 후기 모두에서 선택과 유기의 이중적인 예정을 언제나 고수했다. 그러나 주된 강조점은 선택에 두었으며 유기에 대해서는 비록 이따금씩 밝히기는 하였으나 적극적인 표명은 자제하는 태도를 취하였다. 셋째, 루터는 하나님의 일방적인 은혜와 절대적인 주권을 강조하기 위해 예정론을 말했지만 반드시 그런 목적과 결부시켜 언급한 것은 아니었다. 이는 성경에 예정과 관계된 구절들이 등장하면 특정한 목적을 고려함이 없이도 주석적인 작업을 한 흔적들이 두루 발견되기 때문이다. 넷째, 루터는 거의 모든 예정론의 언급에서 하나님의 신비로운 뜻과 의논, 우리에게 알려지지 않은 예지와 예정을 사람의 이성으로 탐구하고 판단하

---

84  Martin Luther, *Genesisvorlesung (cap. 31 –50) 1543/45*, WA 44:528.
85  Martin Luther, *Genesisvorlesung (cap. 31 –50) 1543/45*, WA 44:528.

는 것을 극도로 경계한다. 이와 더불어 예정에 대한 사유의 경계선은 성경에 기록된 하나님의 드러난 계시임을 지적한다. 다섯째, 루터는 구원에 이르는 수단들에 대한 예정에 대해서도 비록 명시적인 표현을 쓰지는 않지만 지나가듯 이따금씩 언급한다. 이는 택자와 유기자의 예정만이 아니라 구원과 멸망에 이르는 행동들과 수단들도 하나님의 정하심에 속한다는 언급들이 발견되기 때문이다. 여섯째, 예정에 대한 왜곡된 맹신으로 하나님께서 정하신 삶의 질서들을 무시하는 것도 엄하게 꾸짓는다. 예정되어 있더라도 심은 대로 거두고 행한 대로 갚으시는 하나님의 질서는 존중해야 한다. 일곱째, 루터는 구원이 선택의 결과이고 멸망이 버려둠의 결과라고 생각하며, 선택된 사람들이 구원에 이르는 것은 필연적인 일이라고 주장한다. 시간 속에서의 구원은 영원 속에서 이루어진 선택의 결과라는 그의 주장에서 우리는 작정과 집행의 도식을 희미하게 발견한다. 루터는 비록 예정론을 독립된 단행본이나 독립된 논제로 다루지는 않았지만, 그럼에도 불구하고 지속적인 관심의 대상으로 삼았으며 성경에 기초한 예정론을 전개하려 했다.

# Chapter 06
# 종교개혁 시대 예정론
## : 칼뱅의 예정과 기도

### 요약

이 장에서는 칼뱅의 신약 성경 주석들에 기초한 기도의 이해를 추구하되, 기도와 예정(작정)의 관계성을 탐구한다. 기도에 대한 칼뱅의 체계적인 논의는 《기독교 강요》에 등장한다. 그러나 그의 기도론에 대한 종합적인 이해는 그의 주석들에 나타난 기도관을 비교해서 볼 때 가능하다. 《기독교 강요》에서 칼뱅의 기도론은 은혜의 방편 즉 성령론 안에서 소개되고 기도와 예정에 대한 가르침이 나란히 순서대로 논의되고 있다. 성령과 기도와 예정의 관계는 무엇일까? 이러한 질문을 의식하며, 나는 칼뱅의 주석들 중에서도 기도와 예정의 관계를 가장 잘 보여 주는 요한복음 17장 주석을 주목한다. 기도가 먼저 논의되고 예정이 나중에 논의된 이유도 보여 주고, 성령론 안에서 기도가 논의되는 이유도 보여 주는 로마서 8장과 9장 주석 또한 주목한다. 결론으로 기도와 예정이 분리될 수 없는 이유는, 1) 요한복음 17장에 기록된 예수님의 기도가 아버지 하나님의 예정된 뜻을 따라 드려졌기 때문이며, 2) 로마서 8장에 의하면 성령의 도우심과 이끄심이 없이는 기도가 가능하지 않기 때문이고, 3) 기도를 드렸어도 우리에게 환난이 임하는 경우가 있는데 그렇다고 할지라도 만세 전부터 정하신 하나님의 뜻과 섭리 때문에 두려워할 필요가 없다는 차원에서 기도 다음에 로마서 9장처럼 예정의 교리가 뒤따라야 하기 때문이다. 이처럼 기도와 예정에 대한 칼뱅의 온전한 사상을 이해하기 위해서는 그의 교리만이 아니라 주석도 연구해야 한다.

# 서론

칼뱅의 기도에 대한 기존의 연구는 대체로 그의 교리적인 글들(주로
*Institutio religionis christianae, Confessio, Catechismus* 등)에 의존했다.[1] 이와는 달리,

---

\* 이 장은 "주석에 나타난 칼뱅의 기도론: 기도와 예정의 관계성을 중심으로," 「한국개혁신학」
62 (2019), 185–217에 게재된 논문이다.

1 칼뱅의 기도에 대한 한국의 연구들 중에는 다음과 같은 문헌들이 있다. 한철하, "칼뱅과
칼 바르트에 있어서의 祈禱論의 비교," 「신학정론」 1/2 (1983.10), 260–272; 신윤복, "칼뱅
의 祈禱論," 「신학정론」 5/1 (1987.5), 69–85김재성, "기도와 언약, 성령의 도우심," 「성령
의 신학자 존 칼뱅」 (서울: 생명의말씀사, 2004), 333–377; 최윤배, "칼뱅의 기도이해," 「칼
뱅연구」 6 (2009), 61–90; 장훈태, "칼뱅의 기도론," 「칼뱅의 구원론과 교회론」 (서울: SFC,
2011), 371–395; 김광묵, "장 칼뱅의 기도 신학과 한국교회의 영성적 과제," 「한국조직신
학논총」 42 (2015. 9), 121–160; 유재경, "칼뱅의 기도에 대한 이해와 독특성," 「신학과 목
회」 44 (2015.11), 77–99 등이 있다. 영미권 연구로는 Bruce A. Ware, "The Role of Prayer
and the Word in the Christian Life According to John Calvin," *Studia Biblica et Theologica* 12
(1982), 73–91; Joel R. Beeke, "John Calvin on Prayer as Communion with God," in *Taking
Hold of God: Reformed and Puritan Perspectives on Prayer*, edited by Joel R. Beeke and Brian G.
Najapfour (Grand Rapids: Reformation Heritage Books, 2011), 27–42; David B. Calhoun,
"Prayer: 'The Chief Exercise of Faith,'" in *Theological Guide to Calvin's Institutes: Essays and
Analysis*, edited by David W. Hall and Peter A. Lillback (Phillipsburg, NJ: P & R Publishing,
2008), 347–67; Oliver Crisp, "John Calvin and Petitioning God," in *Retrieving Doctrine: Essays
in Reformed Theology* (Downers Grove, IL: IVP Academic, 2010), 133–55; Robert D. Loggie,
"Chief Exercise of Faith—An Exposition of Calvin's Doctrine of Prayer," *The Hartford Quarterly*
5/2 (1965), 65–81; John H. Mazaheri, "John Calvin's Teaching on the Lord's Prayer," in *The
Lord's Prayer: Perspectives for Reclaiming Christian Prayer*, edited by Daniel L. Migliore (Grand
Rapids: Eerdmans, 1993), 88–106; Michael Parsons, "John Calvin on the Strength of Our
Weak Praying," *Evangelical Review of Theology* 36/1 (2012), 48–60. 주석을 중심으로 칼뱅의 기
도를 연구한 소수의 사례로는 이은선, "은혜의 수단인 기도로서의 시편 찬송에 대한 칼뱅의
이해," 「한국개혁신학」 18 (2011), 149–180; Barbara Pitkin, "Imitation of David: David as a
Paradigm for Faith in Calvin's Exegesis of the Psalms," *The Sixteenth Century Journal* 24/4 (1993),
843–64; John Hesselink, "Introduction: John Calvin on Prayer," in *On Prayer: Conversation
with God* (Louisville: Westminster John Knox Press, 2006), 1–31; Gary N. Hansen, "Praying
with John Calvin: Studious Meditation on the Psalms," in *Kneeling with Giants: Learning to Pray
with History's Best Teachers* (Downers Grove, IL: IVP Books, 2012), 75–95; Ivan E. Mesa, "John
Calvin's Trinitarian Theology of Prayer," *PRJ* 7/2 (2015), 179–192 등이 있다.

본 연구는 신약에 대한 칼뱅의 주석들에 기초한 기도의 이해를 추구하되 기도와 예정(작정)의 관계성을 탐구한다. 물론 교리적인 글들에 나타난 칼뱅의 기도론은 대단히 중요하다. 특별히 기도에 대한 칼뱅의 관심은 본격적인 신학적 활동에 해당하는『기독교강요』초판(1536)부터 등장한다. 여기에서 칼뱅은 간략한 주기도문 주석으로 기도에 관한 논의를 대신한다. 「제네바 교리문답」(1542) 안에서는 기도가 하나님을 영화롭게 하는 방법 중의 하나인 온전한 소망의 내용으로 언급되고, 특별히 온전한 소망의 소유자는 주기도문 내용을 간구하는 자이며 그런 기도자가 진실로 하나님을 영화롭게 하는 자라고 설명한다.[2]『기독교강요』최종판(1559) 3권 20장에서는 무려 52절에 걸쳐 기도가 논의된다. 칼뱅은 3권 19장에서 기독인의 자유를 논하고 3권 20장에서 기도의 정의 혹은 본질, 필요성 혹은 이유, 원리 혹은 규칙, 종류 혹은 구성, 형태 혹은 방식을 언급한 이후에 3권 21장에서 예정에 관한 논의로 들어간다. 기도의 교리가 하나님의 은혜를 받는 방법을 논하는 3권에 등장하는 것은 기도가 은혜의 방편임을 나타내고, 이 교리의 위치가 기독인의 자유와 작정에 대한 가르침 사이에서 논의되는 것은 기도가 인간의 자유와 하나님의 주권을 포괄하는 교리라는 점을 반영한다.

그런데 기도를 성령론 안에서 다룬 이유는 무엇인가? 기도 이후에 예정을 다루는 이유는 무엇인가? 이러한 질문들에 대해 칼뱅의 교리적인 글들은 침묵한다.『기독교강요』에서 침묵한 기도와 예정의 연관성은 칼뱅의 주석에서 확인된다. 특별히 그의 요한복음 주석과 로마서 주석은 기도와 예정의 신학적인 연관성에 대한 칼뱅의 이해를 제공한다. 따라서 이 장에서는 다양한 성경 텍스트에 대한 칼뱅의 주석들도 보겠지만 기도와 예정

---

2 Calvin, *Catechismus ecclesiae Genevensis* (Geneva : Jean Crespin & Conrad Badius & Conrad Bade, 1550)를 참조하라.

의 신학적 관계성을 가장 잘 보여 주는 요한복음 17장과 로마서 8장과 9장에 대한 그의 주해에 특별한 관심을 기울인다. 이 부분에 대한 연구를 통해 우리는 서로 상반된 주제처럼 보이는 기독인의 자유 및 기도와 하나님의 예정이 왜 성령론 안에서 논의되고, 어떻게 기도라는 차원에서 서로 연관성을 갖게 되는지를 확인한다. 즉 기도는 성령으로 말미암아 죄와 사망의 법에서 자유롭게 된 성도가 무엇이든 구할 수 있는 자유의 구현이며, 자유로운 기도의 내용은 만세 전부터 세워진 하나님의 뜻에 제한될 때 최고의 자유가 구현되고, 그 뜻은 오직 성령의 도우심을 통해 깨닫게 된다는 연관성을 이 글에서 확인한다. 나아가 우리는 칼뱅의 기도론과 예정론의 관계에서 주석과 교리의 선순환적 관계도 확인한다. 지금까지 성령론 안에 다루어진 기도와 예정의 신학적인 관계성에 대한 칼뱅의 이러한 이해에 관심을 가지고 그의 주석을 연구한 학자는 아직까지 발견하지 못하였다.

## 본론

칼뱅에게 기도는 "우리가 날마다 하나님의 은택들을 받게 하는 믿음의 주된 실행"(*praecipuum fidei exercitium*)이며, "하늘의 성소로 들어가 그 앞에서 그의 약속들에 대해 요청하는 하나님과 인간의 교통"(*hominum cum Deo communicatio*)이다.[3] 기도는 믿음의 출구이고 믿음은 기도의 기반이다. 칼뱅에 의하면, 믿은 만큼 기도하고 기도한 만큼 믿음은 실행되며 믿고 기도한 만큼 하나님의 은택들을 받아 향유한다. 칼뱅은 시편 주석(시 50:14-15)에서 기도가 찬양과 더불어 "하나님 경배의 전부"(*omnem Dei cultum*)를 대표하는 것이라고 강조한다. 하나님의 이름에 합당한 영광을 돌리는 것은 모든

---

3   Calvin, *Institutio religionis christianae 1559*, III.xx.2.

기도의 목적이며, 그렇기 때문에 곤고한 날과 필요가 발생한 날에만 행하는 것이 아니라 날마다 하나님께 영광을 돌려야 하는 모든 인생에게 매 순간마다 부과되는 의무(officium)라고 한다.[4] 그러므로 기도하지 않으면 믿음의 숨통은 막히고, 하늘의 특권은 증발되고, 성도의 의무는 경시된다.[5] 모든 성도는 쉬지 않고 무시로 기도해야 한다. 그래서 기도는 지속적인 호흡이고 자비로운 명령이다.

그럼에도 불구하고 어떤 사람들은 기도할 필요가 없다고 주장한다. 칼뱅은 "하나님의 섭리를 따라 모든 것이 이루어질 것인데 기도할 필요가 있느냐?"는 사람들의 의문을 논의의 서두에서 건드린다.[6] 실제로 사람들이 드리는 기도의 여부와 무관하게 하나님께서 행하고자 하시는 모든 일들은 반드시 성취된다.[7] 그럼에도 불구하고 하나님은 우리에게 기도를 원하신다.[8] 이에 대하여 칼뱅은 기도가 하나님의 뜻을 바꾸거나 섭리를 변경하는 것이 아니라, 오히려 하나님의 뜻을 알고 하나님의 섭리에 순응하는 도구라고 설명한다.[9] 나아가 아우구스티누스의 글귀에 근거하여 기도와 작정의 관계성을 간략하게 언급한다. "하나님께서 작정하신 것과 반대되는 것을 그분에게 요청할 때, 어떻게 그것이 믿음으로 드리는 기도일 수 있겠는가?"[10] 기도와 예정의 관계에 대해 『기독교강요』는 여기까지 설명한다. 만

---

4   Calvin, *Commentarii in librum psalmorum pars prior*, CO 31:501.

5   기도가 없는 믿음은 죽은 것이라는 칼뱅의 생각에 대해서는 Calvin, *Commentarii in librum psalmorum pars prior*, CO 32:418–419를 참조하라.

6   Calvin, *Institutio religionis christianae 1559*, III.xx.3.

7   "내가 생각한 것이 반드시 되며 내가 경영한 것을 반드시 이루리라"(사 14:24).

8   "나 여호와가 말하였으니 이루리라 주 여호와께서 이같이 말씀하셨느니라 그래도 이스라엘 족속이 이같이 자기들에게 이루어 주기를 내게 구하여야 할지라"(겔 36:36–37).

9   Calvin, *Institutio religionis christianae 1559*, III.xx.3.

10  Augustine, *De civitate Dei*, PL 41:753; Calvin, *Institutio religionis christianae 1559*, III.xx.3: "quomodo fide orant sancti, ut petant a Deo contra quam decrevit? Nempe quia secundum voluntatem eius orant, non illam absconditam et incommutabilem, sed quam illis inspirat." 우리의 모든 기도가 하나님의 작정에 맞추어야 한다는 언급에 대해서는 Calvin, *Institutio religionis christianae 1559*, III.xx.43; Calvin, *Commentarius in epistolam Pauli ad Timotheum I*, CO 52:268을 참조하라.

세 전부터 세워진 하나님의 뜻과 그것이 성취되는 하나님의 섭리가 기도와는 어떠한 연관성을 갖는지에 관한 보다 구체적인 논의는 그의 다양한 주석에서 발견된다.

## 요한복음 주석을 중심으로

죄로부터 해방된 하나님의 사람들은 하늘에 있는 것이든 땅에 있는 것이든 어떤 것이라도 자유롭게 추구하는 것이 가능하다. 그러나 성경에서 자유보다 더 높은 가치는 유익과 덕이다.[11] 성경이 유익과 덕으로 우리의 자유를 제한하는 것은 우리를 위함이다. 진정한 유익과 덕의 기준은 창세 전부터 세워진 하나님의 뜻, 즉 하나님의 작정(또한 사람과 관련하여 미리 정하신 것이라는 의미에서 예정)이다. 기도와 예정의 관계성에 관한 칼뱅의 분명한 설명은 먼저 그의 요한복음 17장 주석에서 제공된다. 요한복음 17장에 나오는 예수님의 기도를 논의하기 전에 제자들을 향해 "무엇이든 원하는 대로 구하라"(요 15:7)라고 하는 앞선 구절을 살펴보는 것이 유익하다. 이 구절은 우리가 무절제한 요청과 방탕한 욕망을 쏟아 내도 모두 응답해 주신다는 뜻으로 오해하기 쉽다. 그러나 칼뱅은 무엇이든 구할 수 있는 무한히 자유로운 우리의 기도가 "내 말이 너희 안에 거하면"과 같은 단서에 의해 제한을 받는다고 설명하면서 "올바른 기도의 법칙"(*legem rite precandi*)을 제시한다. 즉 "우리의 모든 성정(기호와 가치관과 판단력을 포괄하는 개념)은 하나님의 판단에 굴복해야 한다"고 권면한다.[12] 하나님의 판단은 우리에게 가장 귀한 것으로서, "하나님의 이름이 우리를 통하여 영화롭게 되는

---

11  그래서 바울은 강조한다. "모든 것이 가하나 모든 것이 유익한 것은 아니요 모든 것이 가하나 모든 것이 덕을 세우는 것은 아니니"(고전 10:23).

12  Calvin, *Commentarius in evangelium Ioannis*, CO 47:341.

것"을 의미한다.[13] 요한복음 17장에 나오는 예수님의 기도는 제자들을 향한 자신의 이러한 가르침에 충실하다.

마태복음 6장에 등장하는 주님의 규범적인 기도와는 달리, 요한복음 17장은 아버지 하나님께 드리는 그리스도 예수의 실질적인 기도이며 믿음의 사도이신 예수님의 기도이기 때문에, 하나님의 모든 사람이 드리는 기도의 실질적인 모범이다. 이 기도문에 대한 칼뱅의 주석은, 기도가 하나님의 작정을 고려하지 않고서는 이해할 수 없음을 분명히 보여 준다. 먼저 1절에서 "때"가 왔다는 구절에 대해 칼뱅은 "사람이 임의로 결정하는 때가 아니라 하나님이 정하신 때"라고 설명하며 그 "때"에 예수님께서 하신 기도는 "자신의 죽음을 통해 하나님의 영원한 의논에서 정하여진 것(*quails aeterno Dei consilio fuerat decretus*)이 성령의 신적인 능력으로 말미암아 성취되게 해 달라고 기도하신 것"이라고 설명한다.[14]

하나님이 정하신 때에 하나님이 작정하신 일이 발생하는 것은 필연적인 것임에도 불구하고 예수님의 기도는 과연 필요할까? 이에 대해 칼뱅은 예수님의 기도가 불필요한 것이 아니라고 답하면서, 하나님의 뜻에 의존하고 계신 예수님은 아버지 하나님께서 약속하신 것의 확실한 성취를 열망해야 한다는 점을 그 근거로 제시한다. 이 열망은 자신을 위함이 아니라 제자들의 교육을 위함이다. 비록 온 세상이 저항하고 방해한다 할지라도 하나님의 뜻은 필히 이루어질 것이다. 하지만 그래도 우리는 주님의 가르침을 따라 기도해야 한다. 칼뱅은 특별히 하나님의 뜻이 약속의 형태로 주어진 것을 주목한다. 그리고 그는 우리의 기도를 촉발하는 것이 주님께서 우리에게 주신 "약속들의 용도"(*promissionum usus*)이기 때문에, 우리가 하나님의 약속들을 이루어 주시라고 기도하는 것은 마땅한 일이라고

---

13 Calvin, *Commentarius in evangelium Ioannis*, CO 47:342: "*per nos illustretur Dei nomen.*"
14 Calvin, *Commentarius in evangelium Ioannis*, CO 47:375.

설명한다.[15]

　2절을 해석하며 칼뱅은 우리가 마땅히 구해야 하는 기도의 내용에 관해 이렇게 설명한다. "하나님께서 기꺼이 주기를 원하시는 것 외에는 어떠한 것도 구하지 않는 것은 기도의 영원한 규범이다."[16] 하나님께서 기꺼이 주기를 원하시는 것은 "영원한 생명"(*vita aeterna*)이다. 예수님은 아버지 하나님께서 자신에게 주신 자들에게 이 생명을 주시고자 만민을 다스리는 권세를 받으셨다. 그 권세를 통해 그들에게 영원한 생명이 주어지게 해 달라는 예수님의 기도는 아버지의 뜻에 부합한다. 그런데 영생을 주시려는 대상이 온 세상의 모든 사람이 아니라 하나님의 택하심을 받은 자들이다. 그래서 칼뱅은 예수님의 기도와 아버지 하나님의 선택을 연결하여 설명한다. 즉 영원한 생명을 주시라고 하는 예수님의 기도는 "오직 택자들"(*solos electos*)을 위한 것이라고 한다.[17] 같은 맥락에서 구원으로 이끄는 성령의 "조명과 천상적인 지혜의 선물"(*illuminationis et coelestis sapientiae donum*)도 모두에게 주어지지 않고 오직 택자에게 주어진다.[18] 즉 구원의 수단들에 대한 예정도 예수님의 기도에 내포되어 있다.

　그리스도 자신을 위해 기도하는 5절의 "창세 전에 내가 아버지와 함께 가졌던 영화" 부분을 해석하면서 칼뱅은, 예수님의 기도가 자신의 것이 아닌 것을 구하는 것이 아니라 창세 이전에 가졌던 자신의 것 즉 영원 속에서 소유한 것을 구하는 것이라고 설명한다.[19] 시간 속에서 추구하는 기도의 내용이 영원 속에서 자신에게 주어진 것이라는 대목은 기도와 작정을 절묘하게 연결한다. 시간 속에서 가진 육신의 존재 또한 영원 속에서 가졌

---

15　Calvin, *Commentarius in evangelium Ioannis*, CO 47:375.

16　Calvin, *Commentarius in evangelium Ioannis*, CO 47:376: "*haec perpetua est orandi regula, non plus petere quam quod ultro daturus esset Deus.*"

17　Calvin, *Commentarius in evangelium Ioannis*, CO 47:376.

18　Calvin, *Commentarius in evangelium Ioannis*, CO 47:377.

19　Calvin, *Commentarius in evangelium Ioannis*, CO 47:378.

던 존재의 영광을 입게 해 달라고 하는 이러한 주님의 기도는 우리의 존재에 관한 기도의 지침을 제공한다. 예수님이 땅에서 주어지는 사람의 영광이 아니라 하늘에서 주어진 아버지 하나님의 영광을 구하신 것처럼, 우리도 이 세상에 흙으로 빚어진 몸의 물리적인 영광이 아니라 창세 전에 작정하신 것으로서 "거룩하고 흠이 없게" 된 영적인 영광을 입게 해 달라고 기도해야 한다(엡 1:4).

제자들을 위해 기도하는 6절의 "세상 중에서 내게 주신 자들에게 내가 아버지의 이름을 나타"낸 것을 설명하는 부분에서 칼뱅은 다시 하나님의 택하심을 받은 자들만의 구원을 강조하며, 예수께서 주신 가르침의 참된 효과가 구원의 가르침을 받은 모든 자에게가 아니라 그들 중에서 마음에 성령의 조명을 받은 자에게만 나타나는 것이라고 주장한다.[20] 이렇게 되는 원인에 대한 설명에서 칼뱅은 그 원인을 하나님의 선택으로 돌리는 것이 예수님 자신의 생각임을 지적한다.[21] 여기에서 칼뱅은 이런 결론을 도출한다. "믿음은 하나님의 영원한 예정에서 나오고 모든 사람에게 차별 없이 주어지는 것이 아닌 것은 모든 사람이 그리스도에게 속한 것은 아니기 때문이다."[22] 이처럼 믿음과 영원한 생명이 택한 자들에게 주어지게 해 달라고 하는 예수님의 기도는 하나님의 영원한 예정과 무관하지 않음을 확인하게 한다.

6절의 "그들은 아버지의 것"이었고 "내게 주셨다"는 구절을 설명하면서 칼뱅은 하나님의 택하심을 받은 자들이 아들에게 주어진 이후에도 아버지 "하나님께 항상 속했다"(*Dei semper fuisse*)는 점을 지적하며, 이후에 "내

---

20  Calvin, *Commentarius in evangelium Ioannis*, CO 47:379.

21  Calvin, *Commentarius in evangelium Ioannis*, CO 47:379: "*Causam electioni Dei Christus assignat, quia non aliud discrimen ponit, non aliis praeteritis manifestaverit quibusdam patris nomen, nisi quia sibi dati erant.*"

22  Calvin, *Commentarius in evangelium Ioannis*, CO 47:379: "*fidem ex externa Dei praedestinatione manare, et ideo non omnibus promiscue dari, quia non omnes ad Christum pertinent.*" 여기에서 "*externa*"는 칼뱅이 "*aeterna*"를 잘못 표기한 것이라고 생각된다.

것은 다 아버지의 것"(요 17:10)이라고 선언하신 예수님은 "예정의 영원성"(electionis aeternitas)을 나타내고 있다고 해석한다.[23] 칼뱅이 잘 표명한 것처럼, 신비로운 "하나님의 예정이 그 자체로는 감추어져 있으나 오직 그리스도 안에서만 우리에게 나타난다."[24] 그리스도 안에서 나타난다고 할지라도 택자들의 소속은 여전히 아버지 하나님께 있다. 이처럼 시간 속에서의 영적 소속을 이해할 때에도 하나님의 영원한 예정이 고려되고 있다. 나아가 "그들은 아버지의 말씀을 지"켰다는 구절을 이해함에 있어서도 그 예정을 언급한다. 즉 칼뱅은 하나님의 말씀이 택함을 받은 자들에게 주어지는 "믿음"으로 말미암아 택함을 받은 자들의 "마음"에만 들어가기 때문에 그들만이 아버지의 말씀을 지켰다는 말씀을 예수님이 하셨다고 해석한다. 이처럼 제자들을 위한 예수님의 기도는 하나님의 은혜로 값없이 주어진 택하심을 따라 만국을 다스리는 그리스도 예수의 권세 아래에서 보호를 받고, 조명과 지혜의 선물을 따라 받은 믿음의 은혜로 하나님의 말씀을 받아 순종하게 되었음을 아버지 하나님께 보고한다.

9절에서 칼뱅은 제자들을 위한 예수님의 기도를 해석한다. 여기에서 칼뱅은 그리스도 예수의 기도가 영원한 예정에 뿌리를 둔 하나님의 뜻에 부합한 내용만을 구하는 기도라고 설명한다.[25] 그런데 예수님은 제자들을 위해 기도할 뿐만 아니라 심지어 자기를 죽음의 벼랑으로 떠미는 원수들을 포함한 모든 사람을 위해서도 기도한다(눅 23:24). 이에 대해 칼뱅은, 모든 사람을 위해 하는 듯한 예수님의 기도가 사실은 하나님의 택하심을 받은 자들을 위한 기도라고 해석한다. 칼뱅에 의한 기도의 외형적인 대상과 실질적인 대상의 구분이 특이하다. 그에 의하면, 모든 사람을 위해 기도하

---

23  Calvin, *Commentarius in evangelium Ioannis*, CO 47:379.

24  Calvin, *Commentarius in evangelium Ioannis*, CO 47:379: "*in se abscondita est Dei praedestinatio, in solo autem Christo nobis patefit.*"

25  Calvin, *Commentarius in evangelium Ioannis*, CO 47:380.

신 주님의 의도는 우리에게 기도의 모범을 보이시기 위함이다. 즉 주님은 하나님의 택하심을 받고 자신에게 주어진 모든 자들을 아시지만 우리는 하나님의 택하심을 받은 자들과 버리심을 받은 자들을 구분하지 못하기 때문에, 민족과 언어와 문화와 계층과 신분을 따지지 말고 모든 사람을 위해 기도하되 그들 가운데에 우리는 모르지만 주님은 아시는 택자들을 위해 기도해야 함을 가르치기 위함이다. 그래서 우리가 기도하는 대상은 모든 사람이다. 그러나 그들 중에서 신적인 버리심을 받은 사람들이 하나님의 심판에 맡겨지게 된다는 사실에는 관여하지 못하는데, 그것이 우리가 드리는 기도의 한계라고 칼뱅은 지적한다.

그리고 예수님의 기도가 응답되어 영원한 생명이 주어진 사람은, 구원이 자신의 공로(*meritum*) 때문이 아니라 하나님의 보좌 우편에 계신 주님의 간구하심 때문이며 오직 하나님의 기뻐하신 뜻(*beneplacitum*)을 따라 창세 전부터 이루어진 예정의 결과라는 사실을 깨달아야 한다고 권면한다.[26] 이는 예정이 고려된 기도의 결과를 예정과 무관하게 이해하지 말라는 권면이다. 또한 하나님의 택하심을 받은 자들만을 위한 예수님의 기도에서 칼뱅은, "택하심에 대한 믿음"(*electionis fides*)이 우리도 가져야 하는 기도의 필수적인 것이라고 강조한다.[27] 이는 믿음이 그리스도 예수의 베푸심(*donatio*)에 근거하고, 그 베푸심은 순서와 시간에 있어서 예정(*praedestinatio*)에 뒤따르는 것이며, 이처럼 영원한 예정에 뿌리를 둔 그 믿음은 기도가 잉태되는 자궁이기 때문이다. 이러한 이해에 근거하여 칼뱅은 예정에 대한 지식이 우리 안에서 "기도의 열정"(*precandi stadium*)을 더욱 강하게 만든다는 사실은 예정에 근거하여 기도하신 예수님께서 친히 가르치신 바라고 주장한다.[28] 이로 보건대 예정에 대한 교훈은 하나님의 택하심을 핑계로 삼아 나

---

26  Calvin, *Commentarius in evangelium Ioannis*, CO 47:380.

27  Calvin, *Commentarius in evangelium Ioannis*, CO 47:381.

28  Calvin, *Commentarius in evangelium Ioannis*, CO 47:381.

태(*ignavia*)에 빠진 자들의 우매함을 촉발하지 않고 오히려 꾸짖는다.

11절의 "우리와 같이 그들도 하나가 되게 하옵소서" 부분을 해석하면서 칼뱅은, 그것이 예수님께서 "천상의 아버지가 지키기로 작정하신 자들을 믿음과 영의 거룩한 하나됨(*sanctam fidei et spiritus unitatem*)으로 부르시는" 기도라고 설명한다.[29] 이러한 설명으로 칼뱅은 성도의 하나됨도 예정과 무관하지 않음을 지적한다.

12절의 주석에서 칼뱅은 아버지의 이름으로 보존하고 지켜야 할 사람들 중에서 배제되는 "멸망의 자식"에 대해 설명할 때에도 예정을 언급한다. 멸망의 자식은 가룟 유다를 가리킨다. 제자들의 하나됨을 위한 기도 중에 유다를 언급한 이유는, 그가 예수님을 배신하고 비참한 최후를 맞이했을 때 예수님의 택함을 받은 제자라도 저렇게 공동체를 깨고 떠나 멸망할 수 있다는 오해를 근절하기 위함이다. 자칫 유다의 멸망으로 인해 "하나님의 영원한 택하심"(*aeterna Dei electionem*)이 흔들리는 것처럼 보이지 않도록 멸망의 자식, 즉 하나님의 영원한 예정에서 유기된 자들을 언급하신 것이라고 한다. 이는 유다가 멸망의 자식이 된 것이 비록 사람들의 눈에는 황당한 일이지만 주님께는 전부터(*pridem*) 알려진 일이라는 사실을 나타낸다.[30]

12절 후반부는 제자들의 하나됨과 유다의 배제가 성경을 응하게 하는 것이라는 예수님의 기도를 소개한다. 이 대목에서 칼뱅은 작정과 예언과 사건의 연관성을 설명한다. 칼뱅은 어떤 사건이 일어나는 원인(*causa rerum*)을 무작정 성경의 예언에 돌리는 것을 거절한다. 물론 "하나님의 정하심(*divinitus ordinatum*)이 없이는 어떠한 일도 일어나지 않는다"는 것을 칼뱅은 인정한다.[31] 그러나 유다가 예수님을 배신하고 멸망의 자식이 된 것은 성

---

29  Calvin, *Commentarius in evangelium Ioannis*, CO 47:382.

30  Calvin, *Commentarius in evangelium Ioannis*, CO 47:383.

31  Calvin, *Commentarius in evangelium Ioannis*, CO 47:383.

경의 예언 때문이 아니라 하나님의 정하심 때문이다. 여기에서 칼뱅은 예언과 작정을 구분한다. 이는 예언이 하나님의 작정과 일치할 수도 있지만 장차 일어날 일들에 대한 예고(*praedictus*) 혹은 연약한 자들의 믿음을 강하게 연단할 목적으로 주어진 경고일 수 있기 때문이다. 예수님의 기도는 성경의 예언에도 맞추어져 있지만, 보다 근원적인 면에서는 하나님의 영원한 정하심에 맞추어져 있다고 보는 것이 더욱 합당하다.

13절은 예수님이 제자들을 위해 드리는 기도의 목적을 소개한다. 칼뱅의 해석에 의하면, 그 목적은 제자들이 앞으로 잘못될 것에 대한 예수님의 불안과 염려를 해소하기 위함이 아니라 제자들의 근심을 제거할 치유책, 즉 그리스도 예수의 충만한 기쁨을 제공하기 위함이다. 사실 예수님과 아버지 하나님 사이에는 어떠한 기도의 말이 필요하지 않다. 이는 예수님이 아버지 하나님의 영원한 뜻을 따라 오셨고 또한 사셨으며, 제자들의 구원도 그 아버지의 뜻에 온전히 맡기셨기 때문이다.[32]

17절에 나오는 예수님의 기도 중에 "그들을 진리로 거룩하게 하옵소서" 부분을 해석하면서 칼뱅은 성화를 "하나님의 통치와 의"(*regnum Dei eiusque iustitiam*)를 완성하는 것이라고 정의한다.[33] 칼뱅의 설명에 따르면, 성화의 수단은 하나님의 말씀이다. 성화의 방향은 그리스도 예수의 온전한 형상이다. 성화는 창세 전에 이루어진 택하심의 목적이며 하나님의 아들의 형상을 온전히 이루는 것도 영원한 작정의 내용이며 섭리의 방향이다. 예수님은 바로 아버지 하나님의 그 영원한 뜻의 성취를 구하신다. 여기에서 칼뱅은 예수님의 이 기도가 "유기된 자들"(*reprobi*)이 아니라 "성령께서 말씀으로 유효하게 거듭나게 한 택자들"(*electis*)에 대한 기도라고 해석한다.[34] 성화에 대한 예수님의 기도도 예정에 대한 고려 없이는 이해가 불가하다.

---

32  Calvin, *Commentarius in evangelium Ioannis*, CO 47:383.
33  Calvin, *Commentarius in evangelium Ioannis*, CO 47:384.
34  Calvin, *Commentarius in evangelium Ioannis*, CO 47:385.

23절에서 예수님은 "그들로 온전함을 이루어 하나가 되게 하려 함은 나를 사랑하심 같이 그들도 사랑하신 것을 세상으로 알게 하려 함"이라고 기도한다. 칼뱅은 이 구절에서 우리를 향한 하나님의 사랑이 그리스도 예수에 대한 사랑에 근거한 것이라고 설명한다. 그리고 하나님께서 그리스도 안에서 우리를 사랑하신 두 가지의 방식을 소개한다. 하나는 하나님께서 창세 전에 그리스도 안에서 우리를 택하신 것이고(엡 1:4), 다른 하나는 그리스도 안에서 우리를 자신과 화목하게 만드시고 우리에게 자신의 은혜를 베푸신 것이다(롬 5:10).[35] 영원한 예정 안에 감추어진 하나님의 사랑은 세상에 오신 그리스도 안에서 나타났다. 나아가 예수님은 온 세상이 영원한 예정에서 시작되고 자신 안에서 나타난 아버지 하나님의 사랑을 그 사랑의 띠로 묶여진 제자들의 하나됨을 통해 알게 되기를 원하신다. 이처럼 사랑과 그 사랑의 증거에 대한 기도도 영원한 예정과 결부되어 있다.

24절에서 예수님은 "창세 전부터 나를 사랑하사 내게 주신 나의 영광을 그들로 보게 하시기를 원"한다고 기도한다. 이는 예수님께 주어진 영광을 제자들도 보고 누리게 해 달라는 기도인데, 창세 전부터 이루어진 성부와 성자 사이의 사랑이 예수님께 주어진 영광의 뿌리라고 칼뱅은 설명한다. 이 기도문은 그 자체로 기도와 예정이 불가분의 관계에 있음을 가르친다. 이 구절에 대해 칼뱅은 하나님께서 그리스도 안에서 택하신 자들을 사랑하기 위해 창세 전부터 아버지의 영광을 주시는 "이러한 사랑으로"(hoc amore) 아들을 붙들고 계셨다고 해석한다.[36] 자신에게 아버지의 영광을 택함받은 자들에게 보이시고 그들로 하여금 누리게 해 달라는 예수님의 기도도 칼뱅은 창세 전에 이루어진 예정과 결부시켜 이해하는 것이다.

마지막 기도문에 해당하는 26절에서 예수님은 "나를 사랑하신 사랑이

---

35  Calvin, *Commentarius in evangelium Ioannis*, CO 47:389.
36  Calvin, *Commentarius in evangelium Ioannis*, CO 47:390.

그들 안에 있고 나도 그들 안에 있게 하려 함"이라는 소망을 호소한다. 이 구절에 대해서도 칼뱅은 창세 전부터 이루어진 사랑과 결부시켜 이해한다. 즉 하나님은 미워하실 수밖에 없는 우리를 "받으실 만하고 사랑하실 만한(*gratos et amabiles*) 자들이 되게 하시려고" 영원 전부터 자기 아들을 사랑하신 것이고, 그 아들과 연합된 자들만이 "동일한 사랑에 참여하여 영원히 그 사랑을 누릴 수 있게 된다"고 해석한다.[37]

## 로마서 주석을 중심으로

지금까지 우리는 칼뱅의 요한복음 17장 주석에서 우리에게 삶과 신앙과 기도의 규범이신 그리스도 예수의 기도가 창세 전에 이루어진 하나님의 영원한 예정과 무관하지 않다는 사실을 다양한 각도로 조명했다. 이제는 성경의 다른 텍스트에 대한 칼뱅의 주석을 살피면서 기도와 예정의 관계성이 가지는 다른 특성들도 확인하려 한다. 특별히 로마서 8장 26~30절에 대한 칼뱅의 설명에서 우리는 기도와 예정이 성령과는 어떠한 관계가 있는지를 확인하고, 기도와 예정이 『기독교강요』(1559) 안에서 독립된 논제로 나란히 다루어진 이유도 발견한다.

로마서 8장은 무능하고 무지하고 곤고하고 절망적인 인간의 한계를 극복하는 유일한 열쇠로서 성령의 도우심을 강조한다. 즉 성령은 죄와 사망의 법에서 우리를 자유롭게 한다. 단순히 저주와 악에서의 자유만이 아니라 복과 선으로의 자유까지 선사한다. 복과 선을 추구하는 자유의 출구가 바로 기도이다. 특별히 26절에서 바울은 인간의 무지함과 연약함 때문에 우리가 무엇을 어떻게 구할지를 모르므로 성령의 도우심이 필요하며, 기도할 때 그 도우심이 주어질 것이라고 가르친다. 즉 "오직 성령이 말할 수

---

37    Calvin, *Commentarius in evangelium Ioannis*, CO 47:390-391.

없는 탄식으로 우리를 위하여 친히 간구"하실 것이라고 기록한다. 그리고 성령의 간구는 "하나님의 뜻대로 성도를 위해 [드려지는] 간구"라고 덧붙인다. 이에 대해 칼뱅은 하나님께서 친히 우리의 기도를 이끄시기 때문에 응답을 받지 못하는 일이 결코 없다고 해석한다. 그리고 기도에서 가장 중요한 것은 "주님의 뜻과 일치하는 것"(consensum cum voluntate Domini)이라고 강조한다.[38] 주님의 뜻은 창세 전에 이루어진 하나님의 의논 속에서 결정된 계획이다. 그 계획의 구체적인 내용을 매 순간마다 우리가 알고 추구하는 것은 불가능하다. 그래서 우리의 기도가 주님의 뜻과 일치하기 위해서는 우리의 지혜와 판단이 아니라 성령의 도우심을 받고 하나님의 판단을 따라(ad suam arbitrium) 우리의 기도를 조율해야 한다.[39] 그래서 기도할 때마다 성령의 도우심을 간구해야 하는 것이다.

칼뱅은 28절을 하나님이 우리의 기도를 듣지 않는 것 같다는 사람들의 반론을 미리 예상하고 내린 바울의 답변으로 이해한다. 이런 이해가 기도와 예정의 연결을 가능하게 한다. 하나님을 사랑하는 자 곧 하나님의 영원한 뜻대로 부르심을 받은 자에게는 모든 것이 합력하여 선을 이룬다는 이 답변은, 믿는 자들이 "자신의 노력에 의해서(proprio motu)가 아니라 창세 전에 택하신 하나님의 손에(Dei manu) 이끌려서 경건에 이른다"는 의미라고 칼뱅은 해석한다.[40] 그리고 "택하심의 원인"(electionis causas)을 "하나님의 은밀한 기뻐하심"(arcano Dei beneplacito) 밖에서는 다른 어떤 것에서도 찾지 못한다고 주장하며, 에베소서 1장을 그 주장의 근거로 제시한다. 우리의 현재적인 구원은 누구도 변경하지 못하는 하나님의 영원한 예정에 근거하고, 예정의 근거는 누구도 변경하지 못하는 하나님의 뜻이기 때문에, 환란이 주어진다 할지라도 우리에게 유해한 것은 아니라고 역설한다. 오히려

38  Calvin, *Commentarius in epistolam Pauli ad Romanos*, CO 49:158.

39  Calvin, *Commentarius in epistolam Pauli ad Romanos*, CO 49:158.

40  Calvin, *Commentarius in epistolam Pauli ad Romanos*, CO 49:159.

그 환란은 우리로 하여금 그리스도 예수의 형상을 닮도록 "하늘의 동일한 작정을 따라 우리에게 정하여진 것"(*eodem coelesti decreto nobis destinata*)이기에, 그 환란들을 혹독하고 짐스럽고 괴롭히는 것으로 간주하지 말라고 칼뱅은 권면한다.[41]

하나님께서 우리의 기도를 듣지 않으시는 것처럼 느껴지게 하는 환란들이 결국 합력하여 선을 이루게 되는 이유는 바로, 그 환란들도 하나님의 영원한 작정에 포함된 것이고 그 작정이 시간 속에서 집행되고 있는 과정이기 때문이다. 이것에 대해 바울은 29절에서 이렇게 표현한다. "이는 하나님이 미리 아신 자들을 또한 그 아들의 형상을 본받게 하기 위하여 미리 정하셨기 때문이다." 바울은 29절이 앞 문장의 이유라는 사실을 명시하기 위해 이 구절을 "왜냐하면" 즉 "호티"(ὅτι)로 시작한다. 여기에서 칼뱅은 하나님의 영원한 작정이 우리로 하여금 "그 아들의 형상을 본받게" 함을 그 목적으로 삼는다고 설명한다. 환난들은 이 목적을 달성하는 과정과 도구로서 예기치 않은 때에 낯선 모습으로 인생의 무대에 등장한다. 하나님의 뜻이 성취되는 다양한 과정들에 대해 바울은 30절에서 이렇게 기술한다. "미리 정하신 그들을 또한 부르시고 부르신 그들을 또한 의롭다 하시고 의롭다 하신 그들을 또한 영화롭게 하셨"다. 여기에 언급된 동사들의 시제가 현재가 아니라 과거로 사용되고 있지만, 칼뱅은 그 취지가 하나님의 영원한 계획의 "지속적인 행위"(*continuum actum*)를 보이려는 것이라고 설명한다.[42] 예정과 소명과 칭의와 영화는 우리의 구원을 위한 하나님의 거대한 계획이며, 모든 신자는 이러한 계획 속에서 늘 살아간다. 비록 어려운 문제들을 만나면 이 계획이 사람들의 눈에는 가려져서 두려움과 절망에 빠지지만 믿음으로 하나님의 관점을 소유한 신자들은 자신의 삶을 하나님의

---

41  Calvin, *Commentarius in epistolam Pauli ad Romanos*, CO 49:160.

42  Calvin, *Commentarius in epistolam Pauli ad Romanos*, CO 49:161.

계획이 구현되는 계기들의 연속으로 이해해야 한다. 그러므로 로마서 8장 35절에 언급된 문제들(환난이나 곤고나 박해나 기근이나 적신이나 위험이나 칼)이 인생의 한 국면을 지배하는 상황으로 발생한다 해도 우리의 기도를 하나님께서 외면하신 것으로 해석하는 것은 금물이다. 어떠한 절망이 우리에게 찾아와도 하늘과 땅의 주재이신 하나님은 우리의 편이시다(롬 8:31). 그런 하나님께서 우리를 위하시면 아무도 우리를 대적하지 못한다는 것은 너무도 당연하다. 하나님께서 우리를 위하시는 최고의 증거로서, 그분은 우리의 구원을 위한 속전으로 자기 아들의 생명을 아끼지 않으셨다. 우리를 위한 하나님의 사랑을 보증하기 위해 천상의 최고 보물로서 자기 아들의 생명보다 더 확실한 "사랑의 저당물"(*pignus caritatis*)은 없다.[43]

기도와 작정의 관계성에 관하여 로마서 9장에 대한 칼뱅의 주석은 다소 특이하다. 바울은 9장에서 "나의 형제 곧 골육의 친척을 위하여" 자신이 그리스도 예수와 단절되는 저주를 받더라도(롬 9:3) "마음에 원하는 바와 하나님께 구하는 바"가 있는데, 그것은 "그들로 구원을 받게 함이라"(롬 10:1)고 고백한다. 그런데 칼뱅은 이 구절을 주석하며 바울은 비록 구원이 선택에 근거하고 그 선택은 필히 이루어질 것임을 알지만 자기 백성을 위한 기도와 선택을 연결하지 않는다고 주장한다.[44] "당혹스런 심정으로 인해 극단적인 기도(*extremum votum*)를 격발한 것"이라고 한다.[45] 물론 칼뱅이 관찰한 것처럼 9장 3절과 10장 1절에는 선택에 대한 언급이 없지만, 두 구절 사이의 내용은 선택에 대한 이야기로 이루어져 있다. 바울은 자신의 민족 이스라엘 백성이 구원에 이르기를 마음으로 소원하고 하나님께 구한다고 고백하기 이전에 이스라엘 전체가 하나님의 택하심을 받은 것은 아

---

43  Calvin, *Commentarius in epistolam Pauli ad Romanos*, CO 49:163.

44  Calvin, *Commentarius in epistolam Pauli ad Romanos*, CO 49:170: "*Itaque non coniungebat electionem Dei cum voto suo Paulus.*"

45  Calvin, *Commentarius in epistolam Pauli ad Romanos*, CO 49:171.

니라고 상세하게 진술했다. 즉 하나님의 구원은 한 민족에게 제한되지 않기에 구원의 수혜자는 "유대인 중에서뿐 아니라 이방인 중에서도 부르신 자"로 구성되며(롬 9:24), 유대인 중에서도 전체가 구원을 받는 것이 아니라 "이스라엘 자손들의 수가 비록 바다의 모래 같을지라도 남은 자만 구원을 받"을 것이라고(롬 9:27) 증거했다. 이러한 자신의 주장을 보완하기 위해 바울은 모세의 질문과 하나님의 답변을 소환한다. 모세가 온 백성의 구원을 위해 하나님께 기도할 때에 하나님이 주신 답변은 이것이다. "내가 긍휼히 여길 자를 긍휼히 여기고 불쌍히 여길 자를 불쌍히 여기리라"(롬 9:15). 이는 구원의 근거가 전적으로 하나님의 뜻과 작정에 있다는 답변이다. 나아가 바울은 모세에게 주어진 답변, 즉 선택에 국한된 하나님의 답변을 확장하여 선택만이 아니라 유기에도 동일한 답변을 적용한다. 즉 "하나님께서 하고자 하시는 자를 긍휼히 여기시고 하고자 하시는 자를 완악하게 하시느니라"(롬 9:18). 이로 보건대 바울이 로마서 10장 1절에서 마음으로 소원하고 하나님께 기도하며 고백한 이스라엘 백성의 구원은 창세 전에 이루어진 하나님의 선택과 무관하지 않다는 게 나의 생각이다. 즉 이스라엘 백성의 구원을 위한 바울의 애절한 기도는 신적인 작정의 테두리를 벗어난 것이 아니었다.

그렇다고 해서 칼뱅의 생각이 나의 생각과 완전히 대치되는 것은 아니라고 생각한다. 바울이 선택과 기도를 연결하지 않았다는 칼뱅의 주장은 두 가지 부분에서 보완될 수 있기 때문이다. 첫째, 9장 전체에 나타난 바울의 논지 속에는 하나님께서 이스라엘 백성 "전체 중에서 약간의 종자"(aliquod semen ex tota)를 남겨 두셨다는 내용이 있다고 칼뱅이 언급하고 있기 때문이다.[46] 이로 보건대, 바울의 기도에 선택이 배제되어 있다는 칼뱅의 주장은 로마서 9장 3절에만 국한된 것일 가능성이 높다. 둘째, 하나님

---

46  Calvin, *Commentarius in epistolam Pauli ad Romanos*, CO 49:172.

의 약속이 이스라엘 전부에게 성취되지 않는 이유가 그들 모두가 하나님의 참된 선택에(*in vera Dei electione*) 포함된 것은 아니라는 것이 바울의 말이라고 칼뱅이 주장하고 있기 때문이다.[47] 그는 보다 구체적인 설명을 이어간다. 즉 하나님이 하나의 민족과 "생명의 한 언약"(*cum gente una foedus vitae*)을 맺은 것은 "일반적인 선택"(*communis electio*)이고 그들 중에서 일부만(*solam partem*)을 하나님의 비밀한 의논 속에서(*arcano suo consilio*) 참된 은총의 수혜자로 선택한 것은 2차 선택(*secunda electio*)이다. 이러한 칼뱅의 주장에 나는 동의한다.

자기 백성을 위한 바울의 기도를 이해할 때에도 우리는 이렇게 하나님의 영원한 의논 속에서 이루어진 선택을 고려해야 한다.

이상에서 우리는 「기독교강요」 최종판 안에서 기도와 예정이 순서대로 나란히 논의된 이유를 이해하는 열쇠가 바로 로마서 8장에 대한 칼뱅의 주석에 있음을 확인했다. 우리는 기도한다. 그러나 주님께서 듣지 않으시는 것처럼 환난들이 우리의 인생을 괴롭힌다. 그러나 그럼에도 불구하고 두려움과 절망에 빠지지 않을 이유는 바로 하나님의 영원한 예정 때문이다. 이 세상의 모든 만물과 사건과 상황과 상태는 모두 하나님의 의논 속에서 이루어진 계획이 성취되는 도구이고 과정이기 때문이다. 이것을 설명하는 로마서 8장에 기초하여 칼뱅은 기독교 진리의 체계를 구축함에 있어서 기도를 먼저 논의하고 예정을 그 다음에 이어서 논의했다.

로마서 8장은 왜 기도와 예정이 그리스도 예수의 은혜를 받는 방법 즉 성령의 은총에 대해 다루고 있는지도 해명한다. 로마서는 복음의 본질을 앞 부분에서 소개한다. 이 복음은 놀랍고 풍성한 하나님의 선물이다. 그러나 인간은 너무도 무지하고 연약하고 곤고하다. 하나님의 의가 나타나고 하나님의 나라가 선포되고 복음이 전해져도 내 것으로 수용하지 못하

---

47 Calvin, *Commentarius in epistolam Pauli ad Romanos*, CO 49:175.

고 수용해도 감당하지 못하는 게 인간이다. 이런 절망적인 사망의 몸에서 건져낼 자가 이 세상에는 하나도 없음을 바울도 고백한다. 그러나 우리에게 유일한 희망이 남아 있는데 그가 바로 성령이다. 생명을 주시는 성령의 법이 우리를 사망의 몸에서 자유롭게 한다. 성령으로 말미암아 죽을 몸에서 살아난 우리는 동일한 성령으로 말미암아 양자가 되고 동일한 성령으로 말미암아 그리스도 예수의 사람이 되고 동일한 성령의 인도함을 받는 하나님의 아들이 되고 동일한 성령으로 말미암아 하나님을 아빠 아버지로 부르는 것이 가능하다. 이 성령이 바로 우리가 하나님의 자녀인 것을 증언한다. 이 성령은 우리로 하여금 하나님의 자녀로서 자녀답게 살아가게 한다. 비록 현실은 인간을 비롯하여 모든 피조물이 탄식하며 고통의 터널을 지나가고 있지만 우리의 연약함을 그대로 두지 않으시고 성령께서 우리를 도우신다. 기도할 바를 알게 하시고 우리를 위해 친히 뜨거운 열정으로 기도해 주시며 기도하실 때에 하나님의 뜻대로 모든 성도를 위해 구하며 도우신다. 성령의 도우심을 따라 기도를 드려도 인생에게 환란이 닥치지만 그것은 하나님이 기도를 듣지 않으시는 것을 뜻하는 것이 아니고 기도에 대한 성령의 도우심이 무효하고 무기력한 것을 의미하는 것도 아니다. 칼뱅은 우리가 하나님의 자녀로 부름을 받고 의롭다 하심을 받고 영화롭게 되는 것은 창세 전에 하나님의 영원한 계획을 따라 이루어진 그의 신적인 택하심에 근거한 것이고 그 택하심의 목적인 그 아들의 형상을 온전히 본받는 일이 온전히 성취되는 과정이며 그 과정에서 벌어지는 환란들의 등장도 하나님의 정하신 뜻에 따른 것이라고 이해한다. 성령 밖에서는 기도를 생각할 수 없고 예정에 대한 올바른 이해 없이는 온전한 기도자가 되는 게 어렵기 때문에 칼뱅은 성령론 안에서 기도론을 다루었고 기도론 이후에 예정론을 다루었다.

  예정과 관련된 기도의 해석은 성경의 다른 텍스트에 대한 칼뱅의 주석에도 발견된다. 칼뱅은 다니엘 9장 23절(네가 기도를 시작할 즈음에 명령이 내렸다)을 주석하면서 하나님의 작정과 다니엘의 기도를 결부시켜 설명한다. 먼저 칼뱅은 하나님께서 무언가를 우리에게 주기로 정하심이 없이는 기도를 통해 우리가 얻을 수 있는 것은 하나도 없다[48]고 주장한다. 칼뱅의 해석에 의하면, 기도의 긍정적인 응답은 하나님의 정하심에 기초한다. 하나님은 분명히 자신을 경외하는 자의 소원을 이루신다(시 145:19). 그러나 동시에 그가 창세 전부터 작정하신 것을 행하신다.[49] 이런 맥락에서 하나님은 다니엘의 기도를 들으셨고 그 응답은 이미 정하여진 것(quod decreverat)을 들으신 그때에 공포하는 것이었다.[50]

예레미야 7장 16절과 11장 14절과 14장 11~12절에서 하나님은 선지자를 향해 "너는 이 백성을 위하여 기도하지 말라"고 명하신다. 이 구절에서 칼뱅은 이 기도 금지령이 하나님의 작정과 관계된 것이라고 설명한다. 즉 선지자로 하여금 하나님의 택하심을 입은 자들(electis Dei)이나 새로운 교회의 회복(instauratione ecclesiae)을 위해 기도하지 말라는 것을 뜻하지는 않는다고 해석한다. 선지자가 구할 가능성이 있어서 하나님께서 금지하신 기도는 "하나님께서 자신의 작정을 철회해 주시라"는 기도, 즉 "주께서 친히 작정하신 보응을 집행하는 것"을 막는 기도라고 풀이한다.[51] 다시 말하면 하나님은 이스라엘 백성이 곧 경험하게 될 바벨론 포로와 관련된 기도만을 금하셨다.[52] 그래서 칼뱅은 하나님의 기도 금지령을 이렇게 의역한다. "이 백성에 대하여 내가 한 번 규정한 것이 어떤 기도에 의해 변경될 수 있다

---

48  Calvin, *Praelectionum in Danielem prophetam*, CO 41:165: "*Certum quidem est nihil nos impetrare precibus nostris, nisi quod Deus apud se statuit.*"

49  Calvin, *Praelectionum in Danielem prophetam*, CO 41:165: "*interea exsequi quod ante mundi creationem decrevit.*"

50  Calvin, *Praelectionum in Danielem prophetam*, CO 41:165.

51  Calvin, *Praelectionum in Ieremiam prophetam*, CO 37:685; Calvin, *Praelectionum in Ieremiam prophetam*, CO 38:114: "*Dominus exsequeretur vindictam, quae iam sic apud ipsum decreta erat.*"

52  Calvin, *Praelectionum in Ieremiam prophetam*, CO 38:187-188.

고 소망하지 말라."[53] 물론 다른 것에 대해서는 기도하는 것이 가능했다. 주님의 기도 금지령을 듣고서도 선지자는 모든 사람들을 위해, 교회의 갱신을 위해 날마다 기도했다. 그러나 하나님의 "불변적인 작정"(*immutabile decretum*) 즉 바벨론 포로의 재앙은 확실히 임할 것이라는 사실은 그대로 수용해야 했다. 시간 속에서 이루어진 하나님의 작정은 영원 전부터 이루어진 계획의 표명이다. 그것과 반대되는 것을 추구하는 기도를 하나님은 이처럼 듣지 않으시고 금하신다.

예수님의 기도문이 담긴 마태복음 26장 39절(내 아버지여 만일 할 만하시거든 이 잔을 내게서 지나가게 하옵소서)에 대한 칼뱅의 주석도 기도와 작정의 독특한 관계성을 나타낸다. 칼뱅의 주석에 의하면, 이 기도문은 예수님의 하소연이 아니라 "인간의 건강하고 온전한 본성이 허용하는 한도 내에서, 두려움에 압도되고 근심에 억류되어 시험의 극심한 격류와 여러 소원들이 함께 흔들리는" 상황에서 나온 기도였다.[54] 여기에서 칼뱅은 하나의 의문을 제기한다. "아버지의 영원한 작정을 폐기할 수 없다는 것을 결코 모르지 않으시는 분께서 어찌하여 [철회를] 기도하신 걸까?"[55] 칼뱅은 작정과 기도가 그리스도 예수의 기도문 안에서 대치되는 상황을 이렇게 설명한다. "그리스도께서 경건한 사람들의 일반적인 관행을 따라 영원한 의논에 대한 고려를 잠시 접으시고 자신의 피맺힌 탄원을 아버지 앞에 쏟으신 것이라고 보면 결코 모순되지 않다."[56] 병행구인 마가복음 14장 36절의 "아버지께는 모든 것이 가하다"는 예수님의 언급도 불변적인 진리와 작정의 항

---

53  Calvin, *Praelectionum in Ieremiam prophetam*, CO 38:187: "*Ne speres quod semel apud me constitui de hoc populo, averti posse ullis precibus.*"

54  Calvin, *Commentarius in harmonium evangelicam*, CO 45:721: "*quantum ferre potuit sana et integra hominis natura, metu perculsus et anxietate constrictus fuit, ut necesse foret inter violentos tentationum fluctus alternis votis quasi vacillare.*"

55  Calvin, *Commentarius in harmonium evangelicam*, CO 45:722.

56  Calvin, *Commentarius in harmonium evangelicam*, CO 45:722: "*nihil esse absurdi si Christus, ex communi piorum more, omisso divini consilii intuit, desiderium suum quo aestuabat in patris sinum deposuerit.*"

구성을 하나님의 무한한 능력과 대치시켜 기필코 죽음의 잔을 거두어 달라는 것이 아니었다. 오히려 "모든 희망이 사라진 절망적인 상황에서 오직 하나님의 능력 속으로만 숨을 것"이라는 심정을 피력하신 것이었다.[57]

예수님의 이러한 모습은 우리 기도의 본보기로 작용한다. 즉 "하나님은 우리로 하여금 하나님께서 정하신 그대로를 항상 정확하게 혹은 치밀하게 구하기를 원하지 않으시고 우리 지각의 바람직한 최대치 위하는 것을 자신에게 구하는 것을 허하신다."[58] 그러나 하나님의 허락을 빌미로 하나님의 작정과 충돌되는 내용을 구해도 된다고 주장하는 것은 과도하다. 예수님은 자신의 모든 격정적인 감정들을 다 추스르신 이후에 "나의 원대로 마옵시고 아버지의 원대로 되기를 원한다"는 입장을 밝히셨다. 자신의 생명과 삶을 아버지의 뜻에 다 맡기셨다. 여기에서 칼뱅은 예수님께서 "하나님의 은밀한 계획과는 다른 감정들"(affectus ab arcano Dei consilio distinctos)을 가지고 계셨으며, 그렇기 때문에 예수님도 "자신의 의지를 사로잡아 하나님의 통치 속으로(Dei imperio) 굴복시킬" 필요가 있었다고 설명한다.[59] 그러나 칼뱅은 예수님의 기도에 다양한 감정이 있었고 어조의 변화가 있었다는 사실의 배후가 궁금하다. 이에 칼뱅은 그리스도 예수의 두 본성 문제를 건드린다. 즉 예수님께서 십자가의 죽음을 맞이해야 하는 사명의 잔을 피하고자 한 기도에서 아버지의 뜻대로 그 잔을 받겠다는 기도로 변경하신 것은, 예수의 인성과 신성이 다르지만 충돌되고 모순되는 것이 아니라 "인간의 의지와 하나님의 의지 사이에 절묘한 균형의 범례"(insigne symmetriae exemplar inter Dei et hominum voluntates)가 밖으로 표출되는 현상이다.[60] 이러한 예수님

---

57  Calvin, *Commentarius in harmonium evangelicam*, CO 45:722.

58  Calvin, *Commentarius in harmonium evangelicam*, CO 45:723: " *non exacte semper vel scrupluose a nobis inquiri vult Deus, quid statuerit ipse, sed quod pro sensus nostril captu optabile est, flagitari a se permittit.*"

59  Calvin, *Commentarius in harmonium evangelicam*, CO 45:723.

60  Calvin, *Commentarius in harmonium evangelicam*, CO 45:723.

의 기도를 따라 우리도 하나님의 작정이 아닐 것만 같은 죽음이 우리에게 뚜벅뚜벅 다가온다 할지라도, 잠시 감정의 격동 때문에 거부의 기도를 올리기도 하겠지만, 곧장 하나님의 은밀한 뜻 속으로 들어가야 한다. 이런 맥락에서 칼뱅은 우리가 "명확하고 특별한 약속이 우리에게 잘 알려지지 않을 때 하나님께서 작정하신 일을 이루어 주시라는 이런 조건 밖에서는 기도하지 말아야 한다"고 강조한다.[61]

인성의 연약함과 한계 때문에 죽음의 잔을 지나가게 해 달라고 하신 그리스도 예수의 기도는 히브리서 기자에 의하면 두려움(*metus*) 때문이다(히 5:7). 이 두려움에 관하여 칼뱅은 영혼과 육체가 분리되는 단순한 죽음 때문이 아니라 기도할 때에 땀방울이 핏방울이 될 정도로 큰 죽음의 공포 때문이라 한다.[62] 죄로 인하여 부패하고 무지해진 인간은 죽음의 본질에 대해서도 무지하지만, 예수님은 세상의 죄를 다 지시고 맞이해야 하는 죽음의 본질이 무엇인지 유일하게 아는 분이시다. 죄로 말미암아 하나님과 영원히 분리되는 죽음의 무한하고 영원한 고통과 두려움은 주님만의 고유한 지식이다.

## 결론

우리의 기도와 하나님의 예정이 언뜻 보기에는 공존하기 힘든 개념의 조합이다. 그러나 하나님의 정하신 뜻과 교회의 기도는 결코 대립되지 않는다는 것이 칼뱅의 결론이다. 기도는 하늘과 땅의 모든 권세를 가지신 분

---

61  Calvin, *Commentarius in harmonium evangelicam*, CO 45:724: "*ubi nobis non constat certa et specialis promissio, ne quid petamus nisi sub hac conditione, ut Deus implead quod decrevit.*" 인간은 하늘에서 이루어진 작정의 정확한 내용에 대해 무지하다. 택자들과 유기자들 사이의 차이점도 구분할 정확한 기준이 우리에겐 없다. 그래서 우리는 범사의 모든 것을 하나님의 작정에 맡기며 아버지의 뜻이 나의 뜻이 되게 해 달라고 기도해야 한다. Cf. Calvin, *Praelectionum in Ieremiam prophetam*, CO 38:314: "*incertum nobis est quid decretum sit de illis in coelo.*"

62  Calvin, *Commentarius in harmonium evangelicam*, CO 45:724.

에게 무엇이든 추구할 수 있다는 교회의 특권이다. 그러나 성경은 응답되는 기도의 전제로서, 하나님의 뜻을 계시하는 하나님의 말씀이 기도 안에 있어야 한다고 분명히 가르친다. 기록된 성경에 명시된 하나님의 뜻을 알아도 하나님의 은밀한 의논 속에서 이루어진 불변의 작정을 교회는 다 알지 못하기 때문에, 우리는 기도의 마땅한 내용에 무지하며 그래서 성령의 도우심이 필요하고 성령은 우리의 기도를 기꺼이 도우신다.

이 장에서는 이러한 내용을 예수님의 기도와 바울의 기도에 관한 칼뱅의 이해를 중심으로 확인했다. 요한복음 17장에 대한 칼뱅의 이해에 따르면, 예수님은 자신을 위한 기도, 제자들을 위한 기도, 온 세상을 위한 기도를 드리면서 즉흥적인 마음의 상태를 기도의 형식으로 쏟아 내신 것이 아니라, 만세 전부터 아버지와 함께 가지셨던 영광을 구하셨고 제자들의 하나됨과 그 하나됨을 통해 하나님의 영광과 사랑을 온 세상에 나타내 주시라는 것도 하나님의 은밀한 의논과 작정의 실행 차원에서 구하셨다. 아버지의 비밀한 뜻을 정확하게 알고 계신 예수님은 그 뜻의 구현을 전심으로 열망하고 소원하는 마음의 기도를 드리셨다. 우리도 기도할 때 하나님의 뜻이라는 테두리 안에 머물러야 하고 그 뜻의 성취를 열망하고 소원하는 기도를 드리는 것이 마땅하다.

로마서 8~10장에 대한 칼뱅의 이해에 따르면, 하나님의 위대한 복음을 수용함에 있어서 우리는 연약하고 곤고한 자이기 때문에 성령의 도우심이 필요하다. 생명을 주시는 성령의 도우심 때문에 우리는 죄와 사망의 법에서 해방되고 하나님의 사랑을 누리며 살아가게 된다. 기도에 있어서도 우리는 인간의 한계 때문에 하나님의 비밀한 작정을 다 알지 못하므로, 마땅히 기도해야 할 바를 깨닫게 해 주시고 친히 간구해 주시는 성령의 도우심이 필요하다. 성령의 도우심을 구해도 각종 환란들이 인기척도 없이 인생을 방문한다. 하나님께서 우리의 기도에 응답하지 않으시는 것처럼 오해하기 쉽지만 그 환란들도 마땅히 구해야 할 기도의 응답에 있어서 과정과 준비와 도구로서 작용한다. 그런 환란들은 우리를 무너지게 하지 않고, 오히려 우리로 하여금 하나님을 더욱 간절하게 추구하는 기도자가 되게 하며, 하나님의 사랑이 얼마나 강하고 위대한 것인지를 확인하는 계기로 작용한다. 환란이 닥쳐도 두려워할 필요가 없는 이유는 환란도 하나님의 보이지 않는 비밀한 작정의 일부이기 때문이다. 그래서 바울은 하나님의 미리 정하심에 관한 이야기를 시작하고, 거기에서 유대인과 이방인 중에서 택함받은 자들과 버림받은 자들이 있으며, 그 작정의 궁극적 원인은 하나님의 뜻이라고 선언한다. 이는 지극히 선하고 지극히 지혜롭고 지극히 자비롭고 지극히 정의로운 하나님의 뜻에 기초한 작정이기 때문에 의심할 필요도 없고 두려워할 필요도 없다는 선언이다. 칼뱅은 이러한 로마서의 논지 전개 방식을 따라 기도론과 예정론을 『기독교강요』 안에 순서대로 나란히 논증한 것이 분명하다. 기도와 예정의 긴밀한 관계는 대립과 모순이 아니라 성경의 교훈이고 인간의 자유와 하나님의 주권 사이의 절묘한 조화와 균형을 가르친다. 이처럼 주석에 나타난 기도와 예정의 관계성에 관한 칼뱅의 이해는 교의적인 글 속에서도 그대로 나타난다. 특별히 로마서 8장과 9장의 배열을 수용하여 기도를 먼저 논하고 그 다음에 예정을 논하였다. 칼뱅의 이러한 신학함은 주석과 교리의 긴밀한 관계성을 잘 보여 주는 16세기 신학의 한 단면이다.

# Chapter 07

# 정통주의 시대 예정론
## :폴라누스 예정론

---

## 요약

이 장에서는 하나님의 예정을 이해하되 역사적인 접근과 조직적인 접근을 동시에 시도한 아만두스 폴라누스 사상을 중심으로 정통주의 시대의 예정론을 탐구한다. 그는 구약학을 가르친 바젤 대학의 교수로서, 구약 성경의 주석만이 아니라 아리스토텔레스와 라무스의 철학적 통합을 시도하고, 믿음의 거인들이 이해한 기독교 교리의 재구성을 통해 진리의 보편성을 파악하여 주석과 방법과 역사를 녹여 낸 기독교 진리의 교의학적 체계를 구축한 인물이다. 그의 예정론은 주석적, 역사적, 철학적, 교의학적 요소의 종합을 잘 보여 준다. 이러한 종합적인 방법으로 그가 도달한 예정론의 특징은 하나님의 예정을 이해하기 위한 "삼위적인 토대와 기독론적 초점"의 확립이다. 나아가 그는 하나님의 예정을 그분이 베푸시는 모든 구원적인 은택들의 원천과 토대라고 주장한다. 예정을 배제하면 그 모든 은택들의 뿌리가 사라진다.

---

폴라누스 예정론의 핵심적인 문헌들은 『신학의 분류들』(*Partitiones theologiae*, 1590), 『하나님의 영원한 예정에 대하여』(*De aeterna Dei praedestinatione didascalia*, 1598), 『보편적 조화』(*Symphonia Catholica*, 1607), 『신학통론』(*Syntagma theologiae*, 1609-10)이다. 그는 하나님의 예정에 관한 자신의 입장을 성경에 근거하되, 교부들과 중세의 학자들과 종교개혁 인물들의 견해를 참조하며 개진한다. 본 글에서 나는 폴라누스 예정론을 전기와 후기로 나누어서 논하고자 한다.[1]

## 전기의 폴라누스 예정론

예정을 논함에 있어서 그는 예정을 초기 문헌(*Partitiones theologica*)에서 하나님의 작정(*decretum Dei*)으로 분류하고, 후기의 글에서는 하나님의 내적인 사역(*opera Dei interna*)으로 분류한다. 하나님의 작정은 일반적인 것과 특별한 것으로 구분되고, 예정은 후자에 속하는 것으로서 인간과 천사에 대한 작정을 의미한다. "예정의 작정은 인간을 영원한 구원 혹은 멸망으로 정하시는 하나님의 작정이다."[2] 이 작정은 이중적인 것으로서 선택과 유기로

---

\* 이 장은 *Symphonia Catholica: The Merger of Patristic and Contemporary Sources in the Theological Method of Amandus Polanus (1561-1610)* (Göttingen: Vandenhoeck & Ruprecht, 2015), 212–220, 250–265를 번역하고 수정했다.

1 전기의 문헌은 Polanus, *Partitiones theologiae* (Basel, 1590)와 (*De aeterna Dei praedestinatione didascalia*, 1598)이고 후기의 문헌은 *Symphonia Catholica*(1607)와 *Syntagma theologiae*(1609–10)을 의미한다.

2 Polanus, *Partitiones theologiae*, 16: "*Decretum praedestinationis, est decretum Dei de hominum*

구성되어 있다. 선택과 유기의 대상은 "공통적인 멸망"(*communis interitus*)에 처한 사람이다.[3] 이처럼 폴라누스 초기의 글에서는 타락 후 선택설의 징후가 포착된다. 선택의 대상은 그리스도 예수 및 그와 연합된 자들이고, 유기의 대상은 마귀 및 그와 연합된 자들이다.

초기의 폴라누스 예정론은 『영원한 예정에 관하여』(*De aeterna Dei predestinatione*)에 잘 정리되어 있다. 나는 이 책에 나타나는 그의 예정 (προορισμός)을 요약하려 한다. 먼저 바젤의 이 탁월한 신학자는 예정론 논의를 교회의 필요와 더불어 시작한다. 교회에서 예정론을 가르쳐야 하는 이유를 3가지로 제시한다. 첫째, 이 교리가 선지자들, 그리스도, 그리고 사도들 모두에 의해 전해진 것이기에 교회도 그들을 따라 이 교리를 선포해야 하기 때문이다. 둘째, 예정은 복음의 기초이며 핵심적인 부분이기 때문이다. 예정이 빠진 복음을 상상할 수 있겠는가! "하나님이 세상을 이처럼 사랑하사 독생자를 주셨으니 이는 그를 믿는 자마다 멸망하지 않고 영생을 얻게 하려 하심이라"(요 3:16) 라는 구절로는 복음에 대한 설명이 빈약하다. 복음에는 하나님의 무한한 선하심과 불변적인 사랑의 무시간적 깊이가 있다는 사실이 이 구절에는 드러나지 않기 때문이다. 복음이 세상의 창조 이전의 무조건적 선택으로 소급되기 전까지는 복음의 시공간성 한계를 벗어나지 못한다는 사실을 예정론이 가르친다. 그리고 셋째, 예정론의 유익들이 있기 때문이다.[4]

바젤의 신학자는 예정론이 가진 8가지의 유익을 소개한다. 1) 모든 불신과 절망을 허물고 그리스도 안에 있는 구원의 확실성에 대한 우리의 믿음을 견고하게 한다. 2) 교만이나 육신적인 안일에서 우리를 보호하며, 구원의 영광을 우리 자신에게 돌리지 않고 구원으로 택하신 하나님께 있음

---

*aeterna salute vel exitio.*"

3   Polanus, *Partitiones theologiae*, 16; idem, *De aeterna Dei praedestinatione didascalia*, 10.

4   Polanus, *De aeterna Dei praedestinatione didascalia*, 1-4.

을 가르친다. 3) 예수님이 때때로 선택을 하셨다는 표현을 하시는데, 선택은 만세 전에 이루어진 것이기에 그의 인성을 따른 것이 아니므로 그리스도 예수의 신성을 증거한다. 4) 구원은 인간의 공로나 행위에서 비롯되고, 하나님은 피동적인 구원 수여자일 뿐이며, 그렇게 함으로써 하나님의 의가 아니라 사람의 의를 세우게 되어, 결국 하나님의 은혜와 권능과 의를 대적하게 된다고 하는 이단들의 주장을 반박한다. 5) 우리를 향한 하나님의 영원한 사랑에 관하여 생생한 느낌을 우리 안에 일으키며, 그렇게 함으로써 우리 안에 하나님을 향한 타오르는 사랑의 동기를 제공한다. 6) 영원하고 불변적인 사랑이 이웃과 택자에게 주어지고 있기에 그들에 대한 우리의 사랑이 증대된다. 7) 다른 동기가 아니라 바로 무한하고 영원한 사랑이 동기가 되어, 분출하는 감사와 찬양과 기쁨의 출구로서 선을 행하고자 하는 선행에의 열망을 일으킨다. 8) 누구도 변경할 수 없는 것이기에, 몸의 생명을 도려낼 듯한 고난이나 환란 속에서도 인내하게 한다.[5]

## 선택에 대하여

교회의 필요 때문에 예정론을 가르쳐야 하는 데 있어 가장 중요한 것은 바로 예정의 원인이다. 다른 종교개혁 주역들의 주장처럼, 폴라누스 역시 하나님의 기뻐하신 뜻(*beneplacitum*)을 예정의 유일한 원인으로 이해하고 있다. 여기에는 인간의 의지(*voluntas*)나 예견된 믿음(*praevisa fides*)이나 예지된 공로(*praescita merita*)나 만물보다 귀한 인간의 존엄한 가치 혹은 위엄(*dignitas*)이나 그리스도 예수의 공로(*meritum Christi*)나 심지어 선택의 목적(*electionis finis*)도 예정의 원인이 아니라는 의미가 함축되어 있다.[6]

---

5　Polanus, *De aeterna Dei praedestinatione didascalia*, 4–5.
6　Polanus, *De aeterna Dei praedestinatione didascalia*, 12–13.

예정의 원인이 아닌 것들 중에 역사 속에서 가장 치열한 논쟁의 불씨가 되었던 것은 "예견된 믿음"에 대한 것이었다. 이에 대하여 폴라누스 역시 다음과 같은 논거들을 제시하며 논박한다. 첫째, 성경 어디에도 선택이 믿음 때문에 이루어졌다거나, 선택이 믿음에서 초래된 것이라고 가르치지 않기 때문이다. 둘째, 영원한 선택의 유효적 원인은 영원부터 있어야 하지만 사람의 믿음은 영원부터 있었던 것이 아니기 때문이다. 셋째, 믿음은 인간의 산물이 아니라 하나님의 선물이기 때문이다. 넷째, "너희가 나를 택한 것이 아니요 내가 너희를 택하여 세웠다"는 예수님의 말씀에 근거할 때 선택의 은혜가 믿음보다 선행하기 때문이다. 다섯째, "영생을 주시기로 작정된 자는 다 믿더라"(행 13:48)고 하는 사도행전 저자의 진술에서 볼 때 우리의 믿음은 작정의 결과이기 때문이다. 여섯째, 바울이 자신에 대해서 고백한 것과 같이(고전 7:25) 우리의 구원이 우리가 믿는 자였기 때문이 아니라, 오히려 우리가 믿는 자가 되도록 긍휼을 베푸신 결과이기 때문이다. 일곱째, 믿음은 두 번째 은혜의 원인인 소명, 즉 믿음이 주어지게 되는 그 소명의 원인이 아닌데, 하물며 그것의 먼 원인이요 은혜의 첫 번째 원인인 선택의 원인이 된다는 것은 더더욱 터무니가 없기 때문이다. 여덟째, 믿음 때문에 우리가 선택이 되었다는 주장에서 발생하는 다음과 같은 모순들이 있기 때문이다. 1) 만약 선택이 값없이 이루어진 일이 아니라면 '오직 하나님의 은혜'는 선포할 값어치가 없어진다. 2) 그런 주장은 사람에게 영광의 첫 번째 자리를 내어 주고 하나님께 다음의 자리를 배당하는 불경이다. 3) 선택의 은혜가 하나님이 아니라 사람에게 속한 것으로 간주된다. 4) 자신의 본성으로 믿어 낼 실력자가 전무하기 때문에 누구도 선택되지 못하였을 것이 분명하다.[7] 이러한 모순들은 믿음을 선택의 원인으로 간주할 때에 발생하는 것들이다.

---

7    Polanus, *De aeterna Dei praedestinatione didascalia*, 15–16.

선택은 인간의 의지나 공로가 어떤 식으로도 원인으로 작용하지 않은 하나님의 값없는 은혜이다. 폴라누스 글에서 선택이 은혜라고 주장하는 논거들은 다음과 같이 8가지로 정리된다. 1) 인간이신 그리스도 예수께서 하나님의 아들이 되시고 천사들의 머리가 되시고 하나님과 사람 사이의 중보자가 되심에 있어서 인간의 어떠한 공로도 작용하지 않았기 때문이다. 2) 로마서도 하나님께서 우리를 먼저 택하셨고 누구도 주께 먼저 드려서 갚으심을 받지 못한다(롬 11:35)고 선언한다. 3) 에베소서 1장 5절에서도 확인되는 것처럼, 하나님께서 우리를 그 자신 안에서 선택하셨다면 작정과 선택에 있어서 그리스도 외에는 생각하지 않으셨고, 그렇기 때문에 선택은 값없는 것이라는 결론이 도출된다. 4) 에베소서 1장 6절에 기술된 것처럼, 하나님께서 그분의 영광스러운 은혜를 찬양하게 하기 위해 우리를 선택하신 것이라면, 선택은 순전한 은혜로 말미암은 것이기에 그 은혜를 찬양하게 하신 것이라고 이해해야 한다. 5) 하나님께서 모두를 선택하지 않으셨고 단지 그분이 원하시는 자들만을 선택하신 것이라면, 은혜의 균등하지 않은 분배는 그 자체가 값없이 주어진 것임을 입증한다. 6) 하나님께서 우리를 영원부터 선택하신 것이기에 선택은 값없이 주어졌다. 7) 만약 우리를 거룩하게 하시기 위해서 하나님이 우리를 선택하신 것이라면, 선택은 거룩이라는 목적을 지향하고 있는 은혜이지 믿음의 대가로서 발생하는 결과적인 현상은 아님이 분명하다. 8) "그 자식들이 아직 나지도 아니하고 무슨 선이나 악을 행하지 아니 한 때에 택하심을 따라 되는 하나님의 뜻이 행위로 말미암지 않고 오직 부르시는 이로 말미암아 서게 하려 하사 리브가에게 이르시되 큰 자가 어린 자를 섬기리라"(롬 9:11-12)고 하신 말씀처럼 야곱이 은혜로 인하여 선택되었다면, 선택은 값없는 것임에 분명하다.[8]

---

8  Polanus, *De aeterna Dei praedestinatione didascalia*, 27-28.

선택이 은혜라는 사실과 더불어 주목해야 할 선택의 핵심적인 특성들은 무엇인가? 1) 선택은 영원부터 혹은 세상의 창조 이전에 이루어진 하나님의 사역이다. 2) 그리고 선택은 하나님의 자유로운 사역이다. 이는 어떤 사람의 판단에도 매이지 않으며, 어떤 의무나 강요나 필연의 결과로써 선택이 발생하는 것이 아니기 때문이다. 하나님은 당신의 전적인 자유를 따라 모든 사람 각각에게 당신이 원하시는 은혜를 자유롭게 베푸신다. 모든 사람에게 동일한 은혜를 동등하게 주어야 한다거나 다르게 주어야 할 하등의 의무가 없으시다. 하나님은 자신의 뜻을 따라 하고자 하시는 자들을 간과하고, 하고자 하시는 자들을 받으신다(롬 9:18). 하나님은 토기장이와 같이 진흙으로 하나는 귀히 쓸 그릇을 만드시고 다른 하나는 천히 쓸 그릇을 만드시는, 누구도 반대할 수 없는 절대적 권한을 가지셨다. 3) 그리고 선택은 불변적인 사역이다. 이는 예정이 창조 이전에 이루어진 일이며 이 세상의 어떠한 존재나 사건도 원인이나 변수로 들어가지 않았기 때문이다. 그 무엇에 의해서도 침해받을 수 없고, 견고하고 확실하고 확정된 것이며, 어떤 것에 의해서도 패하여질 수 없다는 것은 당연한 귀결이다. 그런 불변성과 확고성은 우리의 인내에 근거하지 않고 하나님의 불변적인 작정에 근거한다.[9]

바젤의 신학자는 성경에 근거하여 우리가 숙고해야 할 다음과 같은 유의미한 명제들을 제시한다. 첫째, 택자들은 사람이 아니라 오직 주님께만 알려진 자들이다(딤후 2:19). 둘째, 그들만이 구원에 이르는 믿음을 소유한다(요 6:37, 행 13:48, 딛 1:1). 셋째, 오직 그들만이 구원에 도달한다(롬 11:7). 넷째, 그들은 예수에게 주어지기 전에 성부에게 속하였다(요 6:37). 다섯째, 그들은 복된 자들이고 하나님의 사랑을 입은 자들이다(시 33:12, 65:4, 롬 11:28). 여섯째, 그들만이 보이지 않는 보편적인 교회의 살아 있는 지체이

---

9    Polanus, *De aeterna Dei praedestinatione didascalia*, 71–73.

다(시 65:4). 일곱째, 그들만이 그리스도 구속의 수혜자다(계 5:9). 여덟째, 택자들의 수는 더하거나 빼지 못하고 확정되어 있다(딤후 2:19). 아홉째, 택자들은 오직 하나님의 은혜로 말미암아 유기된 자들과 구별된다. 열째, 택자들은 유기의 위험에서 자유롭다.[10]

사실 성경에는 예정의 교리와 상충되는 듯한 구절들이 적잖게 등장한다. 특별히, 택자들이 하나님의 선물인 믿음과 의를 상실할 수 없다는 사실을 반박하는 **벨라민의 12가지 논거들**이 대표적인 경우이다.[11] 믿음과 의의 상실성을 주장하기 위해 벨라민(Robert Bellarmine, 1542~1621)이 택한 성경 텍스트를 소개한다.

1) "만일 의인이 그 공의를 떠나 죄악을 행하고 그로 말미암아 죽으면 그 행한 죄악으로 말미암아 죽는 것이요"(겔 18:26). 이 구절에는 의인이 그 의에서 떠나 죄악을 행하는 것이 가능한 것처럼 묘사되어 있다. 그래서 이 구절에 근거하여 벨라민은 의인의 궁극적인 타락 가능성을 주장한다. 그러나 선지자의 말씀에서 의인은 참으로 의롭게 된 자를 의미하지 않고 "자신이 보기에 의롭게 된 사람"을 가리킨다. 의인은 시냇가에 심은 나무가 시절을 좇아 과실을 맺으며 그 잎사귀가 마르지 않기에 의를 떠나는 '의인'은 진정한 의미의 의인일 수 없다는 논리가 성립된다. 시편에 의하면, 진정한 "의인은 영원토록 기념될 것"(시 1:3)이며, 참된 의인의 의도 "영원히 있"(시 112:6)을 것이고 "의인은 망하지 아니할 것"(시 112:3, 9)이라고 한다. 에스겔 본문에서 언급된 의를 떠나 죄악으로 인하여 죽는 '의인'은 그저 겉으로만 의롭게 보이는 자를 가리킨다. "의인을 부르러 온 것이 아니라"는 예수님의 말씀에 언급되는 "의인"도 사람들의 눈에 의롭게 보이는 외면적인 의의 행위자, 혹은 스스로를 의롭다고 칭하는 자를 가리킨다. 혹여 에

10    Polanus, *De aeterna Dei praedestinatione didascalia*, 77-79.
11    Polanus, *De aeterna Dei praedestinatione didascalia*, 85-104.

스겔서 본문이 참된 의인과 참된 의를 의미한다 할지라도, 본문은 단정형이 아니라 조건문의 형식을 가졌기 때문에 어떤 단정적인 입장을 펼치기가 곤란한 구절이다.

2) "바위 위에 있다는 것은 말씀을 들을 때에 기쁨으로 받으나 뿌리가 없어 잠깐 믿다가 시험을 받을 때에 배반하는 자요"(눅 8:13). 이 구절에 근거하여 벨라민은 택자들도 믿음을 배반할 수 있다고 주장한다. 그러나 본문의 "잠깐 믿었다"는 표현에서 우리는 잠깐 믿는 일시적인 믿음의 주체를 택자라고 주장할 근거가 희박함을 확인한다. 하나님의 말씀을 기쁨으로 받고 예수님의 존재와 사역을 역사적인 사건으로 동의하는 것은 택자만이 아니라 유기자들 중에서도 얼마든지 목격되는 현상이다. 비록 그러한 사람을 택자라고 가정한다 할지라도 시험을 받을 때의 배반이 반드시 영구적인 믿음의 상실을 의미하는 것은 아니다. 본문이 얼마든지 믿음의 기복을 보이는 택자의 "바위 위에 있"는 유약한 상태를 가리키는 것일 수도 있기 때문이다.

3) "무릇 내게 붙어 있어 열매를 맺지 아니하는 가지는 이를 제해 버리시고"(요 15:2). 가지가 제거될 수 있다는 것은 택자의 신분으로 있다가 의나 믿음을 상실하고 그 신분이 박탈될 수 있다는 증거라고 벨라민은 주장한다. 그러나 두 가지의 해명이 가능하다. 먼저 "가지"는 반드시 택자들을 가리키는 것인가의 문제이다. 특별히 가시적인 교회에는 택자들과 유기자들 모두가 외관상 지체들로 참여하고 있기 때문에 이런 맥락을 고려하면 '가지'라고 해서 무조건 택자들을 가리키는 것은 아니라는 주장이 가능하다. 그리고 "열매"는 택자됨의 증거가 아니라 부르심의 증거일 수 있다고 폴라누스는 주장한다. 이런 맥락에서 보면, '가지'는 예정과 관련된 것이 아니라 하나님의 교회를 섬기는 것 즉 어떤 직분으로 부르심을 받는다는 것과 관계한다. 그러므로 '제해 버린다'는 말은 직분 수행자의 자격을

박탈하는 것이라고 주장한다.

4) "불법이 성하므로 많은 사람의 사랑이 식어질 것이라 그러나 끝까지 견디는 자는 구원을 얻으리라"(마 24:12-13). 여기서 벨라민은 구원의 근거가 끝까지 견디는 인내에 있다면, 택자라도 인내하지 못했을 때 얼마든지 구원에서 배제될 수 있다고 주장한다. 그러나 성경은 분명히 모든 택자들이 끝까지 인내할 것이라고 명시한다. 종국적인 인내의 출처는 택자들의 실력이 아니라 하나님의 은혜이기 때문이다. "나에 대한 경외함을 그들의 마음에 두어 나를 떠나지 않게 하리라"(렘 32:40)는 말씀이 이를 입증한다.

5) "내가 내 몸을 쳐 복종하게 함은 내가 남에게 전파한 후에 자신이 도리어 버림을 당할까 두려워함이라"(고전 9:27). 여기에서 벨라민은 바울도 자신을 쳐 복종하게 하지 않는다면 택자의 신분에서 유기자로 변할 수 있기에, 의와 믿음의 상실도 얼마든지 일어날 수 있다고 주장한다. 그러나 여기서 "버림"이 된다는 것은 유기를 의미하지 않고, 게다가 누구도 택자들과 그리스도 사이의 연합을 끊어서 분리시킬 자가 없다는 것은 바울 자신의 말이었다. 그러므로 이 구절에서 "버림"은 유기가 아니며, 바울이 두려워한 것도 유기가 아니었다. 본문은 복음을 전하는 문제의 문맥에서 등장한다. 즉 택자나 유기자의 문제 혹은 구원이나 멸망의 문제가 아니라 사역의 문제를 다루는 본문이다. 이는 "버림"도 구원과 결부된 것이 아니라 사역과 관계된 것임을 보여 준다. 그리고 상급과도 연관되어 있다. 사역과 상급에 있어서의 "버림"이지 선택의 문제나 의로움과 믿음의 상실 문제와는 무관한 본문이다.

6) "율법 안에서 의롭다 함을 얻으려 하는 너희는 그리스도에게서 끊어지고"(갈 5:4). "그리스도에게서 끊어"질 수 있다는 말에서 벨라민은 택자들의 구원도 취소될 수 있다고 주장한다. 그러나 여기서 "너희"는 택자들을 가리키지 않으며, 그리스도 안에서가 아니라 "율법 안에서 의롭다 함을 얻

으려는 너희"는 오히려 유기자를 암시하고 있다. 그리고 "끊어진다"는 말도 그리스도와 연합한 이후에 끊어지는 것을 의미하지 않고 그와 끊어져 있는 상태를 의미한다. 즉 "율법 안에서 의롭다 함을 얻으려는" 자는 누구든지 그리스도 예수와 무관한 자임을 의미한다.

7~9) "어떤 이들이 그 믿음에 관하여는 파선했다"(딤전 1:19). "그러나 성령이 밝히 말하시기를 후일에 어떤 사람들이 믿음에서 떠나"(딤전 4:1). "돈을 사랑함이 일만 악의 뿌리가 되나니 이것을 탐하는 자들이 믿음에서 떠나"(딤전 6:10). 이러한 구절들에 근거하여 벨라민은 하나님의 택함을 받은 자들도 얼마든지 믿음에서 떠날 수 있다고 주장한다. 그러나 이러한 구절들 안에 언급된 "믿음"은 '구원적인 믿음'을 의미하는 것이 아니라 대체로 '교리'를 가리킨다. 바른 가르침을 벗어나는 상태를 "믿음에서 떠나"라는 말로 표현한 경우가 얼마든지 있다. 그리고 일시적인 믿음 혹은 교리에 머물러 있다가 떠나는 자들이 있는데 그들을 택자라고 규정할 근거는 희박하며, 택자라 하더라도 그들의 영원한 파선이나 믿음에서 영원히 떠남을 의미하지 않고 신앙의 기복을 나타내는 말로도 해석이 가능하다. 그러므로 이 구절들은 택자들의 의로움과 믿음이 상실된 사례로 보기에는 적절하지 않다.

10) "한 번 빛을 받고 하늘의 은사를 맛보고 성령에 참여한 바 되고 하나님의 선한 말씀과 내세의 능력을 맛보고 타락한 자들은 다시 새롭게 하여 회개케 할 수 없나니 이는 자기가 하나님의 아들을 다시 십자가에 못박아 현저히 욕을 보임이라"(히 6:4-6). 벨라민은 이 구절에 근거하여 택자들도 얼마든지 믿음을 상실할 수 있다고 주장한다. 설득력이 강한 구절이다. 그러나 "한 번 비침을 얻고 하늘의 은사를 맛보고 성령에 참여한 바 되고 하나님의 선한 말씀과 내세의 능력을 맛본다"는 것이 택자의 확고한 증거인가? 폴라누스는 증거가 아니라고 본다. 광명의 천사도 택자처럼 보이지

만 택자가 아니듯이 광명의 천사에 버금가는 사람들도 택자가 아닐 수 있기 때문이다. 외모로 보아서는 택자와 유기자를 구분하지 못하는데, 우리는 늘 외모를 보고 오판한다. 그런 오판에 근거하여 택자도 유기자로 전락할 수 있다고 단정한다. 그리고 폴라누스는 "비췸을 받는다"는 것은 복음의 교리를 안다는 의미이며, 은유적인 면에서는 '세례 받는 것'을 뜻한다는 교부적인 증거를 제시하면서 반박한다.

11) "우리가 진리를 아는 지식을 받은 후 짐짓 죄를 범한 즉 다시 속죄하는 제사가 없고 오직 무서운 마음으로 심판을 기다리는 것과 대적하는 자를 소멸할 맹렬한 불만 있으리라"(히 10:26-27). 여기서 벨라민은, "우리"라는 말은 택자를 의미하고, "고의적인 죄"를 범하면 "다시 속죄하는 제사가 없다"는 말은 택자도 얼마든지 신앙과 의를 상실하여 구원에서 떨어질 수 있음을 뜻한다고 주장한다. 일리가 있는 주장이다. "우리"라는 단어에는 히브리서 저자도 포함되어 있음이 분명하기 때문에 이 구절이 택자들을 가리키지 않는다고 주장하는 극단은 금물이다. 그러나 그렇다고 이 구절을 택자들이 구원에서 박탈될 수 있다는 주장의 근거로 이해하는 또 다른 극단도 금물이다. 이는 어떠한 택자도 그리스도 예수의 사랑에서 결코 끊어질 수 없다는 명료한 진리가 폐하여질 수 없기 때문이다. 이에 대해서는, 사도의 이러한 경고와 그 경고에 대한 택자들의 경청 및 주의가 영원한 생명에 이르는 목적에 부합한 수단으로 예정되어 있다고 생각하는 것이 지나친 두 극단을 피하는 길이라고 생각한다. 물론 이런 생각에서, 수단이 이렇게도 두려울 수 있느냐는 질문이 가능하다. 그런데 택자가 영원한 생명에 이르는 길은 실제로 협착하고 험난하다. 우리의 상상을 초월하는 현상들이 구원의 서정에서 돌출한다. 동시에 그 반대의 현상도 때때로 발생한다. 즉 확실하게 택하심을 받은 자로 보였던 사람이 배교하는 현상도 있고, 하나님께서 택하시지 않은 사람이 오히려 의롭게 보이고 신실하

게 보이고 선하게 보이고 거룩하게 보인다는 극단적인 사례들도 있다. 사람들의 어설픈 판단을 중지하게 만드는 오묘한 일들이 구원의 서정에 얼마든지 있을 수 있음을 인정해야 한다.

12) "의의 도를 안 후에 받은 거룩한 명령을 저버리는 것보다 알지 못하는 것이 도리어 저희에게 나으니라 참된 속담에 이르기를 개가 그 토하였던 것에 돌아가고 돼지가 씻었다가 더러운 구덩이에 도로 누웠다 하는 말이 저희에게 응하였도다"(벧후 2:21-22). 여기서 벨라민은 "의의 도를 안" 이후에도 하나님의 명령을 저버리는 것이 가능함을 주장한다. 그러나 "의의 도"를 안다는 것이 곧 택자의 명백한 증거인 것은 아니라는 사실을 인지함이 중요하다. 지식에 있어서는 귀신들도 알고 두려움에 떨기까지 한다. 하나님의 명령을 저버리고 돌이키지 않는다는 것은 택자의 모습이 아니라 유기자의 전형적인 모습을 묘사한다. 존 번연(John Bunyan, 1628~1688)의 지적처럼, 유기자들 중에는 하나님의 말씀을 전혀 접하지 않아 하나님의 의에 전적으로 무지한 사람들도 있고, 하나님의 말씀을 접하여 하나님의 의를 알기는 하였으나 일시적인 지식에 머무는 사람들도 있다.

### 유기에 대하여

유기의 작정은 두 가지로 구성되어 있다. 첫째는 치욕으로 정하심(*deputation ad dedecus*), 둘째는 선택의 은혜 베푸심의 거절(*rejectio a gratia electionis*)이다. 폴라누스는 "실행에서 마지막인 것이 의도에서 처음 것이라"는 공식을 따라, 치욕의 정하심이 은혜의 거절에 선행하는 것이라고 주장한다.[12] 유기의 원인은 인간의 죄가 아니라 하나님의 의지이다. 이는 유

---

12  Polanus, *De aeterna Dei praedestinatione didascalia*, 130: "*quod ultimum est in exequutione, id primum est in intentione.*"

기의 작정 자체가 하나님의 의지인데, 그 유기의 원인이 죄라면 하나님의 의지에도 죄가 원인이 된다는 모순적인 결론이 나오기 때문이다. 하나님의 영원한 의지는 제일의 원인이고 최고의 원인이다. 시간 이전에 이루어진 유기의 원인은 시간 이전의 것이어야 하는데 죄는 시간 속에서의 사건이다. 그러므로 유기는 죄에 근거하지 않은 작정이다.[13]

유기는 이중적인 목적을 가지는데, 그 주된 목적은 하나님의 영광이며 부수적인 목적은 택자들의 구원이다. 유기는 "하나님의 자유로운 능력과 최고의 의로움"(*Dei liberam potentiam & summum jus*)을 드러내고, "택자들을 향한 하나님의 은혜"(*erga electos Dei gratia*)가 얼마나 큰 것인지를 드러낸다.[14]

폴라누스는 유기의 작정으로 인한 결과들을 논하면서 "유기의 결과는 죄가 아니다."라고 하는 토마스 아퀴나스 입장을 먼저 언급한다. 그 이유는 유기가 "하나님의 지극히 거룩한 행위"(*actio Dei sanctissima*)이기 때문이고, 죄의 본질적인 원인은 마귀이기 때문이며, 죄는 하나님의 산물이 아니기 때문이다.[15] 유기자의 숫자는 "멸망으로 인도하는 문은 크고 그 길이 넓어 그리로 들어가는 자가 많다"(마 7:13)는 말씀과 "인자가 올 때에 세상에서 믿음을 보겠느냐"(눅 18:8)는 말씀과 "이스라엘 자손들의 수가 비록 바다의 모래와 같다 할지라도 남은 자만 구원을 받을 것이라"(롬 9:27)는 말씀에 근거하여 택자보다 크다고 추정된다.[16]

택자보다 더 많은 자를 유기하신 하나님의 이유는 무엇인가? 첫째, 하나님이 그렇게 원하셨기 때문이다. 둘째, 그렇게 원하신 하나님은 다른 누구보다 지혜롭고 선하시다. 셋째, 많은 자들을 버리심이 택자들에 대한 하나님의 은혜를 더욱 빛나게 만들기 때문이다. 넷째, 선택의 은총이 얼마나

---

13  Polanus, *De aeterna Dei praedestinatione didascalia*, 167.
14  Polanus, *De aeterna Dei praedestinatione didascalia*, 213–214.
15  Polanus, *De aeterna Dei praedestinatione didascalia*, 215.
16  Polanus, *De aeterna Dei praedestinatione didascalia*, 215–216.

큰지를 깨닫게 하여 더 큰 감사와 찬송을 돌리게 만들기 때문이다.[17] 나아가 폴라누스는 택자의 수가 확고한 것처럼 유기자의 수도 확고함(certus)을 강조한다. 이는 하나님의 유기는 영원하고 불변하기 때문인데, 그 이유는 하나님의 의지가 변하지 않기 때문이다.[18]

유기에 따르는 필연적인 결과들은 구원적인 은혜의 결핍, 죄들, 죄인들의 형벌이다. 그래서 유기된 자들은 택자들을 위하여 예정된 것들로서 유효적인 소명, 구원적인 믿음, 의롭다 하심, 거듭남의 은택에서 배제된다.[19] 그러나 유기된 자들이라 할지라도 히브리서 6장 4~5절에 언급된 내용처럼 "비춰, 하늘의 은사를 맛보는 것, 성령에 참여하는 것, 하나님의 선한 말씀과 내세의 능력을 맛보는 것"은 가능하다.[20] 택자들의 경우에도 유기된 자들에게 나타나는 현상들 즉 일정한 기간에 교회에서 제외되는 것, 시간 속에서의 정죄, 영원한 죽음에 의해 위협을 느끼는 것 등의 일들이 발생한다.[21]

### 선택과 유기의 유사점과 차이점

폴라누스는 선택과 유기의 유사점과 차이점을 정리한다. 먼저 유사점에 대해서는 선택과 유기의 유효적 원인(하나님과 그의 자유로운 의지)이 동일하고, 질료(하나님의 작정)가 동일하고, 목적(하나님의 영광과 택자들의 구원)이 동일하고, 대상(앞으로의 타락으로 말미암아 부패하게 되고 죄에 합당한 것으로서 영원한 죽음으로 떨어지게 될 인류)이 동일하고, 예정의 다양한 특징들로 영

---

17  Polanus, *De aeterna Dei praedestinatione didascalia*, 217-218.
18  Polanus, *De aeterna Dei praedestinatione didascalia*, 218.
19  Polanus, *De aeterna Dei praedestinatione didascalia*, 219.
20  Polanus, *De aeterna Dei praedestinatione didascalia*, 223, "*illuminatio, gustus doni illius caelestis, participatio Spiritus Sancti, gustus boni Dei Verbi ac virtutum futuri seculi.*"
21  Polanus, *De aeterna Dei praedestinatione didascalia*, 226-227.

원성과 불변성과 확고성이 동일하다.[22]

선택과 유기의 차이점에 대해서는 형태(선택은 긍휼히 여김, 보편적인 멸망에서 건지심, 구원으로 취하려는 작정이고, 유기는 긍휼히 여기지 않으심, 보편적인 멸망 속에 내버려 두심, 구원을 받을 만하지 않다고 여기시는 작정)가 다르고, 결과(선택은 내적 소명, 믿음, 칭의, 영화, 선행 그리고 영원한 구원으로 나타나고, 유기는 내적인 소명, 믿음, 칭의, 영화, 선행, 구원, 영원한 복락에서 제외되는 것으로 나타남)가 다르고, 고유한 대상(선택은 구원받을 자들에게 속하고 유기는 저주받을 자들에게 속함)이 다르고, 결과로 나타나는 내용(죄와 선행)이 다르다고 폴라누스는 주장한다.[23]

지금까지 언급한 전기의 폴라누스 예정론은 후기의 입장에도 대체로 동일하게 나타나고 있지만 약간의 변화가 포착된다.

## 후기의 폴라누스 예정론

후기의 폴라누스 저술들 중에서 먼저 『보편적 조화』(Symphonia Catholica, 1607)에 나타난 예정론을 살펴보고 이후에 『신학집성』(Syntagma theologiae christianae, 1609-10)에 나타난 그의 최종적인 예정론을 다루고자 한다. 보편적 조화에서 그는 교부들의 가르침에 근거하여 예정론에 대한 13가지의 주장들을 제시한다.

1) 예정은 하나님의 교회에서 선포되고 배워야만 한다. 2) 일부의 사람들은 생명으로, 다른 사람들은 영원한 죽음으로 예정된다. 3) 영원한 생명에 이르는 선택의 유일한 원인은 하나님의 선하시고 기뻐하신 의지이다.

22  Polanus, *De aeterna Dei praedestinatione didascalia*, 228: "*in causa efficientibus…Deus…in materia…decretum Dei…in finibus…ad gloriam Dei & salute electorum…insubjecto communi… genus humanum quaetenus per lapsum futurum erat corruptum & in mortem aeternam propria culpa praecipitatum…in adjunctis…ab aeterno…firma & immutabilis…invariabilis.*"

23  Polanus, *De aeterna Dei praedestinatione didascalia*, 229-230.

4) 우리의 신앙은 선택의 원인이 아니며, 우리가 믿을 것이기 때문에 택하심을 받는 것이 아니라 택하심을 받아 믿게 되는 것이다. 5) 그리스도 공로는 비록 우리의 영원한 생명의 유효적인 원인이긴 하나, 우리가 영원한 생명에 이르는 선택의 유효적인 원인은 아니다. 6) 영원한 생명에 이르는 선택은 우리 죄에 의해서 무효가 되거나 변경되지 않고 그렇게 될 수도 없다. 7) 택자들 중에 상실되는 자나 상실될 수 있는 자는 없다. 8) 영원한 생명에 이르는 택자들의 수는 확실하고 정해졌다. 9) 택자들의 교회는 유혹되지 않고 유혹될 수도 없다. 10) 유기된 자들이 영원한 멸망으로 예정되어 있다고 말하는 것은 올바르다. 11) 영원한 유기의 유효적인 원인은 죄가 아니다. 12) 예지는 유기된 자만이 아니라 선택된 자에게도 해당된다. 13) 유기된 자들 중에 구원받을 수 있는 자는 없다.

위에 열거된 주장들 중에 이중 예정론에 대한 부분을 먼저 주목하고 싶다. 바젤의 신학자가 증인으로 소환한 첫 번째 교부는 아우구스티누스 (Augustinus)다. 이 교부는 하나님을 "최고의 선"으로 인식한다. 그리고 하나님은 "그가 정당하게 형벌로 예정하신 자들의 정죄를 위하여, 그리고 그가 자비롭게 은혜에 이르도록 예정하신 자들의 구원을 위하여 심지어 악들도 사용하실 수 있다."고 주장한다.[24] 동일한 생각이 두 왕국에 관한 그의 설명에도 나타난다. 두 왕국에는 두 종류의 사람들이 있는데, 그들은 각각 하나님과 함께 영원히 다스리게 될 사람들로 예정된 종류와, 마귀와 함께 영원한 형벌을 받게 될 사람들로 예정된 종류로 구분된다.[25] "너희가 내 양

---

24  Polanus, *Symphonia catholica*, 142; Augustine, *Enchiridion*, in *PL* 40, col. 279: "*bene utens et malis, tanquam summe bonus, ad eorum damnationem quos juste praedestinavit ad poenam, et ad eorum salutem quos benigne praedestinavit ad gratiam.*" Unlike Polanus's reception of Augustine, Barth blames Augustine for his departure "from the biblical testimony" by advocating the double predestination, yet arguing that Augustine's predestination does not include reprobation. See Karl Barth, *Church Dogmatics*, vol. 2-2, VII.xxxii.1, 17.

25  Augustine, *De civitate Dei*, in *PL* 41, XV.i (col. 437): "*ipsius generis humani: quod in duo genera distribuimus; unum eorum qui secundum hominem, alterum eorum qui secundum Deum vivunt. Quas etiam mystice appellamus civitates duas, hoc est duas societates hominum: quarum est*

이 아니라"(요 10:26)는 말씀에 대한 설명에서, 그는 예수님이 영원한 생명이 아니라 영원한 멸망으로 예정된 유대인의 일부를 보고 계시다고 주장한다.[26]

폴라누스는 세빌의 이시도루스(Isidorus of Seville)를 인용한다. "예정은 안식에 이르는(*ad requiem*) 택자들과 사망에 이르는 유기자들 모두의" 예정이다.[27] 이런 정의에서, 이시도루스는 "생명에 이른다"는 문구 대신에 "안식에 이른다"는 문구를 사용한다. 단어의 사용에 있어서 택자와 유기자를 정확하게 명시한다. 그리고 그가 예정론을 최고의 선이신 하나님에 대한 신학적 논의보다 먼저 언급하는 순서는 특이하다. 폴라누스는 발렌스 3차 공의회의 결의문도 인용한다. "우리는 생명에 이르는 택자들의 예정과 죽음에 이르는 불경건한 자들의 예정을 인정한다." 선택에 있어서는 하나님의 자비가 택자들의 공로적인 선행보다 앞서고, 정죄에 있어서는 불경건한 자들에 대한 하나님의 정의로운 심판이 그들의 합당한 죄악보다 앞선다.[28]

폴라누스는 루터도 이중 예정론의 증인으로 인용한다. 불경건한 자들의 심각한 형벌에 대해 울고 애통하고 탄식하는 것은 육체로 오신 동일한

---

*una quae praedestinata est in aeternum regnare cum Deo; altera, aeternum supplicium subire cum diabolo.*"

26   Augustine, *In Joannis evangelium tractatus,* xlviii, in *PL* 35, col. 1742: "*Quomodo ergo istis dixit, Non estis ex ovibus meis? Quia videbat eos ad sempiternum interitum praedestinatos, non ad vitam aeternam sui sanguinis pretio comparatos.*"

27   Polanus, *Symphonia catholica*, 143; Isidorus, *De summo bono* (Basel, 1505), II.vi, fol.xxx: "*Gemina est praedestinatio/ siue electorum ad requiem/ siue reproborum ad mortem.*" Isidorus' sentence is quoted verbatim by Hincmar. See Hincmar of Rheims, *De praedestinatione et libero arbitrio*, in *PL* 125, col. 89.

28   See Hincmar's quotation in his *De praedestinatione et libero arbitrio*, col. 60: "*fidenter fatemur praedestinationem electorum ad vitam, et praedestinationem impiorum ad mortem: in electione tamen salvandorum misericordiam Dei praecedere meritum bonum, in damnatione autem periturorum meritum malum praecedere iustum Dei iudicium.*" Quoting this phrase, Turretin also declares that "the definition of predestination is no less suitable to reprobation than to election." See Francis Turretin, *Institutes of Elenctic Theology*, trans. George M. Giger, vol. 1 (Phillipsburg, NJ: P&R, 1992), IV.vii.6 (333).

하나님께 속하였고, 전능자의 의지는 또한 일부가 멸망에 이르도록 고의로 두시고 버리신다. 이러한 하나님에 대해 우리는 그가 왜 그렇게 하신 것이냐고 묻지 않고, 도리어 그러한 일들을 하실 수 있고 하고자 하시는 하나님을 경외해야 한다.[29]

폴라누스는 이중 예정론에 대한 루터의 보다 명확한 글도 언급한다. "육체로 오신 하나님은 … 모든 사람에게 구원에 필요한 모든 것을 뜻하시고 말하시고 행하시고 겪으시고 베푸시는 것, 바로 이 목적을 위해 보내졌다. 그렇지만 그는 하나님의 비밀한 의지를 따라서 버려지고 혹은 강퍅하게 되어 그의 뜻함과 말함과 행함과 베품을 받지 않는 많은 사람들을 불쾌하게 여기셨다."[30] 루터를 추종하는 많은 사람들이 루터의 예정론은 유기에 관심이 없다고 생각한다. 그러나 폴라누스는 루터 자신이 유기를 예정의 한 부분으로 가르치고 있다는 것을 루터파가 수용하길 원하였다. 사실 폴라누스는 성찬의 교리에 있어서 루터와 오콜람파디우스 사이에 심각한 이견 차가 있음을 알고 있고 후자의 입장을 따르고 있었지만, 그렇다고 해서 루터의 모든 교리를 거부하는 것은 아니었다.[31] 루터와 적당한 교리적 거리를 유지하는 동시에 교리적 일치를 보이는 부분들에 대해서는 "대단히 유명한 루터"의 입장을 결코 거부하지 않는다고 했다.[32] 예정론에 관

---

29 Martin Luther, *De servo arbitrio*, in WA 18:689-690: "*Huius itidem Dei incarnati est flere, deplorare, gemere super perditione impiorum, cum voluntas maiestatis ex proposito aliquos relinquat et reprobet, ut pereant. Nec nobis quaerendum, cur ita faciat, sed reverendus Deus, qui talia et possit et velit.*"

30 Luther, *De servo arbitrio*, WA 18:689: "*Volui et tu noluisti, Deus, inquam, incarnatus in hoc missus est, ut velit, loquatur, faciat, patiatur, offerat omnibus omnia, quae sunt ad salutem necessaria, licet plurimos offendat, qui secreta illa voluntate maiestatis vel relicti vel indurati non suscipiunt volentem, loquentem, facientem, offerentem,* [Joh. 1, 5] *sicut Iohan. dicit: Lux in tenebris lucet et tenebrae eam non comprehendunt.* [Joh. 1, 11] *Et iterum: In propria venit, et sui non receperunt eum.*"

31 Polanus, *Sylloge thesium theologicarum* (Basel, 1597), 461.

32 Polanus, *Sylloge thesium theologicarum*, 461: "*Caeterum dum palmam in causa Eucharistica Oecolampadio tribuimus: de Luther laudibus nihil detrahimus, quas in plerisq; alijs capitibus Theologiae illi nequaquam inuidemus.*"

한 루터의 생각을 높이 평가하는 것은 그의 호세아 주석에서 분명히 발견된다. 예정이 믿음에 앞선다는 사실을, 폴라누스는 루터의 목소리를 빌려 "믿음은 예정 혹은 선택에서 흘러나온 것"이라고 진술한다.[33]

바젤의 신학자는 예정론의 네 번째와 다섯 번째 주장과 관련해서 교부들과 중세 학자들과 종교개혁 인물들을 인용한다. 동시에 선택의 원인에 대한 루터파의 입장을 반박한다. 그들 중에 에기디우스 훈니우스(Aegidius Hunnius, 1550~1603)는 "믿음의 고려 혹은 믿음으로 포섭된 그리스도 공로의 고려"[34]를 강조하며, 개혁파의 입장을 환각에 불과한 것이라고 비난했다. 우리의 구원에 대한 선택 혹은 예정은 하나님의 순수하게 선행적인 의지 속에서 이루어진 것이 아니라고 주장한다. 그리고 택자들의 그리스도 신앙과 유기된 자들의 그리스도 불신앙을 고려함이 없이는 예정을 생각할 수 없다고 주장한다.[35] 이와 유사하게 요한 게르하르트(Johann Gerhard, 1582~1637)는 선택의 원인이 하나님의 절대적인 의지 안에서는 세워질 수도 없고 발견될 수도 없으며, 선택의 원인은 그리스도 공로라고 주장한다. 그는 "그리스도 안에서(in Christo) 택하심을 받는 것이 그리스도 때문에(propter Christum) 택하심을 받는다는 것과 같지 않다."라고 하는 폴라누스 입장을 거부한다. 그리고 그리스도 공로는 하나님께서 당신의 택하심을 시간 속에서 이루실 때에 쓰시는 도구라는 피스카토르(Johannes Piscator, 1546~1625) 입장도 거부한다. 그는 "그리스도 안에서"와 "그리스도 때문에"

---

33  Polanus, *Analysis ilbelli prophetae Malachiae* (Basel, 1597), 37.

34  Aegidius Hunnius, *Articulus de providentia Dei, et aeterna praedestinatione* (Frankfurt, 1603), a2v, 110−111; Robert Preus, "The Doctrine of Election as Taught by the Seventeenth Century Lutheran Dogmaticians," *Quartalschrift: Theological Quarterly* 55 (October, 1958): 229−261.

35  Aegidius Hunnius, *Articulus de providentia Dei, et aeterna praedestinatione*, a4v, 135: "*Cur autem electionem seu praedestinationem salutis non in nuda antecedente voluntate Dei, sed consequente ponendam arbitremur.... Atq; adeo non stabilit Apostolus decretum illud stoicum, de quibusdam absolute sine respectu Christi fide apprehendendi electis, caeteris vicissim adsq; intuitu incredulitatis illorum reprobatis.*"

를 구분하지 않고 창세 전의 선택과 시간 속에서의 은택은 모두 그리스도 때문에 가능한 것이라는 입장을 피력한다.[36]

폴라누스는 이러한 루터파의 견해를 거부하며, 영원한 생명에 이르는 선택이 오직 하나님의 기뻐하신 뜻에만 있다고 강변한다. 물론 그는 "믿음이 선택의 원인"이라는 아우구스티누스의 초기 사상이 루터의 입장을 지원하고 있음을 인지하고 있다.[37] 실제로 이 교부는 하나님께서 하시고자 하는 자에게 긍휼을 베푸시는 것은 "선행적인 믿음의 공로"(*praecedenti merito fidei*)에 근거한 것이고, 강퍅하게 할 자를 강퍅하게 하시는 것은 "선행적인 불경건"(*praecedenti impietati*)에 근거한 것이라고 생각했다.[38] 그러나 이후에 그는 자신이 심각한 오류를 범했다고 고백했다. 이 고백은 "우리의 것은 하나도 없기 때문에 어떠한 것에서도 자랑할 것이 없다"(*in nullo gloriandum est, quando nostrum nihil est*)는 키프리아누스(Cyprianus, d.258)의 경건한 사상으로 인한 신학적 회심의 결과였다. 이 사상은 "네게 있는 것 중에 받지 아니한 것이 무엇이냐 네가 받았은즉 어찌하여 받지 아니한 것처럼 자랑을 하느냐"는 바울의 사상에 근거한다.[39] 아우구스티누스는 사상적 변화를 경

---

36  Johann Gerhard, *Loci theologici*, vol. 2 (Berolini: Schlawitz, 1864), 82: "*nec electionis, nec reprobationis causa in absoluta Dei voluntate quaerenda vel statuenda est...Sed Polan. De praedest, pag.45. excipit, in Christo eligi non esse idem quod propter meritum Christi eligi.... Aliter igitur excipit Piscator Herborn.in anal.pag.80. Deum elegisse nos in Christo, id est, ut nos servaret per Christum. Nimirum hoc vult, quod Christus cum suo merito sit saltem medium, per quodsuum electionis decretum in tempore Deus exequatur, non autem intuitum meriti Christi ipsum electionis decretum ingredi.... Distinguit manifeste benedictione illam, qua in Spiritualibus DEUS in tempore nobis benedicit, & actum electionis, quo DEUS ante constitutionem mundi nos elegit ad vitam aeternam, utrique actui includit Christum, tanquam causam...merito Christi esse causam* προκαταρκτικὴν *nostrae electionis.*" For the views of more Lutherans on the merit of Christ, see Heinrich Schmid, *Die Dogmatik der evangelisch-lutherischen Kirche* (Gütersloh, 1893), 193-210.

37  Polanus, *Symphonia catholica*, 146.

38  Augustine, *Retractationum*, in *PL* 32, col. 622.

39  Augustine, *De praedestinatione sanctorum*, in *PL* 44, col. 964: "*Non sic pius atque humilis doctor ille sapiebat: Cyprianum beatissimum loquor, qui dixit, ≪In nullo gloriandum, quando nostrum nihil sit≫ (Ad Quirinum, lib. 3, cap. 4). Quod ut ostenderet, adhibuit Apostolum testem dicentem, Quid autem habes quod non accepisti? Si autem et accepisti, quid gloriaris quasi non acceperis (I Cor. IV. 7)? Quo praecipue testimonio etiam ipse convictus sum, cum similiter*

험한 이후에 "지극히 지속적인 순종"(obedientia perseverantissima)도 처음부터 끝까지 하나님의 은혜이며, 이 은혜가 어떤 이에게는 주어지고 다른 이에게는 주어지지 않는 것이라는 신학적 결론에 도달했다.[40] 두 교부에 근거한 두 가지의 폴라누스 교훈이다. 1) 일부의 루터파 학자들이 예정론을 오해한 것은 초기의 아우구스티누스가 보여 준 것처럼 결코 이상하지 않다. 2) 예정론에 있어서 교부들이 항상 옳은 입장을 취하지는 않았으며, 사도들과 경건한 교부들의 가르침에 근거하여 자신의 입장을 수정했다.

폴라누스는 선택의 원인에 대한 개혁파의 입장을 지지하는 증인으로 루터를 다시 소환한다. 루터는 로마서 9~11장을 주해하는 부분에서 하나님의 영원한 예정은 누가 믿을 것이고 누가 믿지 않을 것인지를 결정하는 근거라고 진술한다.[41] 폴라누스는 루터의 이러한 생각에 동의하며 한 걸음 더 나아가 "믿을 자가 영원한 예정에서 나오는 것"이라고 하면서 "믿음은 영원한 생명에 이르는 선택 혹은 예정의 유효적인 원인이 아니라는 결과가 나온다"고 주장한다.[42] 그리스도 공로를 선택의 원인으로 여기는 입장에 대해서는 "아버지가 우리를 사랑하신 것은 이전에, 즉 아들이 우리를 위해 죽으시기 이전만이 아니라 그가 세상을 창조하기 전"이라는 아우구

---

errarem."; Cyprian, *Testimoniorum adversus Iudaeos ad Quirinum* in *D. Caecilii Cypriani opera*, tom. 2 (Geneva, 1593), 420.

40  Augustine, *De praedestinatione sanctorum*, col. 963. Also see John Calvin, *De aeterna Dei praedestinatione* in CO 8, col. 266: "*Quid habes quod non acceperis?* (1 Cor. 4, 7.) *A quo autem, nisi ab illo qui te discernit ab alio, cui non donavit quod donavit tibi? Deinde: Fides igitur, et inchoata, et perfecta, donum Dei est: et hoc donum quibusdam dari, quibusdam non dari, omnino non dubitet, qui non vult manifestissimis scripturae testimoniis repugnare.*"

41  Polanus, *Symphonia catholica*, 146; Martin Luther, "Vorrede auff die Epistel S. Paul an die Römer," in *Biblia, das ist, Die gantze heilige Schrifft Deudsch* (Wittenberg, 1562), 263r: "Am neunden/ zehenden vnd eilfften Capitel/ leret er von der ewigen versehung Gottes/ daher es vrsprünglich fleusset/ wer gleuben odder nicht gleuben sol/ von sunden los odder nicht los werden kan/ damit es je gar aus vnsern henden genomen/ vnd allein jnn Gottes hand gestellet sey/ das wir frum werden. Vnd das ist auffs aller höhest not/ denn wir sind so schwach vnd vngewis/ das/ wenn es bey vns stünde/ würde freilich nicht ein mensch selig/ der teuffel würde sie gewislich alle vberweldigen."

42  Polanus, *Symphonia catholica*, 146-147.

스티누스의 말로 답변을 대신한다.[43]

폴라누스가 적시한 예정론의 열한 번째 주제는 과거와 당시의 펠라기안 분파들을 반박하기 위한 것이었다. 유기의 원인이 예지된 죄라는 관점은 과거에 종결된 논쟁이 아니라 폴라누스 시대에도 여전히 해결되지 않은 문제였다. 바젤의 신학자는 이 문제에 대해서도 아우구스티누스의 증언을 제시한다. 이 교부는 모든 만물과 역사에 있어서 하나님의 의지보다 선행하는 어떠한 원인도 없다는 입장에 있어서 확고하다.[44] 이러한 입장에 근거하여 바젤의 신학자는 야곱의 선택과 에서의 유기가 그들의 부모나 그리스도 공로(ex meritis) 혹은 그들의 과거나 미래의 행위로 말미암아(ex operibus) 촉발된 것이 아님을 강조한다.[45] 창세기 25장에 대한 설명에 나타난 루터의 입장도 이와 유사하다. 야곱에 대한 에서의 섬김은 누군가의 공로로 말미암은 것이 아니라 큰 자가 작은 자를 섬길 것이라는 리브가 신탁에 근거한 것이라고 한다.[46]

『보편적 조화』와는 달리, 『신학통론』은 예정론에 대한 보다 논증적인 서술을 제공한다. 다른 논의의 내용은 유사해서 반복하지 않고 신적인 작정의 열 번째 주제를 주목하고 싶다. 즉 하나님의 작정은 확고하고, 확실하고, 일관되며 변화가 없다는 입장이다. 이러한 입장의 근거로서 폴라누스

43  Polanus, *Symphonia catholica*, 147; Augustine, *De trinitate*, in *PL* 42, XIII.xi, col. 1025: "*video quod et antea Pater dilexit nos, non solum antequam pro nobis Filius moreretur, sed antequam conderet mundum, ipso teste Apostolo qui dicit: Sicut elegit nos in ipso ante mundi constitutionem. Nec Filius Patre sibi non parcente pro nobis velut invitus est traditus, quia et de ipso dictum est: Qui me dilexit, et tradidit semetipsum pro me.*"

44  Polanus, *Symphonia catholica*, 155; Augustine, *De genesi contra Manichaeos*, in *PL* 34, I.i, col. 175: "*Causas enim voluntatis Dei scire quaerunt, cum voluntas Dei omnium quae sunt, ipsa sit causa. Si enim habet causam voluntas Dei, est aliquid quod antecedat voluntatem Dei, quod nefas est credere.*"

45  Augustine, *De praedestinatione et gratia*, in *Opera omnia*, tom. 7 (Basel, 1528–1529), 827.

46  Polanus, *Symphonia catholica*, 156; Martin Luther, *De servo arbitrio*, WA 18:723: "*Ut enim maxime hic locus Gene. 25 de servitute temporali sola intelligeretur (quod non est verum), tamen a Paulo recte et efficaciter adducitur, dum per ipsum probat, non* [Röm. 9, 12] *per merita Iacob aut Esau, Sed PER VOCANTEM dictum esse ad Saram: Maior serviet minori.*" Polanus indicates "*ad Saram*" in the original text as a *typographicum erratum*.

는 시편 33편 11절, 민수기 23장 23절, 이사야 46장 10절, 그리고 야고보서 1장 17절을 제시한다. 그리고 테오도레투스, 아우구스티누스, 그레고리우스의 견해를 소개한다. 이에 그의 논적들은 하나님께서 후회를 하셨다는 점에 근거하여 하나님의 작정도 얼마든지 변경될 수 있다고 반박한다.[47] 창세기 6장 6절, 사무엘상 15장 10절, 요한복음 3장 11절도 이런 반박의 손을 들어 준다. 이런 반론에 대해 폴라누스는 성경에서 발견되는 "하나님의 후회"(μεταμέλεια Θεοῦ)가 "상징적인 어법"(figurato loquendi modo)에 따른 것이라고 해명한다. 이는 테오도레투스와 아우구스티누스도 "신적인 후회"(divinam poenitentiam)를 "경륜의 변화"(οἰκονομίας μεταβολή)일 뿐이라고 이미 간파한 내용이다.[48] 하나님 자신은 변하시지 않지만 그가 바꾸려고 의도하신 것은 반드시 바꾸시기 때문에 그레고리우스는 신적인 후회가 비록 바꾸어진 것이기는 하지만 그것이 신적인 의논의 변화는 아니라고 구분했다.[49]

폴라누스가 예정론을 하나님의 백성에게 가르쳐야 하느냐의 여부와 함께 예정의 논의를 시작한 『하나님의 영원한 예정에 대하여』와 『보편적 조화』[50]와는 달리, 『신학통론』 안에서는 하나님의 예정이 특별히 이성적인 피조물에 속한 것이냐에 대한 질문과 함께 시작한다.[51] 이 질문에 대해 그는 예정이 그리스도 및 사도들에 의해 명확하게 자주 가르쳐진 것임을 보여 주는 성경 구절들을 제시한다.[52] 예수께서 유념하고 성경에도 기록된

47  Polanus, *Syntagma theologiae*, 1547–1548.

48  Polanus, *Syntagma theologiae*, 1549; Theodoretus, *Quaestiones in Genesim*, in *PG* 80, cols. 155–156; Augustine, *Enarrationes in psalmos*, in *PL* 37, col. 1459.

49  Polanus, *Syntagma theologiae*, 1550; Gregorius Magnus, *Moralium in librum B. Job*, in *PL* 76, col. 175: "*quia ipse immutabilis id quod voluerit mutat, poenitere dicitur quamvis rem mutet, consilium non mutet.*"

50  Polanus, *De aeterna Dei praedestinatione* (Basel, 1598), 1; idem, *Symphonia catholica*, 139. This order is followed by Turretin in his *Institutio theologiae elencticae*, vol. 1 (Geneva, 1679), 350.

51  Polanus, *Syntagma theologiae*, 1560.

52  Polanus, *De aeterna Dei praedestinatione*, 1: "*Prima est, quia est d Deo per Prophetas, Christum ipsum atque Apostolos Ecclesiae tradita atque commendata; ut ex deinceps allegandis testimoniis*

교리라면 무엇이든 하나님의 교회에서 가르쳐야 하기에 예정의 교리도 결코 빠뜨리지 말고 가르쳐야 한다고 강조한다.[53] 어떤 사람들은 예정론이 신자로 하여금 하나님께 순종하는 것을 방해하기 때문에 가르치지 말아야 한다고 주장하기도 한다. 이에 대해 폴라누스는 아우구스티누의 견해로 대답하길, 예정론과 하나님에 대한 순종은 얼마든지 공존할 수 있다고 말하면서, 오히려 하나님에 대한 순종의 올바른 깨달음을 위해서는 더더욱 예정론을 가르쳐야 한다고 강조한다. "선포하는 자가 순종의 자세로 들도록 어떠한 것들을 선포해야 하는 것처럼, 순종으로 그러한 것들을 행하는 자가 인간을 자랑하지 않고 이를 통하여 자신을 자랑하지 않고 주 안에서만 자랑할 수 있기 위해서는 예정을 선포해야 한다."[54]

예정은 "모든 이성적인 피조물이 영원부터 시간적인 자연적 이생을 넘어선 어떤 목적들로 정해지되 역시 영원부터 정해진 어떤 수단들로 말미암아 그 목적들로 이끌리게 하는 하나님의 작정"이다.[55] 이처럼 폴라누스는 하나님의 영광과 택자들의 구원이라는 목적의 예정만이 아니라, 택자들이 그 목적들에 이끌리게 하는 "수단들에 대한"(de mediis) 예정도 강조한다.[56] 그가 존중하는 우르시누스, 그리네우스, 잔키우스 등도 목적과 수단의 이중적인 예정을 주장했다.[57]

---

　　liquet."

53　Polanus, *Syntagma theologiae*, 1562-1563.

54　Polanus, *Syntagma theologiae*, 1565; Augustine, *De dono perverantiae*, in *PL* 45, col. 1033: "*Sicut ergo caetera praedicanda sunt, ut qui ea praedicat, obedienter audiatur; ita praedestinatio praedicanda est, ut qui obedienter haec audit, non in homine, ac per hoc nec in se ipso, sed in Domino glorietur.*"

55　Polanus, *Syntagma theologiae*, 1566.

56　Polanus, *Syntagma theologiae*, 1566.

57　Johann Jacob Grynaeus, *Theoremata duo, alterum quidem de fidei actione propria, alterum vero de praedestinatione sanctorum* (Basel, 1592), 6; Jerome Zanchius, *De natura Dei*, in *Omnium operum theologicorum*, vol.1 (Geneva, 1619), col.476: "*dicimus, quicunque ad illum finem sunt electi: ad haec etiam media esse praedestinatos. Est enim praedestinatio non solum finis, verum etiam mediorum ad finem*"; Theodore Beza, *De Praedestinationis Doctrina* (Geneva: Eustathius Vignon, 1582), 403: "*Praedestinatio verò nihil aliud sit quàm eius voluntatis ad certum finem sive salutis sive exitii destinatio, negari iusta ratione non potest, Praedestinationem & ad ultimum*

폴라누스 시대에는 타락 전 선택설과 타락 후 선택설의 구분이나 논쟁이 없었지만 그 구분으로 그의 예정론을 평가하면, 나는 그에게 두 가지의 입장이 혼재되어 있다고 평가한다. 그러나 그가 후택설의 입장을 암시할 때에도 하나님의 자유롭고 절대적인 의지가 예정의 유일하고 유효적인 원인임을 고수하고 있음을 고려해야 한다. 후택설의 증거는 『영원한 예정에 대하여』 안에서 발견된다. 그는 예정의 원인과 관련하여 이렇게 주장했다. "하나님은 모든 인간이 아담 안에서 모두 죄인이 되고 본질상 진노의 자녀가 될 것을 미리 보시고(*praevidisset*) 어떤 이에게는 자신의 자비를 선언하고 다른 자들은 그들의 죄 가운데에 버리시고 그들의 죄로 인하여 그들을 정죄하는 것을 정하셨다(*constituerit*)."[58] 이러한 진술의 출처는 잔키우스의 글이다. 예정의 순서에 대한 잔키우스 입장은 이러하다. 하나님은 영원부터 확고한 작정을 세우시되, 1) 모든 인류의 창조하심, 2) 인류의 타락과 그 죄로 말미암아 영원한 죽음에 합당하게 되도록 허용하심, 3) 그가 창조하신 자들의 일부를 자유롭게 하사 그들에게 영원한 생명을 주심, 4) 그러나 나머지는 그 은총에서 배제하고 그들의 죄 때문에 영원한 형벌이 합당한 채로 두심 등의 순서를 정하셨다.[59] 폴라누스는 이러한 교리를 "루터, 칼뱅, 버미글리, 베자, 부카누스 및 다른 탁월한 학자들에 의해 가르쳐진

---

*illum duplicem finem & ad utrinque subordinata media pertinere.*" The dual predestination *ad finem et media* was retained by the Reformed thinkers after Polanus, for example, Twisse, Daillé, and Samuel Andreae. Cf. William Twisse, *Vindicaie, gratiae, potestatis ac providentiae Dei* (Amsterdam, 1648), 702; Johannes Daillé, *Apologia pro duabus ecclesiarum in Gallia protestantium Synodis*, vol. 2 (Amsterdam, 1655), 1216; Samuel Andreae, *Disquisitio theologica de decreto absoluto* (Marburg, 1689), 57.

58  Polanus, *De aeterna Dei praedestinatione*, 148: "*Deus cum praevidisset omnes homines futuros ex aequo in Adamo peccatores & natura filios irae, constituerit in unis misericordiam suam declarare, alios vero in peccatis ipsorum relinquere, & propter ea damnare.*"

59  Zanchius, *De natura Dei*, cols. 485–486: "*Deum ab aeterno, firmo decreto constituisse, primum quidem creare omnes homines: deinde eos in peccatum labi & propter peccatum morti aeternae obnoxios fieri permittere: postremo aliquos inde per Christum, ea qua fecit ratione, liberare, & aeterna vita donare: reliquos vero ab hac gratia retinere, & in suis peccatis relictos, eandem aeterno supplicio propter peccata afficere.*"

것"이라고 주장한다.[60] 이 주장에서 우리는 그가 전택설의 입장을 뚜렷하게 보이는 베자와 후택설의 입장을 뚜렷하게 보이는 잔키우스를 예정론의 입장에 있어서 동일한 부류로 묶었다는 점을 주목해야 한다. 이로 보건대, 후대의 기준으로 그를 후택설 옹호자로 분류하는 것은 합당하지 않다.

폴라누스의 예정론은 어쩌면 전택설의 입장으로 보는 것이 더 타당할지도 모르겠다. 그는 분명히 야곱과 에서가 그들의 선행이나 악행의 어떠한 고려도 없이 각각 택하심과 버리심의 예정을 받았다고 이해하기 때문이다(*nulla benefactorum vel malefactorum ratione habita elegit vel reprobavit*).[61] 의도와 실행의 역순 원리를 적용하면 더 쉽게 이해된다. 유기자의 경우를 본다면, 1) 유기자의 창조(*creatio reproborum*), 2) 타락 혹은 죄의 허용(*permissio lapsus seu peccati*), 3) 신적인 버리심(*desertio divina*), 4) 택자들의 하나님 경외와 사랑(*reverentia & amor Dei in electis*)이 실행의 순서이다.[62] 여기에서 유기자의 창조는 죄의 허용보다 선행한다. 그런데 "유기자의 창조"라는 말 자체에서 우리는 어떤 이들을 영원한 사망에 이르도록 정하시는 유기가 창조와 죄에 대한 허용의 작정에 선행함을 확인한다. 잔키우스 입장을 따라, 폴라누스 역시 하나님은 "먼저"(*primum*) 이성적인 피조물을 영원한 생명이든 영원한 사망이든 둘 중의 한 목적(*finem*)으로 정하시고 "그 다음에"(*deinde*) 신적인 의논이 집행되는 수단들(*media*)을 정하시는 분이라고 주장한다.[63] 그는 중세 학자들의 공식도 수용한다. 즉 목적은 의도에 있어서 처음이고 실행에 있어서는 나중이다. 그러나 수단은 의도에 있어서 나중이고 실행에 있어서는 처음이다.[64] 선택이든 유기이든 죄의 허용은 예정의 목적에 포함되지

---

60  Polanus, *De aeterna Dei praedestinatione*, 150.
61  Polanus, *De aeterna Dei praedestinatione*, 142.
62  Polanus, *Syntagma theologiae*, 1566, 1619–1620.
63  Polanus, *Syntagma theologiae*, 1612.
64  Polanus, *Syntagma theologiae*, 1613.

않는다는 것은 분명하다. 그렇다면 어떤 사람을 영원한 생명으로, 다른 사람을 영원한 사망으로 정하시는 하나님의 작정은 죄의 허용보다 선행해야 한다. 여기에서 놓치지 말아야 하는 공식이 목적과 수단 사이에는 의도와 실행의 역순이 있으나 수단들 사이에는 역순이 없다는 사실이다. 이러한 맥락에서, 예정의 순서에 대한 폴라누스 입장은 이러하다: 유기자의 창조가 "하나님의 마음"(*in mente divina*)에서 먼저 정해지고 그 유기자의 타락 혹은 죄에 대한 허용은 그 다음이다. 그러므로 그의 전기 입장은 후택설에 가깝고 그의 후기 입장은 전택설에 가깝다는 평가가 가능하다. 특별히 후기의 입장을 확립함에 있어서 교부들의 문헌을 전혀 인용하지 않는 폴라누스는 자신의 입장을 성경의 주해와 베자와의 대화에 의존한다.

후기의 폴라누스도 예정론을 삼위일체 하나님의 공통적인 사역으로 이해한다. 삼위일체 하나님은 예정의 유일한 유효적 원인이다. 신적인 예정을 촉발한 원인은 삼위일체 하나님의 기뻐하신 뜻과 자유로운 사랑이다.[65] 폴라누스는 예정이 비록 성부만큼 성자와 성령에 의해 이루어진 일이지만 주로 예정의 사역을 성부에게 돌리고자 한다. 이는 성부가 신성의 원천이고 모든 신적인 사역의 시초이기 때문이다.[66]

멀러(Richard A. Muller)가 잘 평가한 것처럼, 폴라누스 예정론에 있어서 "삼위적인 토대와 기독론적 초점"이 남다르다. 이는 영원한 예정을 그리스도 예정과 그와 연합된 자들의 예정으로(*tum Christi, tum unitorum Christo*)

---

**65** Cf. Polanus, *Syntagma theologiae*, 1575–1576; idem, *De aeterna Dei praedestinatione*, 11–12: "Κύριον αἴτιον *seu causa efficiens principalis est solus Deus Pater, Filius & Spiritus sanctus.... Causa qua Deus ad eligendum impulsus fuit, seu propter quam election est facta, non est voluntas hominis: nec praevisa fides: nec praescita hominum merita: nec dignitas generis, vel ullius alterius praerogativae: nec meritum Christi; nec denique ipse electionis finis; ded solum beneplacitum Dei in gratuita ejus dilectione fundatum.*" This trinitarian causality of election is also found in terms of reprobation. See Polanus, *Syntagma theologiae*, 1636.

**66** Polanus, *Syntagma theologiae*, 1574; idem, *De aeterna Dei praedestinatione*, 12: "*Non minus igitur a Filio & Spiritu sancto electio est facta, quam a Patre. Sed Patri praecipue asscribitur: quia is est, sicut Deitatis fons, sic omnis divinae actionis principium.*"

구분하기 때문이다.[67] 그는 영원한 예정을 "하나님의 모든 구원적인 은택들의 토대와 원천"(*fundamentum & fons*)이며 "복음의 토대와 핵심적인 요소"(*fundamentum & praecipua pars euangelij*)라고 규정한다.[68] 하지만 폴라누스는 예정론을 개혁파 교의학의 형이상학적 토대 혹은 내적인 원리로 여기지 않고, 예정과 그리스도 사이의 구원론적 상관성을 보여 주는 것이라고 이해했다. 그리스도 예수는 하나님 – 성자로서 예정의 유효적 원인인 동시에 하나님 – 이시며 인간으로서 예정의 대상이다. 그는 천사들과 사람들의 머리로서 예정을 받았으며 그들을 하나님과 결합하고 영원한 생명을 갖도록 만드는 그들의 중보자다. 그래서 폴라누스 예정론에 있어서 그리스도 예수는 "천사들과 인간들의 예정의 토대와 확고함"이 된다.[69] 그는 그리스도 예수와 연합된 자들의 예정을 둘로 구분한다. 첫째, 그들을 영원한 구원에 이르도록 정하심과 그들을 구원으로 이끄는 수단들의 준비이다. 폴라누스는 구원을 "하나님을 향유하는 것 혹은 성부와 성자와 성령과의 교류"로 규정한다.[70] 그리고 그리스도 예수는 구원의 모든 서정에 관여한다. 즉 연합, 채택, 유효적 부르심, 구원적인 믿음, 의롭다 하심, 영화롭게 됨이 모두 그리스도 안에서 그를 통하여 발생하기 때문이다.[71] 이처럼 폴라누스 예정론의 특징은 삼위일체 하나님의 토대와 기독론적 초점을 가졌다고 평가해도 전혀 이상하지 않다. 이런 특징은 천사들과 사람들의 머리(*caput*)가 공통적인 면에서는 성부와 성자와 성령을 뜻하지만 고유한 면에서는 그리스도 예수만이 "형식적이고 유비적인 머리"(*caput formale &*

---

67    Polanus, *Syntagma theologiae*, 1568; Muller, *Christ and the Decree*, 156–157.

68    Polanus, *De aeterna Dei praedestinatione*, 1, 59.

69    Polanus, *Syntagma theologiae*, 1570: "*Electio Christi est fundamentum et firmamentum electionis angelorum & hominum*" In this regard, Muller rightly points out that "Polanus refrains from calling Christ himself the *fundamentum electionis*" as the God-man, a *fundemantum* that is rather the *electio Christi*. See Richard A.Muller, *Christ and the Decree*, 156.

70    Polanus, *Syntagma theologiae*, 1573, 1595: "*Salus ipsa sempiterna, est fruitio Dei seu communio cum Deo Patre, Filio & Spiritu Sancto.*"

71    See Polanus, *De aeterna Dei praedestinatione*, 59; idem, *Syntagma theologiae*, 1573.

*analogicum*)가 되신다는 생각 속에서도 확인된다.[72]

폴라누스는 천사들의 예정에 대해서도 주목한다. 그의 논의는 디모데전서 5장 21절에 근거한다. 천사들의 예정은 하나님이 영원부터 일부의 천사들을 은혜로 말미암아 본래 창조된 영원한 은택의 수혜자가 되도록 선하게 두시는 정하심을 의미한다.[73] 이 예정이 천사들의 공로에 근거한 것이라는 중세적인 오류에 대해서도 그는 지적한다. 그 오류의 원인은 아우구스티누스의 『엔키리디온』(*Enchiridion*)과 안셀무스의 『마귀의 원인에 대한 담화』(*Dialogus de casu diaboli*)에 대한 오석 때문이다.[74] 사실 『엔키리디온』의 주장은 두 가지로 요약된다. 첫째, 선택된 천사들은 타락 가능성에 빠지지 않고 영원한 안전과 자유를 가능하게 만드는 어떤 지식을 향유하며 주님에 대한 경건과 순종의 상태를 유지한다. 둘째, 천사들은 그들의 예지된 공로와 무관하게 그들의 창조 이전에 하나님에 의해 선택된다.[75] 안셀무스의 『마귀의 원인에 대한 담화』는 천사의 지성과 의지라는 이중적인 요소와 관련하여 마귀가 저지른 최초 죄의 원인을 거론하는 문헌이다.[76] 공로와는 무관하다. 이렇게 폴라누스는 천사들의 예정에 대한 전통적인 견해의 오석을 교정한다.

그리고 폴라누스는 천사들의 머리가 되시고 "사자"(מַלְאָךְ, 말 3:1)라고 불리시는 그리스도 예수의 우위성을 강조한다.[77] 먼저 그는 마지막 교부라고 불리는 끌레르보 출신의 버나드의 주장을 소개한다. 그의 주장에 따르면, 그리스도 예수는 택하심을 받은 천사들의 구속자가 되시는데, 그 방법은

---

72  Polanus, *Syntagma theologiae*, 1570: "*Caput Angelorum & hominum communiter est Deus Pater, Filius & Spiritus Sanctus; singulariter Caput formale & analogicum est solus Christus.*"

73  Polanus, *Syntagma theologiae*, 1570.

74  Polanus, *De aeterna Dei praedestinatione*, 9-10.

75  Augustine, *Enchiridion de fide, spe et charitate*, in *PL* 40, col. 246.

76  Anselm, *Dialogus de casu diaboli*, in *PL* 158, cols. 325-360.

77  Polanus, *De aeterna Dei praedestinatione*, 10.

그들에게 타락하지 않을 능력을 베푸시고 이로써 그들을 죄의 결박에서 구하시고 지키시는 방식이다.[78] 하지만 폴라누스는 그리스도 예수가 선택된 천사들의 구주가 되신다는 말을 주저한다. 왜냐하면 선택된 천사들은 "죄를 범하지 않았기"(non peccaverunt) 때문이다. 오히려 베자의 입장을 수용한다.[79] 즉 그리스도 예수가 천사들의 "머리"(caput)라고 불려질 수 있는 이유는 천사들이 예수와의 연합을 통해 하나님께 견고하고 분리되지 않은 채로 밀착되어 있기 때문이고, 선한 상태에 머물게 하시는 천사들의 "보존자"(conservator)가 되시는 이유는 천사들이 그리스도 없이는 순전한 상태로 보존될 수 없기 때문이다.[80] 진실로 천사들은 그리스도 안에서만 항상성의 토대, 선한 상태, 영원한 선택의 항구성을 유지하고 있다.[81] 여기에서 폴라누스가 버나드를 한 때는 교부들의 하나로 높이다가[82] 지금은 스콜라 신학의 문제아로 취급하는 듯한 재평가를 내리는 것이 흥미롭다. 이처럼 그는 믿음의 선배들을 존경하되, 맹목적인 존경이 아니라 진리를 중심으로 진리를 담아 낸 정도에 비례하여 사안별로 존중한다.

폴라누스는 예지된 믿음에 대해서도 심도 있게 논의한다. 그는 이미 『보편적 조화』에서 신앙이 우리의 영원한 선택에 "공로적인 원인도 아니고 도구적인 원인"도 아니라고 했다. 우리가 하나님을 믿었기 때문에 택하신

---

78  Polanus, *De aeterna Dei praedestinatione*, 10. Bernard, *Sermones in cantica conticorum*, in *PL* 183, col.880: "*Qui crexit hominem lapsum, dedit stanti [alias statum] angelo ne laberetur, sic illum de captivitate eruens, sicut hunc a captivitate defendens. Et hac ratione fuit aeque utrique redemptio, solvens illum, et servans istum. Liquet ergo sanctis angelis Dominum Christum fuisse redemptionem, sicut justitiam, sicut sapientiam, sicut sanctificationem.*"

79  Polanus, *De aeterna Dei praedestinatione*, 10: "*Sed locorum illorum sensum veriorem fidissimus Christi servus Theodosius Beza attulit.*" Cf. Theodore Beza, *De praedestinationis doctrina* (Geneva: Eustachius Viqnon, 1582).

80  Polanus, *De aeterna Dei praedestinatione*, 10: "*Atqui Angeli non peccaverunt: ergo ipsi non fuit opus Redemptore. Huic concedo Redemptore ipsis opus non fuisse, at capite opus habuerunt, per cujus nexum solide & indistracte Deo suo cohaererent. Instauratore non eguerunt, sed conservatore in bono, sine quo stabiles in sua integritate non permansissent.*"

81  Polanus, *Syntagma theologiae*, 1572.

82  Polanus, *Analysis libelli prophetae Malachiae*, 56.

것이 아니라 믿도록 택하신 것이라는 교부의 가르침도 확인했다.[83] 교부적인 증언도 논적들의 설득에는 결코 충분하지 않다는 사실[84]을 알고 있는 폴라누스는 『신학총론』 안에서는 방대한 분량의 성경적 증언들을 제시한다.

폴라누스의 논적들은 에베소서 1장에서 우리의 선택이 그리스도 안에서 이루어진 것이라는 구절의 의미가 "믿음을 통하지"(*per fidem*) 않고서는 그리스도 안에 거할 수 없기 때문에 우리의 예정에 믿음이 고려된 것이라고 주장한다. 그들은 하나님께서 "그리스도를 통하여 우리를 축복하신 것은 그를 통하여, 즉 그에 대한 믿음을 통하여 우리를 선택하신 것과 같다"는 테오필렉투스의 에베소서 1장 4절 주석을 교부적인 근거로 제시한다.[85] 이에 대해 폴라누스는 요한복음 6장 37절과 사도행전 13장 48절에 근거하여 에베소서 1장 4절에 대한 교부의 오석을 지적하며 반박한다. 즉 거기에서 바울이 의도한 것은 "하나님께서 그를 통하여(*per ipsum*)가 아니라 그 안에서(*in ipso*) 우리를 택하신 것이라"는 교훈이다.[86] 동일한 구절에 대한 아타나시우스의 해석도 소개한다. 즉 "우리가 그리스도 안에서(*in Christo*) 택하심을 받은 것은 그가 우리의 선택과 모든 회복이 의존하는 토대이기 때문이다."[87] 교부도 신학적 오류를 저지른다. 그래서 바젤의 신학자는 성경에 먼저 호소하고 그 다음에 교부의 오류를 교정할 다른 교부의 주장을 제시했다.

83  Polanus, *Syntagma theologiae*, 1581; idem, *Symphonia catholica*, 145; Augustine, *De praedestinatione sanctorum*, col.988: "*Non vos me elegistis, sed ego vos elegi; nec fides ipsa praecedit. Non enim quia credidimus, sed ut credamus elegit nos: ne priores eum elegisse dicamur, falsumque sit*"

84  Polanus, *Syntagma theologiae*, 1581.

85  Polanus, *Syntagma theologiae*, 1585−1586; Theophylactus, *Expositio ad Ephesios*, in *PG* 124, cols. 1035−1036.

86  Polanus, *Syntagma theologiae*, 1586.

87  Polanus, *Syntagma theologiae*, 1587; Athanasius, *Orationes adversus Arianos*, in *PG* 26, cols. 451−452.

폴라누스는 영원한 유기의 가르침에 대해서도 언급한다. 유기의 작정은 존재한다. 이러한 주장의 근거로서 폴라누스는 다양한 성경 본문들을 제시한다. 마태복음 1장 21절은 예수의 성육신이 자기 백성의 죄를 해결하기 위한 것이라고 말하기 때문에, 그의 백성이 아닌 자들의 죄는 해결되지 않고 그들은 결국 영원히 버려짐을 암시한다. 요한복음 6장 37절은 성부께서 예수에게 주시고 보내신 자들이 있다는 사실에서 주시지 않고 보내시지 않은 사람들이 있음을 암시한다. 요한복음 10장 26절에서 예수는 자신의 양이 아니라고 말한 사람들이 있고 그들은 자신의 음성을 듣지 않으며 따르지도 않는다는 사실에서, 우리는 그들이 버려진 자들임을 확인한다. 요한복음 17장 20절에서는 예수께서 기도한 사람들이 믿는 자들로 국한되어 있음을 볼 때, 그렇지 않은 자들은 유기된 자들임에 분명하다.[88]

유기의 원인에 대해서도 그는 주목한다. 그는 유기의 원인을 "주된 유효적" 원인과 "구동적인 유효적" 원인으로 구분한다.[89] 전자는 하나님 자신이고, 후자는 하나님의 영원한 기뻐하심 혹은 자유로운 의지이다.[90] 죄를 유기의 유효적 원인으로 보는 관점을 그는 거부한다. 로마서 9장 11절은 유기의 작정이 선이나 악을 행하기도 전에 이루어진 일이기 때문에 죄가 결코 유기의 원인일 수 없다고 가르친다. 만약 죄를 유기의 원인으로 본다면, 결국 하나님의 영원한 작정은 인간의 어떠함에 의존한 것이라는 이상한 결론에 도달하게 된다. 이것은 다시 선행을 선택의 원인으로 여겨야 한다는 논리적 귀결로 이어진다.[91] 죄를 유기의 원인으로 삼는다면, 죄의

---

88  Polanus, *Syntagma theologiae*, 1609-1610.

89  For the meaning of *causa efficiens et impellens*, see Polanus, *Logicae*, 5: "*Causa efficiens, est a qua aliquid est*"; *ibid.*, 16: "*causa impellens, est quae incitat & movet ad agendum aliquid*."

90  Polanus, *Syntagma theologiae*, 1614-1617: "*Causa ejus efficiens principalis est Deus: is enim est qui reprobavit eos, quotquot non sunt electi ad vitam aeternam; & qui destinavit ad sempiternum interitum omnes quotquot damnabuntur propter peccata...Vera atque unica causa impellens propter quam decretum reprobationis factum, est aeternum beneplacitum seu voluntas Dei libera.*"

91  Polanus, *Syntagma theologiae*, 1616; Augustine, *De diversis quaestionibus ad Simplicianum*, in *PL* 40, cols.115-116.

종류가 어떠한 것이든 심각한 문제에 봉착한다. 만약 원죄를 유기의 원인으로 삼는다면 모든 인류가 유기의 대상이 될 것이고, 실질적인 죄를 유기의 원인으로 삼는다면 사생아는 무조건 유기되지 않은 자라는 결론에 도달한다.[92]

나아가 폴라누스는 유기의 신적인 작정이 죄의 원인이 아니라는 점을 강조한다.[93] 만약 유기가 죄의 원인이면 하나님은 죄의 저자로 간주되기 때문이다. "이는 원인의 원인인 것도 또한 초래된 것의 원인이기 때문이다"(*quod enim est causa causae, est etiam causa causati*).[94] 같은 맥락에서 그는 영원한 죽음으로 정죄되는 것 혹은 영원한 죽음 자체는 유기의 결과가 아니라 죄의 삯(*quae peccati est stipendium*)이라는 사실을 지적한다.[95] 물론 모든 원인은 선행하는 것이고 유기는 정죄에 선행하는 것이 사실이다. 그러나 "선행하는 모든 것이 원인인 것은 아니라"(*non omne antecedens est causa*)고 그는 논증한다. 그리고 결과는 뒤따르는 것이며 정죄는 유기에 뒤따르는 것이라는 주장은 합당하다. 그러나 "뒤따르는 모든 것이 결과인 것은 아니라"(*non omne consequens est effectus*)고 그는 설명한다.[96]

이상에서 살펴본 것처럼 폴라누스 예정론은, 최대한 성경의 증언은 존중하고 정통적인 교부들의 견해를 존중하되 성경과의 일치 속에서만 그들의 견해를 수용하는 절충적인 태도를 잘 보여 주고 있다. 후택설과 전택설의 관점에서 그의 예정론을 보면, 초기에는 후택설적 경향이 강하고 후기에는 전택설적 경향이 농후하다. 예정의 원인에 대해서는 그 시대의 개혁파 인물들이 가진 보편적인 견해로서 예지된 신앙이나 불신도 아니고 선

---

92  Polanus, *Syntagma theologiae*, 1614–1617.
93  Polanus, *Syntagma theologiae*, 1618.
94  Polanus, *Syntagma theologiae*, 1619.
95  Polanus, *Syntagma theologiae*, 1619.
96  Polanus, *Syntagma theologiae*, 1619.

행이나 악행도 아니며 오직 하나님 자신의 기뻐하신 뜻 이외에는 다른 어떠한 원인도 없다는 입장이다. 예정의 목적은 하나님의 영광과 택자들의 구원이며, 목적과 수단에 대한 예정의 순서에 대해서는 의도와 실행의 역순 개념을 도입해서 이해한다. 이는 그 시대에 다수의 개혁파 인물들이 수용한 보편적인 개념이다.

# Chapter 08

# 정통주의 시대 예정론
## : 도르트 신조의 유기론

## 요약

이 장에서는 도르트 총회에서 확립된 유기론을 탐구한다. 하나님의 예정은 선택과 유기로 구성되어 있다. 선택은 하나님의 사랑을 나타내고 유기는 하나님의 정의를 나타낸다. 사랑과 정의는 하나님의 온전한 영광을 드러내고 지탱하는 두 기둥이다. 그런데 사람들은 선택을 좋아하고 유기는 싫어한다. 그래서 하나님의 신적인 정의에 대한 이해도 다소 빈약하다. 세상에는 빛과 어둠, 진리와 거짓, 행복과 불행, 사랑과 미움, 정의와 불의, 선과 악이라는 단짝을 통해 하나님의 영광은 더욱 선명하게 드러나고 인간은 하나님의 존재를 더욱 깊이 깨닫는다. 인간적인 관점으로 유발된 불쾌함 때문에 성경에 명시된 진리의 불편한 조각을 도려내는 것은 하나님에 대한 도전이다. 도르트 총회는 하나님의 유기를 다루었다. 이에 대한 항론파와 반항론파 입장이 갈라졌다. 이 장에서 나는 두 진영이 각각 정리한 도르트 총회의 회의록을 검토하며 차이점을 확인했다. 논리에 있어서 선택에 대한 입장 차와 다르지 않았으나 유기에 대한 그들의 부정적인 견해는 더 강하고 격렬했다. 유기론이 사람의 숨은 성향을 드러내었다.

## 서론

보편주의 구원론을 주장하는 철학 교수 탤벗(Thomas Talbott)은 개혁주의 예정론, 특별히 유기론을 승인하는 자들이 필히 하나님께 "사탄적인 특성들"(Satanic qualities)을 부여하고 하늘의 아버지와 사탄 자신을 혼동하게 될 것이라는 도발적인 억견을 그것도 유력한 개혁주의 저널에서 표명했다.[1] 보다 이른 시기에 바르트는 유사한 맥락에서 은혜의 선택에 대한 과도한 수용으로, 그리스도 안에 나타난 하나님의 은혜를 간과했던 칼뱅보다 도르트 총회가 보다 무자비한 예정론을 펼쳤다며 불편한 심기를 드러냈다.[2] 이러한 분들에게 유기론은 불편하고 거북했다. 대체로 유기론은 '무자비한' '사탄적' 주장으로 여겨지기 일수였다.

이는 이미 17세기 초반에 개혁주의 예정론을 거부했던 네덜란드 '항론파'(the Remonstrants)에 의해 고개를 내밀었던 현상이다. 특별히 유기론에 대한 세간의 거북한 반응을 정확히 간파하고 있었던 에피스코피우스(S. Episcopius, 1583~1643)와 우텐보하르트(Johannes Wtenbogaert, 1557~1644)를 필두로 한 항론파는 도르트 총회가 시작된 이후 자신들의 입장을 변증할 기회가 주어진 22번째 회합에서 선택보다 유기에 대한 이슈를 먼저 다루자고

---

* 이 장은 "도르트의 유기론," 「장로교회와 신학」 11 (2014), 260-281에 게재된 논문이다.

1 Thomas Talbott, "On Predestination, Reprobation, and the Love of God," *The Reformed Journal* 33 (February 1983): 11. 탤벗의 주장은 이후에 존 파이퍼에 의해 반박된다.

2 Karl Barth, *Church Dogmatics, The Doctrine of God*, Vol. 2, part 2 , trans. G. W. Bromiley et al., ed. G. W. Bromiley and T. F. Torrance (Edinburgh: T. & T. Clark, 1957), p. 111.

제안했다.[3] 이는 하나님의 전적인 주권과 은혜로 여겨지는 선택보다 거북하고 무자비한 유기가 먼저 사려되면, 청중은 반박의 무장을 해제하고 자신들의 입장에 수용적인 태도를 취하게 될 것이라는 기대감 때문에 만들어진 의도적인 제안이다. 실제로 청중의 혐오감을 자극하기 위해서는 선택이 아니라 유기를 논박의 전면에 내세우는 것이 그들에게 여러모로 유리했을 것임은 분명하다. 그러나 이들의 제안은 수용되지 않았다고 한다.

그러자 항론파는 단호한 거부를 표명한 도르트 총회의 의장 보허만 (Johannes Bogerman, 1576~1637)이 유기를 "불쾌한 주제"(*odiosa materia*)로 여겼다는 불만을 표출하며, 보허만의 기호와는 달리 유기가 반드시 다루어야 하는 주제라는 당위성의 몇 가지 이유를 열거했다. 첫째, 선택에서 보여진 하나님의 자비만큼 유기에서 선언된 하나님의 깊으시는 공의를 올바르게 생각하고 말하고 작성하는 것도 하나님의 영광을 위하는 것이기 때문이다. 둘째, 유기의 작정에서 가장 유효하게 증거되는 "위협"은 특별히 값없는 선택의 교리가 남용되는 시대에 인간으로 하여금 죄를 억제하게 만드는 장치로서 선택에서 오는 "위로"에 버금가는 유용성과 필요성을 가졌기 때문이다. 셋째, 유기론이 생략되면 예정론은 온전하지 못하고 반토막 작정으로 훼손될 수 있기 때문이다. 칼뱅을 비롯한 가장 탁월한 개혁파 인물들의 예정론은 언제나 유기론을 포함하고 있다는 사실도 항론파는 중요한 근거로 제시한다. 넷째, 유기론과 그와 관련된 이슈들에 있어서 하나님을 모독하는 "끔찍한 주장들"(*horridarum assertionum*)이 난무하고 있는 작금의 상황을 침묵할 수 없다는 이유도 제시한다.[4] 게다가 도르트 총회에 소환

---

3 Cf. *Acta Synodi nationalis* (Dortrechti : Typis Isaaci Joannidis CaninI & Sociorum, 1620), I: 52–62; Samuel Muller, "An Introductory Essay," in Thomas Scott, *The Articles of the Synod of Dort* (Philadelphia: Presbyterian Board of Publication, 1856), 27; S. Vandergugten "The Arminian Controversy and the Synod of Dort," *Clarion* 37/19–20 (Sept., 1989), 16–30.

4 *Acta et Scripta Synodalia Dordracena* (Antwerpen, 1620), I: 78–80. 항론파에 의해 작성된 이 도르트 총회의 회의록은 반항론파 진영의 총회 회의록이 자신들의 견해를 상당 부분 누락했기 때문에 출간된 것이라고 항론파는 주장한다.

된 항론파의 대변인 역할을 한 에피스코피우스는 선택론에 대해 '큰' 문제점을 발견하지 못했지만, 자신들을 "가장 격분하게 만드는 원인"(*potissimum calceus*)은 "하나님께서 당신의 엄격과 자유의 영광을 위해 절대적인 무조건적 작정을 통하여 인류의 대부분을 영원한 멸망으로 유기하셨다."라고 하는 유기론에 있다고 역설했다.[5]

유기론 논의에 대한 항론파의 이런 집요함과 도르트 총회의 의식적인 견제에서, 우리는 유기가 어쩌면 선택보다 항론파와 반항론파 사이에 논쟁의 대립각이 더 예리하게 세워진 사안일지 모른다는 가능성을 확인하게 된다. 나아가 유기론은 하나님을 죄의 저자로 만든다는 주장과도 맞물린 사안이기 때문에 양측이 보다 민감하게 반응할 소지가 강한 것도 사실이다. 따라서 이 장에서는 유기론에 대한 항론파와 반항론파 주장이 각각어떤 것이었고, 개혁신학 반대자로 하여금 지속적인 '혐오감'과 '거부감'을 촉발시킨 유기론에 대한 도르트 총회의 입장을 살피되, 도르트 신조가 작성되기 전까지의 과정적인 논의와 도르트 총회의 총대들로 활약했던 인물들 및 노회들의 입장도 간략히 짚어 본 이후에, 도르트 신조의 유기론을 정리하려 한다.

## 본론

### 도르트 총회 이전의 유기론 논쟁

유기론에 대해 항론파가 "끔찍한" 것이라고 생각했던 주장들은 우텐보

---

5　*Praestantium ac eruditorum virorum epistolae ecclesiasticae et theologicae* (Amsterdam, 1684), 521: "*Non laboramus adeo de Electione, sed potissimum nos calceus urget circa Reprobationis doctrinam, quod nempe dicitur: Deum maximum hominum partem absoluto & inconditionato decreto ad aeternum exitium reprobasse, ad gloriam severitatis & libertatis suae.*"

하르트의 지도하에 작성된 1610년 항론서(*Remonstrantie*)[6]에 나타난 것처럼 두 가지로 정리된다.

1. (어떤 이들이 말하는 것처럼) 하나님은 영원하고 불변적인 작정을 따라 창조되지 않은 사람들, 타락한 것은 더더욱 아닌 사람들 중에서 일부는 영원한 생명으로 일부는 영원한 멸망으로 정하시되 그들의 의나 죄, 순종이나 불순종에 대한 어떠한 고려도 없이 그저 그렇게 하는 것이 하나님께 기쁨이 되기 때문에, 그의 공의와 자비의 영광 혹은 (다른 이들이 말하듯이) 그의 구원적인 은혜와 지혜와 자유로운 능력을 보이기 위해 정했으며, 그리고 이러한 목적을 위해 하나님은 동일하게 영원하고 불변적인 작정을 따라 그런 정하심의 실행을 돕는 수단들을 정하시되, 그런 수단들에 의하여 구원으로 정해진 사람들은 필연적으로 불가피하게 구원을 받아야만 하고 잃어버릴 수 없으며 정죄로 정해진 (대다수가 여기에 해당되는) 사람들은 필연적으로 불가피하게 정죄되고 구원에 이를 수 없다는 것. 2. (다른 이들이 가르치는 것처럼) 영원부터 하나님은 자신 안에서 어떤 사람들을 선택하고 나머지를 유기하는 작정을 하시고자 하실 때, [작정의 대상인] 인류를 창조된 존재일 뿐만 아니라 우리의 첫 번째 조상들인 아담과 하와 안에서 타락하여 결국 저주가 합당하게 된 자로 여기셨고, 이 타락과 저주에서 하나님은 자신의 자비를 보이시기 위해 당신의 자비를 따라 일부를 해방시켜 주시고 구원해 주시기로 정하셨고, 자신의 공의를 선포하기 위해 당신의 의로운 심판을 따라 일부를 저주 속에 내버려 두시고자 하셨으며, 이는 모두 전자의 회심과 신앙 혹은 후자의 회개치 않음과 불신에 대한 어떠한 고려도 없이 이루어진 것이며, 이 작정의 실행을 위해 하나님은

---

6    이 항론서의 화란어 원문은 다음을 참조하라. G. J. Hoenderdaal, "*Remonstrantie en Contraremonstrantie*," in *Nederlands Archief voor Kerkgeschiedenis* 51 (1970-71), 49-96. 이 문서를 작성한 인물들은 I. Wtenbogaert, Adrianus Borrius, Eduardus Poppius, Nicolaus Grevinchovius, Iohannes Arnoldus, Simon Episcopius이다.

택자들이 필연적으로 반드시 구원을 받고 유기자들은 필연적으로 반드시 망하게 만드실 수단들을 쓰신다는 것.[7]

이러한 개혁주의 예정론의 전택설과 후택설 입장에 반대하는 항론파 자신들의 핵심적인 논지는 다음과 같이 정리된다.

하나님은 영원하고 불변적인 작정을 따라 세상의 기초가 세워지기 전에 그리스도 안에서 작정하시되, 타락하고 죄악된 인류 가운데서 성령의 은혜를 통하여 그의 아들 예수를 믿고 동일한 은혜를 통하여 이 믿음과 믿음의 순종에 끝까지 머무는 자들을 그리스도 안에서, 그리스도를 위하여, 그리스도를 통하여 구원하실 것을 정하셨고, 다른 한편으로 완고하고 불신적인 자들*(de onbekeerlijcke ende ongelovige)*은 죄와 진노 아래에 내버려 두시고*(te laten)* 그들을

---

7  G. J. Hoenderdaal, *"Remonstrantie en Contraremonstrantie,"* 72-73: *"I. Dat Godt (soo eenighe segghen) door een eewich ende onveranderlijck besluyt, uyt den Menschen, die hy niet als gheschapen, veelmin als ghevallen, heeft aenghesien, sommighe ten eewighen leven, sommige ter eeuwigher verderfenisse heeft gheordineert, sonder eenighe aenmerckinghe van gerechticheyt, of sonde, gehoorsaemheyt, of ongehoorsaemheyt, alleen om dattet hem alsoo ghelieft heeft, om de heerlijckheyt sijnder rechtveerdicheydt, ende barmherticheyt, ofte (soo andere het stellen) sijner salichmaeckende ghenade, wijsheyt, ende vrije macht te bethoonen, hebbende daer toe oock verordinnert middelen, dienstich tot uytvoeringhe vande selve, mede deur een eeuwich onveranderlijck besluyt, uyt cracht vande welcke, die persoonen die ter salicheyt verordineert zijn, nootsaeckelijck ende onmijdelijck moeten salich worden, ende niet connen verlooren gaen: ende die ter verdoemenisse verordineert zijn (wesende verre het meeste deel) nootsaeckelijk, ende onmijdelijck moeten verdoemt wroden, ende niet connen salich worden. II. Dat Godt (soo andere leeren) willende van eeuwicheyt by sich selven een besluyt maecken, omme sommighe Menschen te verkiesen, ende andere te verwerpen, heeft het Menschelijck geslachte aenghesien, niet alleenlijck als gheschapen, maer oock als ghevallen, ende verdorven in Adam ende Eva, onse eerste voor-ouders, ende oversulcx de vermaledijdinghe weerdich: uyt verlossen, ende salich te maecken door sijne ghenade, tot betooninghe sijner barmherticheyt: ende d'andere, soo wel jonck, als oudt, jae selfs zijn, in haer kindtsheydt stervende, inde vermaledijdinghe, door sijn rechtweerdich oordeel te laten blijven, tot verclaringhe sijnder rechtveerdicheydt, ende dat sonder eenighe aenmerckinghe van bekkeringhe, ende gheloove inden eenen, ofte onbekeerlijckeydt ende onghelooue inden anderen. Tot uytvoeringhe van welck besluyt, Godt mede ghebruyckt soodanighe midddelen, door de welcke de vercorene nootsaeckelijck ende monijdelijck salich worden, ende de verworpene nootsaeckelijck ende onmidelijck verlooren gaen."* 1번은 타락 전 선택설에 대한 지적이고 2번은 타락 후 선택설에 대한 지적이다. 이 내용은 아르미니우스의 개혁주의 예정론 비판을 그대로 옮긴 것으로 보인다. Jacobus Arminius, *Declaratio sententiae de predestinatione*, in *Opera theologica* (Lugduni Batavorum: Apud Godefridum Basson, 1629), 100쪽을 참조하라.

그리스도에게서 떠나간 자들로 정죄하실 것을 정하셨다. 이는 요한복음 3장 36절에 나오는 복음의 말씀, 즉 "아들을 믿는 자에게는 영생이 있고 아들에게 순종하지 아니하는 자는 영생을 보지 못하고 도리어 하나님의 진노가 그 위에 머물러 있느니라" 및 다른 성경 구절들에 근거한다.[8]

여기에서 우리는 항론파가 비록 전택설과 후택설을 버리기는 하였으나 예정론 자체를 버리지는 않았고, 비록 유기라는 용어를 사용하진 않았지만 유기의 내용은 보존하고 있음을 확인한다. 그러나 항론파의 선택론은 신앙과 신앙의 견인을 선택의 조건으로 삼았고, 항론파의 유기론은 돌이키지 않는다는 완고함과 믿지 않는다는 불신앙을 유기의 원인으로 명시하고 있어서 조건적 예정론과 다르지가 않다. 반항론파 진영은 이런 문제를 다루기 위해 1611년에 헤이그 회담[9]을 개최했다. 그들은 항론파의 입장이 애매하고 미심쩍어 보인다고 지적하며, 선택과 관련하여 신앙은 "구원에 이르는 선택의 선행적인 조건"(*conditionem electionis ad salutem praecedaneam*)이 아니라 "선택에서 비롯된 열매이며 선택에 후행하는 것"(*fructum ex ea*

---

8    G. J. Hoenderdaal, "Remonstrantie en Contraremonstrantie," 74: "Dat Godt door een eeuwich, onveranderlijck desluyt, in Jesu Christo, sijnen Soone, eer des Werelts grondt gheleyt was, besloten heeft, uyt het ghevallene sondighe Menschelijck gheslacht, die ghene in Christo, om Christi wille, ende door Christum salich te maecken, die door de ghenade des heylighen Gheestes, inden selven sijnen Soone Jesum ghelooven, ende inden selven gheloove, ende ghehoorsaemheyt des gheloofs, door de selve ghenade, totten eynde toe volherden souden: ende daertegens, de onbekeerlijcke ende ongelovige inde sonde, ende onder den toorne te laten, ende te verdoemen, als vreemt van Christo: naer t'woordt des H. Euangelij by Johannem 3,36, "Wie inden Sone ghelooft, die heeft het eeuwighe leven: ende wie den Soone ongehoorsaem is, die en sal het leven niet sien, maer den toorne Gods blyft op hem," ende andere plaetsen der Schrifturen meer."

9    헤이그 회합에서 제출된 반항론파 문서의 화란어 판본을 구하지 못하여 1615년에 라틴어로 번역된 판본 *Collatio scripto habita Hagae...1611*, translated into Latin by Henricus Brandius (Middelburg, 1615)을 사용한다. 이 문서를 작성한 인물들은 Ruardus Acronius, Iohannes Bogardus, Iohannes Becius, Petrus Plancius, Libertus Fraxinus, Festus Hommius이다. Cf. *Collatio scripto habita Hagae...1611*, 37. 그리고 1611년 헤이그 회합의 유기론에 대한 논쟁에 대해서는 A. D. R. Polman, "De Leer der Verwerping van Eeuwigheid op de Haagse Conferentie van 1611," in R. Schippers, et al., *Ex Auditu Verbi* (Kampen, 1965), 176–193쪽을 참조하라.

*prodeuntem, & illam consequentem*)임을 명시했다.[10] 나아가 유기가 없는 혹은 버림이 없는 선택은 없다는 사실을 지적하며 유기에 대해서도 같은 맥락에서 이해하려 했다. 유기의 필연성에 대해서는 하나님의 자비를 나타내기 위해 선택이 필연적인 것처럼 하나님의 공의를 나타내기 위해 유기는 필연적인 것임을 표명했다.[11] 그리고 선택이든 유기이든 하나님의 기뻐하심 이외에는 다른 어떠한 원인도 없다는 점을 분명히 밝혔다.

이에 항론파는 하나님이 "일부의 사람들을 간과하며"(*praeteritis alijs*) 일부의 사람들을 선택하신 "유일한 원인"(*causam unicam*)이 "하나님의 순전한 은택과 은혜"(*Dei benevolentiam & meram gratiam*)에 있다는 반항론파 주장을 반박하며, 만약 그들의 주장이 옳다면 "하나님이 일부의 사람들을 선택하지 않으신 원인도 하나님의 기뻐하심 안에 있다"(*causam decreti Dei de quibusdam non eligentis etiam in Dei beneplacito constituunt*)는 것인데 이는 명백한 오류라고 지적한다. 오류의 이유를 말하면서 항론파는 "나는 죽을 자의 죽음을 기뻐하지 않는다"는 에스겔서 18장 32절을 인용하며, 하나님이 어떤 자들을 선택하지 않는 것도 "전적인 은혜"(*mera gratia*)이며 유기자의 사망은 "비선택 혹은 선택하지 않으심"(*non electione seu non eligendo*)의 필연적인 결과이기 때문에 그렇게 많은 유기자가 죽는 것도 은혜라고 주장할 수밖에 없고 그런 식으로 하나님을 잔혹한 신으로 왜곡하는 것인데 이것이 어떻게 성경적인 주장일 수 있느냐며 반박한다.[12] 이는 죽음이 진노의 결과라는 사실을 무시하고 "은혜를 죽음의 원인으로, 엄격함을 자비로 둔갑시킨 것"이라는 지적으로 반항론파 입장을 냉소했다. 나아가 유기자는 자신이 "하나님의 영광의 수단"(*instrumenta gloriae Dei*)으로 쓰였다는 것과 자신을 "지옥으로 몰고간

---

10    *Collatio scripto habita Hagae...1611*, 47, 87.

11    *Collatio scripto habita Hagae...1611*, 53-54: "*doctrina de Reprobatione tam est necessaria ad ostendendam Dei justitiam, quam de electione ad ostendandam ejus misericordiam.*"

12    *Collatio scripto habita Hagae...1611*, 107.

것"(quod ad inferos detruduntur)에 대해 하나님께 감사까지 드려야 한다는 것은 '황당한 오류'라고 꼬집었다.[13]

항론파는 유기의 원인이 '어떤 사람들이 믿지 않을 것'이라는 하나님의 예지가 아니기에 "불신앙은 유기의 원인이 아니다"(infidelitatem non esse causam reprobationis)는 것이 자기들의 주장인 것처럼 들려오는 소문에 불쾌함을 표명한다. 만약 이 소문의 내용이 참이라고 한다면 "하나님은 완고함과 불신앙에 대한 어떠한 고려도 없이 일부의 사람들을 저주 속에 내버려 두시고자 하셨다"(Deum aliquos voluisse in maledictione relinquere nullo habito respectu impoenitentiae & infidelitatis)는 반항론파 입장과 자신들의 견해가 다르지 않을 것이기 때문이다.[14] 그래서 그들은 불신앙을 유기의 열매로 여기고 신앙을 선택의 열매로 이해하는 반항론파 입장과는 다르다는 자신들의 입장을 분명히 밝히면서 결론지어 말하기를, 1) 우리(항론파)는 하나님이 일부의 사람들을 간과하며(praeteritis) 다른 일부의 사람들은 택하기로(eligere) 작정하신 것을 고백하고, 2) 일부의 사람들을 구원으로 선택하신 이유는 믿음이 아니라 "오직 하나님의 기뻐하심, 은혜, 전적으로 순전한 은혜"라고 고백한다.[15] 그러나 유기에 대해서는 그 원인이 하나님의 기뻐하심 혹은 전적인 은혜일 수 없음을 강조한다.

여기에서 항론파는 비록 믿음이 선택의 원인은 아니라고 말하지만 믿음이 순서에 있어서 선택의 작정에 뒤따르는 것이라는 반항론파 입장을 그들은 분명히 거부하고 있다.[16] 같은 논리가 유기론에 있어서도 동원된다. 즉 그들은 불신앙을 유기의 원인이 아니라고 주장할지 모르지만 그들

---

13   *Collatio scripto habita Hagae...1611*, 107.

14   *Collatio scripto habita Hagae...1611*, 108.

15   *Collatio scripto habita Hagae...1611*, 109: "1. *fateri nos Deum aliquos, alijs praeteritis, decrevisse eligere. 2. Causam cur aliquem ad salutem eligit, non esse fidem, sed solum Dei beneplacitum, gratiam, imo meram gratiam.*"

16   *Collatio scripto habita Hagae...1611*, 127-128.

은 유기자가 유기되기 위해서는 먼저 신앙이 없는 자로 간주되지 않으면 안된다고 강변한다.[17] 만약 불신앙이 유기에서 비롯되는 것이라고 한다면 네 가지의 불합리한 오류가 생긴다고 주장한다. 첫째, 하나님은 유기자를 "공의롭게"(*juste*) 그들의 불신앙 때문에 멸하실 수는 없을 것인데, 그럼에도 불구하고 "유기의 필연적인 결과로서 나타난 어떤 것 때문에 일부 사람들을 파멸하는 것"은 "극도의 부당함"(*summa injuria*)일 수밖에 없다는 것이다.[18] 여기에서 항론파는 불신앙이 유기에서 귀결되지 않는다고 말하든지 아니면 하나님이 불의하신 분이라고 말해야 한다는 결론을 뽑아낸다. 둘째, 하나님은 행하실 수 없는 것을 행하시려 하지 않는다는 명제를 내세운다. 그리고 하나님은 유기에서 비롯된 불신앙을 이유로 어떤 사람을 멸하실 수는 없으시기 때문에 유기의 방식으로 어떤 사람을 멸하시려 하지 않는다는 논리를 펼치면서, 결국 어떠한 종류의 유기도 복음과 상충될 수밖에 없다는 결론을 도출한다. 셋째, 불신앙이 유기에서 비롯된 것이라면 하나님은 유기된 자들에게 믿음을 요구하실 수 없으시고 구원으로 부르시고 초청하는 일도 불가함을 지적한다. 넷째, 불신앙이 유기의 작정에서 나온 것이라면 하나님은 유기의 대상으로 창조될 사람들 혹은 창조된 자들로서 순수한 상태에 있었던 자들 혹은 원죄에 빠져 타락한 자들을 사려했을 것인데, 어떠한 경우도 합당하지 않다고 주장한다. 그러므로 불신앙은 유기에 앞선다고 주장한다. 그리고 이러한 주장은 "성경과 더불어"(*cum Sacra Scriptura*) 성립된 것이라고 항론파는 항변한다.[19]

---

17  *Collatio scripto habita Hagae...1611*, 128: "Quoad alterum fratres Contraremonstrantes coguntus tueri, infidelitatem in Dei consilio & decreto reprobationis non praecedere, sed sequi, ita ut reprobi sint reprobati, priusquam considerantur, qua infideles."

18  *Collatio scripto habita Hagae...1611*, 129.

19  *Collatio scripto habita Hagae...1611*, 129: "Si infidelitas ex Reprobatione in exitium sequitur, non potest Deus reprobatitios propter infidelitatem juste perdere: est enim summa injuria aliquem perdere ob aliquid, qoud ex Reprobatione (puro puto Dei opere) necessario sequitur. Atqui Deus docet Euangelio se aliquos perditurum propter infidelitatem. Sequitur ergo vel infidelitatem ex Reprobatione non sequi, aut Deum (quod absit) esse injustum. 2. Quod Deus non potest facere,

유기론에 대한 항론파의 진의를 보다 정교하게 파악하기 위해서는 도르트 총회에서 항론파의 대변인 역할을 했던 에피스코피우스의 유기론을 살펴보는 것이 유익하다. 그는 1618년에 출간된『신학논박 집성』(Collegium Disputationum theologicarum)에서 유기론에 대한 세 가지의 논지를 전개한다. 첫째, 하나님은 죄를 공로적인 원인(meritoriae causae)으로 고려함 없이 오직 자신의 선택적인 의지를 따라 유기하신 사람은 하나도 없으며, 죄에 대한 고려도 없이 누군가를 영원한 고통으로 운명짓지 않았다는 것은 더더욱 분명하다. 둘째, 하나님은 누구도 원죄에만 근거해서 영원한 형벌로 버리거나 정하시지 않았다. 셋째, 하나님은 구원을 제공하는 충분한 은혜를 어떤 이에게도 자신의 절대적인 뜻을 따라서 베푸시길 거부하는 결정을 내리시지 않으셨다.[20] 그런데도 만약 인간이 죄를 짓고 타락하는 것이 필연적인 것이라고 한다면 이것은 하나님께 참으로 "불경스런 부당함"(injuriam blasphemam)을 돌리는 일이라고 주장한다.[21]

non vult illud facere: uti enim prior justitia est in voluntate, altera actu ipso, item & injustitia prior est in voluntate, altera ipso actu. Atqui Deus non potest (justa Evangelium) ullum propter infidelitatem, quae ex tali reprobatione sequitur, perdere: Ergo neque voluit ullum eo modo perdere, & per consequens nulla est ejusmodi reprobatio, quae non pugnet cum Evangelio. 3. Si infidelitas ex reprobatione sequitur, Deus non potest a reprobatitijs fidem postulare, neq; ijs salute serio offerre, sed tantum (quod absit) simulate: nam ea est simulatio aliquem ad fidem & salute vocare atque invitare, qui jam ante per reprobationis decretum ab utraque absolute est segregatus: Atqui apud Deum non est simulatio, ita que & ejusmodi reprobatio vana. 4. Si infidelitas ad Reprobationis decretum sequitur, Deus respexit reprobatitios in consilio reprobationis ad interitum vel qua creabiles, vel qua creatos in statu integritatis, vel qua lapsos in peccatum originale: Sed haec omnia sunt falsa: ergo infidelitas non sequitur ad decretum reprobationis, sed praecedit illud. Et hoc sentimus nos cum Sacra Scriptura."

20  Simon Episcopius, "Disputatio ix. Appendix de Reprobatione," in Opera Theologica (Roterdam, 1665), 449: "Thesis I. Deus neminem mortalium, mero voluntatis suae arbitrio, absque respectu peccati tanquam meritoriae causae, reprobavit; nedum ut quempiam aeternis cruciatibus sine ejus intuitu destinaverit. II. Deus neminem ob solum peccatum originale rejecit, aut aeternis poenis destinavit. III. Deus nemini mortalium sufficientem gratiam, cujus beneficio salutem aeternam consequi potest, negare absoluta voluntate constituit."

21  Simon Episcopius, "Disputatio ix. Appendix de Reprobatione," 448.

## 도르트 총회 이전의 노회들

에피스코피우스의 저술 이후, 도르트 총회가 있기 전 1618년 여름과 초가을에 다양한 지역 노회들이 열렸다. 당시 화란의 교회에는 반항론파 정서가 우세해서 대부분의 노회는 도르트 총회에 대체로 반항론파 진영의 입장에 공감하는 총대들을 보내었기 때문에 항론파의 진솔한 입장은 총회보다 오히려 지역 노회에서 보다 분명하게 확인된다. 특별히 겔더랜드 노회는 다섯 가지 조항들에 대한 항론파와 반항론파 사이의 일치와 불일치를 표명하는 중요한 문헌을 산출했다. 14가지의 일치와 11가지의 불일치 중에서 유기론과 관련된 것은 7가지 일치와 1가지 불일치다. 먼저 7가지의 합의점으로는 첫째, 하나님은 영원부터 사람들의 구원과 비구원 혹은 유기에 관하여 불변적인 작정을 행하셨다. 둘째, 작정에 있어서 하나님은 아담 안에서 타락하고 멸망에 처하게 된 사람들을 작정의 대상으로 여기셨다. 셋째, 끝까지 불신앙에 머무는 모든 자들은 유기되고 멸망한다. 넷째, 믿는 모든 부모들은 위로의 의미에서 유아기에 죽은 그들의 모든 자녀들이 선택을 받았고 구원될 것이라고 확신해도 된다. 다섯째, 모든 유기자는 공의롭게 유기된다. 여섯째, 작정에서 하나님은 죄의 개입과 죄에 대한 고려 없이는 누구도 멸망으로 정하지 않으신다. 일곱째, 하나님은 누구도 죄를 짓도록 강압하지 않으셨고 어떤 식으로도 죄의 원인 혹은 저자가 아니시다.

유기론에 있어서 항론파와 반항론파 사이의 유일한 불일치는 불신과 죄에의 머묾이 유기에 뒤따르는 결과냐는 문제와 관련되어 있다. 반항론파 입장은 여기에 긍정하고 항론파는 부정한다.[22] 항론파는 여기에서 신

---

22  J. Reitsma and S. van Veen, eds., *Acta der Provinciale en Particuliere Synoden: gehouden in de Noordelijke Nederlanden Gedurende de Jaren 1572-1620* (Groningen, 1895), IV: 289-291: "In den eersten articul, van de praedestinatie, sijn wij eens: 1. dat Godt van eewicheijt

앙과 불신앙이 선택과 유기의 원인은 아니지만 선택과 유기에 선행하는 조건이란 주장을 고수한다. 그러나 같은 기간에 이루어진 우트레히트 노회의 항론파는 인간의 예지된 실재적인 죄가 "그들의 실제적인 멸망만이 아니라 그들의 유기와 거절의 공로적인 원인"(de verdienende oorsake sijn niet alleen van hare dadelijcke verdoemenisse, maer oock van hare reprobatie ende verwerpinge)도 된다고 명시한다.[23]

항론파에 의한, 이런 선택에 대한 신앙의 선행성 혹은 유기에 대한 불신앙의 선행성 주장은 에베소서 1장 4절에 대한 항론파의 해석에 크게 의존하는 듯하다. 그들은 특별히 "ἐν αὐτῷ" 혹은 "ἐν Χριστῷ"라는 구절에서 "그리스도를 믿지 않아도 그리스도 안에 거할 수 있는 사람은 아무도 없다"(Certum est neminem in Christo esse posse, nisi qui in Christum credit)는 논지를 끌어낸다.[24] 즉 "ἐν αὐτῷ"라는 구절에는 신앙이 내재되어 있다는 주장이다. 이것이 바로 예정에 있어서 신앙과 불신앙의 선행성을 주장할 수밖에 없는 이유라고 한다. 하지만 반항론파 대표들은 "그 안에서 우리를 택정하사"

een onveranderlick besluijdt gemaeckt heeft aengaende die salicheijt ende onsalicheijt ofte verwerpinghe der menschen; 2. dat Godt int maecken deses besluijdts den mensche aengesien haeeft als gevallen in Adam ende liggende int verderff, ende dat niet indefinite alleeu maer oick definite dese ende ghene personen; 8. dat oick alle, die ten einde tho int ongelove volherden, verworpen sijn ende verdoemt sullen worden, ende dat niet alleen indefinite maer oick definite dese ende ghene personen; 10. dat alle gelovige ouders tot haeren troost seeckerlick moegen vertrouwen, dat alle haere kinderen, stervende in haere kintscheijt, der verkiesinge deelachtich sijn ende salich worden; 12. dat alle verworpene rechtveerdelick verworpen sijn; 13. dat Godt geen mensche in sijn besluijdt geschickt heeft ter verdoemenisse sonder tusschenkomen ende aensien haerer sonde; 14. dat Godt nijmandt tot die sonde nootsaeckt, oick geensins een oorsaecke ofte auteur der sonde is. Blijft int verschil:...9. Off het ongelove ende volherdinge in de sonde een consequens is, volgende nae de verwerpinge, waermede Godt eenigen menschen in haeren val ende verderff besloten heeft te laeten rechtveerdelick ende haer niet te geven die genade, die sij van nooden hadden om tot gelove ende boodtveerdicheijt gebracht te worden? D'eerste seggen: jae; de Remonstrantsgesiude: neen."

23  J. Reitsma and S. van Veen, eds., *Acta der Provinciale en Particuliere Synoden: gehouden in de Noordelijke Nederlanden Gedurende de Jaren 1572-1620* (Groningen, 1897), VI: 391. 항론파 내에서도 유기에 대한 신학적 입장의 다양성이 있음을 주목해야 한다. 그리고 항론파가 다수를 이루는 노회에서 보다 노골적인 입장을 드러내고 있다는 것은, 분위기에 따라 자신들의 본의 표출하는 것을 적당히 조절하고 있다는 것을 암시한다.

24  *Collatio scripto habita Hagae...1611*, 77.

구절을 다르게 해석한다. 즉 에베소서 1장 4절은 하나님께서 "그리스도 예수를 통하여"(*per Iesum Christum*) 우리에게 모든 신령한 은사들을 보내시는 문맥에서 등장하기 때문에 "ἐν αὐτῷ"는 "그를 통하여"(*per ipsum*)로 해석해야 한다고 주장한다. 나아가 우리가 "그를 통하여"(*per quem*) 구속을 얻는다는 에베소서 1장 7절의 "Ἐν ᾧ"도 동일한 방식으로 해석하며, 골로새서 1장 16절의 "ἐν αὐτῷ"도 "그를 통하여"(*per ipsum*) 만물이 창조된 것이라고 해석해야 한다는 문맥적 접근으로 항론파의 논지에 응수했다.[25]

특별히 주목할 것은 우트레히트 노회의 항론파가 유기론과 관련하여 다음과 같은 까다로운 사안들을 제시하며 반항론파 진영의 해명을 요구하고 나섰다는 사실이다. 첫째, 사람들은 자신의 원인 제공 없이 오직 하나님의 전적인 기뻐하심 때문에 영원한 사망으로 예정되기 때문에, 하나님은 자신의 예정에서 무고한 사람들을 멸망에 이르도록 한다는 것. 둘째, 하나님은 하고자 하시는 자들을 멸망으로 예정하실 뿐만 아니라 멸망의 원인에도 이르도록 예정을 하셨다는 것. 셋째, 하나님은 대다수의 사람들을 멸망과 멸망의 원인들에 이르도록 지으시되, 사람 안에서 발견되는 어떠한 원인이나 사람 안에서 미리 사려될 수 있는 어떤 원인에 의해서 멸망에 이르도록 하시지는 않았다는 것. 넷째, 인간의 멸망과 불신에 대한 최고의 주된 원인은 하나님의 유기라는 것. 다섯째, 유기자는 하나님의 작정에 의해 필히 죄를 짓도록 강요되고, 뉘우침의 기회도 없이 사망에 이르는 죄에 결박되고 만다는 것.[26]

---

25  *Collatio scripto habita Hagae...1611*, 77.

26  J. Reitsma and S. van Veen, eds., *Acta der Provinciale en Particuliere Synoden: gehouden in de Noordelijke Nederlanden Gedurende de Jaren 1572-1620* (Groningen, 1897), VI: 367–370: "I. *Quod homines puro tantum Dei beneplacito sine merito suo ad mortem aeternam sint praedestinati. Item quod innoxios (Deus) in sua praedestinatione condemnet...*III. *Quod Deus eos, quos voluit, non modo ad damnationem sed etiam ad caussas damnationis praedestinaverit.* IV. *Quod (Deus) longe maximam hominum partem ad damnationem et caussas illius creaverit nec tamen motus fuerit ad id faciendum ulla in homine existente causa aut quae in eo ante considerari potuerit.* V. *Quod summa praecipuaque damnationis et incredulitatis hominis causa sit Dei reprobatio...*X. *Quod*

이상의 사안들에 대해 반항론파 진영은 충실하게 반응하지 않은 듯하다. 반항론파 진영의 이러한 태도는 도르트 총회 당시에도 그대로 나타났다. 도르트 총회는 항론파가 반항론파 진영의 정통적인 입장에 의문을 제기하는 것이 허용되지 않고 오히려 자기들의 입장이 성경과 벨직 고백서와 하이델베르크 교리문답의 대의에 비추어 아무런 문제가 없는지에 대해 입증해야 하는 처지임을 상기시켜 주는 것으로 답변을 가름했다. 그렇다고 해서 도르트 총회가 항론파에게서 자신들의 입장을 "자유롭게 개진하고 설명하고 변론해도 되는"(*libere proponant, explicnt, & defendant*) 권한을 박탈할 것은 결코 아니었다.[27]

그럼에도 불구하고 항론파는 도르트 총회에서 유기론을 다루지 않는다면 자신들의 입장을 "자유롭게 개진하고 설명하고 변론하는" 것이 가능하지 않다고 생각하여 선택론과 동일한 비중으로 유기론을 다루어야 한다고 목소리를 높였으며, 급기야 유기론에 대한 논의가 선택론 논의보다 선행해야 한다는 제안까지 했다. 이에 대하여 총회는 선택론도 다루고 유기론도 다룰 것이지만, 사물의 이치와 교리의 본질과 사도들의 범례와 모든 신학자의 습관을 따라 선택을 유기보다 먼저 다룬다는 입장을 표명하며, 논의의 순서에 관한 항론파의 제안을 거절했다.[28] 도르트 총회에는 이렇게 순서와 사안의 선정에 있어서도 적잖은 긴장이 감돌았다.

---

    *reprobi decreto Dei inevitabiliter ad peccatum necessitantur, etiam constringuntur ad peccandum sine poenitentia et ad mortem.*"

**27**   *Acta Synodi nationalis* (Dort: Elzevir, 1620), 19.

**28**   *Acta Synodi nationalis*, 137.

# 도르트 총회에서 이루어진 유기론 논쟁

## 항론파의 입장

항론파는 도르트 총회의 요청에 따라 세 가지의 문서, 즉 의견서 (*Sententia*), 설명서(*Declaratio*), 변증서(*Defensio*)를 총회에 제출했다. 먼저 '의 견서'에 표명된 항론파의 유기론은 다음과 같이 요약된다. 첫째, 제1항에 서 창조를 작정하기 전에 그리고 "선행적인 불순종"(*inobedientiae antecedentis*) 에 대한 고려 없이는 하나님께서 어떠한 사람도 유기하지 않는다고 단언 한다. 둘째, 인간의 멸망과 관계된 하나님의 작정은 절대적으로 의도된 목 적에 관한 작정이 아니기에, 유기자가 필히 유효하게 그들의 정해진 목적 이 이르게 하는 그런 "작정에 종속된 수단들"(*Decreto subordinata media*)은 없 다고 주장한다. 셋째, 일부의 사람들이 타락 속에 버려지고, 그리스도 예 수가 그들에게 주어지지 않고, 그들이 강퍅하게 되고, 그들이 멸망하게 되 는 이유는 그들의 절대적인 유기 때문이 아니었다. 넷째, 하나님은 인류의 대다수를 실질적인 죄의 개입도 없이(*sine intervenientibus peccatis actualibus*) 구 원의 모든 소망에서 배제시켜 타락에 머물도록 작정하지 않으셨다. 다섯 째, 선행하는 절대적 작정에 의해서는 어떠한 사람도 영원한 생명이나 영 원한 생명에 이르는 수단에서 거절되지 않고, 어떠한 사람도 멸망의 수단 들 혹은 원인들인 불신과 불경과 죄에게로 정해지지 않았다. 여섯째, 유 기는 선행적인 불신과 불신에의 견인(*antecedanceae infidelitatis & perseverantiae in infidelitate*)에 대한 고려 없이는 작정되지 않았다. 일곱째, 삼위일체 하나님 의 이름으로 세례를 받고 유아기 상태에서 살아가는 신자의 자녀들이 절 대적인 작정으로 인해 유기자들 중에 포함되는 일은 없다.[29]

---

29  *Acta et Scripta Synodalia Dordracena*, II: 1-2.

그리고 '설명서'에서 항론파는 유기의 대상과 유기의 순서와 유기의 구분에 대해 설명한다. 먼저 유기의 대상은 "오직 그리고 모든 믿지 아니하는 자들, 즉 자신의 불신에서 벗어나려 하지 않거나 참된 믿음에 머물지 않는 자들"(*omnes & solos infideles, id est, vel ab incredulitate sua desistere nolentes; vel in fide vera non perseuerantes*)이다.[30] 그리고 작정은 일반적인 작정과 특별한 작정으로 구분된다. 일반적인 작정은 하나님께서 당신의 자유로운 선택을 따라 믿는 자들을 구원하고 불신하는 불특정한 자들(*indefinita*)을 유기할 것,[31] 즉 그의 마음에서 "다양한 가능성들 중에 하나의 어떤 방식"(*ex multis possibilibus vnam certam quandam rationem*)을 정하시는 것이며, 특별한 작정은 그런 방식의 작정을 따라 신자로 여겨지는 특정한 자들(*definita*)을 영원한 생명으로 정하시고 불신자로 여겨지는 자들을 영원한 사망으로 넘겨 주는 작정이다. 다른 표현으로, 일반적인 작정은 '방식의 작정'이고 특별한 작정은 '대상의 작정'이다. 일반적인 작정은 하나님의 절대적인 뜻과 선택 이외의 다른 어떠한 원인도 고려하지 않지만, 특별한 작정은 비록 하나님의 의지에도 기초하고 있지만 신앙 혹은 불신앙에 대한 고려도 전제한 것이었다(*praesupponit*). 선택에 있어서는 신앙과 신앙의 지속성이 인간에 의해 행해져야 할 선택의 "조건"(*conditio*)이며 "없어서는 안 되는 원인"(*causa sine qua non*)이다. 여기서 '원인'은 하나님께서 특정한 신자를 구원할 수밖에 없도록 강요하는 그런 종류의 원인을 뜻하지는 않는다고 한다. 하지만 유기의 경우에는 이야기가 달라진다. 불신앙과 완고함은 "없어서는 안 되는 원인"일 뿐만 아니라 하나님이 특정한 개인을 유기하고 정죄하게 만드는 "공로적인 원인"(*causa meritoria*)으로 간주된다.[32]

---

30   *Acta et Scripta Synodalia Dordracena*, II: 5.

31   1610년 항론파의 항론서와 1618년 겔더랜드 노회에서 믿음이나 불신앙을 선택과 유기의 원인으로 보지 않았다고 주장한 것은 바로 일반적인 작정과 관계된 것이었다. 특별한 작정을 따라서는 신앙과 불신앙이 선택과 유기의 작정의 원인이다.

32   *Acta et Scripta Synodalia Dordracena*, II: 6: "*Primum illud Decretum Dei liberrimus est, nullamque*

유기의 순서는 항론파의 7단계 작정론에 그대로 반영되어 있다. 그들은 작정의 순서를 7가지 단계로 구분한다. 1) 하나님께서 인간을 당신의 형상대로 창조하시는 작정이다. 2) 법을 세우시는 작정이다. 3) 아담이 자유롭게 법을 어기고 모든 후손들을 정죄로 빠뜨릴 때, 비참에 처한 인간을 해방하시되 자신의 공의가 먼저 만족됨이 없이는 자비를 실행하지 않으시는 작정이다. 4) 공의의 만족을 위해 죄인들을 속죄할 중보자를 정하시는 작정이다. 5) 믿고 믿음에 머무는 모든 자들을 구원과 영생으로 이끄시고, 믿지 아니하고 불신과 불순종에 머무는 모든 자들을 멸망과 영원한 죽음으로 벌하시는 작정이다. 6) 신앙과 회개에 필요하고 충분한 수단들을 공급하시는 작정이다. 7) 이러한 수단들에 의하여 믿고 믿음에 머무는 자들은 구원하시는 반면, 생의 마지막 순간까지 완고하고 불신에 머무는 자들은 유기하시는 작정이다.[33]

항론파는 영원한 멸망에 이르는 절대적인 유기(*reprobationem absolutam ad exitium aeternum*)와 영원한 멸망에 이르는 파멸(*damnationem ad aeternum exitium vt poenam*)을 구분하는 것이 부적합한 일(*ineptam*)이라며 이 구분을 거부한다. 이는 절대적인 유기가 죄의 허용과 더불어 유기의 열매 혹은 필연적인 결과로서 파멸을 필히 초래하게 된다면, 죄와 정죄는 유기의 절대적인 작정으로 인해 필연적인 것이기에 선행하는 결점도 없이 필히 발생하는 것에 근거하여 죄의 책임을 물을 수는 없기 때문이다. 당연히 이런 식으로

---

*aliam causam habet, quam puram putam Dei voluntatem & arbitrium…Secundum Decretum, quia priori innixum est, in divina quidem voluntate foundatur, sed fidei tamen ipsius aut infidelitatis intuitum & respectum praesupponit; unde ex una parte fides quidem & perseverantia in fide, veluti conditio praestita ab homine, ac proinde tanquam causa sine qua non in hoc decreto consideranda venit. Conditio enim praescripta & praestita necessario causae alicuius rationem induit: sed nullo tamen modo tanquam causa quae aut impellat aut efficiat virtute, merito, vel intrinseca dignitate ac perfectione sua, ut Deus hunc credentem saluare velit. Ex altera vero parte infidelitas & contumacia consideranda venit, non tantum veluti causa sine qua non, iuxta prioris decreti formulam; sed etiam tanquam meritoria causa propter quam Deus velit hominem hunc reprobare & condemnare.*"

33 *Acta et Scripta Synodalia Dordracena*, II: 10–11.

부과되는 형벌은 공정한 심판일 수 없어서 하나님을 불공정한 분으로 만든다고 그들은 주장한다.[34]

'변증서'에서 항론파는 유기의 대상과 관련하여 인생의 마지막 순간까지 "자신의 불신에 머무는 모든 자들만"(*omnes & soli infideles in incredulitate sua ad finem vsque vitae perseuerantes*)이 최종적인 유기의 고유한 대상이라는 자신들의 주장을 요한복음 3장 36절과 20장 21절과 마가복음 16장 16절에 근거하여 변증한다.[35] 이러한 변증의 결론은 복음 안에서 명백히 드러난 인간의 구원과 멸망에 대한 하나님의 최종적인 뜻이 바로 예정론의 총화요 전부(*totum & integrum Praedestinationis*)라는 주장이다.[36] 그리고 로마서 9장에서 사도의 본의는, 하나님께서 자신의 절대적인 주권적 권리와 지극히 자유로운 선택을 따라 불신적인 유대인(*Iudeos incredulos*)을 자신의 약속들에 대한 위반과 무관하게 버리실 수 있고 버리시려 한다는 사실을 보여 주는 것에 있다고 주장한다. 나아가 반항론파 진영에서 절대적인 유기의 증거로 제시되는 모든 성경 구절들은 절대적인 유기와 관련된 것이 아니라, 실질적인 죄에 가해지는 하나님의 진노나 형벌에 관한 것이라고 주장한다.[37]

### 각국 총대들의 입장

이러한 항론파의 주장을 면밀히 분석한 도르트 총회의 여러 총대들은 그들의 오류들을 조목조목 지적한다. 유기론에 대한 항론파의 여러 주장

---

**34** *Acta et Scripta Synodalia Dordracena*, II: 20.

**35** *Acta et Scripta Synodalia Dordracena*, II: 47.

**36** *Acta et Scripta Synodalia Dordracena*, II: 48.

**37** *Acta et Scripta Synodalia Dordracena*, II: 95-278. 주로 로마서 9장에서 11장까지를 중심으로 논증했다. 시네마의 분석에 의하면, 항론파가 개혁주의 예정론을 거절하며 가장 빈번하게 언급했던 인물들은 피스카토르, 잔키우스, 고마루스, 베자, 던테클락, 퍼킨스 및 칼뱅 등이었다. Donald Sinnema, "The Issue of Reprobation at the Synod of Dort (1618-19) in Light of the History of This Doctrine" (Ph.D. diss., University of St. Michael's College, 1985), 316.

들에 대하여, 도르트 총회에 참석한 총대들이 성경과 이성과 개혁주의 전통에 근거하여 지적하고 도르트 신조의 1장 뒷부분에 요약한 항론파의 오류들은 이러하다. 첫째, 완고한 불신자를 하나님의 진노 아래 내버려 두고 정죄하는 작정이 유기의 전부라고 한 것. 둘째, 유기를 일반적인 불특정적 유기와 특별한 특정적 유기로 구분하되, 전자는 불완전하고 최종적이지 않으며 취소될 수 있는 변경 가능한 유기이고, 후자는 완전하고 최종적이며 최소될 수 없는 변경 불가능한 유기라고 한 것. 셋째, 하나님은 당신의 기뻐하신 뜻을 따라 어떠한 자도 아담의 타락에 머물도록 정하시지 않으셨고, 어떠한 자도 영원한 생명으로 택하심에 있어서 간과하려 하지 않으셨으며, 오히려 모든 자들의 구원을 원하신 것처럼 주장한 것. 넷째, 유기의 공로적인 원인이 복음을 배척하는 완고함과 불신앙 및 불신앙 안에 머무름에 있다고 한 것. 다섯째, 특정한 사람들의 유기는 그들의 선행적인 불신앙과 그 불신앙에 머무름 및 예지된 실질적인 죄에 대한 고려를 따라 이루어진 것이라고 한 것. 여섯째, 하나님은 구원에 필요하고 충분한 수단들을 모든 자들에게 주신다고 한 것. 일곱째, 하나님은 단지 원죄 때문에 누군가를 유기하신 적이 없고 누구도 그런 식으로는 정죄하지 않는다고 한 것. 여덟째, 유아들에 대해서는 선택도 유기도 없다고 한 것. 아홉째, 하나님께서 일부에게 복음의 은총을 제공하지 않으신 원인은 인간들 안에 감추어진 어떤 부적격성 때문이라고 한 것. 열 번째, 택자가 유기자로 될 수도 있고 유기자가 택자로 될 수도 있다고 한 것.[38]

이러한 여러 오류들에 대한 도르트 총회의 대책은 단순하지 않고 다양성을 보인다. 먼저 영국의 총대들은 유기와 비선택(*non-electio*)를 동의어로 간주하고, 아담 안에서 타락한 자들의 일부(*quarundam personarum in Adamo*

---

[38] 이것은 도르트 총회에 참석한 총대들의 문제의식 일반을 요약한 것이다. *Acta Synodi nationalis*, II: 3-77쪽을 참조하라.

*lapsarum*)를 유기의 대상으로 생각하였으며, 유기의 원인은 하나님의 순전한 의지(*mera voluntas Dei*)라고 하여 죄의 고려 없이는 누구도 정죄하지 않는다고 주장했다.[39]

팔라틴 총대들은 유기의 원인이 하나님의 기뻐하심 혹은 그의 지극히 자유롭고 지극히 공의로운 뜻(*beneplacitum Dei, sive liberrima ac justissima eius voluntas*)이며, 유기의 대상은 타락한 사람들 중의 일부이고, 유기자는 죄 혹은 복음에 대한 불신과 완고함 때문에 정죄를 당하며, 유기에는 일반적인, 불특정한, 불완전한, 취소되는, 임시적인 유기라는 것이 없고 오직 단일한 유기(*unica*)만 있을 뿐이라는 입장을 표명했다.[40]

헷세 총대들도 견해의 결이 동일하다. 다만 유기의 원인에 대해서는 하나님의 순전한 의지라고 하면서도, 그럼에도 불구하고(*interim*) 죄 또한 원인이 된다고 말하였다. 유기의 소극적인 행위(*negativa*)로서 하나님의 지나가심, 버려두심, 선택하지 않으심에 있어서는 하나님의 의지가 원인이고, 유기의 적극적인(*positiva*) 행위로서 공의로운 형벌인 정죄의 작정과 사망으로 정하심(*propositum damnandi & ordinatio ad exitium*)에 있어서는 하나님의 의지와 유기자의 죄가 원인이라 했다.[41]

스위스 총대들은 유기와 정죄를 구분해야 한다고 강조했다. 유기의 원인은 하나님의 순전한 뜻이지만 정죄의 원인은 두 가지로 구분될 수 있는데, 하나는 정죄의 고유하고 가까운 원인(*damnationis causam propriam & proximam*)으로 유기자의 죄이며, 상위의 은밀한 원인(*causam supremam & arcanam*)은 하나님의 공의로운 뜻(*justam Dei voluntatem*)이라고 했다.[42] 그리고 하나님은 죄 때문이 아니면(*nisi propter peccatum*) 누구도 정죄하지 않으시며,

---

39  *Acta Synodi nationalis*, II: 11-13.
40  *Acta Synodi nationalis*, II: 19-21.
41  *Acta Synodi nationalis*, II: 33-34.
42  *Acta Synodi nationalis*, II: 38.

죄 때문이 아니면 누구도 정죄를 작정하지 않으시는 분이라고 강변했다.

나사우와 베테라브 총대들은 유기의 작정은 전적으로 하나님의 의논(consilium Dei)이며, 유기의 행위는 이중적인 것인데 특정한 사람들의 비선택 혹은 지나감(praeteritio sive non-electio singularium hominum)과 정죄 혹은 형벌의 준비(damnatio seu praeparatio poenae)로 구성되는 것이라고 했다. 지나감의 추동적인 원인(causa impulsiva)은 하나님의 기뻐하심 혹은 하나님의 전적으로 자유로운 의지이며, 정죄의 원인은 죄에 대한 어떤 고려(respectus certus ad peccatum)라고 했다. 또한 유기는 신약과 구약 전체에서 하나요 단일한 것(unica eademque)이라고 했으며,[43] 지나감 혹은 비선택은 결코 죄나 정죄의 원인이 아니라고 했고, 유기된 자들은 결코 선택될 수 없다고 명시했다.[44] 그리고 유기의 목적은 하나님의 공의와 능력의 영광(gloriam justitiae ac potentiae Dei)을 드러내는 것에 있다고 주장했다.[45]

엠덴 총대들은 죄가 유기의 원인이 아닌 이유를 다음과 같이 설명한다. 즉 만약 죄가 유기의 원인이라 한다면 모든 사람이 죄인일 것이기에 모든 사람이 유기자가 될 수밖에 없을 것이기 때문이다. 그리고 자신들의 입장을 논증하기 위해 하나님의 의지의 원인은 죄일 수 없고, 유기는 하나님의 영원한 의지이기 때문에 유기의 원인은 죄일 수 없다는 논법을 구사했다.[46]

흐로닝엔 교수들 중에 고마루스(Franciscus Gomarus, 1563~1641)는 먼저 "최종적인 것이 아닌 유기"는 성경에 언급되지 않으며 "최종적인 유기"는 하나님께서 자신의 지극히 자유로운 뜻을 따라 당신의 법정적인 공의를 선포하기 위해 "모든 일반적인 사람들 중에"(ex humano universo genere) 어떤 사람

---

43  *Acta Synodi nationalis*, II: 40.
44  *Acta Synodi nationalis*, II: 53.
45  *Acta Synodi nationalis*, II: 58.
46  *Acta Synodi nationalis*, II: 75.

들을 은혜나 영광의 수혜자가 되지 않도록 정하시되, 자유롭게 죄에 빠지도록 허용하고 죄 안에 있도록 내버려 두어 죄 때문에 합당하게 정죄되게 정하신 것이라고 했다. 은혜와 영광에서 배제되고 공의로운 정죄에 이르는 유기에 선행하는 추동적인 원인은 "오직 하나님의 자유로운 의지"이며, "유기의 실행"(*executionis ipsius*) 혹은 공의로운 정죄의 원인은 "하나님에 의해 허락되고 허용된 인간에 의해 저질러진 모든 죄"(*quodvis peccatum ab homine factum, a Deo permissum ac toleratum*)라고 주장했다.[47]

남부 홀랜드 총대들은 유기의 원인이 하나님의 기뻐하신 뜻이라고 하였으며 정죄에 대한 작정의 원인은 신적인 은혜의 실제적인 거절(*actualem gratiae divinae rejectionem*)과 인간의 모든 죄(*omnia peccata*)이기 때문에 예지된 불신과 완고함을 신적인 거절의 원인으로 본 항론파의 주장은 터무니가 없다고 거절했다. 그리고 유기는 불변적인 작정이기 때문에 유기자가 택자가 되는 일은 불가능한 일이라고 단언했다.[48]

드렌테 총대들은 특별히 유아기에 죽은 유아들의 선택과 유기 문제를 중요하게 다루었다. 그들은 유아기에 죽은 유아들이 신자의 자녀일 경우에도 하나님께서 뜻하신 것이라면 하나님에 의해 공의롭게 그들의 비참으로 유기될 수 있다고 주장한다. 그러나 그럼에도 불구하고 신자들의 부모는 유아기에 사망한 자녀들이 구원을 받을 것이라는 "확실한 소망"(*certam spem*)을 가질 수 있다는 입장을 고수했다. 하지만 유아기에 사망한 유아들이 불신자의 자녀일 경우에는 그들이 아마도 유기자일 것이라고 총대들은 이해했다.[49] 그리고 유기의 목적과 관련하여 그들의 주장은 하나님의 영광(*gloria Dei*)이 유기의 일차적인 목적이며, 보다 실질적인 것으로는 택자들로 하여금 하나님의 자비를 찬양하게 만든다는 것이다.

---

47 *Acta Synodi nationalis*, III: 24.
48 *Acta Synodi nationalis*, III: 35.
49 *Acta Synodi nationalis*, III: 83-84.

## 도르트 신조의 유기론

항론파의 입장을 반박하는 도르트 총회에 참석한 총대들의 다양한 견해들은 도르트 신조의 유기론에 녹아들어 있다. 도르트 신조의 두드러진 특징은, 논지의 전개가 시공간에 펼쳐진 작정의 집행에서 영원 전에 이루어진 하나님의 작정으로 소급하는, 상향식의 귀납적인 방식을 취한다는 점이다. 시공간 문맥에서 영원의 시점으로 이동하는 계기가 신조의 1장 6조에 등장한다. 거기에는 믿음의 수여와 관련하여 멸망할 사람들 가운데서(*humanum perditorum*) 택자와 비택자를 구분하는 선택과 유기의 작정(*decretum electionis reprobationis*), 즉 "동일하게 자비롭고 동일하게 공의로운 분리"(*misericors pariter et justa discretio*)가 언급된다. 여기서 확인되는 것은 도르트 신조가 유기의 대상이 "멸망할 사람들" 중에 있다는 후택설적 입장을 보인다는 사실이다.

유기론에 대한 본격적인 언급은 1장 15조에 등장한다. 유기의 개념을 "모든 사람이 선택되는 것은 아니다"(*non omnes homines esse electos*)는 사실에서 찾는다는 것이 특징이다. 이런 맥락에서 유기는 어떤 사람들이 "선택되지 않는 자들"(*non electos*) 혹은 어떤 사람들이 하나님의 영원한 선택에서 "간과되는 자들"(*praeteritos*)이라는 다소 소극적인 어법으로 묘사된다. 15조의 조문은 하나님께서 "기뻐하시는 지극히 자유롭고, 지극히 공의롭고, 누구도 힐문할 수 없는 불변적인 뜻"(*liberrimo, justissimo, irreprehensibili, et immutabili beneplacito*)을 유기의 원인으로 진술한다. 유기의 구체적인 내용을 살펴보면, 1) 유기된 자들을 자신들의 과오로 말미암아 스스로를 내던진 "공통적인 비참"(*communi miseria*) 속에 "내버려 두시는 것"(*relinquere*), 2) 구원적인 믿음과 회심의 은혜를 "제공하지 않는 것"(*nec donare*), 3) 하나님의 공의를 드러내기 위해 버려진 자들을 그들의 방식 속에서 공정한 심판을 따라 그들의 불신만이 아니라 다른 모든 죄들 때문에 "정죄하는 것"(*damnare*), 4) 그런 이유로 그들을 "영원히 처벌하는 것"(*aeternum punire*) 등이 유기를 구성하는 요소들로 묘사되고 있음을 확인한다. 이 전체가 바로 유기의 작정이다.

여기서 우리가 주목할 것은, 유기의 대상으로 버려질 사람만 하나님의 뜻을 따라 결정되는 것이 아니라 구원에 필수적인 수단들의 불허도 유기의 작정에 포함되어 있다는 사실이다. 이는 선택의 작정이 선택의 대상으로 택자들을 선택하는 것만이 아니라 구원의 서정 즉 택자들을 그리스도 예수에게 주시고, 그와의 연합을 위해 말씀과 성령을 통하여 그들을 유효하게 부르시고, 그에게로 이끄시고, 참된 믿음을 주시고, 의롭다 하시고, 거룩하게 하시고, 영화롭게 하는 작정까지 포함하고 있는 것과 동일하다.[50] 그리고 시네마(Donald Sinnema)가 잘 지적한 것처럼, 유기의 구체적인 내용 2)번에서 믿음을 수여하지 않는 것은 하나님에 의해 이루어진 것(*fide a Deo non donantur*)이지만, 1장 5조가 분명히 선언한 것처럼 불신의 원인(*incredulitatis causa*)은 어떤 식으로도 하나님께 돌려질 수 없고 유기자 자신에게 돌아가는 것임(*neutiquam in Deo sed in homine*)을 유념해야 한다.[51] 그리고 1장 15조는 비록 유기가 유기의 대상만이 아니라 유기의 서정까지 포함한다 할지라도, 이것이 하나님을 죄의 저자(*peccati authorem*)로 만드는 것은 결코 아니며 오히려 하나님은 "두렵고 힐문할 수 없고 공의로운 심판자요 보응자"가 되신다고 선언한다. 이에 대하여 도르트 신조는 어떻게 유기의 작정이 하나님을 죄의 저자로 만들지 않느냐에 대한 구체적인 설명을 제공하지 않고, 다만 그러한 생각 자체가 "불경한 것"(*blasphemum*)이라며 재론의 필요가 없다는 말로 해명을 대신한다. 그리고 이 모든 유기의 작정이 의도

---

50　도르트 신조 1장 7조: "*ita eos ipsi salvandos dare, et ad ejus communionem per verbum et Spiritum suum efficaciter vocare ac trahere; seu vera et ipsum fide donare, justificare, sanctificare, et potenter in Filii sui communione custoditos tandem glorificare decrevit.*"

51　Donald Sinnema, "The Issue of Reprobation at the Synod of Dort," 402.

하는 목적을 밝히는데, 그것은 "하나님의 의"(*justitia sua*)를 드러내는 것이라고 한다.

16조는 유기론의 유용성을 진술한다. 유기론은 마음의 확신과 양심의 평화와 순종에의 갈망과 그리스도 예수로 말미암는 하나님 안에서의 영광 등을 경험하지 못한 자들은 유기된 자들일지 모른다는 겁박용 교리가 아님을 명시한다. 주님께로 돌아갈 강한 갈망과 주님만을 기뻐하는 마음과 경건과 믿음의 진보에 허기진 사람들은 더더욱 유기론을 두려워할 교리로 여겨서는 안 된다고 권면한다. 이는 하나님이 꺼져가는 심지도 *끄*지 않으시고 상한 갈대도 꺾지 않으시는 분이라는 이유도 덧붙인다. 그러나 하나님과 구세주 예수를 망각하고 세상의 근심과 육체의 정욕에 스스로를 '유기하는' 자들은 유기론을 통해 두려움과 떨림을 가지고 주께로 돌이키는 것이 마땅하다. 유아기에 사망한 유아들의 유기 문제에 대해서는 도르트 신조가 침묵한다.

## 결론: 유기론의 역설적인 의의

유기론을 좋아하는 사람은 아무도 없다. 성경도 유기론에 교훈의 집중적인 초점을 맞추지 않는다. 그럼에도 불구하고 성경은 분명히 유기를 언급하고 있으므로 결코 침묵할 수 없는 교리이다. 그러나 도르트 총회의 총대들이 잘 인지하고 있었듯이 유기론은 잘못 취급하면 대단히 위험한 교리이기에, 신중에 신중을 거듭하면서 성경이 언급하고 있는 계시의 경계선을 함부로 범하지 않는 것이 유기론을 대하는 적정과 절도의 원리이다. 이런 차원에서 도르트 총회에 출석한 개혁주의 인물들은 유기론에 대해 다소 소극적인 입장을 취하였고 도르트 신조도 선택과 대등한 비중으로 확립된 개념이 아니라 선택 의존적인 묘사를 선호했다. 도르트 신조는 하나님의 유기에 거북함과 혐오감을 느끼는 자들에게 바울이 "하나님께 불의가 있느냐 그럴 수 없다"는 입장을 분명히 밝혔으며, 나아가 "사람아 네가 누구길래 감히 하나님께 반문을 하느냐"며 하나님과 인간에 대한 올바른 지식에 기초한 판단을 촉구했던 것처럼 하나님을 신답게 인정하는 경외의 우선성을 강조한다.

유기론은 대부분의 사람에게 편하지 않고 오히려 그들의 자연스런 심기를 거북하게 만드는 진리이다. 이런 거북함을 해소하기 위해 항론파는 바울이 경계한 힐문의 방식을 피하고 도리어 하나님을 보호하는 속성 보호자의 해법을 채택했다. 하나님은 무고한 사람을 죄와 파멸에 빠뜨리실 분이 아니라는 인간적인 도덕성에 기초한 잣대로 하나님의 속성을 규정하고 행하신 일을 해석하려 했다. 자비롭고 선하고 공의로운 하나님의 속성은 인간이 생각하는 도덕의 기준에 비추어서 흠결이 없어야 비로소 승인해 줄 수 있다는 숨은 오만함 때문에 그들은 성경이 계시하는 하나님을 계시된 그대로 알고 인정하는 수동적인 진리 수용자의 자리를 이탈한 것으로 사료된다. 신적인 유기의 근원을 우리의 머리로 확인할 수 있는 어떤 근거에 두고자 하는 항론파의 시도는 급기야 신적으로 예지된 인간 스스로의 "불신앙"과 "불신앙 안에 일생동안 머무는 것"을 유기의 원인으로 규정하게 했다. 항론파는 그런 방식으로 하나님을 죄의 저자라는 오명에서 자유롭게 만들고자 했다. 그러나 성경에 우리의 성정에 거슬리는 표현이 있다면 그것은 하나님의 속성을 바꾸어야 한다거나 성경의 기록에 문제가 있다는 식으로 해명을 모색하는 것은 부적합한 접근이다. 오히려 우리의 본성을 의심해야 한다. 우리의 본성은 악하고 부패되어 있다. 하나님의 의로운 말씀이 그런 본성에 거슬리는 것은 너무도 당연하다. 오히려 우리는 우리의 본성에 부합하고 지극히 자연스런 느낌과 공감을 일으키는 것들을 의심해야 한다. 이는 어떤 사상이 부패한 본성에 부합하고 자연스런 정도만큼 부패한 것은 아닌지를 의심해야 한다는 의미이다. 유기론이 우리의 본성을 거북하게 만드는 것은 하나님의 속성과 성경의 문제가 아니라 우리의 본성이 하나님과 그분의 말씀에서 얼마나 멀어져 있는지를 반증한다. 항론파와 같이 하나님의 본성을 보호하기 위해 유기론 자체에 변경을 가하는 것은 일반 사람들이 대체로 호응하는 처신이다. 그게 은밀한 함정인 줄도 모르고 말이다.

하나님은 스스로 계시는 분이시다. 인간이 하나님의 속성에 보탬이 되거나 하나님의 보호자가 된다는 발상은 오히려 하나님의 영광을 훼손하는 불경이다. 사람의 눈에는 아무리 무자비해 보이고 납득이 되지 않더라도 유기의 원인은 하나님의 전적으로 자유롭고 자비롭고 공의로운 뜻 이외에 다른 어떤 것에서도 발견하지 못하도록 우리에게 '판단 중지' 반응을 요구한다. 하나님은 하늘에 계시고 우리는 땅에 있기에 말수가 적어야 한다는 전도자의 권고가 여기에 적합하다. 하나님은 하시고자 하는 자들을 긍휼히 여기시고 하시고자 하는 자들을 강퍅하게 만드신다. 외부에서 비롯된 다른 어떠한 원인의 개입도 없이 그러신다. 선택과 유기로 구성된 영원하고 불변적인 예정은 하나님의 절대적인 자유이며 어떤 피조물도 간섭할 수 없는 절대적인 주권의 표명이다. 원인이 사람에게 맡겨지지 않고 오로지 하나님의 뜻에만 있도록 하여 하나님의 자비와 공의의 영광만이 빛나도록 행하신 삼위일체 하나님의 내적인 사역이 바로 영원한 예정이다. 나는 이러한 성경의 가르침을 역사 속에서 교회의 공적인 고백으로 정착시킨 주역이 바로 도르트 총회라고 평가하고 싶다.

오늘날 한국 교회는 도르트 신조의 하나님의 절대적인 주권에 대한 '공교회적' 천명에 귀를 기울여야 한다. 사람에게 공로를 돌리고 '성공'한 인물을 추앙하고 기독교의 정체성과 대표성을 특정한 인물에게 부여하는 행위는 교회의 위기만이 아니라 빛과 소금의 부재로 말미암는 망국을 초래하는 일이기도 하다. 유기라는 하나님의 절대적인 작정은 인간의 부패한 본성과 상식과 논리와 합리가 도무지 도달할 수도 없고 최소한의 공감도 확보할 수 없을 정도로 지고한 신적 주권을 증거한다. 교회의 형통이든 쇠퇴이든 교회의 거룩이든 부패이든 인간 문맥 안에서 그 해명과 해법을 추구할 것이 아니라 하나님의 변경되지 않는 절대적 주권을 기억하면서 하나님의 뜻으로 소급하는 신학적 안목의 긴급한 수혈이 필요한 상태가 한국 교회 현실이다. 토르트 신조의 유기론은 교회의 쇠퇴와 부패를 목도하는 우리에게 하나님의 유기에 대한 공포가 아니라 두렵고 떨림으로 회개하고 회복해야 한다는 절명의 의식을 일깨운다. 사실 생명과 자비와 선택도 우리에게 큰 은혜와 깨달음을 주지만 죽음과 공의와 유기도 그에 버금가는, 어쩌면 그것 이상의 유익을 우리에게 제공할 지도 모른다.

# Chapter 09
# 정통주의 시대 예정론
## : 윌리엄 트위스의 예정론

---

### 요약

이 장에서는 하나님의 예정을 다룸에 있어서 윌리엄 트위스가 취한 방법론을 탐구한다. 그에 따르면 이 교리의 주된 이슈들은 작정의 순서와 예정의 대상과 관련되어 있다. 트위스는 심지어 경건한 신학자들 사이에도 이 교리에 대한 관점의 다양성이 있음을 발견하고 그 이유를 찾았는데, 그것은 신학적인 다름보다 오히려 방법론의 차이에서 비롯된 것이라고 주장한다. 이런 맥락에서 보면, 트위스가 자신의 저작들을 신학적 방법론의 문제에 집중시킨 것은 당연하다. 트위스는 작정론과 관련된 논쟁을 해명할 보다 정확하고 적합한 논증의 방법을 찾으려고 노력했다. 이러한 노력은 트위스로 하여금 중세의 탁월한 학자들을 탐독했고 영국과 유럽에 있는 경건한 학자들의 글들보다 로마에 있는 교황주의 저자들의 책들을 더 많이 읽었을 정도였다. 트위스는 작정의 순서와 예정의 대상과 관련해서 전택설적 관점의 우수성을 입증하기 위해 의도와 실행의 역순적인 도식을 채택한다. 이러한 방법론을 사용하여 트위스가 주장하는 것은 세 가지이고 나는 그 세 가지를 다음과 같이 이해한다. 1) 내용과 방법의 분리는 불가능한 일인데, 이는 방법이 내용을 산출하지 않고 내용은 방법에 대한 올바른 이해와 적용 없이는 훼손될 수 있기 때문이다. 2) 모든 작정의 유일한 목적은 하나님의 영광이며, 이것은 의도에 있어서 1순위를 차지하고 하나님의 다른 모든 작정들은 이 목적을 구현하기 위한 하나의 통합적인 수단을 위한 것들이다. 3) 예정의 대상이 창조되지 않은 존재라는 주장과 관련하여 트위스는 죄의 의미를 의도와 실행의 문맥에서 파악하려 했다. 이 장에서 나는 1) 작정들의 유일한 목적인 하나님의 영광, 2) 목적과 수단의 순차적인 의도와 수단과 목적의 순차적인 실행의 역순적인 도식, 3) 죄도 예정의 대상보다 먼저 의도되지 않았기에, 죄가 먼저 실행되고 있다는 사실에 비추어서 트위스의 예정론을 이해하려 한다.

# 서론

이 장에서는 윌리엄 트위스(William Twisse, 1578~1646)가 예정의 대상에 대한 신학적인 주제를 다루는 방법을 탐구한다. "진리는 스콜라적 방법에 의해서는 결코 충분히 알려질 수 없다."[1]는 단호한 트위스의 선언은 스콜라적 방법들이 무익하고 스콜라적 교리들을 단호히 배격해야 한다는 의도의 표명이 아니었다. 스콜라주의에 대한 그의 견해는 이러하다: 참된 스콜라주의는 신학적인 확립에 방법론적 도움을 끼침에 있어서 자신의 존재감을 확보한다.[2] 사라 허턴(Sarah Hutton)이 트위스를 '아리스토텔레스적 청교도'로 규정할 때, 그것이 방법론과 관계된 것인지 아니면 교리와 관계된 것인지의 여부는 분명하지 않다.[3] 방법론에 있어서 트위스가 아리스토톨레스적 스콜라 학자라는 사실은 확실하다.[4] 그러나 신학적인 내용에 대해

---

\* 이 장은 "William Twisse's Theological Methodology: Concerning the Order of Decree and the Object of Predestination," 「한국개혁신학」 53 (2017), 151−197에 게재된 논문의 번역이다.

1 William Twisse, *A Treatise of Mr. Cottons, clearing certain Doubts concerning Predestination, together with an Examination thereof*, (London: F.D., 1646), The epistle to the Reader, A3

2 Cf. Richard A. Muller, "*Vera Philosophia cum sacra Theologia unsquam pugnat*: Keckermann on Philosophy, Theology, and the Problem of Double Truth," *Sixteenth Century Journal* 15/3 (Autumn, 1984), 341−365.

3 Sarah Hutton, "Thomas Jackson, Oxford Platonist, and William Twisse, Aristotelian," *Journal of the History of Ideas* 39/4 (Oct.−Dec., 1978), 635−652. In this article, Sarah tends to contrast Thomas Jackson, Oxford Platonist, with Twisse, Aristotelian, in terms of their theological contents rather than method, as shown in that "As an admirer of "that great naturalist" Aristotle, Twisse is not tainted with Neoplatonism. Indeed, he decided to oppose it with the Aristotelian logic and doctrines." *Ibid.*, 650.

4 William Twisse, *A discover of D Jacksons vanitie* (Amsterdam: Successors of Giles Thorp, 1631), par. I. 62. "Immaterial substances have their dependence on God? If any man by Aristotle's

서는 그가 아리스토텔레스나 스콜라적 사상이 자신의 신학적 입장 지배하는 것을 용납하지 않았다는 점을 고려해야 한다.[5] 물론 방법과 내용의 긴밀한 연관성 때문에 신학적 방법과 신학적 내용을 구분하는 것은 결코 단순하지 않다.[6]

트위스는 예정론에 있어서 신적인 작정의 순서를 중요하게 생각한다. 그래서 그는 "신적인 작정의 순서가 올바르게 개진되지 않으면" 아주 심각한 결과들이 "매우 자주 터진다"는 사실을 지적한다.[7] 작정의 순서를 이해하기 위해 트위스는 "행하여질 것들의 의도"(*intentio rerum gerendarum*)가 결정적인 요소라고 주장한다. 작정의 순서를 보다 정확하게 표현하기 위해 그는 자신의 책에 편만하게 도입된 (그의 엄밀한 타락 전 선택설의 핵심적인 요소인) 두 가지의 스콜라적 공리들을 동원한다.[8] 첫째, 목적의 의도가 선행하고 수단들의 의도가 후행한다(*prior est intention finis et posterior intention mediorum*).

discourse, has been withdrawn from acknowledging this truth, he ceasethe to be a Christian, and becomes an Atheist."Look at the title of Twisse's most famous book, *Vindiciae gratiae, potestantis ac providentiae Dei, Hoc est, Ad Examen Libelli Perkinsiani de Praedestinationis modo & ordine, institutum a Jacobo Arminio, Responsio Scholastica* (Vindication of Grace, Power, and Providence of God, that is, A Scholastic Response to the Examination, instituted by James Arminius, into Perkins' Treatise on the Mode and Order of Predestination).

5   William Twisse, *The Riches of Gods Love unto the Vessells of Mercy, consistent with His Absolute Hatred or Reprobation of the Vessels of Wrath* (Oxford: LL & HH, 1653), par.II., 2: Twisse "doe conceave it to be one of the absurdist positions that ever dropped from the pen of a Schoole Divine." William Twisse, *A discover of D Jacksons vanitie*, 58-62: "The meanest Christian by light of grace knows more than Aristotle by light of nature concerning God." Cf. Carl R. Trueman, "Puritan Theology as Historical Event: A Linguistic Approach to the Ecumenical," in *Reformation and Scholasticism*, edited by Willem J. van Asselt & Eef Dekker (Grand Rapids: Baker Academic, 2001), 253-275.

6   William Twisse, *A discover of D Jacksons vanitie*, 60-61: "As touching the nature of God, I knowe no such discourses superior, if equall to the discourse of Aristotle in a certeyne chapter of his Metaphysicks."

7   William Twisse, *A discover of D Jacksons vanitie*, 58; *Idem, A Treatise of Mr. Cottons*, The epistle to the Reader, A4, 40. Twisse was not ignorant of the fact "that different opinion, especially among godly Divines, may be no other then the dividing of the truth between them."

8   As an infralapsarian, Heppe's understanding of supralapsarianism is not reasonable that it is "the consequences drawn (gezogenen) from the principle *quod primum est in intentione, ultimum est in executione*." Cf. Heinlich Heppe, *Die Dogmatik der evangelisch-reformierten Kirche*. Neu durchgesehen und herausgegeben von Ernst Bizer (Neukirchen: Moers, 1935), 121, 131.

둘째, 의도에 있어서 먼저 된 것은 시행에 있어서 나중 된다"(*quod primum est in intentione idem est ultimum in executione*).

이 글에서 나는 작정의 순서와 예정의 대상에 대한 트위스의 관점과 방법론에 있어서 신학적 내용과 방법에 대한 올바른 이해의 부재가 얼마나 터무니 없는 예정의 교리로 귀결될 수 있는지를 보이고자 한다. 나아가 타락 후 선택설을 주장하는 모든 학자들과 알미니안 학자들은 물론이고 타락 전 선택설을 주장하는 학자들에 대해서도 반론을 펼치는 트위스[9]의 예정론을 통해 예정의 올바른 개념을 어떻게 분별하고 그것을 타락 전 선택설의 입장에서 어떻게 표현할 수 있는지에 대한 실마리도 제공하려 한다. 이러한 목적을 위해, 본 글은 트위스의 예정론에 대한 알미니안 관점의 많은 주장들과 달리 타락 전 선택설이 타락 후 선택설에 대해 갖는 우수한 면들을 조명하여 다양한 해석의 균형을 도모하려 한다.[10] 이는 타락 후 선택설을 거부하고 배제하는 것이 아니라 타락 전 선택설의 장점을 드러내기 위함이다.

---

9　It is probably related to the original motive cause of engaging in this debate as his own desire of truth that he, who did not want to divide his lovely brothers in the Reformed circle from one another, could sharpen a sword of critic on the order of decree against them. Twisse's debate against other supralapsarian, furthermore, shows his intention was not just to demonstrate the priority of supralapsarianism to infralapsarianism but also to manifest the logical way of proper expression concerning it. William Twisse, *A Treatise of Mr. Cottons*, The epistle to the Reader, A4, 40; *Idem, The Riches of Gods Love*, par.I., 35, par.II., 10.

10　For an Arminian critic on Twisse, see James Nichols, *Calvinism and Arminianism compared in their Principles and Tendency or the Doctrines of General Redemption* (London: Longman et al., 1824), par.II., 453–552; Thomas Pierce, *The Divine Philanthropie Defended … in Vindication of some Notes concerning God's Decrees, especially of Reprobation* (London: Richard Royston, 1657); *Idem*, Αὐτοκατάκρσις, *or Self-condemnation, exemplified in Mr. Whitefield, Mr. Barlee, and Mr. Hickman, with occasional reflexions on Mr Calvin, Mr Beza, Mr Zuinglius, Mr Piscator, Mr Rivet, and Mr Rollock: but more especially on Doctor Twisse, and Master Hobbs* (London: F.G., 1658); *Idem, The Divine Purity Defended, or A Vindication of some Notes concerning God's Decrees, especially of Reprobation, from the Censure of D. Reynolds in his Epistolary Praeface to Mr. Barlee's Correptory Correction* (London: S. Griffin, 1659); Izaak Walton, "Dr. Pierce's letter," in *The Life of Dr. Sanderson, late Bishop of Lincoln* (London: Richard Marriot, 1678). Michael Daniel Bell provides a Reformed view on Twisse in a brief way. See *Propter potestatem, scientiam, ac beneplacitum Dei : the doctrine of the object of predestination in the theology of Johannes Maccovius*, Th.D. thesis (Westminster Theological Seminary, 1986), 169–212.

## 예정에 대한 트위스의 시각

창조 이전에 선택된 자 혹은 유기된 자는 누구인가? 예정의 대상에 대한 논쟁은 17세기의 개혁주의 진영 안에서 발생한 전택설과 후택설 논쟁의 핵심이다.[11] 당시의 영국 안에서는 트위스가 이 논쟁에 가담한 독보적인 학자였다. 이 논쟁에서 예정의 대상에 관한 견해가 다양한 이유는 무엇인가? 이 물음에 답하기 위해서는 이 사안을 대하는 트위스의 태도와 동기를 파악해야 한다. 트위스는 예정을 본질적인 부분과 방법적인 부분으로 나누어서 접근했다.

### 본질적인 부분: 예정에 대한 신적인 은혜의 우선성

트위스의 첫 번째 본질적인 동기는 무엇인가? "은혜의 결정이 예정에 의존하지 않고 예정에 관한 사안의 결정이 은혜의 결정에 의존한다."[12] 트위스는 진리에 대한 사랑과 그 진리에 대한 이해의 성숙이[13] 자신을 움직여 다른 무엇보다 작정의 순서와 예정의 대상에 관한 연구에 뛰어들게 했

---

11  Some significant comments of the controversy between supralapsarian and infralapsarian are found in K. Dijk, *De strijd over Infra- en Supralapsarisme in de Gereformeerde Kerken van Nederland* (Kampen: J.H.Kok, 1912); G.C. Berkouwer, *Divine Election* (Grand Rapids: Eerdmans, 1960), 254-77; John Valero Fesko, *Diversity within the reformed tradition : supra- and infralapsarianism in Calvin, Dort, and Westminster*, Ph.D. thesis (University of Aberdeen, 1999); Herman Bavinck, *Reformed Dogmatics*, vol.II (Grand Rapids: Baker Academic, 2004), 361-99; Karl Barth, *Church Dogmatics*, vol.II/2 (Edinburgh: T&T Clark, 1957), 127-45; Richard Muller, *Dictionary of Latin and Greek Theological Terms: Drawn principally from Protestant Scholastic Theology* (Grand Rapids: Baker Book House, 1985), 233-35, 292; Sam Storms, *Chosen for life: The Case for Divine Election* (Wheaton: Crossway Books, 2007), 213-20.

12  William Twisse, *The Riches of Gods Love*, par.I., 2-3.

13  William Twisse, *A Treatise of Mr. Cottons,* 40: "I address myselfe to consider: It is good to make progress in the investigation of truth. Austin professeth himselfe to be of the number of those *qui proficiendo scribunt, & scribendo proficiunt*."

다고 고백한다.[14] 이와 관련하여 사무엘 호어드(Samuel Hoard, 1599~1658)는 항론파 논쟁에서 다른 모든 사안들을 아우르는 논의의 지배적인 주제가 "인간의 영원한 상태에 관한 하나님의 작정은 무엇이고 작정의 순서는 어떠한 것인지"에 관한 것이라고 말하면서 질문했는데, 이에 트위스는 "너 자신을 검증하고 너 자신을 탐구하고 너 자신을 알라"고 응수했다.[15] 그는 인간이 진리를 다룸에 있어서 진위와 무관하게, 자기가 행한 일들에 대한 집요한 합리화에 얼마나 노련하고 민첩한 자인지를 지적한다. 진리를 말함에 있어서도, 여전히 자신을 향하는 그 고질적인 자기 중심성에서 하나님의 은총 없이 스스로 벗어날 수 있는 자란 아무도 없다는 사실을 강조한다. 은혜 없이는 진리에 대한 인식의 객관적인 접근이 가능하지 않다는 것이다. 그는 은혜에 대한 이런 확신이 어떠한 교리를 논하는 것보다 우선적인 것이라고 말한다.

아우구스티누스는 왜, 그리고 어떻게 신적인 선택의 본질에 관한 자신의 견해를 바꿨는가? 바로 은혜에 대한 확신 때문이다. 과거에 이 교부는 하나님의 선택이 택자들의 믿음에 대한 하나님의 예지에 근거한 것이라고 주장했다.[16] 그러나 신앙은 하나님의 선물이며 하나님의 은혜가 인간의 믿

---

**14** William Twisse, *A Treatise of Mr. Cottons,* The epistle to the Reader, A3, 40; *Idem, The Riches of Gods Love,* par.I., 2; *Idem, Vindiciae gratiae, potestantis ac providentiae Dei* (Amsteldam: Joannem Janssorium, 1632), prae. ad lec.2.1.G (page/ column/part of column): "*Itaque absolutis omnibus rursus dedi animum ad decretorum divinorum ordinem studiis accuratioribus subjiciendum.*"

**15** William Twisse, *The Riches of Gods Love,* par.I., 1–2; Samuel Hoard, *Gods Love to Mankind manifested, by disprooving his Absoluted Decree for their Damnation* (1633), 1.

**16** William Twisse, *The Riches of Gods Love,* par.I., 3; Augustine, *De praedestinatione sanctorum,* in *PL* 44, III.vii–viii: "*cum similiter errarem, putans fidem qua in Deum credimus, non esse donum Dei, sed a nobis esse in nobis … Non ergo elegit Deus opera cuiusquam in praescientia, quae ipse daturus est; sed fidem elegit in praescientia, ut quem sibi crediturum esse praescivit, ipsum elegerit… Nondum diligentius quaesiveram, nec adhuc inveneram, qualis sit electio gratiae.*" Regarding the object of predestination, Twisse does not quote from Augustine, "*Ambo itaque gemini natura irae filii nascebantur, nullis quidem operibus propriis sed originaliter ex Adam vinculo damnationis obstricti, sed qui dixit: Miserebor cuius misertus ero, Iacob dilexit per misericordiam gratuitam, Esau autem odio habuit per iudicium debitum.*"

음보다 앞선다(*fidem Dei gratia praeveniri*)는 사실을 깨달았다.[17] 그래서 교부는 신적인 예정의 본질이 하나님의 기뻐하신 뜻을 따라서 주어지는 은혜라는 결론에 이르렀다. 교부의 이러한 신학적 결론을 통해 트위스는 어떠한 교리를 이해함에 있어서도 은혜가 언제나 앞선다는 이 진리는 결코 포기할 수 없다는 입장을 천명한다. 이런 맥락에서 "영국의 가장 뛰어난 논쟁가"[18]인 트위스가 생각하는 신학자의 가장 중요한 사명은 "예수회와 알미니안 분파와 같은 은혜의 대적들을 대적하는 것"[19]이라고 고백한다. 헨리 진스(Henry Jeans), 에드워드 레이놀즈(Edward Reynolds) 그리고 안드레아 리베투스(Andrea Rivetus) 같은 탁월한 학자들이 트위스를 "신적인 은혜의 역동적인, 지칠줄 모르는, 성공적인 챔피언" 혹은 "다른 브레드워딘"(*alter Bradwardinus*)이라고 호명한 것은 합당하다.[20] 트위스의 타락 전 선택설을

---

17  William Twisse, *A Treatise of Mr. Cottons,* the Epistle to the Reader, 4.

18  트위스에 대한 배일리의 설명은 다소 특이하다. "The Proloqutor at the beginning and end hes a short prayer. The man, as the world knows, is very learned in the questions he hes studied, and very good, beloved of all, and highlie esteemed; but merelie bookish, and not much, as it seems, acquaint with conceived prayer, [and] among the unfittest of all the company for any action; so after the prayer he sitts mute." Robert Baillie, *The Letters and Journals* (Edinburgh: Bannatyne Club, 1841), vol.II., 108

19  Robert Baillie, *The Letters and Journals* (Edinburgh: Bannatyne Club, 1841), vol.I., 303; William Twisse, *The Riches of Gods Love,* to the Reader, 4

20  William Twisse, *The Riches of Gods Love,* to the Reader, 4; Thomas Pierce, *The Divine Purity Defended,* 126; William Twisse, *Ad Jacobi Arminii collationem cum Francisco Junio, & Johan. Arnoldi Corvini defensionem sententiae Arminianae, De Praedestinatione, gratia, & libero arbitrio, &c. quam adversus Danielis Tileni considerationem edidit, animadversions* (Amsterdam: J. Janssonium, 1649), lectori, 3. Cf. William Twisse, *Vindiciae gratiae, potestantis ac providentiae Dei* (Amsteldam: Joannem Janssorium, 1632), rectori: "*de summa totius disputationis, testor me nihil vidisse in eodem genere scriptum, majore cum erudition, acumine, judicio, & evidential veritatis.*" Twisse understood God's grace as the cause of God called by Bradwardine (*gratiam Dei, quam causam Dei indigitat Bradwardinus*). Bradwardine's reply to the Pelagians' assertion of free will in *De causa Dei* (1618) is well summarized by Gordon Leff as "to reassert God's grace to the exclusion of all merit." Regarding the influence of Bradwardine on Twisse, Clark reports us that Twisse "had before given a great manifestation both of his learning and industry···in transcribing and judiciously correcting the writings of that profound doctor, *Thomas de Bradwardine,* which were to be published by Sir Henry Savil." Twisse considers Bradwardine as 'a pious disputer,' "a Scholastic of the great name (*magni nominis Scholasticus*)." Gordon Leff, *Bradwardine and the Pelagians: a study of his 'De Causa Dei' and its opponent* (Hertfordshire: The Syndics of the Cambridge University Press, 1956), 15; Samuel Clark, *The Lives of sundry Eminent Persons in this Later Age* (London: Thomas Simmons, 1683), vol.I., 14; William Twisse, *The Riches of Gods Love,* par.II., 57; *Idem, Dissertatio de scientia*

이해하기 위한 핵심적인 요소는 바로 하나님의 은총이다. 나아가 하나님의 은혜는 트위스의 신학 전체의 심장이다.[21]

어떤 경건한 사람이 은혜에 관해서 정통적인 입장을 가지고 있다면 그가 비록 넘어져도 논리의 차원에서 발생하는 실패일 뿐이지만, 그가 은혜에 있어서 부패하면 그때에는 그의 논리가 더 부패하면 할수록 오히려 신적인 사안을 논함에 있어서 그의 그릇된 방식들에 동의하게 만드는 일에 더욱 기여하게 된다.[22]

트위스가 신학적 논쟁들에 있어서 본질적인 요소로 생각하는 것은 하나님의 자유와 주권이다. 칼뱅이 질문한 것처럼 "자신의 피조물을 그렇게 잔인하게 부수거나 잔인하게 가지고 노는(*illudit, se jouer*) 자가 있다면 그는 불의하지 아니한가?"[23] 이와 유사한 질문을 트위스도 제기한다. "인간의 성정에 가혹한 것이라는 이유로 신적인 진리의 증거에 반대하는 것이 합당한가?"[24] 그리고 "하나님은 죄에 대한 어떠한 고려도 없이 우리를 파멸하고 괴롭힐 수 없으신가?"[25] 트위스의 대답은 신적인 속성에 대한 그의 이해에 기초하고 있다. "그가 행하신 어떤 것이 정의롭지 않은 다른 것일 수 있다는 것은 불가능한 것이며 결과된 것의 그런 정의(*such a justitia*

---

*media* (Arnhemii: Jacobum à Biesium, 1639), 105, 157.

21  This is just my guess that comes from Twisse's letter to Joseph Mede, "all my thoughts are emploied in making up the breach which these degenerate Times have caused in the mystery of God's grace." Joseph Mede, *The Works of the pious and profoundly-learned Joseph Mede* (London: James Flesher, 1664), 991.

22  William Twisse, *A Treatise of Mr. Cottons,* the Epistle to the Reader, 4.

23  John Calvin, *The Institution of Christian Religion,* trans. Thomas Norton (London: Reinolde Wolfe & Richarde Harison, 1561), III.xxiii.4. In this question, Calvin, answering "Of course (*sane*)," leads us to contemplate the hidden cause of God's arbitration and "Who are you, O man, to argue with God?"

24  William Twisse, *The Riches of Gods Love*, par.I., 8.

25  William Twisse, *A Treatise of Mr. Cottons,* 50.

*condecentiae*)는 모든 행위를 뒤따른다."[26]

하나님의 속성들은 그가 행하신 모든 것들보다 우선한다. 하나님은 전 세계를 무로 바꾸실 수 있으시다. 그것이 비록 재앙처럼 보이지만 트위스 의 눈에는 "자신의 피조물에 대한 하나님의 확장된 자유와 주권"이다.[27] 트 위스는 하나님의 자유와 주권을 다른 어떠한 것보다 선하고 위대하신 그 분의 본성 안에서의 의지의 원인과 절묘하게 연결한다.[28] 이는 신적인 의 지의 행위로서 하나님의 작정이 저항할 수 없고 어떤 조건에 근거하지 않 은 절대적인 것임을 의미한다. 신적인 의지의 절대적인 주권과 자비로운 은총 개념에 근거하여 트위스는 피조물의 어떠한 자존적인 행위도 거부한 다. 그는 유기의 절대성을 거부하는 논적들의 숨은 의도가 하나님의 무조 건적 은혜의 교리를 약하게 만들거나 제거하는 것이라고 주장한다.[29] 전 택설과 후택설 논쟁의 궁극적인 해결은 하나님의 자유로운 은총과 주권에 대한 올바른 이해라고 그는 확신한다. 그는 "모든 피조물에 대한 하나님의 은혜와 주권의 시혜에 대한 반대에 빠지는" 사람이 있다면 "그의 엉터리 논리와 철학 및 심하게 일그러진 그의 질환은 심히 악화될 것이라"고 확신 한다.[30] 그러나 이런 그의 확신에 근거하여 트위스가 논리와 철학을 버렸 다고 주장하는 것은 터무니가 없다.[31]

---

26  William Twisse, *The Riches of Gods Love*, par.I., 124.

27  William Twisse, *A Treatise of Mr. Cottons*, 34; *Idem*, *The Riches of Gods Love*, par.I., 124; *Idem*, *A discover of D Jacksons vanitie*, 60: "Before the World was made, this proposition as true, *God alone is*, and he could agayne make it true if it pleased him, by turninge all thinges into nothing, from whence they came."

28  William Twisse, *The Doctrine of Synod of Dort and Arles, reduced to the practice* (London: s.n., 1630), 67.

29  William Twisse, *The Riches of Gods Love*, par.I., 163.

30  William Twisse, *The Riches of Gods Love*, par.II., 39.

31  For example, Twisse rejected Lucan's phrase, *Deus est totum quod vides, & totum quod non vides*, not by its logical fallacy, but by the reason that the phrase is "atheisticall opinion, of such, as being ignorant of the nature of the true God, defied the nature." In this manner, Twisse criticizes Seneca, the Stoicks, Aristotle, and the Plastonists. By means of the same method as Lucan's, however, he suggests that the best construction, which was not known or produced by them, is "to say that God is the Author of all that we see, and of all that we doe not see."

## 방법론적 요소: 논리의 정점(Apex logicus)

신적인 은혜의 주권에 대한 트위스의 확고한 선호는 신적인 작정의 순서에 대한 신학적 논의의 객관성을 위협하지 않는다는 점을 이해해야 한다. 그는 최고의 논리를 잘 활용하는 것의 중요성을 인지하고 있다. 그는 논쟁의 상황을 심각하게 만드는 많은 경건한 학자들에 대해 그들의 심각한 오류는 "논리의 혼돈에 의한" 것이라고 주장한다.[32] 방법론의 혼돈은 진리의 탐구에 있어서 진입로의 차단을 일으키기 때문이다. 올바른 방법의 확립 없이는 예정의 개념은 왜곡될 가능성이 높다는 사실을 트위스는 주목한다. 예정의 논의에서 핵심적인 부분은, 신적인 작정의 올바른 순서이며 그것을 올바른 방법으로 설명하는 것이라고 그는 생각한다. 그래서 그의 관심사는 성경에 명시된 작정의 순서를 확립하는 것만이 아니라 그것을 보다 좋은 방법으로 진술함에 있다. 보다 좋은 방법에 대한 그의 애착은 논리나 철학에 대한 그의 학문적인 몰입 때문이 아니라, 하나님의 은총에 대한 정통적인 교리를 수호하고 하나님의 교회 안에서 진리의 통일성을 보존하기 위한 그의 간절한 열망 때문이다.[33]

트위스도 아우구스티누스처럼 과거에는 예지에 의존한 타락 후 선택설에 가까웠다.[34] 그러나 그 입장이 "건강한 것이 아니라 허울만 그럴 듯한 것"(*speciosa magis quam solida*)이라는 사실과 그 반대의 입장이 "건강한 이성에"(*in solida ratione*) 근거를 둔 것임을 깨달은 이후에 타락 전 선택설을 가장

---

William Twisse, *A discover of D Jacksons vanitie*, 58-59.

32　William Twisse, *A Treatise of Mr. Cottons*, 40.

33　William Twisse, *The Riches of Gods Love*, par.I., 35; *Ibid.*, par.II., 10; *Idem*, *A Treatise of Mr. Cottons*, the Epistle to the Reader, 4.

34　William Twisse, *Vindiciae gratiae, potestantis ac providentiae Dei*, prae. ad lec.2.1.F: "*Et enim jam antea satis operose tentaveram pro decreto creationis tanquam aut prius aut saltem non posterius instituto.*" William Barlee informs that "he was once a Sublapsarian." William Barlee, *A Necessary Vindication of the Doctrine of Predestination, formerly asserted* (London: George Sawbridge, 1658), 123.

강하게 지지하는 사람이 되었다고 한다.[35] 겉으로만 합당해 보이는 논리의 교리적 희생물이 된 자신의 경험 때문에 트위스는 예정론을 이해하고 설명하는 보다 정교하고 합리적인 논의의 방식을 추구하게 되었다고 한다.

정통적인 입장을 가진 자신의 신학적 형제들에 대해 트위스는, 그들 가운데 작정의 순서와 예정의 대상에 대한 입장이 다양한 것은 신학적인 것이 아니라 논리의 문제(*Apex logicus*) 혹은 철학적 이성의 차이에서 기인한 것이라고 생각한다.[36] 트위스에 의하면, 아르미니우스의 일차적인 문제는 방법과 관련된 것으로서 논리적 혹은 스콜라적 신학을 다룸에 있어 어리석게 처신했기 때문이다.[37] 그가 보기에 아르미니우스는 잘못된 논리에 길들여진 사람이다.[38] 아르미니우스의 이차적인 문제는 그의 잘못된 논리 때문에 "의도와 실행의 역순"(the inverse order of things in intention and execution)을 오해하고 없애 버린 것이었다. 트위스가 보기에 그것은 건강한 철학과 경험의 상식에도 반대되는 일이었다.[39] 아르미니우스 같은 논적들이 "일관되지 않은 추론"(*ratione abhorrentes*)으로 저지르는 속임수와 교묘한 기

---

35  William Twisse, *Vindiciae gratiae, potestantis ac providentiae Dei*, prae. ad lec.2.1.F–G.

36  William Twisse, *In Arn. Corvini defensionem sententiae Jac. Arminii de praedestinatione, ratia et lib. Arbitrio, &c. Adversus Tileni considerationem animadversio*, 203, col.2: "*licet de objecto praedestinationis hactenus dissentiant… non tam apice Theologico quam Philosophico inter se differre censendi sunt*"; William Twisse, *The Riches of Gods Love*, par.I., 10, 35, 46, 73, 85; *Ibid.*, par. II., 10, 30, 56: "the difference herein is not so much in Divinity, as in logic and philosophy; difference in opinion about order in intentions, being merely logical." Such differences are not the cause of breach of the unity or amity among Divines. See William Twisse, *Vindiciae gratiae, potestantis ac providentiae Dei*, 49–56.

37  William Twisse, *Vindiciae gratiae, potestantis ac providentiae Dei*, prae. ad lec.5.2.E.

38  William Twisse, *Vindiciae gratiae, potestantis ac providentiae Dei*, prae. ad lec.6.1.A–C, "*quam belle in Logicis institutus fuerit.*" For example, see "*Neminem in Christo & propter Christum agnoscit Deus pro suo, nisi ille idem sit in Christo. Est enim secundi adjecti, praecedit. Est tertii adjecti ut loquuntur in scholis. Qui in Christo non est, in Christo amari non potest. Hic rursus insignaem in logicis ignorantiam prodit.*"

39  William Twisse, *Ad Jacobi Arminii collationem cum Francisco Junio, & Johan. Arnoldi Corvini*, 13, col.2; William Twisse, *Vindiciae gratiae, potestantis ac providentiae Dei*, prae. ad lec.5.2.F– 6.1.E: "*Dixi de logica Arminii facultate. Superest ut de scholastica ejus Theologia nonnihil etiam advertendum proponam. Solemne est Arminio ordinem rerum in intnetione & executione prorsus confundere, invita omni Philosophia, etiam communis sensus experientia…de inveso rerum ordine, in intentione & executione, prorsus convellere potuisset.*"

술을 드러내기 위한 최고의 방법은 이성적인 논의를 위한 "보다 정확한 방법"(*methodum accuratiorem*)을 발견하는 것이었다. 트위스는 어떤 스콜라적 연구가 성경적인 원리의 애매한 부분을 명료하게 설명하는 방법론적 도구로서 필요함을 인지했다.[40] 스콜라적 방법과 관련하여 피스카토르가 비록 탁월한 성경 학자지만 학문적인 성직자는 아니라는 트위스의 평가는 "스콜라적 표현의 정확성"(accuratenesse of scholasticall expression)의 부재에 기인한다.[41] 토마스 잭슨(Thomas Jackson)이 "아르미니우스 자신보다 더 어리석은 자"라고 비난을 받는 이유도 유사하다. 즉 그의 논지들은 아르미니우스보다 "진리에 있어서도 더 헛되고" "스콜라적 논증에 있어서도 더 공허하다."[42]

트위스는 스콜라적 공리가 선택과 유기의 대상인 사람들의 상태에 대한 여러 입장들 사이의 모든 다툼을 종식시킬 최고의 방법론적 도구라고 생각한다. 그 공리는 두 가지로 구성되어 있다. 첫째, 목적의 의도는 수단의 의도에 선행한다. 둘째, 의도에 있어서 먼저인 것이 실행에 있어서는 나중이다.[43] 이 논리는 너무도 명료하기 때문에 신적인 작정의 합당한 순서에 대해 이 논리보다 더 좋은 방향성을 기대할 수 없으며,[44] 이 공리는 누구에 의해서도 거부되지 않는 것이라고 트위스는 확신한다.[45]

## 이성보다 우선적인 성경: 신학적 방법론의 핵심

하나님의 깊은 의논과 추적할 수 없는 길에 대한 트위스의 관점에 있어

---

40  William Twisse, *The Riches of Gods Love*, par.I., 169; *Ibid.*, par.II., 2, 64.
41  William Twisse, *The Riches of Gods Love*, par.II., 69.
42  William Twisse, *A discover of D Jacksons vanitie*, 3.
43  William Twisse, *The Riches of Gods Love*, par.I., 11, 65.
44  William Twisse, *A Treatise of Mr. Cottons*, 17.
45  William Twisse, *The Riches of Gods Love*, par.I., 4.

서 그가 논리보다 성경을 앞세우고 있다는 점을 주목해야 한다.[46] 물론 트위스는 모든 작정의 바른 순서가 논리의 문제라고 이해한다. 여기에는 "자연의 빛"(lumen naturalis)에 속한 이성적인 능력의 섬김이 필요하다.[47] 그러나 트위스는 자연의 빛이 성경의 인도를 받아야 한다고 생각한다.

> 하나님의 작정들 사이의 올바른 순서와 예정과 유기의 대상에 대한 올바른 언
> 표와 관련하여, 우리는 바울의 근거보다 더 좋은 다른 근거를 소원하지 않는
> 다. 즉 "하나님은 하고자 하시는 자를 궁휼히 여기시고 하고자 하시는 자를 강
> 퍅하게 만드신다."[48]

칼뱅은 하나님의 신성에 대한 이해의 심각한 난관에 봉착했을 때, 자신의 "믿음을 먼저 하나님의 말씀과 일치되게 하고" 이후에 "하나님의 교회에서 가장 잘 인증된 가르침"이 어떤 것인지를 살핀다고 했다. 트위스는 이러한 칼뱅의 신학적 태도를 인지하고 있다.[49] 그에게 가장 안전한 방법은 우리의 길과 그 길들의 토대를 명확하게 보도록 비추는 "성경의 빛"을 응시하는 것이었다.[50] 이성에 대한 성경의 이러한 우선성은 문헌들을 대하는 트위스의 태도에도 반영되어 있다. 그는 동료 목사들의 책들보다 로마의 교황주의 학자들의 책을 더 많이 탐독했다. 그럼에도 불구하고 성경에

---

46  Samuel Clark depicts Twisse, "Every day he applied himself with great Zeal and Fervency of Spirit to the Throne of Gods Grace by Prayer, and always before Dinner and Supper he read a Portion of the sacred Scriptures, expoinding the more obscure and difficult passages therein, for the Edification of his Familiy. And out of these Scriptures he prudently gathered Arguments, whereby he might the more abase himself and his, and with the greater importunity wrestle with God, for the obtaining of such mercies as he craved of him." Samuel Clark, *The Lives of sundry Eminent Persons*, vol.I., 18.

47  William Twisse, *The Riches of Gods Love*, par.I., 4; *Idem, In Arn. Corvini defensionem sententiae Jac. Arminii*, 203, col.2: "*Omnis enim de rerum secundum intentionem & executionem ordine, non nisi secundum regulas Philosophicas luce naturae conspicuas transigi solet disputatio.*"

48  William Twisse, *The Riches of Gods Love*, par.I., 47.

49  William Twisse, *The Doctrine of Synod of Dort and Arles*, 2-3, 76, 99.

50  William Twisse, *A Treatise of Mr. Cottons*, 195-96.

대한 그들의 잘못된 해석들은 단호히 거부했다.[51] 예정을 논할 때 가장 복잡하고 가장 논쟁적인 사안인 유기의 교리를 설명함에 있어서도 트위스는 성경의 명료한 증거들을 먼저 제시하고 그 다음에 이성의 명확한 증거들을 제시했다. 토마스 잭슨의 방법론적 문제를 지적할 때에도 트위스는 그가 신적인 것들에 대한 이해를 "원천보다 도랑에서", "성경보다 이성에서" 가져오려 했다는 점을 꼬집었다.[52] 트위스는 다른 어떠한 증거보다 성경을 올바른 논증의 기준으로 삼았을 뿐만 아니라 성경이 말하고자 하는 바의 경계를 넘어가지 않으려고 신중을 기하였다.[53]

## 하나님의 본성과 두 가지의 스콜라적 공리

하나님의 작정을 논함에 있어서 신적인 본성이 왜 중요한가? 하나님 자신이 모든 신적인 활동의 제1 원인이기 때문이다. 이는 또한 모든 작정들과 작정된 것들이 단일하고 영원하고 불변적인 하나님의 속성에 의해 유발됨을 의미한다. 선택과 유기의 절대성은 하나님의 본성에 근거한다. 신성에 관한 모든 교리들에 어울리는 신학 방법론을 선택하고 조율하는 것은 하나님의 존재와 섭리에 대한 지식의 지도를 요구한다. 여기에서 나는 하나님의 본성에 관한 트위스의 관점이 그로 하여금 어떻게 두 가지의 스콜라적 공리를 채택하고 수정하게 했는지를 다루고자 한다.

---

51    Joseph Mede, *The Works of the pious and profoundly-learned Joseph Mede*, 1037.

52    William Twisse, *A discover of D Jacksons vanitie*, 266, 640.

53    William Twisse, *A Treatise of Mr. Cottons*, 58–59.

## 하나님의 속성들

작정의 순서와 예정의 대상을 논함에 있어서 트위스가 주목하는 신적인 속성의 핵심은 브래드워딘(Thomas Bradwardine, 1300~1349)의 표현에 집약되어 있다. "하나님의 모든 것들은 하나님 안에서 하나이다(*Omnia Dei unum sunt in Deo*) … 하나님의 지혜, 진리, 영원성은 하나님 안에서 나누어질 수 없으며 하나이다(*sapientia Dei, et veritas, et aeternitas, non sunt diuersa inter se, sed unum sunt*)." 그리고 하나님은 "모든 존재들 중의 첫 번째 존재이며 모든 존재들의 제1 원인이다"(*primum ens omnium entium, et prima causa essendi quodcunque*).[54]

첫째, "하나님은 영원부터 모든 것들을 스스로 아시는 동시에 자신 안에서 아신다."[55] "그리스도가 만물의 으뜸이 되시다"(골 1:18)는 말씀에 근거하여 그리스도에 대한 작정이 택자들의 작정보다 앞선다고 주장한 코튼(John Cotton, 1585~1652)과는 달리, 트위스는 그 말씀이 예정의 우선성이 아니라 그리스도 인격의 탁월성을 의미하는 것이라고 주장한다. 이런 주장의 보편성을 설명하기 위해 트위스는 이 말씀을 예정으로 이해하지 않은 제롬, 암브로스, 칼뱅, 피스카토르, 베자, 라이라, 아퀴나스, 카제탄의 이름을 거명한다.[56] 특별히 그리스도 예수와 우리 각자가 그 자체의 원인이 아니라 모두 신적인 행위로 말미암아 예정된 것이기 때문에 어떤 것이 다른 것의 원인일 수 없다는 아퀴나스 주장으로 트위스는 자신의 주장을 변증한다(*sic una non est causa alterius, quia idem non est causa sui ipsius; sed eodem actu divino praedestinatus est Christus & nos*).[57] 그러므로 그리스도 예수의 예정은 택자들의

---

54 Thomas Bradwardine, *De cavsa Dei, contra Pelagivm, et de virtvte cavsarvm, ad suos Mertonenses*, ed. Henry Savile (London: Officina Nortoniana, 1618), 198, 219. Cf. Gordon Leff, *Bradwardine and the Pelagians*, 24, 40.

55 William Twisse, *A Treatise of Mr. Cottons,* 14.

56 William Twisse, *A Treatise of Mr. Cottons,* 11−13.

57 William Twisse, *A Treatise of Mr. Cottons,* 14.

예정보다 앞서는 것도 아니고 뒤따르는 것도 아니다. 이러한 트위스의 견해는 만물에 대한 하나님의 동시적인 인지에 근거한다. 즉 "하나님은 천사들과 벌레들을 동시에 생각하듯, 그리스도 예수와 우리를 동시에 생각하는 분이시다."[58]

둘째, "피조물 가운데에 명백하게 드러난 하나님의 모든 다양한 영광은 동시에 의도된 것이다."[59] 이는 하나님의 정의에 대한 아퀴나스 사상이 반영된 트위스의 주장이다. 즉 하나님께 합당한 것을 돌려야 할 신적인 정의는 그의 지혜와 온전한 하나이다.[60] 트위스는 정의를 보응적인 것과 보상적인 것으로 구분한다. 정의의 이러한 이중성은 하나님 안에서 불가분의 하나인 그의 본성에 대한 트위스의 이해에 기초한다. 코튼은 하나님의 은혜와 정의가 그의 능력과 주권보다 선행하는 것이라고 주장한다.[61] 이런 주장을 트위스는 반박한다. 정통적인 신앙을 소유한 형제를 이렇게 비판하는 이유는 모든 교리가 온전하기 위해서는 하나님의 본성에 보다 합당한 것이어야 한다는 트위스의 확신 때문이다. 트위스에 따르면, 정죄는 보응적인 정의의 행위이고 보상은 보상적인 정의의 행위이다. 이처럼 정의는 멸망의 집행만이 아니라 구원의 집행 안에서도 자신의 모습을 드러낸다.[62] 그래서 트위스는 하나님의 자비와 정의와 진리가 그의 능력과 지혜에 대한 동시적인 드러남이 없이는 발견되지 않는다고 생각한다. 이런 생각에 근거하여 트위스는 사무엘 호어드(Samuel Hoard)에게 질문한다. "하

---

58  William Twisse, *A Treatise of Mr. Cottons*, 14.

59  William Twisse, *A Treatise of Mr. Cottons*, 34; William Twisse, *Ad Jacobi Arminii collationem cum Francisco Junio, & Johan. Arnoldi Corvini defensionem sententiae Arminianae, De Praedestinatione, gratia, & libero arbitrio, &c. quam adversus Danielis Tileni considerationem edidit, animadversions* (Amsterdam: J. Janssonium, 1649), 37, col.2.

60  William Twisse, *The Riches of Gods Love*, par.I., 123. Hoard elaborated to disprove the absolute decree of reprobation because it was entirely "contrary to Scripture, Gods nature, and sound reason." Samuel Hoard, *Gods Love to Mankind*, 15.

61  William Twisse, *A Treatise of Mr. Cottons*, 34–38.

62  William Twisse, *A Treatise of Mr. Cottons*, 44.

나님은 어떤 것의 집행보다 다른 것의 집행에 의해서 더 영광을 받으시는가?"[63] 트위스는 코튼이 하나님의 본성 안에서 어떠한 것이 다른 것보다 더 영화로운 것이 아니며 단지 우리의 인식에만 어떤 속성들이 다른 속성들에 비해 더 영화로운 것처럼 보일 뿐이라고 생각하고 있음을 인지하고 있다.[64] 그럼에도 불구하고 그는 하나님의 작정에 있어서 그의 능력과 주권보다 그의 자비와 정의를 영화롭게 하는 우선적인 목적과 의도가 하나님께 있다는 코튼의 견해에 대해서는 의문을 제기한다.[65] 트위스에 의하면, 하나님의 능력과 주권과 지혜의 영광은 택자들에 대한 그의 은총과 유기자들에 대한 그의 정의 모두에서 동등하게 나타난다. 하나님의 모든 속성들은 그가 행하시는 모든 일들 안에서 우리에게 알려진다. 하나님께서 우리를 긍휼의 그릇으로 만드시든지 진노의 그릇으로 만드시든지 그에게 무슨 차이가 있겠는가![66] 하나님의 능력과 덕의 관계에 대하여 트위스는 능력의 행위들이 정의와 결합할 때에야 선하게 된다는 주장을 거부한다. 왜냐하면 "결과된 것들의 정의는 하나님의 모든 행위들에 수반되는 것이라"는 공리와 어울리지 않기 때문이다. 그래서 트위스는 "하나님께 있는 것이라면 그의 능력이든 그의 자비이든 어떠한 것이든 동일하게 영화롭고" 하나님의 매우 다채로운 지혜(πολυποίχιλος σοφια τοῦ θεοῦ)는 바울이 로마서 9장에서 밝힌 것처럼 다른 나머지의 속성들 못지않게 영화롭다.[67] 작정의 순서에 있어서 어떠한 우선성도, 어떠한 등급도, 어떠한 상호 의존성도 없으며, 하나님의 신적인 속성들 안에는 오직 분리될 수 없는 영광의 통일

---

63  William Twisse, *The Riches of Gods Love*, par.I., 123.

64  William Twisse, *A Treatise of Mr. Cottons*, 36.

65  William Twisse, *A Treatise of Mr. Cottons*, 35-37: "Surely we are so to conceive it, as his primary aime and intent to be, to glorifie rather his grace and justice, then his power and soveraignty."

66  William Twisse, *A Treatise of Mr. Cottons*, 38.

67  William Twisse, *A Treatise of Mr. Cottons*, 34-35.

성만 있다. 그래서 트위스는 은총과 정의 사이에 하나님의 우선적인 의도를 논하는 것 자체를 거부한다.[68]

셋째, 하나님은 무엇에서 비롯되지 않은 원인이시며 움직이지 않는 운동자가 되시기 때문에, 자신의 의지 이외에는 다른 어떤 것에 의해서도 결과되지 않고 움직이지 않는 분이시다. "하나님은 하고자 하시는 자에게 자비를 베푸신다." "어떤 이에게서 하나님을 움직이는 그 무언가를 찾을 수 있겠는가?"[69] 시간적인 것이 하나님의 영원한 의지로 말미암은 작정의 원인이 될 수 없다는 것은 너무도 당연한 주장이다.[70] 트위스는 브래드워딘을 언급하며 로마서 9장 18절이 "만물의 최초 운동자"가 되시는 하나님께서 자신의 본성이 가장 합당하게 만물을 움직이시는 분임을 뜻하는 구절이라고 해석한다. 그 구절은 또한 하나님의 불변적인 작정 없이는 만물 중에 어떠한 것도 움직일 수 없음을 의미한다.[71] 중세의 석학 아퀴나스의 이름도 언급하며, 트위스는 하나님의 유효적인 본성에 의해서 모든 종류의 이차적인 원인들을 통하여 필연적인 것은 반드시 필연적인 방식으로(necessarily) 일어나고, 우연적인 것들은 반드시 우연적인 방식으로(accidentally) 일어나고, 인간의 자유로운 행위들은 자유로운 방식으로(freely) 일어나는 것이라고 주장한다.[72] 왜냐하면 하나님께서 "일어날 모든 일을 그것의 본성에 맞도록 일어나고 모든 피조물을 그들의 본성에 맞게 일하도록 정하셨기 때문이다."[73] 여기에서 우리가 주목해야 하는 것은 필연적

---

68 William Twisse, *A Treatise of Mr. Cottons*, 33.

69 William Twisse, *The Riches of Gods Love*, par.I., 37, 188. Twisse is quite receptive of Aristotle's notion of 'the first mover' as one of common principles of philosophy.

70 William Twisse, *The Doctrine of Synod of Dort and Arles*, 40.

71 William Twisse, *The Riches of Gods Love*, par.II., 69, 77, 80, 81: "Bradwardine proposeth… God doth determine their will before it hath determined itselfe, and maketh them doe those only actions, which his omnipotent ill hath determined, and not which their wills out of any absolute dominion over their own actions, have prescribed."

72 William Twisse, *A discover of D Jacksons vanitie*, 10–11.

73 William Twisse, *The Riches of Gods Love*, par.II., 69.

거인들의 예정

인 일이든 우연적인 일이든 하나님께서 작정하신 일들은 반드시 일어날 수밖에 없다는 사실이다.[74] 필연성과 우연성은 일이 발생하는 어떤 방식(modi rerum)이기 때문에 우연적인 것이든 필연적인 것이든 모든 것은 전적으로 하나님의 저항할 수 없는 불변적인 작정에 의존하고 있다. 나아가 트위스는 우리가 사물 자체(res ipsas)만이 아니라 사물의 방식(modos rerum)도 하나님의 뜻과 작정에 종속시켜 생각해야 함을 강조한다.[75] 그러므로 "모든 것들이 하나님의 작정 면에서는 필연적인 것들이다."[76] 이것은 트위스의 신적인 인과율 개념의 첫 번째 단계이다. 이에 대하여 트위스는 다소 극단적인 두 견해 즉 브래드워딘의 주장과 알바레즈의 주장을 소개한다. 전자는 "하나님이 피조물을 자신의 모든 자유로운 행위에 필히 묶는다"고 주장하고, 후자는 "하나님이 피조물을 자유롭게 행하도록 정하시는 분이라"고 주장한다.[77] 그러나 트위스는 각 주장에서 옳다고 생각하는 부분들을 조합한다. 즉 자연의 일들은 하나님의 작정에 의해 필연적인 방식으로 일어나고 인간의 행위들은 동일한 하나님의 작정에 의해 자유롭고 우연적인 방식으로 일어난다.[78] 그러나 그것이 하나님의 작정에 우연적인 주체들 혹은 그들의 자유로운 행위와 같은 외적인 원인들에 의해 좌우되는 것은 아니라고 강변한다.

신적인 인과율의 두 번째 단계는 어떤 "가능한 것들"(things possible)의 상태에서 "미래적인 것들"(things future)의 상태로 전환되는 원인이 하나님의 본성 안에 있느냐에 대한 질문이다.[79] 브래드워딘과는 달리,[80] 트위스는 그

---

74  William Twisse, *A discover of D Jacksons vanitie*, 271, 288, 289: "Nothing can come to passe otherwise then God hath decreed, it shall come to passe."

75  William Twisse, *A discover of D Jacksons vanitie*, 271.

76  William Twisse, *A discover of D Jacksons vanitie*, 272.

77  William Twisse, *The Riches of Gods Love*, par. II., 107.

78  William Twisse, *A discover of D Jacksons vanitie*, 288.

79  William Twisse, *The Doctrine of Synod of Dort and Arles*, 66–67.

80  Thomas Bradwardine, *De cavsa Dei*, 220–221. In the casual order of priority between divine

전환의 원인이 하나님의 지식이 아니라 하나님의 작정이고 그것만이 원인임을 주장한다.[81] 트위스는 예수회와 알미니안 분파가 하나님의 절대성을 부정하기 위해 채택한 "중간 지식"(scientia media) 이론을 인지하고 있다.[82] 사실 그는 이 이론을 반박하기 위해 미래의 우연적인 것들에 대한 탐구에 투신했다. 하나님의 작정이 예지에 의존하고 있다는 주장을 트위스가 거부하는 이유는 무엇인가? 작정하는 것은 하나님의 자유로운 의지의 행위이고 그 행위의 대상일 수는 없으므로 하나님이 작정할 것을 작정하는 것 혹은 규정할 것을 규정하는 것은 참일 수 없기 때문이다.[83]

미래의 우연적인 것들에 대한 해석은 트위스로 하여금 중세적 경건과의 사랑에 빠지도록 만들었다. 특별히 그는 둔스 스코투스(Duns Scotus, d.1308)의 사상을 존중한다. 왜냐하면, 둔스 스코투스가 미래의 우연적인 것들을 일반화한 보나벤처 사상의 오류를 발견했고, 하나님은 미래의 모든 우연적인 것들을 아시는데 이는 그것들을 생산할 자신의 뜻과 목적을 아시기 때문임을 강조하는 아퀴나스 사상의 오류를 지적했기 때문이다.[84] 모든 것이 신적인 본성의 필연성에 의해 형성되는 것이라는 주장에 대해, 트위스는 그것이 "무신론적 주장이며 하나님의 모든 섭리를 철저하게 없

---

attributes, Bradwardine follows Peter Lombard, notarizing with Aristotle's terms, "*quod divina scientia, quae est notitia eius simplex, est vere causa cuiuslibet rei factae…intellectio & cognitio actualis mouet voluntatem, & est causa voluntionis illius.*"

81  William Twisse, *A Treatise of Mr. Cottons,* 16: "God, as who infallibly foreseeth all things, and not only foreseeth them, but ordaineth they shall come to passe as well as he ordaineth causes and effects. For, not the things themselves are ordained by God, but also the very order of them; some to bee effects, some causes, and some occasions."

82  Twisse's view on *scientia media* chiefly depends on Bradwardine's *De causa Dei.* See William Twisse, *Dissertatio de scientia media; Idem, A Treatise of Mr. Cottons,* 69; *Idem, The Riches of Gods Love,* par.II., 77.

83  William Twisse, *The Riches of Gods Love,* par.I, 165.

84  William Twisse, *The Riches of Gods Love,* par.II, 220; *Idem, Dissertatio de scientia media,* 75, col.1; *Idem, A discover of D Jacksons vanitie,* 170, 276–77. Concerning the way of God existing, Twisse also opposes to Aquinas' argument, which was also impugned by Scotus, that "God by his essence (not only by his power) is in all things, because, and that according unto Aristotles doctrine, *Movens & motum* nust be *simul.*" William Twisse, *A discover of D Jacksons vanitie,* 104.

애는 것"이라고 여기며 거부했다.[85] 그러나 그 주장은 기독교적 운명이 오직 하나님과 그의 작정에만 의존하고 있음(*fatum Christianum, a Deo ejusque decreto unice dependens*)을 주장하기 위해 예수회에 의해 채택된 것이었다.[86] 그러나 그런 기독교적 운명은 신을 그의 본성에서 결정된 진리의 필연성에 의해 제한하는 스토아적 운명(*fatum Stoicum*)과 다르지가 않다.[87] 트위스는 이러한 입장에 동조하는 아르미니우스를 반박하며, 하나님은 "자신의 본성과 그 본성에 합당한 방식을 따라 자신의 의지 안에서 행하시기" 때문에 자유로운 분임을 강조했다.[88]

죄에 관하여 트위스는, "하나님은 죄의 저자가 아니라"(*Deus non est autor mali*)는 아우구스티누스의 견해에 동의하고, "하나님은 악한 행위의 유효적, 형식적, 목적적 원인이긴 하시지만 질료적 원인은 아니라"(*Deus est causa efficiens, formalis, finalis malae actionis, sed non materialis*)는 브래드워딘의 견해에도 긍정적인 입장을 표명한다.[89] 이러한 두 견해를 따라 트위스는 자기의 주인에 대한 유다의 배신, 예수에 대한 헤롯의 조롱, 빌라도의 예수 정죄는 신적인 작정을 따라 필연적인 일이지만 필연적인 방식으로 일어나지 않고 우연적인 방식으로 자유롭게 발생한 일이라고 트위스는 설명한다.[90] 그러므로 하나님은 피조물의 자유로운 의지를 따라 이루어진 우연적인 행위들인 죄들의 저자가 아니시다. 죄의 저자는 그들 자신이다. 그러나 트위스는 질료적인 원인과 죄의 저자 사이의 구체적인 인과성에 대해서

---

85  William Twisse, *The Doctrine of Synod of Dort and Arles*, 67.

86  William Twisse, *Vindiciae gratiae, potestatis ac providentiae Dei*, 29.2.B–C.

87  William Twisse, *Vindiciae gratiae, potestantis ac providentiae Dei*, 29.2.D–E.

88  William Twisse, *Vindiciae gratiae, potestantis ac providentiae Dei*, 29.1.A: "*agit in ipsam voluntatem secundum naturam ipsius, & secundum modum naturae ipsius convenientem.*" Italic form is my own emphasis.

89  William Twisse, *The Riches of Gods Love*, par.II., 125; Thomas Bradwardine, *De cavsa Dei*, 554. Cf. Gordon Leff, *Bradwardine and the Pelagians*, 64.

90  William Twisse, *The Riches of Gods Love*, par.I.64.

는 침묵했다.

## 두 가지의 스콜라적 공리

하나님의 작정에 관하여 신학자들 사이의 결정적인 차이가 신학적인 내용이 아니라 논리의 문제라는 사실을 알고 있는 트위스가 그칠줄 모르는 이 논쟁에 종지부를 찍을 방법론적 해법 발견에 특별한 주의를 기울였던 것은 전혀 이상하지 않다. 학교가 최고의 일반적인 규칙으로 삼고 있는 두 가지의 스콜라적 공리는 이러하다.[91] 첫째, 수단들과 목적이 고려되지 않은 의도의 순서는 없으며 목적의 의도가 앞서고 수단들의 의도가 뒤따른다(*nullus intentionis ordo est nisi ratione mediorum & finis; prior est intention finis et posterior intention mediorum*). 둘째, 의도에 있어서 처음은 집행에 있어서 나중이다(*quod primum est in intentione idem est ultimum in executione*). 이 표현의 종합을 아퀴나스 표현으로 말하자면, 목적은 의도에 있어서 처음이고 실행에 있어서는 나중이다.[92] 트위스는 이러한 스콜라적 공리의 기원에 대해서 말하기를 "자연의 이중적인 질서"(*duplicem ordinem naturae*), 즉 "생성하는 자연과 의도하는 자연"(*naturae generantis & naturae intendentis*)의 질서에서 온 것이라고 간략하게 설명한다.[93] 자연의 생성에 따르면 일반적인 것과 공통적인 것들이 특별한 것들에 선행한다. 생성의 순서에 있어서 식물은 동물보다 선행하고 동물은 인간보다 선행한다. 그러나 자연의 의도에 있어서는 순서가 역전된다. 가장 특별하고 가장 완전한 것들이 의도에 있어서는 다른 무엇

---

91  William Twisse, *The Riches of Gods Love*, par.I., 54; *Idem, In Arn. Corvini defensionem sententiae Jac. Arminii*, 115, 330: "*Nam ad ordinem decretorum recte constituendum sufficit ratio naturalis, dictans omnibus, prius esse debere decretum de fine, quam decretum de mediis, & quod in intentione priorem locum occupat, posteriorem locum occupare debere in executione.*"

92  Thomas Aquinas, *Summa Theologiae*, Ia.2ae.1, 1; Ia.2ae.1, 4; Ia.2ae.20, 2; Ia.2ae.25, 2.

93  William Twisse, *A Treatise of Mr. Cottons*, 249-250.

보다 우선이다. 이런 맥락에서 가장 특별하고 완전한 하나님의 영광은 의도에 있어서 으뜸인 것이다.

### 첫 번째 스콜라적 공리

첫 번째 스콜라적 공리에 입각하여, 트위스는 수단들의 고려가 목적의 고려에서 취하여진 것이라는 "고려의 우선성을 따라"(*prioritate rationis*) 목적의 의도가 앞서고 수단들의 의도가 뒤따르는 것이라고 주장한다.[94] 트위스가 보기에, 신적인 작정의 순서에 대한 해법은 목적과 수단들의 올바른 구분에 의존하고 있다.[95] 목적은 단일하다. 우리의 구원은 신적인 행위의 목적이 아니라고 트위스는 주장한다. 나아가 트위스는 그리스도 예수의 영광이 신적인 의도의 처음이고 섭리적인 실행의 끝이라는 코튼의 주장도 거부한다. 왜냐하면 트위스가 보기에 성부 및 성령과 더불어 예정의 저자이신 그리스도 예수의 영광이, 신성을 따라서는 혹은 삼위일체 하나님의 영광과 일치하는 한에서는 신적인 행위의 끝이지만 인성을 따라서는 신적인 행위의 마지막이 아니기 때문이다.[96] 트위스에 의하면, 하나님 자신만이 유일한 목적이다. 이는 "그가 자신을 위하여 만물을 지으신 분"(잠 16:4)이라는 지혜자의 말에 명확하게 언급되어 있다. 그리스도 예수의 낮아짐과 높아짐은 인성을 따라 이루어진 일이기 때문에 목적이 아니라 수단일 뿐이라고 한다. 그리스도 예수의 성육신과 우리의 예정, 그리고 창

---

94  William Twisse, *A Treatise of Mr. Cottons*, 4-5; *Idem*, *The Riches of Gods Love*, par.I., 4, 54, 65, 164; *Ibid.*, par.II., 10, 180, 181; *Idem*, *A discover of D Jacksons vanitie*, 304; *Idem*, *Ad Jacobi Arminii collationem cum Francisco Junio, & Johan. Arnoldi Corvini*, 2, 3, 5, 9, 12, 13, 31, 44, 49; *Idem*, *In Arn. Corvini defensionem sententiae Jac. Arminii*, 17, 46, 246, 273 . Twisse criticizes Jacob Arminius, Corvinus, Grevincovius, Hoard, Cotton, Mendoza, Piscator, De Moulin, for their wrong assumptions contrary to the most general rules touching the order of things in intention and execution.

95  William Twisse, *The Riches of Gods Love*, par.I, 10.

96  William Twisse, *A Treatise of Mr. Cottons*, 16-22; *Idem*, *In Arn. Corvini defensionem sententiae Jac. Arminii*, 132: "*Iesum Christum Dei filium una cum Patre & Spiritu Sancto Praedestinationis autores esse agnoscimus.*"

조와 죄의 허락과 같은 작정들은 서로에게 원인과 결과의 관계를 가지지 않고 동시적인 작정이다.[97] 이는 어떤 수단의 의도가 다른 수단의 의도에 원인으로 작용하지 않는다는 것을 의미한다.[98] 하나님의 작정에 있어서 우선성의 문제는 "어떠한 것이 다른 것을 위하여 의도될 때"에만 작용한 다.[99] 그러므로 수단들의 작정들은 서로에게 종속되지(*sub-ordinanda*) 않고, 동시에 작정되고 "하나의 완전하고 온전한 수단의 고려"(*rationem unius medii integralis & completi*)로서 서로 종합되며, 함께 동일한 목적 즉 하나님의 영광 을 지향한다.[100]

### 두 번째 스콜라적 공리

두 번째 스콜라적 공리: "의도에 있어서 처음인 것이 실행에 있어서는 나중이다." 이 공리를 트위스는 응용해서 "실행에 있어서 끝에서 두 번째 인 것은 의도에 있어서 두 번째 것"(*quod est penultimum in executione, est secundum in intentione*)이라고 주장한다.[101] 이 주장은 지금까지 살펴본 트위스 자신의 주장 안에서도 논리적인 모순을 일으킨다. 첫째, 모든 작정은 하나의 완 전한 목적인 하나님의 영광에 기여하는 것이고, 의도에 있어서 두 번째 것 이라면 마지막 목적이 아니기 때문에 수단이다. 그리고 수단들 사이에는 순서가 없다고 주장했다. 그런데도 트위스는 의도와 집행의 역순을 "뒤에 서 두 번째 수단"(*penultimum medium*)에 적용하고 있다. 사실 이것이 만물에

---

97 William Twisse, *A Treatise of Mr. Cottons*, 30.

98 William Twisse, *Ad Jacobi Arminii collationem cum Francisco Junio, & Johan. Arnoldi Corvini*, 12, 52: "*Agnoscimus intentionem finis in Deo priorem esse natura intentione mediorum; Alium ordinem intentionum in Deo prorsus negamus.*"

99 William Twisse, *A Treatise of Mr. Cottons*, 31.

100 William Twisse, *Vindiciae gratiae, potestantis ac providentiae Dei*, appendix, 50.1.F; *Idem, A Treatise of Mr. Cottons*, 4, 263; *Idem, Ad Jacobi Arminii collationem cum Francisco Junio, & Johan. Arnoldi Corvini*, cols.2, 13, 45, 47: "*Nobis multo verisimilius videtur, decreta ista, de peccato videlicet permittendo, & Christo in mundum nittendo nequaquam subordinanda esse in intentione Dei, sed potius coordinanda & simultanea constituenda.*"

101 William Twisse, *Vindiciae gratiae, potestantis ac providentiae Dei*, appendix, 784.2.B–C.

대한 하나님의 동시적인 앎과 의도함의 관점에서 보면 모순되지 않는다. 그러나 이러한 주장 때문에 트위스는 자신의 친구인 로버트 샌더슨(Robert Sanderson, 1587~1663)과 동시대 학자들에 의해 비난을 받아야만 했다. 샌더슨에 의하면, 모든 논리의 대가들은 궁극적인 목적에 대해서가 아닌 두 번째 공리의 일반적인 적용이 아주 심각한 오류를 낳기 때문에 그 공리를 "의도에 있어서 처음인 목적은 실행에 있어서 끝이라"(*Finis qui primus est in intentione, est ultimum in executione*)는 말로 바꾸어야 한다고 생각한다.[102]

## 작정의 순서와 예정의 대상

### 작정의 순서

스콜라적 공리를 작정의 순서에 적용하면 어떤 결과가 나올까? 우리는 트위스가 작정의 순서를 논할 때, "의도"를 목적 혹은 작정과 동일한 개념으로 사용하고 있다는 사실을 주목해야 한다.[103] 그에게 의도의 순서는 작정의 순서와 직결되어 있다. 트위스가 생각하는 의도 혹은 작정의 궁극적인 목적은 하나님의 영광이다. 하나님은 그 자신이 모든 것들 중에서 지극히 선하고 지극히 거룩하고 지극히 사랑스러운 목적이기 때문에, 지극히 사랑스러운 것으로서 자기 자신을 사랑하고 모든 것 중에서 자신의 영광을 지향하는 분이시다.[104] 이러한 하나님의 영광 이외에 어떠한 다른 목적

---

102  Izaak Walton, "Dr. Pierce's letter," in *The Life of Dr. Sanderson, late Bishop of Lincoln*. 튜레틴도 두 번째 공리가 "마지막 목적"에 대해서는 바르지만 "하위의 다른 목적들"에 대해서는 적합하지 않다고 말하며 트위스의 입장을 거부한다. Francis Turretin, *Institutes of Elenctic Theology*, vol.I., trans. George Musgrave Giger. ed. James T. Dennison, Jr (New Jersey: P&R, 1992), II.ix.19~24 (246-48).

103  William Twisse, *The Riches of Gods Love*, par.II., 189: *Idem, A Treatise of Mr. Cottons*, 25.

104  William Twisse, *A Treatise of Mr. Cottons*, 22; *Idem, The Riches of Gods Love*, par.I, 10; *Idem, The Doctrine of Synod of Dort and Arles*, 76.

이 합당할 수 있겠는가! 트위스는 하나님 이외에 다른 모든 것들이 하나님의 영광을 드러내는 하나의 통일된 도구라고 확신한다. 영원한 생명에 이르는 선택의 작정과 영원한 사망에 이르는 유기의 작정, 창조의 작정, 죄 허용의 작정, 그리스도 낮아짐과 높아짐의 작정은 모두 하나님의 영광을 위한 수단의 작정이다. 나아가 트위스는 "하나님의 영광이 실행에 있어서 마지막일 뿐만 아니라 동시에 처음인 것은, 아담의 타락과 마지막 날에 유기자의 형벌을 포함한 모든 것들이 의도이든 실행이든 결국에는 하나님의 영광을 섬기는 수단이기 때문"이라 한다.[105] 이것은 분명히 성경이 말하는 것이지만 지금까지 트위스가 확고하게 붙들었던 의도와 실행의 역순을 넘어선 것이기 때문에 특이하다.

수단들의 작정은 동시적인 것이지만, 하나님은 먼저 어떤 이들을 정죄하고 두 번째로 그들의 불순종을 허용하는 의도를 가지고 계셨다고 트위스는 주장한다. 이는 죄의 고려가 죄의 허용에 앞서지 않는다는 주장이다.[106] 다음은 작정의 순서에 대한 트위스의 결론이다.

목적은 대단히 특별하고 그 목적에 기여하는 합당한 수단이 뒤따른다. 즉 하나님의 영광을 나타내는 작정은 특별하고, 하나님 자신과 함께 처음이며 두 번째가 수단들의 작정이다. 수단들은 질료적인 것이지만 어떤 목적에 기여하는 단일한 형식적 개념의 수단 범주에 모두 들어간다. 그 범주는 그것의 다양한 부분으로 그 모든 수단들을 포괄한다. 결국 그것들은 모두 하나의 형식적인 작정 즉 수단들의 작정을 구성하는 것이라고 간주해야 한다. 그것들 중 어떠한 수단도 다른 수단에 앞서지 않으며, 모든 것은 처음에 의도된 바로 그 목적을 지향하는 수단으로 동시에 의도된 것들이다.[107]

---

105  William Twisse, *A Treatise of Mr. Cottons*, 18.
106  William Twisse, *A Treatise of Mr. Cottons*, 53, 110.
107  William Twisse, *The Riches of Gods Love*, par.I, 11.

## 예정의 대상

예정의 대상을 논함에 있어서 가진 트위스의 일차적인 의도는 그의 책 『은혜의 변증』의 소제목에 암시되어 있다. "우주적인 예정의 대상은 창조되지 않은 사물이며 어떠한 사람도 죄의 고려를 통하지 않고서는 유기되지 아니한다"(*objectum praedestinationis universae esse massam nondum conditam, nec tamen cujusquam reprobationem fiery citra considerationem peccati*).[108] 이러한 의도를 달성하기 위해 트위스는 인간의 다양한 상태들을 일별한다. 즉 자연적인 존재의 상태, 죄의 상태, 은혜의 상태, 영광의 상태 등 이러한 것들은 모두 하나님의 유효성 혹은 하나님의 허락에 종속된다. 그리고 트위스는 이렇게 질문한다. 인간은 어떠한 상태에서 영원한 생명 혹은 영원한 사망으로 예정되는 것인가? 예정의 대상과 관련된 이러한 질문에 대한 여러 답변들을 트위스는 세 가지로 분류한다. 첫째, 아직 창조되지 않은 인류(*massa nondum condita*)이다. 둘째, 창조는 되었으나 아직 타락하지 않은 인류(*massa condita sed nondum corrupta*)이다. 셋째, 창조되고 타락한 인류(*condita & corrupta*)이다.[109]

"창조되지 않은 인류"의 의미는 무엇인가? 예정의 대상에 대한 트위스의 정의에 잘 나타난다. "하나님이 그에게 어떠한 것을 원하시는 사람, 그분이 그 사람에게 원하시는 어떤 것, 하나님에 의해 창조든 허용이든 어떤 상태가 주어지지 않은 사람"을 의미한다.[110] 이렇게 주장하는 트위스는 자

---

108   William Twisse, *Vindiciae gratiae, potestantis ac providentiae Dei*, lib. I, I. v. (70. 2. A); *Idem, Ad Jacobi Arminii Cooationem cum Francisco Junio; & Johan. Arnoldi Corvini*, fol. 2.

109   William Twisse, *A Treatise of Mr. Cottons*, 40; *Idem, Vindiciae gratiae, potestantis ac providentiae Dei*, 48. 1. C–D, 50. 1. A. According to Twisse, Piscator after Junius has performed to reconcile the three opinions, making place for each consideration in the object of predestination with more perspicuity and with better success than Junius. William Twisse, *The Riches of Gods Love*, par. II, 10.

110   William Twisse, *Ad Jacobi Arminii Cooationem cum Francisco Junio; & Johan. Arnoldi Corvini*, fol. 2: "*Objectum igitur praedestinationis est & persona, cui vult aliquid Deus, & res quam vult*

신이 베자, 잔키우스, 고마루스[111] 그리고 휘터커와 같은 스탠스를 취한다고 주장한다. 그들은 모두 예정의 대상이 "타락하지 않고 완전하지 않음이 없고 창조되지 않은 종류의 인간"이라고 주장한다.[112] 즉 예정의 대상이 되는 인간은 어떠한 상태도 가지고 있지 않고 그저 "순수한 무엇"(*massa pura*)이다. 그러나 유니우스와 피스카토르처럼, 트위스도 "순수한 무엇"은 어중간한 견해라고 하면서 그것은 첫 번째 견해를 제치고 세 번째 견해에 이른다고 한다.[113] 트위스는 "사물의 복잡성에 따르면 사물의 본질은 존재에서 도출되는 것이 아니라"[114]는 철학적 사유를 활용하여 첫 번째 견해와 두 번째 견해를 구분한다. 그리고 그는 사람이 실질적인 창조 이전에는 창조된 것으로 간주될 수 없는 이유가 "창조되고 있는 상태 속에서는"(*conditione creandi*) 인간이 실체적인 존재가 아니기 때문이라 한다. 그러므로 "순수한 무엇"은 예정의 대상으로 상정될 수 없다고 트위스는 생각한다.[115] 게다가 창조의 작정이 다른 어떤 것을 목적으로 삼는다면 하나님의 뜻인 예정 이전에 놓여질 수 없으므로, 예정의 대상은 "순수한 무엇"이 아니라 "창조되지 않은 무엇"으로 보는 게 더 타당하다.

유기에 대한 트위스의 기본적인 입장은 두 가지에 기초한다. 첫째, "유기의 대상은 아직 창조되지 않은 사람이다." 둘째, "하나님의 의지 외에 인

---

illi; nec ulla conditio datur hominis, quam Deus non velit aut facere, aut permittere."

**111**  There is no evidence of Twisse's theological influence on Gomarus, who says, ". Cf.

**112**  William Twisse, *The Riches of Gods Love*, par.I, 12–13. Dijk asserts that Petrus Vermigli, Withaker, Zanchius, Perkins, Piscator, Polanus, Ursinus, Trelcatius, Trigland have supralapsarian point of view in the order of decree, and also finds a developed system (een ontwikkeld systeem) of the decrees ordered in the sense of Gomarus, Tossanus, Kuchlinus, Voetius, Burmannus, Witsius, Hoornbeek, Comrie, and Maccovius. K. Dijk, *De strijd over Infra-en Supralasarisme*, 36–37.

**113**  William Twisse, *The Riches of Gods Love*, par.I, 33–34.

**114**  William Twisse, *Vindiciae gratiae, potestantis ac providentiae Dei*, 53.1.A–B: "*Ratio est, quia quidditas sive essentia rei abstrahit ab existentia, non sic complexio rerum.*"

**115**  William Twisse, *A Treatise of Mr. Cottons*, 69, 195, 197: *Idem, The Doctrine of Synod of Dort and Arles*, 40–41. Twisse argues that election or reprobation is the will of God in a certain kind.

간의 어떠한 선행도 선택의 동인이 아닌 것"처럼 "유기의 유일한 동인은 인간의 본래적인 혹은 실제적인 죄가 아니라 하나님의 의지이다."[116] 유기의 대상이 "타락한 무엇"(*massa corrupta*)이라 한 후택설의 주장에 대해 트위스는 도르트 총회와 칼뱅을 오용하며 그 주장을 두둔하는 자들을 반박한다. 특별히 칼뱅에 대해서는 피기우스(Albert Pighius, d.1542) 반박의 핵심적인 내용으로 "가장 안전한 길은 아담 안에서 부패한 자들을 고려하며 예정을 다루는 것"이라는 반론의 왜곡을 언급한다.[117]

트위스는 아퀴나스 입장과 동일한 것이라고 말하면서, 유기는 "허락된 타락한 의지와 앞선 잘못에 부과되는 정죄"를 포함하고 있으며, "하나님은 어떠한 사람도 죄와 그가 그 안에 끝까지 머무름이 없이는 멸하지 않고 멸하는 작정을 하시지도 않는다"고 주장한다.[118] 이는 "하나님께서 죄를 전제함이 없이는 누구도 멸망으로 정하시지 않는다."는 것을 뜻한다고 한다.[119] 그렇지만 그는 경건한 학자들과 교황주의 학자들 모두가 가장 빈번하게 범하는 가장 위험한 잘못은 다음의 두 가지 해석들의 미세한 혼돈에서 비롯된 것이라고 진단한다. 1) 죄는 하나님의 정하심에 의한 정죄의 원인이

---

116 William Twisse, *The Riches of Gods Love,* par.I, 35, 151. Twisse keeps guard against the case of Du Moulin, as typical of errors among Divines, who is 'very orthodox' in his view of election but Arminian in reprobation. Cf. William Twisse, *A Treatise of Mr. Cottons,* 143; Pierre Du Moulin, *The Anatomy of Arminianisme: or The Opening of the Controversies lately handled in the Low-Countryes, concerning the Doctrine of Prouidence, of Predestination, of the Death of Christ, of Nature and Grace* (London: T.S., 1620), 92–97, 200, 210–212.

117 William Twisse, *A Treatise of Mr. Cottons,* 41; Idem, *The Riches of Gods Love,* par.II, 12. But Calvin may not be clearly called an infralapsarian in his saying, "although long before the fall of Adam God had, for secret reasons of His own, decreed what He would do, yet we read in the Scripture that nothing was, or is, condemned by Him but sin." It is quite recommendable to read Calvin's view of predestination in the harmony of the proximate and remote causes. Twisse feels pity on the fact that some of *massa corrupta* perspective, for adducing their position, quot with biasedness Calvin, who says, "*Augustinum ridet ejusq. similes hoc est pios omnes, qui deum imaginantur post quam universalem Generis humani Ruinam in persona Adae praesciverit, alios ad vitam, alios ad interitum destinasse.*" John Calvin, *Calvin's Calvinism: Treatises on the eternal predestination of God and the secret providence of God,* trans. Henry Cole (Grand Rapids: Reformed Free Publishing Association), 89–92.

118 William Twisse, *A Treatise of Mr. Cottons,* 34.

119 William Twisse, *A Treatise of Mr. Cottons,* 45.

다. 2) 죄는 하나님의 정하심의 원인이다. 트위스가 보기에 첫 번째 문장은 맞지만, 두 번째 문장은 성경의 가르침과 다르다고 지적한다. 이 두 문장의 혼돈 때문에 경건한 형제들도 온 교회가 붙들어야 할 "선택과 유기"라는 보배로운 교리를 버리려고 하는 상황을 그는 애석하게 생각한다.[120]

트위스는 유기의 신적인 작정이 죄로 말미암은 것이라고 말하지 않고 하나님이 어떤 자들을 그들의 죄 때문에 유기하는 방식으로 작정을 하셨다고 주장한다. 즉 의도의 원인과 실행의 원인을 구분해야 한다. 이러한 구분을 분명하게 하려고 트위스는 중세의 구분법 즉 "의지하는 행위"(*actum volentis*)와 "의지된 것들"(*res volitas*)의 구분을 도입한다.[121] 하나님의 순전한 의지는 그가 작정하는 행위의 원인이며, 작정하는 행위는 그가 작정하신 것들의 원인이다. 예를 들면, 유기에 의하여 작정된 것들은 두 가지, 즉 은총과 영광의 베푸시지 않음이고 그에 따른 정죄의 부과이며, 선택에 의하여 작정된 것들은 그 결과로서 은총과 영광이다.[122] 작정의 원인은 "하나님이 하고자 하는 자를 긍휼히 여기시는 분"이라는 말씀에 따라 하나님의 순전한 의지이며, 실행의 원인은 하나님의 기뻐하신 뜻이 아니라 "믿지 않는 자들은 정죄를 받을 것이라"는 말씀처럼 하나님께서 정하신 법칙이다.[123] 이것을 종합하면, 하나님의 절대적인 의지는 의도의 원인이고 의도는 실행의 원인이다.[124] 이런 면에서 정죄의 작정은 정죄와 다르면서 그 정죄보다 선행한다. 트위스가 "하나님은 죄를 짓고 그 죄에 끝까지 머무르는 사람이 아니면 어떠한 자도 정죄하지 않고 그런 방식으로 정죄하지 않는다."고 말할 때, "죄"의 의미는 작정의 원인이 아니라 유기된 자들을 정죄하는

---

120    William Twisse, *A Treatise of Mr. Cottons*, 46.

121    William Twisse, *The Doctrine of Synod of Dort and Arles*, 39–42.

122    Twisse would like to profess such distinction with Aquinas. William Twisse, *The Riches of Gods Love*, par.I, 36–37; *Idem, A Treatise of Mr. Cottons*, 248.

123    William Twisse, *The Doctrine of Synod of Dort and Arles*, 41.

124    William Twisse, *The Doctrine of Synod of Dort and Arles*, 40.

근거를 의미한다.[125] 즉, 하나님은 누군가를 그의 죄 때문에 멸하기로 작정하신 분이 아니라 어떤 사람이 죄 때문에 정죄될 것을 작정하신 분이시다. 그러므로 죄는 의도와 관계된 작정의 원인이 아니라 실행과 관계된 정죄 혹은 형벌의 원인이다.[126] 죄는 하나님께서 어떤 사람을 다른 사람과 다르게 다루시는 원인이 아니라 어떤 사람을 강퍅하게 하시는 원인이다.[127] 이 문장의 앞부분은 의도와 관계하고, 뒷부분은 실행과 관계한다.[128]

일부의 학자들이 주장하는 것으로서 "죄의 고려 속에서 이루어진 유기의 작정" 관점이 가진 치명적인 문제는, 선택의 작정도 이와 유사하게 선행의 고려 속에서 이루어진 것이라는 주장을 유발하기 때문에 발생한다. 대표적인 사례로서 트위스는 존 코튼의 은밀한 오류를 지적한다. 코튼은 하나님이 선과 악의 고려 없이 어떤 사람들을 그들의 "행실"에 따라 심판으로 작정하시는 분이라고 주장한다. 트위스가 보기에 이것은 죄가 정죄의 원인이고, 유기의 원인이고 나아가 구원을 이루시는 하나님의 의도의 원인이 된다는 주장이다.[129] 이는 믿음이 구원과 선택과 구원을 이루시는 하나님의 의도에 원인이 된다는 주장과 동일하다. 죄가 유기의 작정에 앞서고 선행 혹은 믿음이 선택의 작정에 앞선다는 것은 트위스가 보기에 황당한 주장이다.[130]

트위스는 코튼 자신의 생각 속에 모순이 있다고 지적한다. 이것을 입증

---

125  William Twisse, *A Treatise of Mr. Cottons*, 263.

126  In the matter of sin, Arminius says with Augustine to reply to Junius that "not that sin is a cause of that decree, but a condition, requisite in the object…I admit that sin was not the cause that God should love one and hate the other, should elect one and reprobate the other, but it was a condition requisite in the object of that decree." Jacob Arminius, *The Writings of James Arminius*, trans. James Nichols (Grand Rapids: Baker Book House, 1956), vol.III, 89, 98-99.

127  William Twisse, *A Treatise of Mr. Cottons*, 195.

128  William Twisse, *A Treatise of Mr. Cottons*, 197; *Idem*, *The Doctrine of Synod of Dort and Arles*, 39.

129  William Twisse, *A Treatise of Mr. Cottons*, 46.

130  William Twisse, *A Treatise of Mr. Cottons*, 54, 143.

하기 위해 그는 의도와 실행의 역순 공리를 동원한다. 즉 어떤 사람의 죄에 대한 하나님의 예지가 그 사람의 정죄의 작정에 앞선다면, 하나님은 정죄의 작정 이전에 그로 하여금 죄를 짓도록 허용하는 작정을 뜻하셔야 한다. 이것을 역순의 공리로 보면 그가 죄를 짓도록 허용되기 이전에 그 사람은 정죄될 것이라는 모순이 발생한다.[131] 선택에 있어서도 동일한 모순이 발생한다. 그래서 트위스는 수단들의 다양한 작정들 사이의 순서에서 발생하는 논리적인 모순을 해결하기 위해 수단들에 대한 작정은 질료적인 다양성을 포괄하는 하나의 형식적인 작정임을 주장한다. 이처럼 트위스의 전반적인 논의를 보면, 작정의 순서와 예정의 대상이 해석의 유기적인 통일성을 이루고 있음을 확인한다.

## 결론

트위스에 의하면, 전택설과 후택설 논쟁은 작정의 순서 및 예정의 대상과 결부되어 있다. 경건한 신학자들 사이에도 이견이 발생하는 것은 신학적 차이 때문이 아니라 논리적인 혹은 철학적인 차이 때문인 것이다. 그러므로 예정론을 논함에 있어서 트위스는 신학적 방법론에 주목한다. 예정의 성경적인 입장에 보다 부합하고 정교한 논의의 방식을 찾다가 트위스는 중세의 경건한 공리에 심취했다. 영국과 유럽의 개신교 학자들의 글보다 교황주의 학자들의 책들을 더 많이 탐독했다. 결국 트위스는 의도와 실행의 역순, 즉 스콜라적 공리를 도입하여 작정의 순서와 예정의 대상에 대한 전택설적 견해의 우월성을 입증하려 했다. 그의 결론은, 작정의 순서에 있어서는 죄의 허락보다 선택이나 유기의 작정이 앞선다는 것이고, 이에 따른 결과로서 예정의 대상은 아직 창조되지 않은 사람이다. 이러한 트위

---

131    William Twisse, *A Treatise of Mr. Cottons,* 143–44.

스의 입장에 대해 나는 세 가지의 함의를 주목하고 싶다.

첫째, 트위스가 보기에 내용과 방법을 분리하는 것은 가능하지 않다. 방법이 내용을 산출하는 것은 아니지만, 내용이 방법의 올바른 이해와 적용 없이는 치명적인 왜곡의 피해를 입을 수 있기 때문이다. 방법은 신학적인 내용을 세우지는 못하지만 검증하는 것은 가능하다. 트위스가 하나님의 본성을 자신의 신학함에 있어서 방법적인 도구 선택의 기준으로 삼았다는 것도 우리는 주목해야 한다.

둘째, 트위스는 하나님의 영광이 다른 모든 작정들의 유일한 목적이기 때문에 작정에 있어서는 처음이고 실행에 있어서는 끝이라고 생각한다. 나아가 이 영광의 작정 이외에 다른 모든 작정들을 그 영광에 기여하는 하나의 거대하고 온전한 수단의 작정으로 간주한다. 그리고 수단의 작정들 사이에는 어떤 것이 다른 것에 종속됨 없이 서로 협력하는 동시적인 작정이다. 그런데 트위스가 의도와 실행의 역순 공리와는 달리, 하나님의 영광을 의도의 처음인 동시에 실행의 처음으로 본 것은 특이하다. 이는 방법의 신학적인 기능을 성경에 기초한 신학적 내용의 권위 아래에 두고자 하는 그의 신학적 태도를 반영한다.

셋째, 트위스는 예정의 대상을 아직 창조되지 않은 사람으로 보는 견해와 관련하여, 죄의 의미를 의도와 실행의 맥락에서 보려고 시도한다. 이것은 트위스가 하나님을 죄의 유효적, 형식적, 목적적 원인이나 질료적 원인이 아니라는 브래드워딘의 관점을 취하고, 의지하는 행위와 의지된 것들을 구분한 아퀴나스 화법을 취한 것과는 달리 다소 새로운 접근이다. 죄의 개념을 의도와 실행의 틀에 접목시킨 것은 트위스의 고유한 적용이다.

작정에 대한 분석에서 트위스는 무수히 많은 고대의 그리스 학자들, 교부들, 중세의 신학자들, 종교개혁 주역들, 예수회 및 교황주의 학자들, 알미니안 학자들의 문헌들을 두루 섭렵하고 인용한다. 트위스의 방대한 학문성에 대해 나는 이 짧은 글에 다 담아내지 못하였다. 트위스의 예정론을 더 잘 이해하기 위해서는 드 물랭(de Moulin), 피스카토르, 유니우스, 고마루스, 퍼킨스와 같은 학자들의 견해와 비교하는 것도 필요하다. "수행된 하나의 과제는 갑절의 과제를 여운으로 남긴다"는 학계의 전언은 정설인가 보다.

# Chapter 10

# 정통주의 시대의 예정론
## : 사무엘 러더포드의 구속 언약

## 요약

이 장에서는 사무엘 러더포드 사상을 중심으로 구속의 언약 교리가 성경에 뿌리를 둔 것인지를 탐구한다. "구속의 언약"(pactum salutis)은 창세 전 삼위일체 하나님 안에서 성부와 성자 사이에 맺어진 구속과 관련한 언약을 일컫는 신학적인 표현이다. 이 교리가 성경에 기초한 것이 아니라고 주장하는 사람들이 있다. 나는 이 주장의 대표적인 사람들인 바르트, 스킬더, 로버트슨의 주장을 소개하고, 비교적 온건한 입장을 취하는 네델란드 학자들의 견해도 소개하려 한다. 논지 전개 방식은 먼저 구속의 언약에 대해 다수의 부정적인 입장들과 온건한 입장들을 간략하게 소개한 후, 부정적인 입장과는 달리 이 교리가 성경의 토대 위에 세워진 것임을 논증하되 러더포드 문헌에서 발견되는 12가지의 논거들을 분석하여 제시하는 방식을 취하였다. 러더포드라는 인물을 선택한 이유는, 그가 구속의 언약을 신학적 전통이나 신학자들 사이의 합의에 호소하지 않고 구속의 언약을 가르치는 성경 텍스트를 선별하여 소개하면서 그것에 기초하여 주석적인 논증을 시도했기 때문이다. 성경에 기초하여 하나님과 사람 사이에 맺어진 언약과는 달리, 성부와 성자 사이에 맺어진 언약의 존재는 우리의 구원을 원하시는 하나님의 무한한 사랑과 온전한 성취를 강하게 교훈한다. 이 논의의 신학적인 쓸모는 성경이 어떻게 구속의 언약을 지지하고 있는지를 12가지의 각도로 조명함에 있다.

# 서론

오늘날 신학계 안에는 "구속의 언약"(라틴어는 *pactum salutis*, 영어로는 covenant of redemption)[1]에 대한 신학적 입장차가 뚜렷하다. 구속의 언약은 성경에 뿌리를 둔 교리라는 입장, 내용을 수용하긴 하지만 그 언약이 평화의 언약과 일치되는 것은 아니라는 입장, 성경에서 확인되지 않는 하나의 신학적 고안물일 뿐이라는 입장, 나아가 그런 교리는 기독교 신학을 훼손하는 것이라는 입장 등으로 갈라진다. 이 글은 이러한 입장 중에서도 구속의 언약이 성경에 기초한 교리라는 점을 확인해 줄 대표적인 인물로서 17세기에 활동한 개혁파 정통주의 신학자 사무엘 러더포드(Samuel Rutherford, 1600~1661)를 연구의 대상으로 택하였다.

구속의 언약은 창세 전 삼위일체 하나님 안에서 성부와 성자 사이의 구속과 관련하여 맺은 언약을 일컫는 신학적인 용어이다. 우병훈의 연구에 의하면, 구속의 언약 개념은 코케이우스(Johannes Cocceius, 1603~1669)의 신

---

\* 이 장은 "구속의 언약(Pactum salutis): 사무엘 러더포드 사상을 중심으로," 「한국개혁신학」 60 (2018. 8.), 60–83에 게재된 논문이다.

1 구속 언약 교리를 연구한 문헌들 중에는 Samuel Willard, The Covenant of Redemption (Coconut Creek, FL: Puritan Publlications, 2014); John Fesko, The Covenant of Redemption (Gottingen: Vandenhoeck & Ruprecht, 2015); idem, The Trinity and the Covenant of Redemption (Fearn, UK: Christian Focus Publications, 2016); Christopher Woznicki, "The Son in the Hands of a Violent God? Assesing Violence in Jonathan Edwards's Covenant of Redemption," Journal of the Evangelical Theological Society 58/3 (2015): 583−597 등이 있다. 2015년 이전의 연구들에 대해서는 우병훈의 논문, "데이빗 딕슨의 구속 언약의 특징과 그 영향," 「개혁논총」 34 (2015), 70쪽을 참조하라.

학적 고안물이 아니라 멀리는 히에로니무스(Eusebius Sophronius Hieronymus, d. 420)의 스가랴서 주석에 그 내용이 나타났고, 종교개혁 시대에는 오콜 람파디우스(Oekolampadius, 1482~1531)의 이사야서 주석("*pactum cum filio suo domino nostro Ihesu Christo*")과 올레비아누스(Kaspar Olevianus, 1536~1587)의 언약의 본질에 관한 책에서(『*Filius Dei mediator foederis a Patre constitutes spondet*』) 명시적인 형태를 갖추었다.[2] 물론 루터와 칼뱅은 구속 언약 교리를 언급하지 않았으며, 웨스트민스터 신앙고백서 및 대소요리문답서도 이 교리에 대해 침묵한다. 그러나 멀러와 우병훈이 밝혔듯이 구속 언약 교리는 제이콥 알미니우스, 프란시스쿠스 고마루스, 윌리엄 에임스, 데이비드 딕슨, 피터 벌클리, 요하네스 클로펜부르그, 토마스 블레이크, 사무엘 러더포드, 토마스 굿윈, 리차드 백스터, 존 오웬, 요하네스 코케이우스, 토마스 브룩스, 패트릭 길레스피, 헤르만 비치우스, 프란시스 튜레틴, 페트루스 판 마스트리히트, 빌렘 아 브라켈과 같은 17세기 인물들에 의해 크게 발전했다. 이 장에서는 위의 인물들 중에서도 사무엘 러더포드 사상에 나타난 구속의 언약[3]을 논하되, 웨스트민스터 신앙고백서의 감추어진 입장을 드러내는 딕슨과 더럼의 문헌[4]도 간략하게 소개하며 논구한다.

## 본론

본론은 구속 언약 교리의 정당성과 관련된 다양한 입장들을 소개하고,

---

2   자세한 논의는 Richard A. Muller, "Toward the Pactum Salutis: Locating the Origins of a Concept," *Mid-America Journal of Theology* 18 (2007): 11–65; 우병훈, "데이빗 딕슨의 구속 언약의 특징과 그 영향," 「개혁총론」 34 (2015): 63–112쪽을 참조하라.

3   이 주제의 기초적인 이해는 안상혁, 『언약신학: 쟁점으로 읽는다』(서울: 영음사, 2014), 191–197쪽을 참조하라. 안상혁 외에는 러더포드 사상에 나타난 구속의 언약을 연구한 신학자는 하나도 없는 실정이다.

4   웨스트민스터 신앙고백서의 언약 사상에 대한 구체적인 논의는 김재성, "하이델베르크 요리문답과 웨스트민스터 신앙고백서의 언약 사상," 「한국개혁신학」 40 (2013): 40–82쪽을 참조하라.

정당성을 지지하는 성경적인 근거들에 대한 사무엘 러더포드 사상을 요약하며 제시한다.

## 구속 언약 교리의 정당성에 대한 입장들

서론에서 밝힌 것처럼 오늘날 구속 언약 교리에 대한 학계의 반응은 다양하다. 마크 비치(J. Mark Beach)에 의하면, 크게 세 가지의 반응으로 분류된다.[5] 먼저 바르트와 그를 추종하는 학자들은 구속 언약 교리가 하나님의 주권적인 은혜를 축소하고 칼뱅의 신학적인 순수성을 훼손한 교리라고 평가한다. 둘째, 바르트와 유사한 입장을 견지하는 것으로서, 언약신학 자체를 초기 개혁주의 신학의 이탈로 규정하고 칼뱅의 교리를 회복해야 한다고 주장하는 입장이다. 셋째, 언약신학 안에서 비록 받아들일 수 없는 부분도 있지만, 이 신학은 대체로 성경에 기초한 교리라고 생각하며 초기 개혁주의 신학과 충돌되지 않는다는 입장이다. 구속 언약에 대한 학계의 미심쩍은 시선은 바르트와 스킬더와 로버트슨과 바빙크 안에서 확인되며 이들의 입장은 다음과 같이 요약된다.

### 칼 바르트의 견해

먼저, 칼 바르트(Karl Barth, 1886~1968)는 구속 언약 교리가 미신적인 교리이며 하나님의 영원한 작정과 삼위일체 하나님의 내적인 계약 사이의 단절을 가져온 교리라고 혹평한다.[6] 왜냐하면 삼위일체 하나님의 제1 위

---

5   J. Mark Beach, "The Doctrine of the Pactum Salutis in the Covenant Theology of Herman Witsius," *Mid-America Journal of Theology* 13 (2002): 101–142. 오늘날 구속의 언약에 대한 5가지의 신학적 오류들 혹은 오해들에 대해서는 B. Hoon Woo, *The Promise of the Trinity: The Covenant of Redemption in the Theologies of Witsius, Owen, Dickson, Goodwin, and Cocceius* (Gottingen: Vandenhoeck & Ruprecht, 2018), 23–28쪽을 참조하라.

6   레담은 심지어 삼신론의 위험성도 있다고 주장한다. Robert Letham, *The Westminder Assembly: Reading Its Theology in Historical Context, The Westminster Assembly and the Reformed Faith*

격과 제2 위격을, 서로에게 책임을 부과하는 계약의 "두 신적인 주체들"로 여기는 것은 불가능한 일이라고 생각하기 때문이다.[7] 하나님의 작정은 "외부를 향한 하나님의 내적인 일"(opus Dei internum ad extra)이기 때문에 하나의 계약인데, 하나님의 내부적인 계약이 아니라 외부적인 계약이며 그 계약의 당사자는 하나님과 인간이다. 그런데 구속 언약은 내부를 향한 하나님의 내적인 일이기 때문에 작정과 동일하지 않으며, 하나의 의지를 가지신 삼위일체 하나님의 위격들 사이에는 "동의"라는 것이 존재하지 않으므로 구속 언약은 있을 수 없다고 주장한다. 바르트의 주장에 따르면, 언약론을 주장하는 모든 사람들이 간과하는 것은 바로 성육신한 하나님의 영원한 말씀이신 그리스도 예수가 언약의 주체가 아니라 하나님과 사람 사이의 "영원한 언약이요 영원한 보증이요 영원한 계약" 자체라는 사실이다.[8]

### 클라스 스킬더의 견해

바르트의 입장과 내용은 다르지만 클라스 스킬더(Klaas Schilder, 1890~1952)도 구속 언약 교리를 거부한다. 그는 언약이 하나님에 의해 만들어진 하나님과 인간과의 실재적인 관계를 가리키는 말이라고 인정한다. 언약은 오직 하나님께서 홀로 고안하신 것이라는 일방성을 가진 동시에 하나님께서 친히 그 언약을 쌍방적인 것으로 만드셨기 때문에 쌍방성도 가진다고 주장한다. 인간은 비록 창조주 하나님과 동등할 수 없는 피조물에 불과하나 그럼에도 불구하고 하나님은 언약을 이중적인 것으로 만드셨다. 즉 일방적인 언약은 자연과 맺으셨고 쌍방적인 언약은 인간과 맺으셨다. 스킬더가 생각하는 언약은 두 부분, 즉 약속과 책임으로 구성되어 있

(Phillisburg, NJ: P&R Publishing, 2009), 235-236.

7  Karl Barth, *Church Dogmatic*, stranslated by G. W. Bromiley, 4 vols. (Edinburgh: T. & T. Clark, 1936-1969), IV/1, 65-66.

8  Karl Barth, *Church Dogmatic*, IV/1, 66.

다. 이 약속과 책임은 에덴에서, 시내에서, 호렙에서 알려졌다. 그래서 스킬더는 언약이 하나님의 생각에서 맺어지는 것이 아니라 땅에 있는 사람과 맺어진 것이며, 택자들과 맺어진 것이 아니라 신자들과 그들의 자손들과 맺어진 것이라고 주장한다. 같은 맥락에서 이렇게 진술한다.

그(하나님)가 자신에 대해 생각한 것은 자신을 위한 것이고 그가 말한 것은 나를 위함이다. 후자만이 언약이고 이는 모든 신자들이 그들의 자녀들과 더불어 실질적인 언약의 자손인 이유이다.[9]

스킬더는 그리스도 예수가 영원 전부터 중보자가 된다는 개념도 거부한다. 이는 그리스도 예수가 구원의 은총을 표현하는 구속의 중보자일 뿐만 아니라 창조의 중보자도 되신다는 주장을 방지하기 위함이다. 스킬더는 삼위일체 하나님 사이의 내적 "구속의 언약"보다 삼위일체 하나님의 경륜적 구원 개념을 선호한다. 행위의 언약과 은혜의 언약은 두 가지의 다른 언약이 아니라 하나이며, 후자는 전자의 연장이며 은총과 진노, 긍휼과 정의의 보다 선명한 계시일 뿐이라고 주장한다.[10]

### 팔러 로버트슨의 견해

팔머 로버트슨(O. Palmer Robertson, 1937~ )도 구속 언약 교리를 거부한다. 이는 그 교리가 성경에도 등장하지 않고 16세기와 17세기의 개혁주의 고백서나 신조에도 등장하지 않는 용어이며 인공적인 개념의 고안물일 뿐이라고 생각하기 때문이다. "성부와 성자 사이의 내부적인 삼위적 언약"에

---

9   Klaas Schilder, *Points of the Doctrine of the Covenant: A Speech given by Dr. K. Schilder in the Waalsche Church in the Delft, the Netherlands on Auggust 31, 1944*, trans. T. van Laar (Canada, 1992): "what He thinks to Himself is for Him, what He says is for me! Only the latter is the covenant and that is why all believers with their children are real covenant children."

10   Cf. John Fesko, *The Covenant of Redemption: Origins, Development, and Reception* (Gottingen: Vandenhoeck & Ruprecht, 2015), 182–184. 스킬더의 구속 언약 사상에 대해서는 그의 하이델베르크 교리문답 주석에서 질문 26번, 즉 Klaas Schilder, *Heidelbergsche Catechismus*, 4 vols. (Goes: Oosterbaan & Le Cointre, 1947–51) 중에서 제2권을 참조하라.

대해 구체적인 언급을 한다는 것은 성경의 경계선을 넘어선 것이라고 그는 주장한다.[11]

### 바빙크와 카이퍼와 베르카우어의 견해

헤르만 바빙크(Herman Bavinck, 1854~1921)는 구속 언약 교리에 대해 신중한 입장을 표명한다. 먼저 구속 언약 교리는 "스콜라적 난해함"을 피하기 어렵다고 지적한다. 그리고 스가랴서 6장 13절이 말하는 "언약"은 성부와 성자의 언약적인 관계와 무관하며, 오히려 자기 백성을 위해 평화를 확립하는 메시아의 왕직과 제사장직 사이의 조화로운 관계성을 가리키는 말이라고 주장한다. 그러나 구속 언약 교리가 성경적인 사상에 기초한 것이라는 점을 부정하는 것은 아니라고 한다. 동시대의 네델란드 신학자 아브라함 카이퍼(Abraham Kuyper, 1837~1920)는 언약이 "신적인 본질의 필연적인 표상"에 속한 것이며, 하나님의 본질과 속성들에 기초한 것이라고 주장한다. 더불어 구속 언약에 대해서는, 언약이라는 개념이 하나님의 내적인 생명 안으로 들어오는 것은 정당한 것이라고 주장한다. 바빙크와 카이퍼의 신학적 제자인 베르카우어(G. C. Berkouwer, 1903~1996)는 구속 언약 교리가 성경의 경계선을 넘어가는 것이냐에 대해 질문한다. 그는 구속 언약이 신적인 선택을 그리스도 예수와 무관하게 작정되지 않았다는 사실을 지지하고, 그리스도 예수가 작정의 집행자일 뿐이라는 오해를 제거할 수 있다고 생각하며 구속 언약을 적극 옹호한다. 나아가 은혜 언약은 성자의 영원한 보증에 기초한 것이라고 주장한다. "구속 언약 교리는 인간을 위한 하나님의 삼위적인 사랑 안에 있는 구원의 영원하고 확고한 토대를 가리킨다."[12]

---

11  O. Palmer Robertson, *The Christ of the Covenants* (Philippsburg, NJ: Presbyterian and Reformed Publishing Co., 1980), 54.

12  화란 학자들의 자세한 입장에 대해서는 J. Mark Beach, "The Doctrine of the Pactum Salutis in the Covenant Theology of Herman Witsius," 115−118쪽을 참조하라.

나아가 이 언약은 성부에 대한 성자의 순종과 관련된 성경 텍스트를 이해할 수 있게 인도한다.

## 구속 언약 교리의 존재에 대한 논증: 사무엘 러더포드의 견해

이처럼 현대 신학자들 중에는 구속 언약 교리에 대한 찬반이 갈라진다. 웨스트민스터 신앙고백서의 원문도 앞에서 언급한 것처럼 이 교리에 대해 침묵한다. 다만 나중에 데이비드 딕슨과 제임스 더럼에 의해 저술된 『구원적인 지식의 총화』(*The Summe of Saving Knowledge*, 1649)에는 구속 언약 교리가 추가되어 있다. 이 책은 "성경에 나타나며 웨스트민스터에서 가진 신학자들 모임에서 동의된 신앙 고백과 교리 문답서에서 확고하게 표현된 기독교 교리의 간단한 요약"이다. 특별히 2장 1항은 구속의 언약을 "세상이 시작되기 전 삼위일체 하나님의 의논 안에서 성부와 성자 사이에서 맺어지고 합의된"(the Covenant of Redemption, made and agreed upon between God the Father and God the Son, in the council of the Trinity, before the world began) 것이라고 정의한다. 그리고 2항에서 소개되는 구속 언약 교리의 내용은 예정의 내용과 동일하다. 구속 언약 교리에 대한 딕슨의 이해는 러더포드가 1637년 3월 7일에 딕슨에게 보낸 편지에서 암시된다. 거기에서 러더포드는 "나는 언약에 대한 당신의 견해를 천천히 살펴보고 그것에 대한 그리고 성부와 성자 사이의 알미니안적 계약에 대한 나의 생각을 당신에게 쓸 것입니다."[13] 이에 딕슨은 1638년 스코틀랜드 교회 총회의 모두 연설에서 알미니안 사상의 오류는 "하나님과 그리스도 사이의 구속 언약 문제에 있어서 성경과 하나님의 능력을 몰랐던 것"이라고 지적한다. 구속 언약은 성경에서

---

13  Samuel Rutherford, *Letters of Samuel Rutherford* (Edinburgh and London: Olifant Anderson & Ferrer, 1891), 226.

충분한 증거를 가지고 있다고 말하면서 "하나님과 인간 사이에 맺어진 구원의 언약은 하나님과 그리스도 사이에 맺어진 구속 언약과는 별개"라고 주장한다.[14] 그리고 하나님과 그리스도 사이에 맺어진 구속 언약에 대한 성경 텍스트의 여러 증거들(행 20:28; 고전 6:20; 벧전 1:18-21; 마 26:28; 딤전 2:5-6; 욥 19:24; 히 7:22; 롬 5:11; 요일 2:2; 롬 3:25; 엡 1:1-15; 행 15:18; 눅 22:22; 시 2:7 이하; 사 52:13-14; 53:4-12; 59:20-21 등)을 제시한다.[15]

사무엘 러더포드는 구속 언약이 성경에 기초한 것임을 확고하게 인정한다. 언약에 대한 자신의 본격적인 입장을 밝힌 책 『The Life of Covenant Opened』[16]의 제2부 6장과 7장에서 그는 성부와 그리스도 사이에 맺어진 구속의 언약이 존재함을 입증하고 그 언약의 함의들을 소개한다. 하나님이시고 인간이신 그리스도[17]는 영원부터 정해진 인간으로 자신의 동의와 함께 하나님과 언약의 관계에 있으며, 그 언약은 하나님과 우리 사이에 맺어진 언약의 관계와는 구별된다.[18] 성부와 성자 사이에 이루어진 구속의 언약이 성경에 뿌리를 두고 있다는 사실을 입증하기 위해 러더포드는 먼저 6장에서 11가지의 논거를 제시한다.

**논거 1.** 하나님과 언약의 관계에 있는 백성이 주님을 자신의 하나님으로 부른다(렘 32:38; 사 25:9)는 것은 동시에 그리스도께서 하나님과 언약의 관

---

14   Alexander Peterkin, ed. *Records of the Kirk of Scotland*, 4 vols. (Edinburgh: John Sutherland, 1838), I:158, col. 1.

15   Dickson, *Therapeutica Sacra, seu de curandis casibus conscientiae circa regenerationem, per foederum divinorum prudentem applicationem, libri tres* (London, 1656), I.iv.47-51.

16   Samuel Rutherford, *The Covenant of Life Opened* (Edinburgh: Andro Anderson, 1655).

17   러더포드는 그리스도 예수가 "언약 자체"(Covenant itself), "언약의 사자"(Messenger of the covenant), "언약의 중보자"(Mediator of the covenant), "언약의 보증"(Surety of the covenant), "언약의 증인"(Witness of the covenant), "언약의 유언자"(Testator of the covenant), "언약의 체결 당사자"(Party contracting in the covenant)가 되신다고 주장한다. Cf. Samuel Rutherford, *The Tryal and Triumph of Faith* (London: John Field, 1645), 49-50.

18   비록 두 언약이 구별되는 것이지만 서로 불일치한 것은 아니라고 한다. 언약의 통일성에 대한 구체적인 논의는 한병수, "언약의 통일성: 칼뱅과 러더포드 중심으로," 〈개혁논총〉 31 (2014): 79-121쪽을 참조하라.

계에 있다는 것을 뜻한다는 사실에 근거하여 구속 언약 교리의 존재를 증명한다. "나는 그들의 하나님이 되고 그들은 나의 백성이 되리라"는 말씀은 언약의 총화이다. "주는 나의 아버지시요 나의 하나님이시요 나의 구원의 바위시라"(시 89:26)에 근거하여, 러더포드는 그리스도가 하나님을 아버지인 동시에 자신의 신으로 부른다고 주장한다. 이는 그가 "나의 하나님"이 자신과 아버지 사이의 언약적 간격을 만드는 표현이라는 점을 주목했기 때문이다. 그는 또한 "나아가 그를 위하여 나의 인자함을 영원히 지키고 그와 맺은 나의 언약을 굳게 세우며"(시 89:28)에 근거하여, 여기에 나온 언약은 하나님과 그리스도 사이에 맺어진 언약이라 한다. 다윗에게 약속하신 왕국의 영원성도 다윗에게 주어진 언약이 아니라 그리스도께 주어진 것이라고 논증한다.[19]

**논거 2.** 그리스도를 중보자의 직분으로 부르시는 주님의 방식에서 증명된다. 그리스도는 주님의 택함과 부르심과 보내심을 받은 주님의 종이라는 점에서 구속 언약은 주인과 종 사이에 맺어진 언약이다. 러더포드는 이사야 42장 1절에 나오는 "나의 종"이 그리스도 예수를 가리키는 것이라고 한다. 말라기 3장 1절은 "너희가 사모하는 바 언약의 사자가 임하실 것이라"고 기록한다. 여기에서 "언약의 사자"는 그리스도 예수를 가리킨다. 스가랴서 13장 9절은 "만군의 여호와가 말하노라 칼아 깨어서 내 목자, 내 짝된 자를 치라"고 기록한다. 여기에서 "내 목자"도 하나님께서 고용하신 그리스도 예수를 가리킨다. 종과 목자로서 그리스도 예수는 하나님과 맺은 언약의 당사자다. 영원 속에서 이루어진 이 언약의 체결은 성부와 성자 모두가 어떠한 강압이나 "본성의 필연성"(necessity of nature) 때문이 아니라 지극히 순전한 은혜와 자유로운 사랑(meer grace and free-love)과 자유로운 수락(free consent)으로 말미암은 것이라고 한다. 그러한 은혜와 사랑 때문에

---

19  Rutherford, *The Covenant of Life Opened*, 290-291.

아버지는 아들을 고용하여 보내셨고 아들은 기꺼이 고용되어 순종했다.[20]

**논거 3.** 러더포드에 의하면, 이 땅에서 예수의 자발적인 순응이 구속의 언약을 입증한다. 그리스도 예수는 자발적인 마음으로 구속의 사역에 스스로를 던지셨고, 스스로 자신을 비워 우리의 형체를 입으시고 하나님께 제사를 드리셨다(시 40:6; 히 10:5, 7; 요 10:11, 18; 14:31; 눅 9:51). 그리고 그리스도 예수가 우리의 보증과 구원자와 구속주가 되시는 것은 여호와와 성자 사이의 쌍방적인 합의(mutual agreement)에 근거한 것이었다(마 20:28; 눅 19:10; 사 53:10; 요 3:16; 롬 8:3, 32). 이러한 자발성과 쌍방성 때문에 이 합의를 "계약과 언약"(compact and Covenant)이라 한다.[21]

**논거 4.** 성부와 성자 사이에 주고 받는 합의가 있었다는 사실 또한 구속 언약 교리의 존재를 증명한다. 거래된 합의의 내용은 이러하다. 아버지는 아들에게 구속하고 보존할 자들을 맡기셨고, 아들은 기꺼이 응답하되 주어진 자들을 하나도 잃지 아니하고 마지막 날에 살릴 것이라는 신뢰 속에서 제안을 받으셨다. 라반과 야곱 사이에 양과 관련된 쌍방의 자유로운 언약이 있었듯이 성부와 그리스도 사이에도 그와 유사한 언약이 있었다는 논증이다. 특별히 러더포드는 요한복음 17장 2절과 12절, 그리고 6장 37절과 39절을 그 증거로 제시한다. 우리의 구원은 우리가 수호하지 않고 성부와 성자가 견고하게 맞잡은 언약의 손에 의해 보존되고 있다. 우리에게 구원의 "보다 강력한 위로는 죄인들에 대한 아버지의 주심과 아들의 받으심에 기초한다."[22]

**논거 5.** 구속 언약 교리의 존재는 그리스도 예수께서 징표들 즉 할례와 세례를 자신의 몸에 받으신 것에서 확인된다. 그는 할례를 통해 육신의 죄악된 몸을 제거할 필요가 없으셨고, 세례를 통해 죄의 사함이나 중생이나

20    Rutherford, *The Covenant of Life Opened*, 292.
21    Rutherford, *The Covenant of Life Opened*, 293.
22    Rutherford, *The Covenant of Life Opened*, 293.

구주와의 장사됨이 필요하지 않으셨다. 그런데 받으셨다. 할례와 세례는 언약 안에 있는 자들에게 주어지는 의식이다. 죄가 없으시고 중생의 필요도 없으신 예수께서 할례와 세례를 받으신 것은, 그가 은혜의 언약에 대해 당사자 혹은 수혜자가 된다는 의미가 아니라 그 언약의 보증임을 입증하는 것이고,[23] 죄인이 하나님과 더불어 맺은 언약과는 "다른 언약 아래에"(under the other Covenant) 있었음을 나타낸다. 그리스도 예수의 할례와 세례는 다른 용도와 목적, 율법 아래에 거하면서 모든 의를 이루어서 믿는 자들을 구하시기 위함이다. 그 다른 언약은 우리의 구원을 위한 그리스도 예수의 "특별한 개입"(special engagement)이다.[24] 성부와의 특별한 언약과 관련하여 예수께서 할례와 세례의 인이 필요하신 분이냐에 대한 질문에 대해, 러더포드는 그 인이 연약한 믿음의 강화를 위함이 아니라 우리의 유익을 위해 언약의 보증이 되신다는 사실의 증명을 위한 것이라고 대답한다.[25]

**논거 6.** "주님의 자유"(Lords libertie)에서 구속 언약 교리의 존재가 입증된다. 만약 하나님께서 행위 언약을 고수하시고 아담으로 하여금 죄에 대하여 영원한 죽음을 겪게 하셨다면, 혹은 만약 아버지와 동일한 본질을 가지신 하나님인 그리스도 예수께서 육신을 입고 피조물의 세상으로 가라는 아버지의 말씀에 동의하지 않았다면 행위와 관계하는 율법 방식의 언약이 그대로 있었을 것이라고 한다. 그러나 하나님과 그리스도 사이에 맺어진 자유로운 언약은 "율법의 방식"(Law-way)을 끝내고 "부드러운 복음의 방식"(milde Gospel-way)으로 교체하는 것이었다.[26] 이는 아버지 하나님과 그리

---

23  이런 차원에서 러더포드는 구속 언약을 "은혜 언약의 안정성과 확고함의 원인"(the cause of the stability and firmness of the Covenant of Grace) 혹은 "보증의 언약"(Covenant of Suretyship)이라고도 했다. Cf. Rutherford, *The Covenant of Life Opened*, 309.

24  Rutherford, *The Covenant of Life Opened*, 294-295.

25  Rutherford, *The Covenant of Life Opened*, 295.

26  Rutherford, *The Covenant of Life Opened*, 296.

스도 사이에 맺어진 언약이 율법적인 강제 조항이 들어가는 하나님과 인간 사이의 언약과는 다른 종류의 언약임을 증거한다.

**논거 7.** 탁월성의 차원에서 그리스도 예수와 관계된 약속들이 구속 언약 교리를 입증한다. 하나님의 모든 약속은 그리스도 안에서만 긍정(yes)이다. 죄를 용서하고(렘 31:34; 히 8:12) 구원을 보존하고(렘 32:39-40; 사 54:10; 59:21) 평강을 주고(겔 34:25; 레 26:6, 11-12) 새로운 마음을 주고(렘 31:33; 겔 11:19) 영원한 생명을 준다(요 10:28)는 하나님의 약속은, 인간이 감당하지 못하며 오직 지극히 탁월하신 그리스도 예수에게 주어진 언약임에 분명하다. 조건을 충족하고 성향적인 은총과 실질적인 영향을 주어서(렘 31:33-34; 겔 36:26) 하나님을 아는 지식에 이르게 만드는 것(렘 32:39-40; 사 54:10; 59:21)도 그리스도 예수의 사역이다. 이로써 우리에게 주어지는 하나님의 은총은 단순한 은총과 생명이 아니라 하나님과 인간이신 중보자 그리스도 예수라는 "보고"에서 나오는 은총이다.

이런 맥락에서 제공되는 러더포드의 예증들을 보면, 하나님께서 믿음의 조상과 그 자손에게 말씀하신 약속들도 여럿을 가리키는 자손들이 아니라 "오직 하나를 가리켜 네 자손"이라 한 바울의 해석처럼 그리스도 예수를 겨냥한 말이었다(갈 3:16). 언약의 체결을 위해 모세에게 나타난 천사도 "언약의 사자"이신 성자이며(말 3:1), 이 사자는 백성의 고통을 보시며, 그들의 기도를 들으시며, 애굽에서 그들을 건지시며, 언약과 모든 약속들의 저자시다(출 20:1-2). 구약에 주어진 약속들과 조건들이 비록 우리와 관계된 것이지만 그리스도 예수에 의해서만 조건이 충족되고 약속이 성취된다. 하늘과 땅의 어떠한 것들도 우리의 믿음과 구원을 담보하지 못하고 지켜 주지 못하나 예수는 다 이루셨다.[27] 이로 보건대, 이 땅의 역사 속에서 맺어진 약속들이 예수에게 주어지고 그리스도 안에서 모두 "예"가 된다는

---

27　Rutherford, *The Covenant of Life Opened*, 296-297.

것은, 갑자기 이루어진 즉흥적인 현상이 아니라 영원 전에 하늘에서 아버지 하나님과 아들 하나님 사이에 맺어진 언약이 있었음을 암시한다.

**논거 8.** 앞의 논거가 예수에게 주어진 약속에서 확인되는 것처럼 이번 논거는 그에 대하여 미리 선언된 예언에서 확인된다. 이사야서 22장 22절에 나오는 "그가 열면 닫을 자가 없고 그가 닫으면 열 자가 없는 다윗 집의 열쇠"라는 예언, 24절에 "아버지의 집에 있는 모든 영광을 걸어두는 못"이라는 예언, 스가랴서 3장 8절에 "나의 종 싹을 나게 하리라"는 예언, 6장 12절에 "보라 싹이라 이름하는 사람"에 대한 예언, 미가서 5장 4절과 5절에 "그가 여호와의 능력과 그의 하나님 여호와의 이름의 위엄을 의지하고 서서 목축하니 그들이 거주할 것이라 그가 창대하여 땅 끝까지 미치리라 이 사람은 평강이 될 것이라"는 예언은 모두 그리스도 예수에게 이루어질 일들이다. 러더포드는 이 모든 것들이 아버지와 아들 사이의 "언약을 가정하는 것"이라고 주장한다.

**논거 9.** 하나님께서 그의 아들에게 구하라고 권하신 "청원"에서 구속 언약 교리가 입증된다. 시편 2편 8절에 나오는 "내게 구하라 내가 이방 나라를 네 유업으로 주리니 네 소유가 땅 끝까지 이"를 것이라는 청원에 대해 "내가 또 그를 장자로 삼고 세상 왕들에게 지존자가 되게 하며 그를 위하여 나의 인자함을 영원히 지키고 그와 맺은 나의 언약을 굳게 세울 것이라"는 하나님의 확약에서 우리는 아버지 하나님과 그리스도 사이의 언약을 확인한다.[28] 이는 시간의 한 시점에서 이루어진 청원과 권유가 아니라 영원 속에서 이루어진 성부와 성자 사이의 언약에 근거한 예언이다.

**논거 10.** 구속 언약은 그리스도 예수의 사역과 언약에 약속된 보상에서 입증된다. 그리스도 예수는 이사야서 49장 4절에서 자신의 사역에 대해 선지자의 입술로 예언한다. "나는 말하기를 내가 헛되이 수고했고 무

---

28  Rutherford, *The Covenant of Life Opened*, 298–299.

익하게 공연히 내 힘을 다하였다." 주어진 보상에 대해서는 4~6절에서 언급된다. "참으로 나에 대한 판단이 여호와께 있고 나의 보응이 나의 하나님께 있느니라 … 그가 이르시되 네가 나의 종이 되어 야곱의 지파들을 일으키며 이스라엘 중에 보전된 자를 돌아오게 할 것은 매우 쉬운 일이라 또 너를 이방의 빛으로 삼아 나의 구원을 베풀어서 땅 끝까지 이르게 하리라." 이러한 보상의 약속이 그리스도 예수와 관련된 것이라는 점은 누가가 분명하게 증언한다(행 13:47). 빌립보서 2장 7절은 하나님과 동등됨을 취할 것으로 여기지 않으시고 자기를 비워 종의 형체를 입으시고 죽기까지 순종하신 것이 그리스도 예수의 사역이고, 모든 이름 위에 뛰어난 이름을 얻으신 것은 그에게 주어진 보상임을 가르친다. 이 사역과 보상은 이사야서 53장 10~12절에 동일하게 예언되어 있다. 이러한 예수의 사역과 하나님의 보상은 "본성의 필연성에 의한 것이 아니라 자발적인 계약"(not by necessity of nature, but by a voluntary compact)에 의한 일이었다. 자발성의 절정인 사랑으로 이루어진 일들이다. 다음 구절이 이것을 입증한다. "내가 내 목숨을 버리는 것은 그것을 내가 다시 얻기 위함이니 이로 말미암아 아버지께서 나를 사랑할 것이요 이를 내게서 빼앗는 자가 있는 것이 아니라 내가 스스로 버리노라"(요 10:17-18). "내가 아버지의 계명을 지켜 그의 사랑 안에 거하는 것 같이 너희도 내 계명을 지키면 내 사랑 안에 거하리라"(요 15:10). 이상을 요약하면, 그리스도 예수는 아버지 하나님과 맺은 언약에 따른 계명을 지켜 그의 사랑 안에 거하고, 우리는 그리스도 예수와 맺은 은혜의 언약에 따른 계명을 지켜 그의 사랑 안에 거한다는 주장이다.[29]

**논거 11.** 하나님의 맹세와 더불어 그리스도 예수께서 대제사장 되셨다는 사실로 구속 언약 교리의 존재가 입증된다. 히브리서 7장 21절을 읽어보라. "그들은 맹세 없이 제사장이 되었으되 오직 예수는 자기에게 말씀하

---

29    Rutherford, *The Covenant of Life Opened*, 299-300.

신 이로 말미암아 맹세로 되신 것이라 주께서 맹세하시고 뉘우치지 아니하시리니…이와 같이 예수는 더 좋은 언약의 보증이 되셨느니라." 구약에서 제사장들 중에 맹세를 통하여 된 직분자는 없다. 그러나 그리스도 예수는 "언약으로 말미암아 직무에 들어갔다." 이 맹세는 주 여호와에 의해 그리스도 예수에게 이루어진 일종의 언약이다. 이처럼 예수의 대제사장 되심도 시간 속에서 이루어진 우발적인 사건이 아니라 아버지 하나님과 성자 사이에 맹세라는 언약의 결과였다. 러더포드는 다양한 성경 텍스트에 근거하여(시 89:35-36; 행 2:30-31; 시 132:11-12) 아론의 반차를 따라 된 제사장의 직분과는 달리 맹세로 된 직분은 "더 탁월한"(more excellent) 것이라고 주장한다.[30]

독립된 논거로 제시된 것은 아니지만 러더포드는 다른 주제를 논하면서 구속 언약 교리의 존재에 대한 또 하나의 논거로서 영광을 제시한다. 즉 창세 전부터 미리 정하여진 어린 양(벧전 1:20) 그리스도 예수는 천사와 인간에 대하여 성부와 함께 같은 영광을 가졌다는 사실이 바로 그것이다. "아버지여 창세 전에 내가 아버지와 함께 가졌던 영화로써 지금도 아버지와 함께 나를 영화롭게 하옵소서"(요 17:5). 예수께서 영화롭게 되는 것은 천사들과 사람들 앞에 그의 영광이 나타나는 것을 의미한다. 이 영화가 창세 전에 아버지와 함께 가졌다는 것은 이 영광의 나타남이 이미 창세 전부터 아버지와 아들 사이의 언약 안에 내재되어 있었음을 암시한다.[31]

지금까지 11가지의 논거들을 제시하며 구속 언약 교리의 존재를 입증한 러더포드는 12번째 논거를 제시하기 이전에 이 교리의 구체적인 내용에 대한 설명을 제공한다. 구속 언약은 세 가지의 영원한 행위들, 즉 한 위격의 지명, 작정과 의도, 그리고 사역에 있어서의 사랑으로 구성되어 있다.

---

30  Rutherford, *The Covenant of Life Opened*, 300-302.
31  Rutherford, *The Covenant of Life Opened*, 303.

첫째, 영원부터 구별되고 지명된 한 위격, 즉 성부이든 성자이든 성령이든 한 위격이 있어야만 한다. 그리고 그 위격은 영원부터 이 지명에 대한 실질적인 동의를 표명해야 한다. 성자만이 이 언약에서 지명된 유일한 위격이다.

둘째, 이 언약은 각 주체의 자발적인 의지에 근거한다. 성자와 성부 사이의 합의와 동의는 시간 속에서가 아니라 영원부터 이루어진 일이었다. 이것이 삼위일체 하나님의 위격들 사이에, 즉 성부와 성자 사이에 각 주체의 동의 하에 영원 속에서 이루어진 구속의 언약이다.[32] 그런데 문제는 성령이다. 성령은 이 언약에서 배제되는 위격인가? "외부를 향한 사역에 관하여 위격들 사이의 모든 합의는 언약이라 불려질 수 없으며 이름들에 대해서는 논쟁할 필요도 없다."고 러더포드는 주장한다. 창조와 구속과 성화에 있어서 성부와 성자의 보내심과 성령의 보내어짐 사이에 신적인 위격들의 "어떤 경륜적인 그리고 경세적인 합의"(some oeconomical and dispensatory agreement)가 있다고 우리가 말하는 것은 가능하다.[33] 하지만 그런 합의를 "계약이나 언약의 이름으로" 부르는 것은 합당하지 않다고 그는 강조하며 두 가지의 이유를 제시한다. 1) 성령의 나오심과 보내심은 사역의 순서와 관계된 것인데, 이는 자발적인 의지의 행위가 아니라 본성적인 문제이기 때문이다. 2) 자신을 비우고, 종의 형체를 입고, 죽음에 대하여 하나님의 언약 수행자의 법적인 자격을 갖추고, 십자가의 죽음을 당하며, 천사보다 약간 낮아진 것은 성자이기 때문에 그에 대해서만 고유하게 "언약"이라 부를 수 있기 때문이다. 언약의 이름이 적용되지 않는다고 해서 그것을 성령의 배제라고 해석하는 것은 합당하지 않다. 성부는 언제나 그의 영원한 지혜이신 성자를 통하여 일하시되 그의 무한한 능력이신 성령

---

32  Rutherford, *The Covenant of Life Opened*, 302.
33  Rutherford, *The Covenant of Life Opened*, 304-305. Cf. Woo, *The Promise of the Trinity*, 188.

으로 말미암아 일하시기 때문이다. 성령도 자발적인 동의를 따라 보내심을 받고 택하신 자들을 거룩하게 만드신다.[34]

셋째, 이 언약은 "사랑의 행위"(an act of delectation)이다. 사랑은 자발성의 절정을 의미한다. 성부와 성자는 영원부터 서로를 기뻐하신 관계성을 가지셨다. "여호와께서 그 조화의 시작 곧 태초에 일하시기 전에 나를 가지셨으며 만세 전부터, 태초부터, 땅이 생기기 전부터 내가 세움을 받았나니"(잠 8:22-23). 성부와 성자와 성령의 사랑은 신적인 존재의 길이만큼 길고 무수한 죄인들의 연령보다 훨씬 더 장구하다. 한계가 없고 바닥을 모르는 사랑의 대양이 어떤 면에서는 삼위일체 하나님을 압도하여 성자의 발걸음을 병든 진흙에 옮겨, 기쁨은 슬퍼지고 신뢰는 흔들리고 구원은 고통이며 생명은 죽어가고 능력은 약해지는 역설적인 길을 성자는 친히 걸으셨다.[35] 모든 죄인들이 가진 모든 양상의 죄악들을 모두 회복시킬 삼위일체 하나님의 사랑은 길이와 높이와 넓이와 깊이에 있어서 모두 무한하다. 구속의 언약은 그러한 사랑 때문에 하나님과 인간 사이에 맺어진 모든 언약의 근거이며 토대이며 원천이며 근원이다.[36]

**논거 12.** 러더포드는 11개의 논거들을 제시한 이후에 다른 논거 하나를 추가한다. 즉 성자 예수께서 성부 및 성령과 더불어 기획되고 미리 정해진 성육신의 위격이 되셔서, 만족의 속전을 지불하고, 성부와 성자와 성령의 사랑과 심장을 차지한 택자들이 그 속전의 수혜자로 정해지는 것이 천지가 조성되기 이전에 이루어진 일이라면, 존재의 심연들이 있기도 전에 영원 속에서 종결되고 승인된 "사랑의 흥정"(bargain of love)이 있었음에 분명하다. 이것이 구속 언약 교리의 존재를 입증한다.[37]

---

34  Rutherford, *The Covenant of Life Opened*, 305.
35  Rutherford, *The Covenant of Life Opened*, 307: "*tristari laetitiam, pavere fiduciam, salute pati, vitam mori, fortitudinem, infirmari.*"
36  Rutherford, *The Covenant of Life Opened*, 307.
37  Rutherford, *The Covenant of Life Opened*, 307-308.

러더포드는 위에 제시된 12가지의 논거들로 본인이 입증한 하나님과 그리스도 사이에 맺어진 언약(구속 언약, covenant of redemption)이 하나님과 죄인들 사이에 맺어진 언약(화해 언약, covenant of reconciliation)과 다르다고 논증한다. 첫째, 언약의 주체와 관련하여 구속 언약은 한 주체가 세 위격을 모두 포괄하는 여호와 하나님, 그리고 다른 한 주체가 구속의 사역을 수행하실 제2 위격이신 성자 사이에 맺어진 언약이다. 그러나 화해 언약은 삼위일체 하나님과 죄인들 중에서의 일부 사이에 맺어진 언약이다. 구속 언약은 두 부분으로 구성되어 있는데, 하나는 지명의 언약이고 다른 하나는 실질적인 구속의 언약이다. 지명의 언약은 지명이 시간 이전에 이루어진 일이어서 영원하며, 실질적인 구속은 시간 속에서의 일이어서 영원하지 않다. 화해 언약은 비록 하나님의 작정에서 영원한 것이지만 모든 것들이 시간 속에 떨어진다. 둘째, 핵심적인 주제에 있어서 구속 언약과 화해 언약은 구별된다. 구속 언약은 인간을 위한 구속의 보증은 누구이며 그의 사역과 보상은 어떤 것인지를 주목한다. 화해 언약에는 그러한 내용들이 없다. 구속 언약은 화해 언약과는 다른 명령들과 약속들과 조건들을 포함한다. 모든 의를 이루는 것, 모든 율법을 준행하는 것이 명령이다. 하늘과 땅의 통치권, 하나님의 보좌 우편에 앉으심이 바로 그 약속이다. 이는 우리의 언약, 즉 화해 언약에서 요구되는 믿음을 정당하게 만드시는 것의 조건이다. 그래서 그리스도 예수는 언약의 보증이다.[38]

## 결론

다양한 신학적 견해차를 일으킨 구속 언약은 그 존재의 기반이 성경 텍스트에 있을 때에만 정통적인 교리로 승인된다. 이에 대하여 이 장에서는

---

38  Rutherford, *The Covenant of Life Opened*, 308-309.

사무엘 러더포드 사상에 나타난 이 교리의 성경적인 논증들을 고찰했다. 즉 구속 언약은 1) 그리스도 자신이 아버지를 자기의 신으로 부른다는 사실에서, 2) 그리스도가 "나의 종" 혹은 "언약의 사자" 혹은 "내 목자"라는 하나님의 피용자(被傭者)로 언급되고 있다는 사실에서, 3) 이 땅에 오신 그리스도 예수의 자발적인 순종과 쌍방적인 합의가 있었다는 것이 계약 혹은 언약을 가리키고 있다는 사실에서, 4) 성부와 성자 사이에서 성부는 구속하고 보존할 자들을 아들에게 맡기고 아들은 아버지의 말씀을 따라 주어진 자들을 하나도 잃지 아니하고 마지막 날에 살리실 것이라는 합의의 사실에서, 5) 신자들의 할례 혹은 세례와 구별되는 예수의 할례와 세례는 인간과 하나님 사이에 맺은 언약과 다른 언약이란 사실에서, 6) 아들을 보내셔서 아담으로 하여금 영원한 죽음에 이르지 않도록 하신 하나님의 자유로운 선택과, 육신을 입으시고 이 땅에 오시라는 아버지의 말씀에 순응하여 오신 예수의 자유로운 선택이 하나님과 인간 사이의 언약과는 다르다는 사실에서, 7) 죄 용서와 구원의 보존과 평강의 수여와 새로운 마음의 제공과 영원한 생명의 공급은 인간에게 주어질 수 없고 지극히 탁월하신 예수에게 주어질 수밖에 없는 약속, 즉 그에게만 "예"가 가능한 약속이라는 사실에서, 8) 이와 유사한 것으로서 구약의 예언들이 그리스도 예수에게 이루어질 일들이기 때문에 그것들은 아버지와 그리스도 사이에 언약이 있었음을 전제하는 것이라는 사실에서, 9) 아버지 하나님께서 아들에게 열방을 구하라는 청구의 권면을 하신 것은 둘 사이에 모종의 언약이 있었음을 전제하는 것이라는 사실에서, 10) 그리스도 예수의 사역들과 그것에 상응하는 아버지 하나님의 보상이 그에게 주어진 것은 어떤 언약의 성취라는 사실에서, 11) 레위의 반차가 아니라 하나님의 맹세와 더불어 그리스도 예수께서 우리의 대제사장 되셨다는 사실에서, 그리고 추가된 것으로서 12) 구속의 계획이 시간 이전에 이루어진 일이라면 삼위일체 하나님 안에서 승인된 "사랑의 합의"가 있었다는 사실에서 구속 언약 교리의 존재를 논증했다. 이 모든 논거들은 이성적인 추론이 가미되어 있지만 성경에 의존한다. 러더포드가 제시한 성경의 주석적인 논거들에 따르면, 구속 언약 교리는 성경의 토대 위에 세워진 교리임이 분명하다.

여기에서 우리는 러더포드 견해가 로마 가톨릭교회와 소시니안 및 알미니안 사상을 대적하는 맥락에서 만들어진 것임을 유의해야 한다. 자세히 살펴보면, 구원의 근거가 인간에게 없고 오직 하나님께 있다는 전적인 은혜의 개념이 그의 구속 언약 교리에 반영되어 있다. 그리고 비록 신학적인 뉘앙스를 조심해야 하겠지만 우리는 구속 언약 교리를 "외부를 향한 하나님의 내적인 사역"으로 이해한 바르트의 지적도 유의해야 한다. 작정이나 예정과 구별된 어떤 구속 언약 교리가 있다면 그것은 외부를 향한 사역이 아니라 내부를 향한 삼위일체 하나님의 내적인 사역(*Opus Dei internum ad intra*)일 가능성도 배제하지 못하기 때문이다. 내부를 향한 하나님의 사역은 위격들 사이에 내적인 합의의 방식 혹은 언약의 방식으로 행한다는 것인데 과연 위격들이 언약의 독립된 주체로서 동의나 합의라는 의지적인 활동을 하는 것이 하나님의 유일성에 위협을 가하지 않는지를 고려하는 것은 별도의 논의가 필요한 대목이다.

# Chapter 11

# 정통주의 시대의 예정론
## :하나님의 속성과 작정
### 트위스와 오웬의 신적 정의론을 중심으로

## 요약

이 장에서는 형벌에 대한 하나님의 정의와 작정의 관계성을 탐구한다.
특별히 이 주제에 가장 첨예한 논쟁의 대립각을 세운 윌리엄 트위스와
존 오웬을 주목한다. 죄에 합당한 벌을 내리시는 하나님의 섭리는 필연
적이라는 사실에 두 사람은 동의한다. 그러나 그 근거에 있어서는 다르
다. 오웬은 하나님의 정의라는 신적인 속성에 근거한 필연성을 강조하
고, 트위스는 하나님의 작정에 근거한 필연성을 강조한다. 하나님의 진
노를 해결하기 위한 그리스도 예수의 죽음으로 말미암은 만족 없이도
하나님은 과연 죄를 사하실 수 있으신가? 오웬 시대의 신학적 논적들
은 이 질문에 긍정한다. 이들은 자신들의 긍정을 지지하는 존경받는 학
자로서 트위스를 거명한다. 이에 오웬은 논적들을 공격하는 동시에 트
위스의 입장도 비판한다. 그러나 오웬의 비판은 정당한가? 이에 대해
서 이미 세상을 떠난 트위스는 항변할 수 없기에, 나는 그의 대변인이
되어 그의 저작들에 근거하여 그를 변론했다. 연구한 결과, 둘 사이에
는 신학적인 공통점이 대단히 많지만 각 시대의 다른 신학적인 오류를
교정하기 위해 불가피한 강조점의 차이를 보인다는 결론에 도달했다.
진리의 본질이 아니라 강조점의 차이는 얼마든지 공존과 동행이 가능
하다. 비본질적 차이를 갈등과 분열의 근거로 삼는 성급한 판단은 조심
해야 함을 두 사람의 논쟁에서 깨닫는다.

## 서론

17세기에 발생한 징벌적인 정의의 논쟁은 존 오웬(John Owen, 1616~1683)의 『신적인 정의에 대한 담론』(*Diatriba de justitia divina*, 1653)에 가장 잘 정리되어 있다. 여기에서 오웬은 윌리엄 트위스와 사무엘 러더포드 같은 웨스트민스터 총회의 뛰어난 학자들과 소키누스 분파가 가진 신적인 정의론을 반박한다.[1] 반박의 핵심은 징벌적인 정의의 본질적인 특성과 필연적인 실행에 대한 것이지만 하나님의 속성론, 그리스도 만족론, 신적인 작정, 죄의 본질과 우리의 순종과도 결부되어 있는 사안이다.[2] 여기에서 제시되는 오웬의 핵심적인 입장은, 죄를 벌하는 정의는 하나님께 본성적인 것이고 실체적인 것이기 때문에, 그 정의의 실행은 하나님께 필연적인 것이라는 주장이다. 이러한 주장에 의하면, 신적인 정의에 부합한 그리스도 죽음의 만족이 충족되지 않으면 하나님은 어떠한 죄도 용서하지 않으신다.

오웬이 이 논쟁에 뛰어든 신학적인 목적은 신적인 정의의 영광이 훼손되지 않고 우리의 죄를 위한 그리스도 죽음의 필연성을 확립하기 위함이

---

* 이 장은 "Twisse and Owen on Divine Justice," *Hapshin Theological Journal* 3 (Dec., 2014), 190–227에 게재된 논문의 번역이다.

1  For the discussion of vindicatory justice in detail against Socinus and Crellius, see Abraham Calov, *Systema locorum theologicorum* (Wittenberg: Sumptibus Andreae Hartmanni, 1655), xi; Andreas Essenius, *Triumphus crucis sive fides catholica de satisfactione domini nostri Iesu Christi* (Amsterdam: Apud Ludovicum Elzevirium, 1649), I.ii.1.

2  For some sound observations of Owen's *Diatriba*, see Carl Trueman, "John Owen's *Dissertation on Divine Justice*," *Calvin Theological Journal* 33 (1998): 87–103; Richard A. Muller, *Post-Reformation Reformed Dogmatics* (Grand Rapids: Baker Academic, 2003c), III: 493–497.

다. 동시에 형벌적인 정의에 대한 트위스의 입장을 소키누스 분파가 자신들의 주장을 두둔하기 위한 수단으로 활용하는 것을 방지하기 위함이다.[3] 그래서 오웬은 트위스가 가진 정의론의 취약점을 지적하고 거부하는 방향으로 논지를 전개한다. 오웬의 앞 세대 신학자인 트위스의 주장은 하나님이 죄에 대한 형벌에 있어서 자신의 신적인 정의를 본성의 절대적 필연성을 따라 실행하지 않으시고 자유롭게 하신다는 것이었다. 그러나 오웬은 이러한 주장을 반대하며 징벌적인 정의의 실현인 그리스도 죽음의 필연성이 거부되면 기독교가 이단에게 무릎을 꿇게 될 것이라고 경고한다.

그러나 트위스를 비판함에 있어서 취한 오웬의 방법론이 가진 약점은 그가 "절대적 능력과 규정적 능력"(*potentia absoluta et ordinata*) 그리고 "실질적인 공로와 잠재적인 공로"(*meritum actualis et potentialis*)의 중세적인 구분에 충분한 주의를 기울이지 않았다는 사실이다. 그리고 오웬이 비판할 때에 트위스의 대작인 『은혜의 중간적인 소유, 하나님의 능력들과 섭리들』(*Vindiciae Gratiae, Potestatis, et Providentiae Dei,* 1632) 외에는 다른 저작들을 참조하지 않았다는 것도 오웬의 유의미한 방법론적 결함이다. 그러나 우리가 주의해야 할 것은, 오웬이 징벌적인 정의에 대한 트위스의 견해 전체를 거부한 것이 아니라 소키누스 분파가 오용하고 있는 부분에 대해서만 경계하고 있다는 사실이다.

하나님의 징벌적인 정의에 대한 오웬과 트위스의 견해차는 그 "정의의 필연적인 실행에 대한 원인이 하나님의 본성이냐 아니면 신적인 의지의 작정이냐" 중 어디에 강조를 둘 것이냐에 있다. 여기에서 나는 두 입장의 유사점과 차이점을 논하고자 한다.

---

3  John Owen, *Diatriba de justitia divina seu Iustitiae vindicatricis vindiciae* (Oxford, 1653), 224–225.

# 본론

## 징벌적인 정의에 대한 오웬의 관점

죄를 벌하는 정의는 하나님께 본성적인 것이면서 실체적인 것이며 (*naturalem ac essentialem*), 그 정의의 실행도 그에게는 필연적(*necessariam*)이라는 것이 『신적인 정의에 대한 담론』에 나타난 오웬의 주장이다.[4] 『하나님과의 교통』(*Communion with God*, 1657)이란 책에서도 동일하게 주장한다. "징벌적인 정의의 본성적 성격과 죄에 근거한 실행의 필연성을 아는 지식은 신적인 정의에 대해 유일하게 참되고 유용한 지식이다."[5] 오웬에 의하면, 하나님의 징벌적인 정의는 신적인 의지의 행위만이 아니라 (보다 중요한 것으로서) 신적인 본성의 실체적인 속성에 의한 것이며 자신의 불변적인 본성에 합당하게 행하시는 하나님께서 죄에 합당한 형벌을 내리시는 것은 필연적인 조치이다.[6]

### 징벌적인 정의의 개념

아리스토텔레스와 중세의 학자들은 정의를 일반적인 것과 특별한 것으로 구분했고, 특별한 것은 다시 분배적인 것과 교환적인 것으로 구분했다. 그러나 오웬은 하나님과 인간 사이에 교환적인 정의는 없고 보상적인 정의, 교정적인 정의, 징벌적인 혹은 보응적인 정의는 특별히 심판의 올

---

4  John Owen, *Diatriba*, 2.

5  John Owen, *The Works of John Owen* (Edinburgh: The Banner of Truth Trust, 1966) 2:84.

6  John Owen, *Diatriba*,.22. Similarly, John Edwards claims that "punitive justice is the absolute result of the righteous essence of God" and "the Nature of the Deity obliges him to this." But Patrick Gillespie rejects two extremes that God's punishing sin is merely from divine will and that God cannot but punish sin by necessity of nature because justice is a natural property in Him. John Edwards, *Theologia reformata: or, the body and substance of the Christian religion* (London, 1713), 115. Patrick Gillespie, *The ark of the covenant opened* (London, 1661), 37.

바름에 해당하는 것으로서 모두 분배적인 정의의 항목으로 분류되는 것이라고 주장한다.[7] 그는 하나님의 정의(δικαίωμα)[8]를 두 종류로 구분한다. 하나는 절대적인 혹은 그 자체로의 정의이고, 다른 하나는 그것의 표출과 실행과 관련된 정의이다. 신적인 정의는 그 자체로 하나님의 모든 의지적 행위와 사물들의 조건보다 선행하는 신적인 본성의 우주적인 정직과 거룩성을 의미한다.[9] 이 정의는 "죄를 벌하는, 변하지 않고 일관된 최고의 의지"(*summam, immutabilem, ac constantem voluntatem ulciscendi piaculum*)이다.[10] 성경에 근거하여,[11] 오웬은 신적인 정의가 그 자체로는 모든 신적인 작정들과 행위들과 말씀들을 "조정하는"(*dirigit*) 신적인 본성의 "우주적인 정직과 최고의 완전성"(*universalem rectitudinem & perfectionem summam*)과 "힘"(*virtus*)이라고 규정한다.[12] 하나님의 본질은 지극히 탁월하고 지극히 지혜롭고 지극히 완전하고 지극히 자비롭고 지극히 복되기 때문에, 하나님의 본성 자체는 신적인 정의라고 주장한다.[13] 게다가 죄가 이 세상에 들어온 이후에는 하나님의 본성적인 규칙 1번지가 "정의"라고 한다.[14] 신적인 정의는 하나님의 속성들 중에서도 으뜸이며, 인간적인 정의도 최고의 자연적인 덕이라고 주장한다.[15] 그러나 오웬이 신적인 정의와 능력이 그 자체로는 서로 다르

---

7   John Owen, *Exposition of the Epistle to the Hebrews*, 18:121.

8   John Owen, *Diatriba*, 45.

9   John Owen, *Diatriba*, 7–8. In a different sense, divine justice is defined by Owen as "the essential, natural readiness and disposition of the holy nature of God to do all things justly and decently, according to the rule of His wisdom and the nature of things, with their relation one to another." See John Owen, Exposition of the Epistle to the Hebrews, 18:121.

10   John Owen, *Diatriba*, 123; idem., *Works* 12:111.

11   For Owen's vindication of the necessity of punishing sin by appealing to Scripture, see *A Brief declaration and vindication of the doctrine of the Trinity* (1669) in *Works* 2:513–519.

12   John Owen, *Diatriba*, 10, 16–17. It is interesting to note that Owen in his sermon claims that "the principle of operation in God is His own sovereign will and good pleasure." Cf. John Owen, *Works* 8:193.

13   John Owen, *Diatriba*, 16.

14   John Owen, *Exposition of the Epistle to the Hebrews*, 18:130.

15   John Owen, *Truth and Innocence Vindicated* (1669) in Works 13:558. By depicting justice as "springing from holiness," Owen, though unconsciously, implies in his commentary on

지가 않다고 주장하지 않는다는 사실이 특이하다.[16]

신적인 정의가 그 표출과 실행에 있어서는 "상대적인 가정적 속성"(*attributum relativum & hypotheticum*)으로 간주되며, 본성의 질서(*ordine naturae*) 속에서 일어나는 신적인 의지의 어떤 행위에 "결과적인 혹은 최소한 수반되는 정의"로 이해된다.[17] 정의의 표출은 두 가지로 구분된다. 첫째, 어떤 대상을 조성하고 창조하는 "말씀의 방식"(*dictis*)으로 나타나는 완전히 자유로운 무조건적 표출이다. 둘째, "행위의 방식"(*factis*)으로 나타나는 조건적 및 필연적 표출이다.[18] 신적인 정의의 실행도 두 가지로 구분된다. 첫째는 순종이나 불순종에 대한 고려 이전에 나타나는 절대적인 혹은 선행적인 실행이고, 둘째는 하나님의 행위들 안에 나타나는 개별적인 혹은 결과적인 실행이다.[19] 오웬이 말하는 "행위들"의 의미는 두 가지로 구분된다. 첫째, 하나님의 "의논과 의지에서"(*ex consilio & voluntate*) 이루어진 작정들을 따라 만물을 다스리는 행위이다. 둘째, 하나님의 "정의와 지혜의 규범을 따라(*secundum normam juris ac sapientiae suae*) 보상이나 벌을 내리시는 행위이다.[20] 신적인 정의의 집행이 필연적인 것은 하나님의 의논과 의지만이 아니라 그의 정의와 지혜에도 근거한다. 오웬은 후자가 더 본질적인 근거라고 생각한다. 오웬에 의하면, 징벌적인 정의는 "실체에 있어서"(*re ipsa*) "형벌의 본질"(*naturam poenae*)을 내포하고 있는 보편적인 정의와 다르지가

---

Hebrews* (1674) that justice is a divine attribute of derivative or secondary character. John Owen, *Works* 18:110–111. But I do not know that Owen provides any discussion of whether there is an order among divine attributes.

16  John Owen, *Diatriba*, 17.

17  John Owen, *Diatriba*, 8.

18  John Owen, *Diatriba*, 8. Cf. Francis Gomarus, *Disputationes theologicae* (Amsterdam, 1644), II.i.49: "*Iustitia vero Dei est virtus, ius sum cuique tribuendi. Eaque exercetur, dictis vel factis.*"

19  John Owen, *Exposition of the Epistle to the Hebrews*, 18:124.

20  John Owen, *Diatriba*, 9. However, he does not provide any reason for distinguishing egresses of justice in government and judgments.

286   거인들의 예정

않다.[21] 나아가 그는 "하나님 안에 영원히 내재적인 것은 무엇이든 그의 본성에 필수적인 것일 수밖에 없기 때문에, 죄는 하나님을 불쾌하게 하고 불쾌하게 만들지 않을 수 없다"고 설명한다.[22]

그것(징벌적인 정의)은 하나님 안에 습성의 방식으로 존재하고, 신적인 본질 자체에는 본성적인 것이며, 그 안에 영원하고 불변적인 방식으로 내재하며, 그가 어떤 대상에 대하여 행하시는 모든 일들 속에서 실행되며, 그 자신의 본성을 따라서는 필연적인 것이기에, 진실로 죄가 형벌을 받지 않는다면 피조물에 대한 하나님의 모든 정의를 뒤집어 엎을, 말문이 막힐 정도의 악이다.[23]

### 형벌적인 정의와 신적인 능력의 필연적인 실행

죄를 벌하는 정의의 실행이 필연적일 수밖에 없는 이유를 오웬은 세 가지로 제시한다.[24] 첫째, 하나님은 의지만이 아니라 본성을 따라서도 모든 죄를 미워하는 분이시기 때문에 모든 죄를 벌하신다.[25] 둘째, 죄에 대하여 하나님은 소멸하는 불, 영원한 타오름, 죄책에 대하여 결코 눈감지 않으시는 신이시다.[26] 즉 죄를 미워하고 벌하는 것은 영원하고 불변적인 하나님의 내재적 성격이다.[27] 오웬이 언급한 흥미로운 대목은 "죄에 대한 미움을 가지는 것"(odio habere peccatum)이 "성정과 관련된"(quoad affectus) 것이라면,

---

21  John Owen, *Diatriba*, 20, 31, 190.

22  John Owen, *Diatriba*, 39: "*justitia dicitur vindictive; quicquid enim in Deo sit, perpetuo ei residens, quaecunque sit virtus naturae ejus essentialis, unde peccatum ei displicet, nec displicere non potest, justitia illa est de qua loquimur.*"

23  John Owen, *Diatriba*, 293: "*per modum habitus naturalis ipsi essentiae divinae, perpetuo & immutabiliter residens, quo uti in omni opere quod circa objectum ejus proprium producit, ex natura sua ei necesse est; peccatum vero malum est ineffabile, quod totum jus Dei in creaturas nisi puniretur evertat.*"

24  John Owen, *Diatriba*, 119-144.

25  John Owen, *Diatriba*, 120.

26  John Owen, *Diatriba*, 128.

27  John Owen, *Diatriba*, 42.

"벌하기를 원하는 것"(*velle punire*)은 "결과와 관련된"(*quoad effectus*) 것이라는 구분이다.[28] 죄를 미워하는 것과 죄를 벌하는 것은 모두 동일하게 하나님 께 본성적인 것이면서 필연적인 것이라고 오웬은 주장한다.[29] 셋째, 하나 님은 자신의 영광을 영원토록 완벽하게 지키신다. 그런데도 죄를 벌하시 지 않는다는 것은 의로움과 거룩함과 진리의 극심한 손실 없이는(*sine ultimo dispendio*) 발생할 수 없기 때문에 하나님은 자신의 영광을 위하여 죄를 필 히 벌하신다.[30] 하나님의 영광은 의로운 일들을 행하심으로 드러난다. 나 아가 오웬은 죄의 필연적인 형벌이 정의를 나타내는 일에 하나님이 매여 계시기 때문이 아니라 그분 자신이 정의로운 분이시기 때문에(*quia justus est*) 발생하는 것이라고 한다.[31] 오웬은 자신의 히브리서 주석에서 징벌적인 정 의가 필히 실행되는 5가지의 조건을 제시한다. 즉 1) 이성적인 피조물의 창조, 2) 만물의 질서이신 하나님에 대한 그들의 보편적인, 필연적인, 절 대로 변경될 수 없는 의존성, 3) 그들에게 주어진 법의 본성, 4) 그 법을 따 라서 만물을 통치하고 계신 하나님의 영원하고 본성적인 불변성, 5) 이성 적인 피조물의 죄로 요약된다.[32] 오웬은 징벌적인 정의와 같은 개별적인 혹은 결과적인 정의의 표출이 이러한 조건들 위에서만 필연적인 일이라고 한다.

그런데 이러한 입장을 가진 오웬을 격분하게 만든 정통적인 성직자들, 그 중에서도 트위스의 핵심적인 주장은 이러하다. "죄를 벌하는 정의는 하 나님께 본질적인 것이지만, 여전히 하나님은 그 정의를 행하실 수도 있고

---

28  John Owen, *Diatriba*, 207.
29  John Owen, *Diatriba*, 120, 227. Unlike Owen, Twisse denies that hatred and punishment of sin are equally natural to God.
30  John Owen, *Diatriba*, 296.
31  John Owen, *Diatriba*, 231.
32  John Owen, *Exposition of the Epistle to the Hebrews*, 18:125-128.

행하시지 않을 수도 있다."[33] 이러한 주장을 반박하며, 오웬은 두 종류의 신적인 속성들이 있다는 사실을 내세운다. 첫째는 지혜나 능력과 같이 그 것의 표출에 앞서서 어떤 정해진 대상을 요구하지 않는 속성이다. 지혜나 능력의 대상은 "하나님의 주권적인 의지와 기뻐하신 뜻에 의해서만 제한 되고 정해진다."[34] 둘째는 미리 정해진 대상과 그것의 특별한 조건들 속에 서만 실행이 가능한 속성이다. 하나님의 "징벌적인 정의"(*justitia vindicatrix*)[35] 는 "자비"와 함께 이러한 종류의 속성에 해당한다. 신적인 정의는 가정된 조건을 갖춘 대상들에 대해서만 실행되는 신적인 의지의 행위(*actus*)이며, 동시에 하나님 자신에게 속한 것들을 보존하기 위해서도 표출되는 신적인 속성(*attributum*)이다.[36]

이성적인 피조물과 그것의 죄를 고려할 때, 징벌적인 정의는 하나님 "자신의 규범을 따라"(*secundum normam suam*) 반드시 일어나야 한다.[37] 이에 대하여 오웬은 죄를 벌하는 정의의 필연적인 표출이 절대적인 필연성이 아니라 가정적인 필연성(*ex absoluta necessitate, sed ex hypothetica*)의 결과라고 주 장한다.[38]

오웬은 징벌적인 정의의 실행을 잔혹한 것이거나 단순히 신체적인 것 이 아니라 신적인 지성과 의지 즉 "모든 자유의 근원적인 것"과 관계되어

---

33 John Owen, *Diatriba*, 27.

34 John Owen, *Exposition of the Epistle to the Hebrews*, 18:127.

35 R. A. Muller prefers the rendering of vindicatrix or vindicativa as vindicatory to vindictive, which is "not at all implied in sixteenth- and seventeenth-century usage," because the language 'vindictive' has "a negative modern connotation." Richard A. Muller, PRRD, 3:490. In Owen, the usage of the term 'vindictive' is dominant, but in a different sense from its modern meaning. Cf. John Owen, *Exposition of the Epistle to the Hebrews*, 18:127–162.

36 John Owen, *Diatriba*, 35.

37 John Owen, *Diatriba*, 29.

38 John Owen, *Diatriba*, 37. Baxter argues that the necessity of the exercise of vindictive justice is neither absolute nor hypothetical. Richard Baxter, *The Unreasonableness of Infidelity* (London, 1655), 226.

있다고 설명한다.[39] 하나님은 "본성의 필연성에 따라" 그의 이해와 의지의 자유로운 행위 없이 죄인에게 형벌을 내리시지 않고 "행위의 필연적인 원리와 방식"(*principium operandi necessarium & modum*)을 의미하는 그런 본성적인 필연성에 의해 행하신다.[40] 여기에서 오웬은 기술적인 구분을 시도한다. 즉 본성의 모든 필연성이 지시된 제1 행위에 있어서는(*in actu primo & signato*) 그 종류로서(*genere*) 절대적인 것이지만, 제2 행위 및 그것의 실행에 있어서는(*in actu secundo & exercitio*) 절대적인 것이 아니라는 구분이다.[41] 이런 구분에 근거하여, 오웬은 실행에 있어서 징벌적인 정의의 필연성은 하나님이 그것을 자유 없이 행하시는 것을 초래하는 것은 아니라고 주장한다. 하나님은 죄를 필히 벌하시나 신적인 의지의 본성은 자유롭게 행하시는 것이기에[42] "동반적인 자유를 가지고"(*libertate concomitante*)[43] 벌하신다.

여기에서 오웬이 "동반적인 자유"라고 말하는 것은, 자신의 자유로운 뜻의 의논을 따라 죄에 대한 형벌의 부과에 있어서 그 수위와 방식과 시간에 대한 일체(*integrum de gradibus, modo, tempore*)의 결정이 오직 하나님께만 있음을 의미한다.[44] 일례로서, 하나님의 언약을 파기한 아담에게 법 집행이 연기된 것은 하나님의 주권적인 의지에 따른 일이었다.[45] 이처럼 징벌적인 정의의 실행에 대한 오웬의 관점은 동반적인 자유와 가정적인 필연성이

39    John Owen, *Diatriba*, 262; idem., *Exposition of the Epistle to the Hebrews*, 18:129.

40    John Owen, *Diatriba*, 247, 267.

41    John Owen, *Diatriba*, 212. Owen means by 'the first act' *habitus* and by 'the second act' *exercitium* or *operatio*. Cf. John Owen, *Diatriba*, 139.

42    John Owen, *Diatriba*, 32. Owen believes it "a necessary mode of all divine actings *ad extra*" that God acts freely in what He does. John Owen, *Exposition of the Epistle to the Hebrews*, 18:129.

43    Echoing Mastricht, Richard A. Muller understands the *libertas voluntatis concomitans* to be "the divine will understood in relation or *secundum quid*." Richard A. Muller, *Post-Reformation Reformed Dogmatics* (Grand Rapids: Baker Academic, 2003), 3:455. Cf. Peter van Mastricht, *Theoretico-Practica Theologia* (Utrecht: Ex officinâ Thomae Appels, 1699), II.xv.14.

44    John Owen, *Diatriba*, 220, 275, 278.

45    John Owen, *Exposition of the Epistle to the Hebrews*, 18:128.

그 특징이다. 달리 말하면, 하나님은 본성의 필연성을 따라, 그러나 동시에 의지의 동반적인 자유와 더불어 벌을 내리신다.[46]

오웬은 죄를 벌하는 필연성을 하나님의 절대적인 능력과 규정된 능력의 구분과 결부시켜 이해한다. "죄에 대한 형벌을 뜻하시지 않을 수 없음은 죄를 벌하시는 필연성과 동일하다"(non posse non velle punire peccatum idem est cum necessario peccatum punire).[47] 신적인 의지의 모든 자유로운 행위에 선행하는 하나님의 절대적인 능력(potentia Dei absoluta)을 따라서 하나님은 그리스도 만족 없이도 죄를 용서하실 수 있지만 하나님의 규정된 능력(potentia Dei ordinata)을 따라서는 죄를 벌하시지 아니할 수 없으시다.[48] 이는 오웬과 트위스 사이에 이견이 없는 사안이다.

### 정의와 자비

오웬은 정의와 자비가 집행에 있어서 서로 대립하지 않는다고 생각한다.[49] 그러나 트위스와 러더포드 비판에 있어서, 오웬은 정의와 자비의 원리가 모두 하나님께 동일하게 본질적인 것이지만 그 집행에 있어서는 다르다고 주장한다. 즉 정의는 본성의 필연성을 따라 실행되나, 자비는 신적인 의지의 자유를 따라 주어지는 것이라고 한다.[50] 모든 신적인 속성들이 실행에 있어서는 동일하지 않다는 전제 위에서, 오웬은 정의의 실행과 그것의 고유한 대상 사이에는 모든 피조물이 하나님을 향한 불가피한 복

---

46　John Owen, *Diatriba*, 235-236.

47　John Owen, *Diatriba*, 120. Maresius, Essenius, and Mastricht agree with Owen that the character of vindicatory justice as essential or natural causes the necessity of its egress. Andreas Essenius, *Synopsis controversiarum theologicarum* (Utrecht: Ex Officina Meinardi à Dreunen, 1677), iii (11); Samuel Maresius, *Elenchus praecipuarum controversiarum*, in *Collegium theologicum* (Groningen: Typis Francisci Bronchorstii, 1659), iii (892); Peter van Mastricht, *Theoretico-practica theologia*, II.xviii.7.

48　John Owen, *Diatriba*, 138.

49　John Owen, *Diatriba*, 180.

50　John Owen, *Diatriba*, 36; idem., *Exposition of the Epistle to the Hebrews*, 18:129.

종에서 비롯된 본성적인 책무(*obligatio naturalis*)가 개입되어 있다고 주장한다.[51] 그러나 자비의 실행에 있어서는 자비의 행위와 그 대상 사이에 어떠한 본성적인 책무도 개입함이 없다.[52] 이러한 주장의 정당화를 위해 오웬은 불순종과 형벌의 부과 사이의 관계성은 순종과 그것에 대한 보상의 관계성과 다르다는 것이 사물의 이치(*natura rei*)라는 점을 지적한다.[53]

오웬은 또한 정의와 자비 사이에 속성적인 차이가 있다고 주장한다. 즉 정의와 자비가 하나님 안에서 동일한 무게의 속성이긴 하지만 정의는 "고유하게 그리고 성향의 방식으로"(*proprie & per modum habitus*) 하나님을 서술하는 것이지만, 자비는 오직 "유비적인 차원에서 정서의 방식으로"(*analogice & per modum affectus*) 하나님을 서술한다.[54] 오웬이 보기에 형벌적인 정의는 "고유하지 않게, 유비적인 방식으로, 혹은 결과와 관련하여"(*improprie & analogice, respectu effectus*) 이해하면 안 되는 "정의의 성향"(*habitum justitiae*)이다.[55] 하나님은 모든 권한의 행사에 있어서 절대적인 자유를 가지신다. 그럼에도 불구하고 피조물을 사려하는 하나님의 권한은 하나님 안에 내재적인 성향이기 때문에 자유로운 행위로 간주될 수 없다고 오웬은 주장한다.[56] 그래서 형벌적인 정의는 신적인 의지의 자유로운 행위가 아니라 하나님 안에 "영원히 내재되어 있는 신적인 본성의 성향 혹은 능

---

51    John Owen, *Diatriba*, 36−37, 149−150.

52    John Owen, *Exposition of the Epistle to the Hebrews*, 18:130−131.

53    John Owen, *Diatriba*, 140, 149−150, 218, 223, 228, 266; idem., *The Doctrine of the saint's perseverance* (1654), in *Works* 11:296; idem., *A discourse concerning the Holy Spirit* (1682) in *Works* 3:461: "although, on the one side, the 'wages of sin is death,' there being a proportion in justice between sin and punishment, yet there is non between our obedience and our salvation."

54    John Owen, *Diatriba*, 147. According to Owen, this is evident in the first covenant of God with Adam where He did not lay out any way to the manifestation of mercy but to the glory of justice.

55    John Owen, *Diatriba*, 181, 256−257.

56    John Owen, *Diatriba*, 46.

력"(*habitus seu virtus naturae suae perpetuo residens*)이다.[57] 신적인 자비가 하나님께 본성적인 성향이며 신적인 본성의 실체적인 특성이긴 하지만 그 자비의 모든 행위들에 대해서는 전적으로 자유롭다.[58] 이처럼 정의와 자비는 모두 하나님 안에 내재된 동일한 등급의 성향이요 속성이다.[59] 그러나 어떤 대상에 대한 본성적인 책무가 있느냐의 여부에 따라 그 실행의 필연성 문제는 동일하지 않다. 이처럼 징벌적인 정의는 하나님의 실체적 필연적 속성 (*essential & necessarium Dei attributum*)이고, 자비는 하나님의 실체적인 속성이지만 필연적인 속성은 아니라고 오웬은 주장한다.[60]

오웬의 견해를 반대하는 사람들도 있다. 그들은 불이 가연성 물질만이 아니라 비가연성 물질까지 태우듯이 죄 없으신 예수님이 부당한 죽임을 당하는 일이 있다고 말하면서 죄에 형벌을 부과하는 것의 필연성은 거부한다. 이에 오웬은 그리스도의 죽음이 속죄의 직무에 대한 그의 정해짐과 그에 대한 형벌의 부과라는 두 가지의 요소로 구성되어 있음을 지적한다.[61] 전자는 사랑과 은혜의 행위이고, 후자는 징벌적인 정의의 행위이다. 오웬은 이 두 가지를 그리스도 죽음의 "충분하고 불가피한 원인"(*sufficientem & indispensabilem causam*)이라고 부른다.[62] 그리스도의 죽음은 하나님의 지극히 무한하고 엄격한 정의와 지극히 높고 무한한 자비의 표출이다.[63] 그러

---

57 John Owen, *Diatriba*, 43.

58 John Owen, *Diatriba*, 184, 218.

59 John Owen, *Exposition of the Epistle to the Hebrews*, 18:127, 130. In a later writing, Owen makes an explicit distinction between vindicatory justice as a habit or a habitual perfection and mercy as an affection.

60 John Owen, *Diatriba*, 162.

61 John Owen, *Diatriba*, 258. In another place, Owen considers the death of Christ to be a price, a sacrifice, and a punishment. Cf. John Owen, *Communion with God* (1657) in *Works* 2:203.

62 John Owen, *Diatriba*, 134, 259. The divine justice is also called "the efficient cause" by Owen. John Owen, *Works* 9:655.

63 John Owen, *Diatriba*, 194–195. In His death, "there was a blessed harmony in the highest justice and most excellent grace and mercy." Cf. John Owen, *A Brief declaration and vindication of the doctrine of the Trinity* (1669) in *Works* 2:523.

므로 그의 죽음은 자비의 행위만이 아니라 죄를 벌함에 있어서 징벌적인 정의의 본성적인 성격도 드러낸다.[64]

### 우선순위: 본성의 필연성과 자유로운 의지의 작정

징벌적인 정의와 관련하여 오웬은 하나님의 작정이 그 정의의 표출을 필연적인 것으로 만드는 원인인지 아닌지의 문제를 탐구한다. 그가 생각하는 하나님의 작정은 신적인 의지의 자유로운 주권적 행위 혹은 그 의지의 엄격하고 영원하고 불변적인 계획이다.[65] 오웬도 세상의 모든 일들이 신적인 의지의 영원한 의논을 따라 하나님에 의해 필히 실행되는 것이라고 생각한다. 그럼에도 불구하고 그 실행의 필연성이 작정에서 나오지 않고 사물 자체에서(ex rebus ipsis) 나오는 것들이 있음을 강조한다.[66] 신적인 본성 자체의 긴급성에 근거한(ex ipsius divinae naturae exigentia) 필연성을 가진 것들에 있어서 작정의 기능은 단지 사물의 어떤 조건(rerum talem conditionem)을 설정할 뿐이라고 한다.[67] 이런 경우에는 "작정에 대한 고려 없이도 이것 혹은 저것이 뒤따르는 것은 필연적인" 현상이다.[68] 세상을 창조하는 필연성은 하나님이 세상을 창조할 것이라는 작정에 근거한다.[69] 그러나 하나님의 정의와 거룩에서 나오는 징벌의 필연성은 작정과 무관하다. 다만 작정은 형벌의 대상과 조건 즉 이성적인 피조물의 창조와 범법의 허용에만 관여한다.[70] 그리고 죄를 벌하는 방식과 때와 정도는 신적인 작정에 근거한

64  John Owen, *Vindication of some passages in a Discourse concerning Communion with God* (1674) in *Works* 2:360, 417.

65  John Owen, *A continuation of the exposition of the Epistle of Paul the Apostle to the Hebrews* (1680), in *Works* 21:50; idem, *Two short catechisms* (1645), in *Works* 1:473.

66  John Owen, *Diatriba*, 262.

67  John Owen, *Diatriba*, 263.

68  John Owen, *Diatriba*, 263: "*absq; omni consideration ullius respectus ad decretum, ut hoc vel illud sequeretur necesse est.*"

69  John Owen, *Diatriba*, 229.

70  John Owen, *Diatriba*, 263.

다.[71] 이처럼 오웬은 창조의 필연성이 작정에 근거하고, 징벌의 필연성은 정의의 근거한 것이라고 주장한다.[72] 즉 죄에 대한 형벌의 필연적인 부과는 "하나님의 본성적 실체적 정의의 결과"이다.[73] 징벌 자체는 정의 이외에 다른 원천이나 원인이 없다고 주장한다.[74] 그리고 신적인 정의는 모든 종류의(*cujuscunque generis*) 신적인 작정들과 사역들에 앞서고 또한 주도한다(*praeest*).[75] 죄가 형벌을 부른다는 것은 신적인 의지의 모든 자유로운 행위나 신적인 정하심에 선행하는 원리라고 한다. 정의의 실행을 고려함이 없이는 신적인 의지의 어떠한 표출도 없고 섭리의 어떠한 집행도 없다고 단언한다.[76] 이처럼 오웬은 작정에 대한 정의의 우선성을 확신한다. 신적인 법의 위반에 대한 죽음의 신적인 판결을 논하면서 오웬은 신적인 정의가 신적인 의지와 능력보다 앞선다고 주장한다. 왜냐하면 하나님은 정의를 행하시되 그가 그렇게 하시고자 하거나 그렇게 할 수 있기 때문이 아니라 사물의 질서(*ordo rerum*)가 그것을 요구하기 때문이다.[77]

하나님의 외적인 사역에 있어서 다른 모든 신적인 속성들에 대한 정의의 우선성 주장은, 하나님께서 온 우주의 거룩하고 의로우신 최고의 통치자가 되신다는 오웬의 관점과 결부되어 있다.[78] 징벌과 용서가 통치자 혹은 심판자의 행위임을 알지만, 하나님은 자신의 법과 규정 즉 신적인 본성의 거룩성과 정의성을 가지고 이 세계를 이끄시기 때문이다.[79] 신적인 법의 위반은 하나님의 거룩성과 정의에 대한 훼손으로 간주된다. 당연히 그

---

71 John Owen, *Diatriba*, 216.
72 John Owen, *Diatriba*, 263: "*necessitas ideo crreandi mundum est a decreto; necessitas autem puniendi peccatum, est a justitia.*"
73 John Owen, *Vindication of the doctrine of the Trinity* (1669) in *Works* 2:527.
74 John Owen, *Diatriba*, 163.
75 John Owen, *Diatriba*, 17, 215, 293.
76 John Owen, *Diatriba*, 17.
77 John Owen, *Exposition of the Epistle to the Hebrews*, 18:128.
78 John Owen, *Exposition of the Epistle to the Hebrews*, 18:116, 131-137, 161, 268.
79 John Owen, *Exposition of the Epistle to the Hebrews*, 18:135-136, 146.

위반은 신적인 속성에서 나타나는 영광도 훼손된다.

## 트위스에 대한 오웬의 비판: 4가지의 쟁점

오웬은 징벌적인 정의에 대한 트위스의 관점에 대해 긍정적인 측면과 부정적인 측면으로 구분하여 평가의 균형을 유지하려 한다. 그 평가의 기준은 성경과 건강한 이성이다.[80] 두 사람은 징벌적인 정의 혹은 모든 죄를 벌하는 불변적인 의지가 하나님께 본성적인 것이라는 사실에 동의한다. 또한 하나님이 본성적이고 절대적인 필연성을 따라(*necessitate naturali & absoluta*) 죄를 벌하시는 분이라는 피스카토르의 입장도 동일하게 거부한다.[81] 그러나 오웬은 하나님이 어떠한 만족 없이도 죄를 용서하실 수 있다는 트위스의 견해에 대해서는 단호히 거부한다. 트위스의 입장은 4가지의 논거로 구성되어 있고 오웬은 이에 대해서 반박한다.[82]

**논거 1.** 하나님께서 만약 만족 없이 죄를 용서하실 수 없다면, 그 이유는 그가 능력으로 인하여 혹은 정의로 인하여 하실 수 없기 때문이다. 하지만 어떠한 경우도 명확하지 않다. 그러나 만약 하나님께서 자신의 강하고 절대적인 힘에 의하여 죄를 용서하실 수 없다면, 죄의 용서는 전적으로 불가능한 일이다. 그러므로 하나님께서 자신의 [무한한] 능력이 있더라도 만족 없이는 죄를 용서하지 못한다는 것은 타당하지 않다.

피스카토르는 하나님이 자신의 위엄과 본성에 거스르면서 자신의 능력을 사용하는 분은 아니라고 했다. 그의 주장은 트위스로 하여금 첫 번째 논거를 확신하게 했다고 오웬은 분석한다.[83] 이 논거를 반대하는 오웬

---

80    John Owen, *Diatriba*, 124.
81    John Owen, *Diatriba*, 202-203, 233, 245.
82    John Owen, *Diatriba*, 204-225; William Twisse, *Vindiciae gratiae, potestatis, ac providentiae Dei* (Amsterdam, 1632), I-ii.8.25 (199-208).
83    John Owen, *Diatriba*, 206.

은 먼저 하나님의 신적인 속성들 사이에는 조화와 일치만 있고 어떠한 모순도 없다는 점을 지적한다. 하나님은 자신의 선하심과 관련하여 하실 수 없는 것이 있다면 어떤 경우에도 그것을 하실 수 없으시다. 죄를 범하지 않는 것은 신적인 정의의 영광과 상충된다. 어떠한 만족이 이루어짐 없이도 하나님께서 죄를 용서하실 수 있다는 것은 정의와 능력 사이의 모순이다.[84] 오웬은 트위스가 둔스 스코투스 사상을 수용하고 있음을 지적한다. 즉 하나님은 그의 의지가 "그 자체 안에 어떤 것으로 말미암아"(*per aliquid in ipsa*) 이차적인 사물로 향하지는 않으며 어떠한 모순도 없이 그 반대의 것을 의지할 수 있으시다.[85] 이에 오웬은 대상들을 향해 "가정에서 비롯되지 않고서는"(*nisi ex supposione*) 표출될 수 없는 속성들에 대해서는 신적인 의지가 반대의 것을 향하는 것이 가능하지 않다고 주장한다.[86]

**논거 2.** 하나님께서 죄가 처벌되지 않는 것을 허용하실 수 없다면, 그는 절대적 필연성을 따라 그것을 처벌해야 한다. 그러나 이것은 합당하지 않다. 두 번째 논거에도 반대하는 오웬은 절대적 필연성 외에도 가정적 필연성이 있다는 것을 알지 못하는 트위스의 무지를 드러내려 한다.[87] 아버지가 아들을 낳지 않으실 수 없는 것은 절대적인 필연성에 해당된다. 그러나 죄를 벌하시는 정의의 실행은 가정적인 필연성에 해당한다. 정의는 죄를

---

84    John Owen, *Diatriba*, 208, 210; William Twisse, *Vindiciae gratiae*, I–ii.8.25 (199). Twisse even says that it is not only inconsistent but also not far away from blasphemy that the divine will may will something absolutely & not justly (*absolute velle*, & *non iuste*).

85    William Tiwsse, *Vindiciae gratiae*, I–ii.8.25 (199); Johannes Duns Scotus, *Ordinatio*, in *Opera Omnia* 20 (Pariis: Apud Ludovicum Vives, Bibliopolam Editorem, 1894), IV.xlvi.1 (425). This is originated in Anselm's *Proslogion*, xi: "*id solum iustum est quod vis et non iustum quod non vis*" in *Opera Omnia* I (Edingurgh: Nelson, 1946), 109.

86    John Owen, *Diatriba*, 210.

87    However, Twisse also knows well of hypothetical necessity. Particularly echoing Bonaventura, he calls it conditional necessity (*necessitas conditionalis*) that God's will is necessary according to that which comes from supposition (*ex suppositione*). Cf. William Tiwsse, *Vindiciae gratiae*, I–ii.8.25 (200–206), II–iii.2.4 (43), II–iii.5.17 (195), III.8.4 (178); Bonaventure, *Commentaria in Quatuor Libros Sententiarum* in *Opera Omnia*, vol.I (Ad Claras Aquas, 1882), I.xlvii.1.

짓는다는 조건 위에서 실행되는 속성이기 때문이다. 그러나 트위스는 죄를 벌하는 것의 조건적인 필연성이 동일한 방식으로 순종을 보상하는 것의 조건적인 필연성을 견인하는 것이라고 생각한다. 이와는 달리, 오웬은 실행에 있어서 죄를 벌하는 정의와 보상을 베푸는 자비는 결코 동일하지 않다고 강조한다.[88]

**논거 3.** 하나님은 죄에 합당한 형벌보다 완화된 것을 부과하실 수 있으시다. 그러므로 그는 자신의 절대적인 능력 때문에 우주적인 형벌을 유보하실 수 있으시다. 하나님은 공로 이상의 보상을 베푸실 수 있으시다. 그러므로 그는 합당한 것보다 작은 벌을 부과하실 수 있으시다.

이 논거도 오웬은 거부한다. 형벌의 수위를 조절함에 있어서 신적인 자유가 없다고 보기 때문이 아니라 형벌의 형태와 수위에 대한 자유의 행사가 형벌의 유보에 적용될 수 있다는 추론을 부정하기 때문이다. 형벌 자체는 필연적인 것이어서 신적인 규정 혹은 작정에 의존하는 형벌의 유형과 시간과 수위 문제와는 구별된다. 오웬은 성경이 말하는 하나님은 두 가지 측면에서 "죄의 보응자"(peccatorum Vindex)가 되신다고 한다. 즉 하나님은 유대인과 그들의 복지를 위한 입법자요 최고의 주이신 동시에, 우주의 절대적인 주와 정의로운 심판자도 되신다고 한다. 전자는 죄의 시간적인 (temporariam) 형벌에 관여하고,[89] 후자는 죄의 영원한(aeternam) 형벌에 관여한다. 오웬의 비판은 주로 시간적인 형벌과 영원한 형벌의 구분에 대한 트위스의 무지를 드러내는 방식이다. 신적인 속성은 영원한 형벌 자체와 관계하고, 신적인 작정은 영원한 형벌의 실질적인 장소와 시점과 형태와 정도와 관계한다. 그러나 오웬은 하나님의 절대적인 능력에 따른 죄 용서의 가능성에 대한 트위스의 입장에 대해서는 침묵한다.

---

88    John Owen, *Diatriba*, 218.
89    John Owen, *Diatriba*, 222.

**논거 4.** 하나님은 어떤 사람에게 어떠한 결점과 무관하게 아무리 큰 어떠한 고문도, 심지어 지옥의 고문도 가하실 수 있으시다. 그러므로 그는 지극히 끔찍한 결점에 대해서도 당연히 형벌을 유보하실 수 있으시다. 게다가 하나님은 벌하시는 것보다 선을 행하시는 것에 훨씬 더 기울어져 (*multo pronior*) 계신 분이라는 것이 확실하다.[90]

오웬이 보기에, 트위스는 순전한 사람에게 극도의 고통을 가하시고 죄인에게 합당한 극도의 형벌을 유보하실 수 있다는 다소 극단적인 하나님의 절대적인 자유를 주장한다. 오웬은 이러한 주장에 반대하며 죄에 대해서는 형벌이 합당하고 죄가 아니라면 형벌은 부과될 수 없다는 이치를 강조한다. 자비를 베푸심(*beneficiendum*)과 형벌을 가하심(*puniciendum*)에 관한 하나님의 본성적인 성향의 차이점에 대해서는 도덕적인 차원에서(*moraliter*) 교훈하는 명령적인 의지와 관계된 것이지 물리적인 차원에서(*physice*) 행하는 결정적인 의지와 관계된 것이 아니라고 설명한다.[91]

트위스는 죄를 미워하는 것과 벌하시는 것이 하나님께 동일하게 본성적인(*perinde naturale*) 것이라는 생각 혹은 하나님은 본성을 따라 죄를 동일하게 미워하고 벌하시는 분이라는 생각을 거부한다.[92] 모든 죄가 하나님을 불쾌하게 만든다는 필연성이 모든 죄에 대한 하나님의 징계를 본성으로 말미암아 유발하는 것이라는 생각도 거부한다.[93] 트위스의 이런 거부는 보르스티우스와 피스카토르를 반대하는 것으로서, 순종은 필히 하나님을 기쁘시게 하는 것임에도 불구하고 그로 하여금 "정의로 말미암아"(*ex*

---

90 William Twisse, *Vindiciae gratiae*, I–ii.8.25 (201). Cf. Lambert Daneau, *Christianae isagoges* (Geneva: Apud Eustath. Vignon, 1588), vi; Pierre De Moulin, *The Anatomy Of Arminianisme* (London: Nathaniel Newbery, 1620), 187.

91 John Owen, *Diatriba*, 224.

92 William Twisse, *Vindiciae gratiae*, I–ii.8.25 (203).

93 John Owen, *Diatriba*, 124; William Twisse, *Vindiciae gratiae*, I–ii.8.25 (203).

*justitia*) 필히 그 순종을 보상하게 만들지는 않는다는 판단에 근거한다.[94] 트위스의 관점에서, 징계적인 정의의 실행이 필연적인 것이라면, 보상적인 정의의 실행도 필연적인 것이어야 한다. 이에 대하여 오웬은 징벌적인 정의와 그 정의의 대상 사이에 있는 원리가 보상적인 정의와 그런 정의의 대상 사이에는 없다고 주장하며 트위스의 생각을 거부한다.[95] 동시에 오웬은 순종의 보상도 정의에 속하는 것이라고 주장한다.[96]

## 트위스를 위한 변증

트위스에 대한 오웬의 비판은 주로 『은혜의 중간적인 소유, 하나님의 능력들과 섭리들』에 나타난 트위스의 징벌적인 정의론에 근거한다. 그러나 우리는 트위스의 다른 저작들에 나타난 그의 복합적인 견해를 오웬이 충분하게 존중하지 않았다는 점을 주목해야 한다. 트위스의 다른 저작에 대한 보다 면밀한 검토는 우리로 하여금 신적인 정의에 대한 트위스의 견해를 보다 정확하게 이해하게 할 것이고, 트위스에 대한 오웬의 비판이 가진 약점도 발견하여 보다 균형 잡힌 관점을 제공해 줄 것이라고 생각한다.

### 징벌적인 정의의 개념과 그것의 실행

16세기와 17세기에는 정의의 개념이 현저하게 발전했다. 칼뱅은 신적인 의지를 "가장 완벽한 정의"(*perfectissima iustitia*)라고 규정하고 "정의"를 모든 사람이 자기 자신의 권한을 가지게 만드는 "공평"(*aequitas*)이라 했다.[97] 고마루스와 비치우스는 정의를 올바른 의지의 성향(*habitus*) 혹은 각자에게

---

94    William Twisse, *Vindiciae gratiae*, I–ii.8.25 (205).

95    John Owen, *Diatriba*, 214–215.

96    John Owen, *Exercitations on the Epistle to the Hebrews*, I (1668) in Works 17:205.

97    John Calvin, *Praelectionum in Ieremiam prophetam*, in CO 38, col.372: "*sub iustitiae nomine intelligi debet aequitas, ut cuique ius suum reddatur.*"

그 자신의 것을 돌리는 영혼의 일관된 의향(*propositum*)이라 한다.[98] 칼뱅과 유사하게 트위스는 정의가 신적인 본성의 실체적인 속성이라 하였지만,[99] 이는 유스티니아누스 개념을 변경한 것으로서 정의를 "각자에게 합당한 것을 돌리는 [하나님의] 일관되고 영원한 의지"(*constans & perpetua voluntas sum cuique tribuendi*)라고 규정한다.[100] 잔키우스 견해를 참조해서 볼 때, 트위스의 이런 규정은 동일한 개념의 정의를 가르치는 아리스토텔레스의 정치학과 로마서 13장에 근거한다.[101]

중세의 아리스토텔레스적 구분법을 따라 트위스는 정의를 분배적인 것과 교환적인 것으로 구분한다.[102] 하나님의 속성과 관계된 것은 교환적인 정의가 아니라 징벌적인 것과 보상적인 것으로 구성된 분배적인 정의이다.[103] 징벌적인 정의가 대상과 무관하게 보편적인 것이라는 오웬의 주장과는 달리, 트위스는 징벌적인 정의가 보편적인 것이 아니라 죄인이나 악인에 대해서만 의미를 갖는다고 주장한다.[104] "각자에게 합당한 것을 돌리는 [하나님의] 일관되고 영원한 의지"라는 정의의 개념은 하나님의 징벌적인 정의가 아니라 자연법 혹은 이차적인 원인의 질서와 같은 보편적인 정

---

98  Herman Witsius, *De oeconomia foederum Dei* (Utrecht, 1694), I.ii.10; Francis Gomarus, *Disputationes theologicae*, III.i.49; XV.i.26. Like Calvin, Gomarus also defines justice as "*virtus, ius suum cuique tribuendi.*"

99  William Twisse, *A Discovery of D. Jackson's Vanity* (London, 1631), 107; idem., *Vindiciae gratiae*, I–ii.8.25 (202); idem., *The Riches of Gods Love* (London, 1653), I.123.

100  For the characterization of justice as the will of God, see Girolamo Zanchi, *De natura Dei* (Neustadt, 1590), IV.v (355); Bartholomaeus Keckermann, *Systema ethicae* (London, 1607), I.iv (128); David Pareus, *Collegiorum theologicorum* (Heidelberg, 1611), II.xiii.2; Antonius Walaeus, *Compendium ethicae Aristotelicae (1627)* (Leiden, 1647), 289; Johann Scharp, *Cursus theologicus* (Geneva: Apud Franciscum Nicolaum, 1628), 97; Franco Burgersdijck, *Idea philosophiae tum moralis, tum naturalis (1631)* (Oxford, 1641), 140; Peter van Mastricht, *Theoretico-practica theologia*, II.xviii.

101  Girolamo Zanchi, *De natura Dei*, IV.v (355).

102  William Twisse, *A Treatise of Mr. Cottons Clearing Certaine Doubts concerning Predestination* (London, 1646), 58.

103  William Twisse, *A Discovery of D. Jackson's Vanity*, 697. Cf. Antonius Walaeus, *Loci communes* (Leiden, 1647), 186; Benedictus Aretius, *S.S. theologiae problemata* (Bern, 1617), ci (569); Bartholomaeus Keckermann, *Systema theologiae* (Hanau, 1602), I.v.

104  William Twisse, *A Discovery of D. Jackson's Vanity*, 480; idem., *A Treatise of Mr. Cottons*, 37.

의에 대하여 유효하다.[105]

일반적인 정의의 실행에 대하여, 트위스는 그것에 대한 중세의 스콜라적 개념을 존중한다. 즉 하나님이 행하시는 것은 무엇이든 정의의 행위 혹은 자비의 행위이다. 그럼에도 불구하고 하나님의 행위들 중에서도 그가 법적인 혹은 규정된 능력(*potentia ordinata*)을 가지고 행하시려 하는 것을 행하실 때에는 정의의 행위라고 한다.[106] 오웬은 트위스를 비판할 때에 트위스가 하나님의 절대적 능력과 규정된 능력의 중세적 구분을 중요하게 여긴다는 사실을 간과했다. 비록 오웬이 이 구분 자체를 모르지는 않았지만 우리의 신앙을 아주 영리하게 약화시킬 수 있는 "보다 용이한 도구" (*convenientiorem machinem*)라고 생각했기 때문에 다소 꺼려했다.[107] 오웬은 하나님의 절대적인 능력이 신적인 정의의 테두리 안에 있다고 생각한다.

징벌적인 정의의 실행에 관하여 트위스는, 징벌은 정의가 표출되는 최고의 도구라고 이해한다.[108] 이런 정의의 실행은 피조물에 대한 하나님의 주권과 자유와 통치의 표명을 위함이다.[109] 여기에 오웬과 트위스의 미묘한 의견차가 있다. 오웬은 피조물에 대한 하나님의 주권과 통치를 징벌적인 정의 실행의 원인 내지는 규범으로 간주한다.[110] 징벌적인 정의의 실행을 신적인 본성의 필연적인 표현으로 보는 오웬의 관점은 정의가 신적인 속성이라는 사실에 근거하고, 정의의 실행을 하나님의 영광을 드러내는 수단으로 보는 트위스의 관점은 그의 신학적인 체계에 근거한다.[111]

신학에 대한 트위스의 체계적인 이해는 의도와 실행 사이의 역순 원리

---

105 William Twisse, *Vindiciae gratiae*, I–ii.8.25 (202), II.3.16 (191).
106 William Twisse, *A Treatise of Mr. Cottons*, 137.
107 John Owen, *Diatriba*, 143.
108 William Twisse, *The Riches of Gods Love*, II:6.
109 William Twisse, *A Treatise of Mr. Cottons*, 33.
110 John Owen, *Exposition of the Epistle to the Hebrews*, 18:128.
111 William Twisse, *A Treatise of Mr. Cottons*, 56.

와 결부되어 있다. 이 원리는 세 가지의 명제로 구성되어 있다. 1) 의도에 있어서 첫째인 것은 실행에 있어서 나중이다. 2) 목적의 의도는 수단의 의도에 항상 선행한다. 3) 하나의 동일한 목적에 이르는 모든 수단들의 의도는 동시적이다.[112] 트위스가 보기에 신적인 영광의 나타남은 모든 것들의 궁극적인 목적이다.[113] 피조물에 대한 하나님의 자유로운 의지의 작정은 "목적의 의도가 아니라 오히려 수단들의 의도"(*intentio mediorum potius quam intentio finis*)이다.[114] 실행에 있어서 하나님의 모든 일은 피조물과 관계된다. 피조물에 대한 정의의 실행도 신적인 속성의 불가피한 결과물이 아니라 작정에 근거한 신적인 의지의 행위이다. 트위스가 보기에 징벌적인 정의의 실행은 창조, 죄의 허용, 믿음과 회개의 은혜를 통한 구원처럼 신적인 영광의 현시라는 하나의 동일한 목적을 위한 실행 혹은 수단이다.[115]

하나님의 존재가 아니라 그의 의도와 실행에 있어서 신적인 의지보다 더 근원적인 원인이나 원리는 없다고 트위스는 주장한다. 그리고 피조물과 관련하여 신적인 의지의 자유를 제한하는 어떠한 정의나 자비도 없다고 강조한다.[116] 징벌의 방식이든 보상의 방식이든 정의의 실행은 하나님이 자신의 영광을 나타내기 위해 쓰시는 동일한 등급의 수단이다. 엄밀한 의미에서 정의의 모든 방식들은 하나님의 본성과 관계된 것이 아니라 그 정의의 대상들인 피조물과 관계되어 있다. 보상적인 정의의 실행이 순종을 전제하듯, 징벌적인 정의의 실행도 죄를 전제한다. 그러나 하나님의 의지 자체는 이것을 행하든 저것을 행하든 어떠한 것도 전제하지 않는다.[117]

---

112　William Twisse, *Vindiciae gratiae*, Praefatio ad Lectorem, I-i.2 (8), I-i.3 (11).

113　William Twisse, *A Discovery of D. Jackson's Vanity*, 365-366.In the next section, this issue will be handled in more detail.

114　This is most succinctly summarized in William Twisse, *Vindiciae gratiae*, Praefatio ad Lectorem.

115　William Twisse, *A Treatise of Mr. Cottons*, 56.

116　William Twisse, *A Discovery of D. Jackson's Vanity*, 622.

117　William Twisse, *Vindiciae gratiae*, I-i.4 (18); idem., *A Discovery of D. Jackson's Vanity*, 695.

징벌과 보상의 정의가 하나님의 본성에 속한 것이라는 사실에 대해서는 오웬과 트위스의 견해가 일치한다. 그러나 그 정의들의 실행은 본성에 의해 필연적인 것이 아니라 하나님의 작정에 의존하는 것이며 하나님의 영광을 드러내는 도구라는 사실을 트위스는 강조한다.[118] 징벌과 보상은 하나님께서 의도하신 수단이며 그 자체로는 하나님의 일들(*ipsa Dei opera*)이다.[119] 이처럼, 트위스는 수단들 혹은 피조물을 향한 하나님의 일들에 본성의 필연성을 부과하지 않고 신적인 의지의 작정과 결부시켜 이해한다. 하나님 밖에 있는 모든 사물의 필연성(*rerum necessitas*)은 일들 혹은 사건들(*officii vel eventus*)에 속하는 것이고 그 필연성의 근원은 하나님의 작정이다. 하나님의 일로서 죄와 형벌 사이의 필연성도 하나님의 본성에 근거하지 않고 신적인 의지 혹은 작정에 근거한다.[120]

우선순위: 정의와 의지 혹은 능력

"절대적인 능력"(*potentia absoluta*)은 "행위의 자유로운 능력"(*liberam agendi potestatem*)을 의미한다. 즉 그가 행하기를 원하지 않는다는 조건 속에서 행할 수 없는 것까지도 행하는 하나님의 능력을 의미한다.[121] "규정된 능력"(*potentia ordinata*)은 신적인 의지의 영원한 의논을 따라 행하기로 결정하신 것만 하나님이 행하시는 능력을 의미한다. 그래서 이것을 "자유롭게 작정된 어떤 것을 구성하는 의지"(*voluntatem libere aliquid constituentem determinata*)라고 한다.[122] 하나님은 만족 없이도 죄를 용서하실 수 있다는 트위스의 말

It is notable that Twisse makes an interesting distinction by insisting that the vindicatory justice does not presuppose sin in respect to a habit (*quoad habitum*), but only in respect to its exercise (*quoad eiusdem exercitium*). William Twisse, *Vindiciae gratiae*, I-iii.iii.9 (244).

118    William Twisse, *A Treatise of Mr. Cottons*, 56.

119    William Twisse, *Vindiciae gratiae*, I-i.3 (12).

120    William Twisse, *Vindiciae gratiae*, II.3.16 (191).

121    William Twisse, *A Discovery of D. Jackson's Vanity*, 599; idem., *Vindiciae gratiae*, I-i.6 (51).

122    William Twisse, *Vindiciae gratiae*, I-ii.8.25 (204).

은 "절대적인 능력"과 관계된 언사였다. 심지어 트위스는 하나님이 절대적인 능력으로 자신의 의지로 결정하신 것들까지 폐하실 수도 있음을 인정한다.[123] 즉 하나님은 자신의 절대적인 능력으로 의인들과 천사들을 어떤 "죄의 결함과도 무관하게"(*citra demeritum peccati*) 제거하실 수 있으시다.[124] 절대적인 능력을 따라서는 하나님이 세상을 창조하지 않을 수도 있으셨다.[125] 그러나 오웬처럼 트위스도 규정된 능력 혹은 하나님의 작정에 근거해서 본다면 세상을 창조하지 않으시고 보존하지 않으시는 것은 결코 가능하지 않다고 생각한다.[126]

규정된 능력에 대한 트위스의 생각에서 질문이 하나 떠오른다. 규정된 능력 혹은 신적인 정의는 어떤 종류의 필연성에 의해 실행되는 것인가? 본성의 필연성 이상의 필연성이 없다는 생각 속에서, 트위스는 존재의 필연성(*essendo*)과 작용의 필연성(*operando*)을 구분한다.[127] 오직 하나님만 존재에 있어 절대적인 필연성을 가지신다.[128] 존재에 있어서 하나님이 불변하신 것과 무한하신 것과 절대적인 완전성을 가지신 것은 본성의 필연성에 의한 것이라고 트위스는 설명한다.[129] 하나님이 선함 혹은 자신을 사랑하는 것, 그가 행하시는 것은 무엇이든 자신과 자신의 영광을 위하여 행하시는 것은 본성의 필연성에 근거한다. 왜냐하면 그는 본성의 필연성을 따라

---

123  William Twisse, *The Riches of Gods Love*, I:149.

124  William Twisse, *The Riches of Gods Love*, I:149, II:32; idem., *Vindiciae gratiae*, I–i.6 (51), I–ii.4.4 (130).

125  William Twisse, *A Discovery of D. Jackson's Vanity*, 5, 290.

126  William Twisse, *A Discovery of D. Jackson's Vanity*, 5.

127  William Twisse, *The Riches of Gods Love*, I:94.

128  Echoing Bradwardine, Twisse maintains that "this attribute of God *ens necessarium* is the first attribute, as whence all other perfections are manifestly derived." William Twisse, *A Discovery of D. Jackson's Vanity*, 173, 178, 356; Thomas Bradwardine, *De causa Dei, contra Pelagivm, et de virtvte cavsarvm, ad suos Mertonenses*, ed. Henry Savile (London: Ioannes Billius, 1618), 3.

129  William Twisse, *A Discovery of D. Jackson's Vanity*, 366.

만물의 최상위 목적이기 때문이다.[130] 그러나 작용의 필연성은 하나님 안에서가 아니라 피조물 안에서만 발견된다. 불이 타오르고 태양이 빛을 발하는 것처럼, 본성의 필연성을 따라 하나의 방향으로 결정된 피조물이 있다. 그러나 하나님은 그런 본성적인 성향을 따라 세상을 창조하고 보존하는 것 혹은 죄를 벌하는 것에 제한되지 않으신다.[131] 이런 점에서 트위스는 하나님께서 세상을 창조하신 것은 본성의 필연성에 의하여 강요되신 것이 아니라 영원한 작정에 근거한 것이라고 주장한다.[132] 하나님은 당신의 기뻐하신 뜻을 따라서 규정된 자신의 능력으로 이 세상을 자유롭게 만드셨다. 동일한 맥락에서 하나님이 죄 때문에 어떠한 사람에게 죄를 정하시는 것은, 본성에 따른 필연적인 일이 아니라 작정에 근거한 것으로서 전적으로 자유로운 의지의 행위이다.

하나님의 자유는 그의 존재가 아니라 그의 행위와 관계한다. 죄를 미워하는 것과 벌하는 것이 하나님께 동일하게 본성적인 것이라는 주장을 트위스는 거부한다. 미워하는 것은 행위가 아니라 기호이기 때문에 하나님의 존재와 관계하고, 벌하는 것은 행위이기 때문에 하나님의 자유로운 사역과 관계하기 때문이다. 죄를 미워하는 것은 하나님께 본성적인 필연성과 관계된 것이지만 죄를 벌하는 것의 여부는 하나님의 자유로운 결정에 근거한다. 죄의 형벌이나 선행의 보상은 외적인 사역이기 때문에 하나님의 존재와 관계하지 않고 그의 자유로운 의지와 관계한다. 죄를 벌하지 않을 수도 있지만 벌하는 것은 "신적인 정하심의 조건"(*ex suppositione constitutionis divinae*)에서 비롯되고, 죄를 미워하는 것은 "사물의 본성"(*ex natura rei*)에서 비롯된다.[133]

---

130    William Twisse, *A Discovery of D. Jackson's Vanity*, 365.
131    William Twisse, *A Discovery of D. Jackson's Vanity*, 695.
132    William Twisse, *A Discovery of D. Jackson's Vanity*, 491.
133    William Twisse, *Vindiciae gratiae*, I–ii.8.25 (204).

트위스는 하나님의 자유가 인간의 자유와 다르다고 주장한다. 하나님은 가능한 것들에 대해, 어떠한 것들이 하나님에 의해서 행하여질 것인지 아닌지에 대해 자유로운 분이시다.[134] 하지만 하나님의 불변적인 작정도 어떠한 것이 하나님에 의해 이루어질 것인지 아닌지에 대해 전혀 상관하지 않는다는 것은 결코 가능하지 않다. 영원한 작정을 따라서는 하나님은 그리스도 예수의 죽음으로 말미암은 만족 없이는 어떠한 죄도 용서하실 수 없으시다. 하지만 절대적인 능력을 따라서는 만족 없이도 죄에 대한 자유로운 용서가 가능하다.[135]

"규정된 능력"과 정의의 행위 사이의 긴밀한 관계성에 대한 관찰은 우리로 하여금 징벌적인 정의에 대한 트위스의 사상을 더욱 잘 이해하게 한다. 하나님의 "규정된 능력"은 하나님의 작정, 정하심, 혹은 신적인 의지의 확립을 전제한다. 이런 관점에서, 트위스는 아퀴나스 사상을 따라 하나님이 자신의 목적을 합당한 수단으로 이루기 위한 정의의 실행이 전적으로 하나님의 결정에 근거한 것이라고 주장한다.[136] 하나님의 의지와 정하심의 전제 하에서만 피조물을 향한 하나님의 정의가 실행되는 것이라고 한 수아레즈(Francisco Suarez, 1548~1617)와 바스퀴즈(Gabriel Vasquez, 1549 or 1551~1604) 견해도 트위스는 수용한다.[137] 성경을 올바르게 설명하는 것에 유용한 것이라면 트위스는 로마 가톨릭의 예수회 학자들도 존중한다.

트위스는 둔스 스코투스 입장도 존중한다. 그를 따라서, 신적인 의지에서 비롯된 선행적인 정함이 없이는 어떠한 법이 아무리 정의롭게 보인다고 해도 결코 정의롭지 않다고 주장한다. 그리고 "정의의 최상위 규

---

134  William Twisse, *A Discovery of D. Jackson's Vanity*, 369.

135  In this regard, Heidanus follows Twisse. Cf. Abraham Heidanus, *Corpus Theologiae Christianae* (Leiden: Apud Iohannem de Vivié & Iordanum Luchtmans, 1686), I.iv.22: "*Deum nullum omninò peccatum impunitum relinquere, posse tamen per potentiam absolutam citra satisfactionem impunitum dimittere.*"

136  William Twisse, *The Riches of Gods Love*, I:123; Thomas Aquinas, *Summa theologiae*, I.xxi.1-2.

137  William Twisse, *The Riches of Gods Love*, II:31; idem., *A Discovery of D. Jackson's Vanity*, 452.

범"(*summa iustitiae regula*)이 하나님의 의지라고 한 칼뱅의 견해는 가장 정확한 말이라고 칭송한다.[138] 이러한 주장의 근거는 두 가지이다. 첫째, 하나님은 신적인 뜻의 의논을 따라 모든 일을 행하신다. 둘째, 하나님이 의지하신 것은 무엇이든 선하고 정의롭다.[139] 하나님의 의지는 만물과 모든 외적인 사역의 궁극적인 원인과 규범이다. 이러한 개념을 트위스는 징벌적인 정의의 집행 문제에도 적용한다.

트위스는 징벌적인 정의의 실행에 관한 논의에서 하나님의 의지를 강조한다. 이러한 강조는 그가 죄를 신적인 법의 위반(ἀνομία)으로 본 것과 무관하지 않다. 죄는 하나님의 명령을 거스른다. 하나님의 명령은 하나님의 기뻐하신 의지이다.[140] 이처럼 죄는 하나님의 정의가 아니라 하나님의 의지와 결부되어 있다. 이처럼 트위스는 하나님의 명령 혹은 법을 하나님의 정의와 연결하는 오웬과는 달리 하나님의 의지와 연결한다. 그래서 트위스가 보기에 죄의 형벌이 주로 하나님의 자유로운 의지에 근거하여 자유롭게 실행되고 이차적인 면에서는 그 뜻의 정하심에 근거하여 필히 실행된다. 그리고 오웬이 보기에는 죄의 형벌이 주로 신적인 속성의 하나로서 정의에 근거하여 실행되고 이차적인 면에서는 신적인 의지의 정하심에 따라 실행된다. 두 사람의 입장은 형벌의 실행이 주로 하나님의 본성 혹은 속성에 근거한 것이라는 점에서는 동일하나 속성의 종류 차이에서 견해가 갈라진다

트위스는 죄의 단계들도 주목한다. 하나님의 의지와 기뻐하신 뜻에는 정도차가 없기 때문에 모든 죄 혹은 신적인 법의 모든 위반은 하나님의 기

---

**138** William Twisse, *A Discovery of D. Jackson's Vanity*, 459. Cf. Johannes Duns Scotus, *Ordinatio*, in *Opera Omnia* 10, I.xliv (745); John Calvin, *Commentarius in acta apostolorum*, in CO 48, col.572; idem., *De aeterna Dei praedestinatione*, in CO 8, col.361: "*certissima iustitiae regula est eius voluntas*"; idem., *Institutio christianae religionis*, in CO 2, I.xvii.2 (156): "*eius voluntas nobis sit nica iustitiae regula, et iustissima causa rerum omnium*."

**139** William Twisse, *A Discovery of D. Jackson's Vanity*, 459.

**140** William Twisse, *A Discovery of D. Jackson's Vanity*, 687.

뻐하신 뜻을 동일하게 거스른다.[141] 형벌의 크기는 하나님의 정의에 따라 결정되지 않고 하나님의 작정에 따라 결정된다. 이런 주장을 위해 트위스는 중세의 캔터베리 대주교인 토마스 브래드워딘의 사상을 언급한다. 토마스는 공로를 "실질적인 공로와 잠재적인 공로"(*meritum actualis et potentialis*)로 구분한다.[142] 실질적인 공로는 하나님의 의지가 결정한 형벌의 크기와 결부되어 있고, 잠재적인 공로는 하나님의 의지가 결정할 수 있는 형벌의 크기와 결부되어 있다.[143] 잠재적인 공로에 관하여 하나님은 어떤 죄에 합당한 형벌보다 적게(*citra condignum*) 벌하실 수 있고 죄의 형벌을 유보할 수도 있으시다. 이러한 입장은 브래드워딘만이 아니라 아퀴나스, 둔스 스코투스, 칼뱅, 잔키우스, 게르손도 지지한다.[144] 같은 맥락에서 하나님은 모든 선행에 대하여 그것에 합당한 보상보다 많게(*ultra condignum*) 베풀 수도 있으시다.[145] 이처럼 형벌이나 보상의 크기는 하나님의 정의가 아니라 신적인 뜻의 작정에 의존하고 있다.

그러나 하나님의 뜻이 실제로는 그의 정의에 선행하지 않고 그 정의보다 더 큰 것도 아니라고 트위스는 주장한다. 하나님의 지혜와 정의는 그의 의지와 속성의 등급이 동일하다.[146] 그래서 트위스는 정의나 지혜를 신

---

**141** William Twisse, *A Discovery of D. Jackson's Vanity*, 687.

**142** Thomas Bradwardine, *De causa Dei*, 360; William Twisse, *A Discovery of D. Jackson's Vanity*, 686. Twisse also knows that this *actualis-potentialis* distinction was employed by Perkins in his discussion of the virtue and efficacy of Christ's sacrifice in respect to merit and operation. William Perkins, *A christian and plaine treatise of the manner and order of predestination, and of the largeness of Gods grace* (London, 1606), 17–18; William Twisse, *Vindiciae gratiae*, I–ii.6.22 (177). For Twisse's distinction of *sapientia Dei actualis et potentialis* distinction, see *A Discovery of D. Jackson's Vanity*, 305.

**143** William Twisse, *A Discovery of D. Jackson's Vanity*, 686.

**144** William Twisse, *A Treatise of Mr. Cottons*, 36; idem., *A Discovery of D. Jackson's Vanity*, 685; idem, *Vindiciae gratiae*, I–ii.8.25 (201); Johannes Duns Scotus, *Ordinatio*, IV.xlvi.4 (482).

**145** William Twisse, *A Treatise of Mr. Cottons*, 36.

**146** According to Twisse, Aquinas has delivered that "God's wisdome is His justice." But Aquinas considered God's wisdom as the *law* of justice (*lex iustitiae*). William Twisse, *The Riches of Gods Love*, II:112; Thomas Aquinas, *Summa theologiae*, I.xxi.1–2.

적인 의지의 대상으로 여기는 것 자체를 거부한다.[147] 오히려 그는 아우구스티누스와 브래드워딘의 생각에 동의를 표하면서, 하나님의 의지는 그의 지혜에 "선행할 수 없고"(*praeire non potest*), 하나님 안에서 지혜의 인도가 신적인 의지의 작용에 앞선다는 것이 본성의 순리(*ordo naturae*)라고 주장한다.[148] 이처럼 하나님의 의지는 그 자신에게 정의의 규칙이 아니며 오히려 정의라는 신적인 속성이 신적인 의지와 사역의 규범이다. 즉 하나님은 신적인 정의에 부합한 것들을 정하시고 행하신다.[149] 이런 점에서는 트위스와 오웬의 입장이 일치한다.

트위스가 생각하는 정의와 의지 사이의 우선순위 문제는 신적인 정의를 하나님의 "올바른 의지"(*voluntas iusta*)라는 그의 규정과 결부되어 있다.[150] 잔키우스 입장을 따라, 트위스는 하나님께서 정의롭지 않는 것은 어떠한 것도 하실 수 없다고 단언한다.[151] 그러나 이것은 정의가 신적인 속성의 하나인 하나님의 의지를 결정하고 앞서고 제한하기 때문이 아니라 하나님께서 원하시는 것을 행하려는 규정된 능력(*potentia ordinata*)을 가지셨기 때문이다.[152] 여기에서 우리는, 정의를 하나님의 의지와 사역의 규범으로 여기

---

147  William Twisse, *A Discovery of D. Jackson's Vanity*, 456.

148  William Twisse, *A Discovery of D. Jackson's Vanity*, 457; Augustine, *De trinitate*, XV. It is notable that Twisse does not cite Lombard or Victor of Hugh, who says earlier than Bradwardine that "*quia necessitas in Deo non est, praeire voluntas sapientiam non potest.*" Cf. Victor of Hugh, *Summa sententianorum* in PL 176, I.vii; Peter Lombard, *Theologica et philosophica* in PL 178, vi.

149  William Twisse, *The Riches of Gods Love*, II:151.

150  William Twisse, *Vindiciae gratiae*, I–ii.8.25 (208).

151  William Twisse, *The Riches of Gods Love*, II:151; Girolamo Zanchy, *De natura Dei*, III.iv.4 (233).

152  William Twisse, *A Discovery of D. Jackson's Vanity*, 622. Indeed, Twisse describes that all speeches delivered by Zanchy in *De natura Dei* are making justice "antecedent to the will of God and therefore the rule of it." However, he seems to neglect that Zanchy regards the will of God as the rule of all justice (*regula omnius iustitiae*). Girolamo Zanchy, *De natura Dei*, III.iv.4 (233). In this issue, Mastricht has a balanced view that the will of God is not the cause of all justices (*causa omnius iustitiae*) because some are just because God wills them, and others are what God wills because they are just, like the natural law. Peter van Mastricht, *Theoretico-practica theologia*, II.xvii.11.

는 트위스의 생각은 절대적 능력이 아닌 규정된 능력과 관계되어 있음을 확인한다.

신적인 속성의 관점에서 보면, 하나님의 의지와 정의 사이에는 앞서고 뒤따르는 것이 없다고 트위스는 주장한다. 신적인 속성의 조화와 관련하여, 트위스는 아르미니우스를 반박하고 퍼킨스를 변론하며 하나님이 "정의를 따라서는"(per iustitia) 하실 수 없는 그것을 "능력을 따라서는"(per potentia) 하실 수 있다는 것은 거부한다.[153] 트위스가 아르미니우스를 무조건 거부하는 것은 아니었다. 두 사람은 하나님이 자신의 절대적인 능력을 따라 실행하실 수 있는(potest efficere) 모든 것을 다 의지하실 수는 없다(non posse velle)고 생각한다. 이는 절대적인 능력을 따라서 행하실 수 있더라도 정의를 따라서는 행하실 수 없는 하나님은 신적인 의지의 작정을 따라 자신의 절대적인 능력을 제한하는 경우에 해당한다.[154] 하지만 하나님이 정의를 따라서는 하실 수 없는 것을 절대적인 능력을 따라서는 하실 수 있다는 점에 있어서는 두 사람의 입장이 갈라진다. 트위스는 이것을 거부한다. 이것을 승인하면, 하나님은 의롭지 않은 것을 절대적인 능력으로 행하실 수 있고, 이는 하나님께서 "불의한 분이 되실 수 있다"(poterit esse iniustus)고 인정하는 셈이기 때문이다.[155] 이는 저주를 받아야 할 불경건한 견해라고 트위스는 정죄한다.

트위스는 하나님께서 정의를 훼손함이 없이도 지극히 순전한 피조물을 멸하실 수 있고, 그것에게 지옥의 고통까지 부과하실 수 있다는 아르미니우스의 고백에 대해 침묵한다.[156] 이 고백과 결을 같이하며 하나님은 온 인

---

153  William Twisse, *Vindiciae gratiae*, I-ii.4.4 (129), I-ii.8.25 (207-208); idem., *The Riches of Gods Love*, II:31. Cf. Jacob Arminius, *Examen modestum libelli* in *Opera theologica* (Leiden, 1629), 644: "*verum non omne quod potest per absolutam potentiam, etiam per iustitiam potest.*"

154  William Twisse, *Vindiciae gratiae*, I-i.10.5 (74).

155  William Twisse, *Vindiciae gratiae*, I-i.10.5 (74).

156  William Twisse, *A Discovery of D. Jackson's Vanity*, 599; William Twisse, *Vindiciae gratiae*, II-i.4 (13).

류를 그들의 죄로 인하여 버리실 능력을 가지실 뿐만 아니라 보다 뛰어나고 자비롭게 우리의 죄 때문에 자신의 지극히 순전하고 거룩하신 아들까지 십자가에 버리실 수 있는 분이라고 고백한다.[157] 그리고 이러한 아들의 희생이 하나님을 불의한 분으로 만들지는 않는다고 해명한다.

정의와 자비 사이에는 어떠한 모순도 없다는 것이 트위스의 생각이다. 브래드워딘이 잘 지적한 것처럼 "하나님의 전부는 하나님 안에서 하나"이기 때문이다(*Omnia Dei unum sunt in Deo*).[158] 하나님을 불의하게 자비롭고, 냉혹하게 의롭다고 말하는 것은 모순이다.[159] 하나님의 모든 속성들은 본성 안에서 그리고 실체에 있어서 하나요 동일하다.[160] 트위스가 보기에 "하나님 안에 있는 것은 무엇이든 그의 자비만이 아니라 그의 능력도 동일하게 영화롭다."[161] 하나님 안에서 정의와 자비 사이에는 중요성 혹은 우선성에 있어서 어떠한 차이점도 없다. 신적인 실체의 단순성에 근거하여 모든 속성들은 하나님 안에서 "실제적인 면에서"(*realiter*) 결코 구별되지 않고 온전히 하나이다.[162] 그러므로 정의와 그것의 대상 사이에는 본성적 필연성이 있지만 자비와 그것의 대상 사이에는 그런 필연성이 없다고 주장하는 것은 모순이다. 나아가 트위스가 보기에는 보상적인 정의와 그 대상 사이에 본성적인 필연성이 없는 것처럼 징벌적인 정의와 그 대상 사이에도 그런

---

157   William Twisse, *The doctrine of the Synod of Dort and Arles* (Arsterdam, 1631), 50; idem., *The Riches of Gods Love*, II:32. It is interesting to note that Twisse does not clarify whether what he means by the power to annihilate the most innocent and crucify the most innocent Son of God, either *potentia absoluta* or *ordinata*. In answer, he would say that the former is the *potentia absoluta* but the latter is the *potentia ordinata* because Christ was determined to be crucified from the divine decree.

158   Thomas Bradwardine, *De cavsa Dei*, 198, 219.

159   William Twisse, *A Discovery of D. Jackson's Vanity*, 668. Cf. Thomas Adams, *A commentary or, exposition upon the divine second epistle generall, written by the blessed apostle St. Peter* (London: Jacob Bloome, 1633), 684.

160   William Twisse, *A Discovery of D. Jackson's Vanity*, 697; idem., *The Riches of Gods Love*, I:122–124, 132.

161   William Twisse, *A Treatise of Mr. Cottons*, 34–35.

162   William Twisse, *A Discovery of D. Jackson's Vanity*, 74–78, 107: "His essence, and power, and will are all one reality in God."

필연성은 없다.

신적인 의지의 모든 행위는 그의 본성 혹은 모든 속성들의 완벽한 조화 속에서 행해진다. 트위스는 신적인 의지의 절대적인 자유를 신적인 본성의 고려 없이 논하지 않았고 오히려 하나님은 "자신의 본성과 그 본성의 합당한 방식을 따라서 자신의 의지를 행하시는" 분이라고 주장한다.[163] 신적인 의지의 모든 집행은 신적인 본성에 반대되지 않고(contra naturam) 그 본성을 따라 가장 부합하게(commodissime secundum naturam) 일어난다.[164] 신적인 속성의 통일성과 조화에 대한 트위스의 확신은 신적인 본성과 의지의 어떠한 상충도 없이 징벌적인 정의의 실행은 본성을 따라 필연적인 것이 아니라 자유롭고, 같은 방식으로 보상적인 정의의 실행도 자유로운 것이라는 그의 주장을 가능하게 했다.

## 결론

하나님의 징벌적인 정의에 대한 오웬과 트위스의 논쟁은 하나님의 속성들이 그의 작정 및 외적인 사역과 어떻게 결부되어 있는지를 파악하는 신학적인 혈맥을 제공한다. 이 논쟁에서 나는 몇 가지의 흥미로운 사안을 지적했다. 1) 하나님의 사역에서 신적인 속성들 사이에 서열이 있는지에 대해, 2) 피조물을 향한 속성의 발현이 하나님의 주권적인 의지를 따라 자유로운 것인지, 아니면 신적인 본성을 따라 필연적인 것인지에 대해, 3) 무한하신 하나님께서 어떤 것에 의해 제한되실 수 있는지에 대해, 4) 신적

---

163　William Twisse, *Vindiciae gratiae*, I−i.3.4 (29): "*agit in ipsam voluntatem secundum naturam ipsius, & secundum modum naturae ipsius convenientem.*" Mastricht repeats Twisse that punishment of sin should not be distinct from divine nature (*diversa ab eius natura*) and is His will of punishment itself (*ipsa eius voluntas puniendi*), which coincides with His vindicatory justice. Peter van Mastricht, *Theoretico-practica theologia*, II.xviii.16.

164　William Twisse, *Vindiciae gratiae*, I−i.3.4 (33); II−iii.9.24 (56).

인 속성들이 실행될 때 각각의 원리들 사이에 차이가 있는지에 대해 논의했다.

이러한 사안들에 대해 오웬은 1) 인류의 타락 이후에 온 우주의 통치자 하나님의 제1 속성은 정의라고 주장한다. 즉 하나님의 정의는 이 타락한 세상을 통치하는 첫 번째 규범이다. 2) 오웬에게 징벌적인 정의의 실행은 주로 우주적인 거룩함을 가진 신적인 본성에 따라 필연적인 것이며, 이차적인 면에서는 하나님의 의지를 따라 자유롭게 정해진 작정에 근거한 것이라고 본다. 3) 정의와 자비가 그 실행에 있어서 다른 것은 사물의 본성에 따른 것이라고 한다. 4) 죄를 미워하는 것과 죄를 벌하는 것은 하나님께 동일하게 본성적인 것이고 필연적인 것이기 때문에, 하나님은 그리스도 예수의 희생으로 말미암아 준비된 것으로서 신적인 정의에 부합한 만족 없이는 결코 죄를 용서하실 수 없다고 주장한다. 그럼에도 불구하고 오웬은 하나님께서 자신의 절대적인 능력을 따라서는 합당한 형벌 없이도 죄를 용서하실 수 있다는 가능성을 딱 한 번 언급한다.

오웬과는 다르게 트위스는 신적인 속성들의 통일성과 조화 및 하나님의 주권적인 의지의 절대적인 자유를 강조하며 다음과 같이 주장한다. 1) 신적인 의지와 정의 사이만이 아니라 하나님의 모든 속성들 사이에는 어떠한 등급이나 서열이 존재하지 않기 때문에 정의와 자비가 실행되는 방식에 있어서 유의미한 차이가 없다고 주장한다. 2) 하나님의 의지는 모든 것들과 신적인 작정에 근거한 모든 외적 사역들의 제1 원인이고 규범이라고 주장한다. 3) 신적인 속성의 표출은 의도와 실행 사이의 역순에 근거하여 이해해야 한다. 4) 징벌적인 정의는 실제적인 공로와 잠재적인 공로의 구분과 관련하여 이해할 때에 본성의 절대적인 필연성을 따라 실행되지 않고 하나님의 작정에 근거한 조건적인 필연성을 따라 실행된다. 그럼에도 불구하고 하나님은 자신의 본성과 자유로운 의지 모두를 따라서 모든 일을 행하신다. 5) 하나님은 자신의 본성과 충돌됨이 없이도 지극히 순전한 사람을 멸하실 수 있지만 죄에 대한 고려 없이는 그렇게 행하고자 하지 않으신다. 하나님께서 그리스도 예수의 희생으로 마련된 합당한 만족 없이도 죄를 용서하실 수 있는 것은 오직 그의 절대적인 능력에 있어서만 그러하다.

두 정통주의 신학자 오웬과 트위스 사이에는 차이점이 있기는 하지만, 유사점이 더 많다는 점을 존중해야 한다. 차이점은 주로 강조점에 있다고 나는 생각한다. 두 사람은 하나님의 속성을 동일하게 강조하되, 트위스는 신적인 의지의 주권적인 자유를 강조하고, 오웬은 하나님의 정의를 강조한다. 트위스는 신적인 속성의 하나로서 정의가 의지의 규범이기 때문에 의지에 앞서지만 그 정의의 실행은 피조물과 관계된 것이기 때문에 자유로운 의지가 그 실행에 앞선다고 주장한다. 즉 트위스는 "의지→정의→정의의 실행" 순으로 이해하고, 오웬은 "정의→의지→정의의 실행" 순으로 이해한다. 왜 이러한 차이가 생겼을까? 트위스는 인간의 의지를 하나님의 의지보다 앞세우는 알미니안 사상을 논박하기 위해 모든 것에 우선하는 신적인 의지의 절대적인 자유를 강조해야 했고, 오웬은 만인의 구원을 주장하는 소시니안 사상을 논박하기 위해 죄에 대한 정의의 절대적인 실행을 강조해야 했기 때문이다. 논적의 차이가 강조의 차이를 견인했다.

# Chapter 12

# 정통주의 시대 예정론
## : 웨스트민스터 신앙고백서의 예정론

## 요약

이 장에서는 웨스트민스터 신앙고백서의 예정론과 한국의 초기 기독교 역사에서, 외국인 선교사들 및 한국 성도들에 의해 한역된 성경의 관련 본문들에 나타난 예정론을 비교하며 그 차이점과 일치점을 탐구한다. 이를 위하여 특별히 웨스트민스터 신앙고백서 제3장에 언급된 예정(예정의 정의, 예지 예정론의 거절, 예정의 이중성, 예정의 불변성, 예정의 내용, 선택의 예정, 수단들의 예정, 유기의 예정, 예정의 신비)의 근거가 되는 성경의 해당 부분을 헬라어 원문과 그것의 직역과 다섯 가지의 유의미한 초기 한국어 역본(존 로스[John Ross] 번역팀의 〈예수셩교젼셔〉[1887], 성서번역자회의 〈신약젼셔〉 임시역[1900]과 공인역[1906], 유성준의 〈新約全書 국한문〉[1906], 그리고 제임스 게일의 개인 역본인 〈新譯 신구약젼셔〉[1925])을 중심으로 비교하고 분석한다. 이렇게 함으로써 예정 교리에 관하여 초기 한국어 번역 성경이 보여 주는 신학적 입장을 확인한다. 요컨대, 초기 한국어 번역 성경은 번역을 주도한 외국인 선교사와 한국인 조사들의 언어적 한계를 드러내기도 하지만, 고백서가 가르치는 예정의 내용(무예정론 거절, 이중 예정론 승인, 단일 예정론 거절, 타락 전 예정론 허용, 타락 후 예정론 허용, 예지 예정론 거절)을 비교적 충실하게 담아내고 있으며, 때로는 원문 자체보다 예정의 가르침을 더 강조하는 구절도 확인된다.

# 서론

이 장에서는 웨스트민스터 신앙고백서[1]의 예정론과 한국의 초기 기독교 역사에서 외국인 선교사 및 한국 성도들에 의해 번역된 한국어 성경의 관련 본문에 나타난 예정론을 대비하며 그 차이점과 일치점을 탐구한다. 이러한 연구 주제와 연구 방법은 본고가 처음이다.[2] 예정과 관계된 성경 구절들의 번역에 따라 예정의 이해는 크게 달라진다. 역사 속에 등장한 예정론의 다양한 입장들을 일별하면 크게 6가지로 구분된다. 이 6가지 입장들은, 1) 예정은 존재하지 않는다고 보고 예정 자체를 부정하는 무예정론, 2) 구원할 자들의 선택과 구원하지 않을 자들의 유기를 모두 인정하는 이중 예정론, 3) 유기는 부정하고 선택만 인정하는 단일 예정론, 4) 예정의 대상이 타락의 허용 이전의 존재라는 타락 전 예정론, 그리고 5) 예정의 대상이 타락의 허용 이후에의 존재라는 타락 후 예정론, 6) 예정이 미래 인간 행위에 대한 예지에 근거한 것이라는 예지 예정론 등으로 갈라진다. 예정에 대한 이해의 다양성은 관련된 성경 구절들에 대한 해석의 차이

---

\* 이 장은 전주대학교 국어교육학과 유경민 교수와 함께 공저한 것으로서 "초기 한국어 성경의 번역에 반영된 웨스트민스터 신앙고백서의 예정론," 「조직신학연구」 30 (2018. 12.), 180-217에 게재된 논문이다.

1 예정론과 관련하여 웨스트민스터 신앙고백서를 선택한 것은 이 입장과 다른 견해를 가진 분에게는 분명 한계로 작용한다.

2 그래서 기존의 학문연구 사례가 희소하다. 다만 제사에 대해서는 소기천 교수의 연구가 있으며, 제사가 신학의 보편적인 논제(*locus communes*)는 아니지만 방법론에 있어서 약간의 유사성을 보여 준다. 소기천, "1911년 「신약견서」의 히브리서와 요한계시록에 나타난 제사와 예배에 관한 문화사적 연구", 「성경원문연구」 27 (2010.10): 94-112.

및 강조점의 차이에서 비롯되며, 그 해석의 핵심은 대체로 성경 번역에 반영되어 있다. 한국의 초기 기독교가 예정에 대해 가진 견해도 성경의 초기 국역본에 반영되어 있다. 한국어 성경의 여러 역본에서 발견되는 번역어의 선택과 문장의 배열을 살펴보면, 한국의 초기 기독교 역사에서 활동한 선교사 및 한국인 성도들의 신학적인 성향을 파악할 수 있고 예정의 교리에 대한 입장도 확인된다.

본 글은 방법론에 있어서 예정론에 대해 가장 많은 학자들이 가장 많은 회의를 열어서 토론하고 성경의 가장 많은 구절들에 근거하여 작성한 〈웨스트민스터 신앙고백서〉(앞으로 "고백서"로 표기함)의 예정 부분과 그 고백서의 예정과 관련된 주요한 성경 구절들을 대상으로 연구한다.[3] 즉 이 교리의 세부적인 항목들로 예정의 정의, 예지 예정론의 거절, 예정의 이중성, 예정의 불변성, 예정의 내용, 선택의 예정, 수단들의 예정, 유기의 예정, 예정의 신비를 순서대로 살피면서 각 항목과 관련된 성경 구절들의 헬라어 원문[4]을 확인하고 그 원문의 직역을 제공한다. 그리고 그 구절들이 초기의 한역본에 어떤 식으로 번역이 되었으며, 선택된 번역어는 무엇인지, 나아가 19세기 말 혹은 20세기 초에 그 번역어가 갖는 시대적인 의미를 탐구한다. 나아가 한국어 성경의 초기 번역과 원문 직역을 함께 비교하며 예정 교리에 관하여 초기의 한역본이 보여 주는 신학적 입장을 밝히고자 한다. 본고에서 연구 대상으로 삼은 초기의 한역본은 존 로스(John Ross,

---

3   웨스트민스터 신앙고백서에 나타난 예정론 연구에 대해서는 조영호, "신앙고백 속의 예정론 고찰," 「신학지평」 30 (2017. 12.): 161–185; Guy M. Richard, "Samuel Rutherford's supralapsarianism revealed: a key to the lapsarian position of the Westminster Confession of Faith?" *Scottish Journal of Theology* 59/1 (2006): 27–44; Andreas Beck, "Reformed Confessions and Scholasticism: Diversity and Harmony," *The Theological Journal of Emanuel University* 14/3 (2016): 17–43. Chad van IconDixhoorn, "The Strange Silence of Prolocutor Twisse: Predestination and Politics in the Westminster Assembly's Debate over Justification," *Sixteenth Century Journal* 40/2 (2009 Summer): 395–418; David A. S. Fergusson, "Predestination: A Scottish Perspective," *Scottish Journal of Theology* 46/4 (1993, November): 457–478.

4   헬라어 본문은 성서문헌협회(Society of Biblical Literature)에서 발행한 SBL Greek New Testament를 사용한다.

1842~1915) 번역팀의 〈예수셩교젼셔〉(1887), 셩셔번역자회의 〈신약젼셔〉

임시역(1900)과 공인역(1906), 미국셩셔공회와 대영셩셔공회의 〈新約全書

국한문〉(1906), 그리고 제임스 게일(James Gale, 1863~1937)의 사역인 〈新譯

신구약젼셔〉(1925)이다.[5]

5   앞으로 이 역본들은 순서대로 1887, 1900, 1906ㄱ, 1906ㄴ, 1925로 표기한다. 본고에서 예정
    론에 대한 초기 한국어 번역 셩경에서의 이해 및 그 번역 방식을 확인하기 위해 예문을 추출
    한 셩경은 5종인데, 그 선정 이유는 다음과 같다. ① 『예수셩교젼셔』(1887년): 한국어로 번역
    된 최초의 역본이란 의의를 갖는다. 물론 개신교 최초의 한국어 번역 셩경은 〈누가복음젼셔〉
    (로스, 1882년)이다. 그러나 이것은 쪽번역의 형태로 번역된 것이고, 셩경젼셔가 번역되어 간
    행된 것은 『예수셩교젼셔』(1887년)가 최초이다. ② 『신약젼셔』 시험 역본(1900년): 한국에 셩
    셔번역자회가 공식적으로 만들어진 이후 처음 간행된 신약젼셔이다. ③ 『신약젼셔』(공인 역
    본 1900년): 1900년 시험 역본과 1904년 임시역본을 거쳐 1906년에 『신약젼셔』가 완성되었다.
    임시 역본을 포함시키지 않은 것은, 공회 창단 이후 처음 시도되어 간행된 시험 역본과 완전
    해지기 위한 수정을 반복하며 간행된 공인 역본에 비해 임시 역본의 의의가 적다고 보았기 때
    문이다. 공인 역본 『신약젼셔』는 개인 번역의 합본 형태였던 1900년 시험 역본의 오류들을 수
    정하여 간행한 것으로서 문법 요소나 표기 면에서 오류가 적고 번역의 일관성이 있다(유경민,
    "최초의 완역본 『신약젼셔』(1900-1904-1906)의 완성 과정에 대한 국어학적 연구", 『한국 언어
    문학』 90 (2014. 09): 79). 시험 역본이나 임시 역본에서 확인되는 단순 오류의 수정뿐만 아니
    라 이데올로기와 관련된 어휘 수정 과정도 대역문을 통해 확인할 수 있어 2종의 『신약젼셔』를
    연구 대상으로 선정하였다. ④ 『新約全書국한문』(1906년): 〈신약젼셔〉(1906년)를 저본으로, 식
    자층을 위해, 가능한 한 많은 한자를 쓴 최초의 국한 혼용 셩경이다(유경민, "國漢混用文 聖經
    의 定着 過程: 『簡易鮮漢文 新約聖書』(1913/1936)를 중심으로", 『국어사 연구』 13 (2011. 10):
    236). 〈新約全書국한문〉(1906년)이 이전 한글 번역 셩경과는 대조적으로 독자층을 달리 상정
    하여 일상에서 잘 쓰지 않는 한자까지 만들어 낸 국한 혼용문 번역이라는 데에 자료로서의 의
    의가 있다. ⑤ 〈寄—新譯 신구약젼셔〉(1925년): 당시의 현실 언어로, 가장 자연스러운 국한 혼
    용 문장이 구사된 번역본이다(유경민, "제임스 게일의 국한 혼용문 번역 셩경(1925)의 문체 연
    구", 『국어국문학』 173 (2015. 12): 17). 게일은 번역과 문체의 혼돈기에 글을 읽을 줄 아는 사
    람들이 셩경을 읽게 하기 위해서는 셩경이 한글과 한자가 혼용된 글이어야 한다는 점, 가감없
    이 번역하는 것보다는 '조선어 식'으로 번역해야 한다는 점을 분명히 드러내며 처음부터 끝까
    지 일관성 있게 번역된 개인 번역 셩경젼셔이다. 시대별, 문헌별 대비의 방식으로 개신교 번
    역 셩경들을 살펴보면, 게일의 번역본이 어휘 선별 및 현대어 문체 형성에 가장 직접적인 영
    향을 주었다는 사실이 확인된다(유경민, "제임스 게일의 국한 혼용문 번역 셩경(1925)의 문체
    연구", 『국어국문학』 173 (2015. 12): 26). 이에 본고에서는 공인역본도 아니고, 1910년 이전까
    지의 초기 번역본도 아님에도 불구하고 게일의 〈寄—新譯 신구약젼셔〉까지 연구 대상으로 선
    정하였다.

# 본론

## 예정의 정의

예정과 관련한 고백서의 첫 문장은 예정의 포괄적인 의미를 다음과 같이 기술한다.

> 모든 영원부터 하나님은 자기 뜻의 지극히 지혜롭고 거룩한 의논을 따라 오는 모든 것들을 무엇이든 자유롭게 불변하게 정하셨다. 그럼에도 불구하고 이로써 하나님이 죄의 저자가 된다거나 피조물의 의지에 폭력이 가해지는 것은 아니고, 이차적인 원인들의 자유 혹은 우발성이 제거되는 것도 아니며, 오히려 확립된다.[6]

고백서에 따르면, 하나님은 모든 것들을 영원부터 정하시는 분이시고 이러한 정하심은 하나님의 신적인 자유에 근거한다. 하나님의 자유로운 정하심을 벗어난 사물이나 사건이나 상황은 없으며 역사와 만물이 모두 하나님의 그 정하심 아래에서 진행되고 움직인다. 그럼에도 불구하고 하나님은 죄에 대해서는 저자가 아니시고, 인간의 자유로운 의지를 파괴하지 않는다는 사실을 고백서는 명시한다. 여기에서 하나님의 정하심을 가장 잘 보여 주는 성경 구절은 에베소서 1장 11절이다. 해당 부분의 원문과 그것에 대한 직역을 보이면 다음과 같다.

〈에베소서 1장 11절〉

**헬라어:** *ἐν ᾧ καὶ ἐκληρώθημεν προορισθέντες κατὰ πρόθεσιν τοῦ τὰ πάντα*

---

6  고백서 III.i.

ἐνεργοῦντος κατὰ τὴν βουλὴν τοῦ θελήματος αὐτοῦ

**직 역**: 모든 것을 그의 뜻의 의논을 따라 일하시는 분의 작정을 따라 예정된 우리가 그 안에서 기업이 되었으니

헬라어 원문에 따르면, 하나님은 "모든 것들"(πάντα, omnia, everything)을 주관하며 모든 일에 관여하는 분이시고, 주관하며 관여하는 방식은 그의 "뜻"(θέλημα, voluntas, will)의 "의논"(βουλή, consilium, council)을 따라 이루어진 "작정"(πρόθεσις, decretum, decree)을 시공간 속에 유효하게 만드는(ἐνεργέω, facere, work) 방식이다. 모든 일을 포괄하는 작정 중에서 우리(인간)와 관계된 것을 표현할 때 헬라어 원문은 "예정하다" 혹은 "미리 정하다"(προορίζω, praedestinare, predestine)라는 단어를 사용한다. 하나님의 작정 혹은 예정은 오직 하나님의 뜻과 삼위일체 하나님 안에서의 의논에 기초하고, 다른 어떠한 근거와 원인이나 조건도 작용하지 않았음을 이 구절에서 확인한다. 예정의 근거가 하나님의 뜻이라는 말은 하나님 자신 이외의 다른 어떠한 것도 하나님의 뜻을 움직이는 원인이나 변수가 되지 않음을 의미한다.

이에 해당하는 초기 한글 번역본을 대비하여 제시하면 다음과 같다.

⟨1887⟩ 우리가 또 뎌의게로 산업을 지여 임으로 일을 다 힝ᄒᄂᆫ 뜻을 안찰ᄒ 문 젼에 졍ᄒᆫ 바라

⟨1900⟩ 또흔 ᄌᆞ긔 뜻을 좃차 모든 일을 힝ᄒᆞ신 쟈의 명ᄒᆞ신 대로 미리 쟉명ᄒ 시고 우리로 그리스도롤 인ᄒᆞ야 우리가 그 산업이 되엿스니

⟨1906ㄱ⟩ 모든 일을 그 ᄆᆞ옴의 원대로 힝ᄒᆞ시는 쟈가 그 뜻을 ᄯᅡ라 미리 우리 를 쟉명ᄒᆞ샤 우리가 그리스도 안에서 그 긔업이 되게 ᄒᆞ셧스니

⟨1906ㄴ⟩ 諸事를 其心의 願대로 行ᄒᆞ시는 者가 其旨를 隨ᄒᆞ야 미리 我等을 作 定ᄒᆞ샤 我等이 그리스도 內에서 其基業이 되게 ᄒᆞ셧스니

〈1925〉 모든 일을 그 무옵대로 行ᄒ시는 者가 그 뜻을 ᄯ라 豫定ᄒ샤 우리로

　　그리스도 안에서 그 基業이 되게 ᄒ셧스니


　　초기 한국어 번역 성경에서는 "그의 뜻의 의논"이란 부분이 "임으로 일
을 다 힝ᄒᄂ는 뜻"(1887), "ᄌ긔 뜻"(1900), "그 무옵의 원"(1906ㄱ), "其心의
願"(1906ㄴ), "그 무옵"(1925)으로 번역되어 있다. "의논"은 어느 역본에도
없다. 그래서 예정이 삼위일체 하나님의 공통적인 사역임을 나타내는 "의
논"은 지금의 개정 개정판 안에서도 보존되어 있지 않고 생략되어 있다.
그리고 "작정"은 "뜻"(1887), "뎡ᄒ신 두"(1900), "그 뜻"(1906ㄱ), "其旨"(1906
ㄴ), "그 뜻"(1925)으로 표기되어 있다. 이처럼 "작정"은 시험 역본에서만
'뎡ᄒ-'로 번역되고 이후의 역본에서는 '작정' 부분에 해당하는 번역어를
찾아볼 수 없다. '정하–' 부분이 사라진다. 개역 개정본에서는 "작정"에 해
당하는 부분이 "계획"으로 번역되어 있다. "예정"은 "젼에 졍ᄒ 바"(1887),
"미리 쟉뎡"(1900), "미리 작뎡"(1906ㄱ), "미리 作定"(1906ㄴ), "豫定"(1925)으
로 확인된다. 초기에는 "예정"이란 단어가 '미리 졍ᄒ 바'와 같이 구의 형태
로 의미적으로 풀어져 번역되다가, 게일의 역본에서 그 단어 자체가 등장
한 이후 지금까지 국역본에 보존되고 있다. 네 가지의 중요한 단어들(뜻,
의논, 작정, 예정)은 예정의 교리를 이해하되 특별히 인과율 혹은 원인들의
순서를 이해함에 있어서 대단히 중요하다. 하나님의 뜻이 예정의 원인이
며, 그 뜻에 따른 삼위일체 하나님의 의논, 그 의논에서 도달한 만물에 관
한 작정, 그리고 그 만물 중에서도 합리적인 피조물(천사와 인간)에 대한 예
정을 초기의 국역본이 있는 그대로 직역하지 않아, 한국어 성경에서 예정
론에 대한 이해가 지금까지 어려웠다.

## 예지 예정론의 거절

하나님은 모든 전제된 조건들 하에서 일어나고 혹은 일어날 수 있는 모든 것을 아심에도 불구하고, 어떤 것이 미래에 일어날 일 혹은 그런 조건들 하에서 발생하게 될 것으로 미리 보셨기 때문에 그것을 작정하신 것은 아니었다.[7]

고백서는 하나님의 작정이 미래에 일어날 일들을 미리 보시는 예관 혹은 예지에 근거한 것이라는 예지 예정론을 거부한다. 물론 하나님은 일어나는 일과 일어날 가능성이 있는 일을 모두 아시고 그 일들이 일어나는 조건들 및 전제들도 다 아신다고 고백서는 인정한다. 그러나 그럼에도 불구하고 시간 속에서 발생할 일들을 "미리 보시는"(praeviderat) 하나님의 예지가 조건이나 원인으로 작용한 예정은 성경이 지지하지 않는다고 주장한다. 예지를 예정의 원인으로 여기는 입장의 성경적 근거로는 주로 로마서 8장 29절이 언급된다.

〈로마서 8장 29절〉

**헬라어**: ὅτι οὓς προέγνω, καὶ προώρισεν συμμόρφους τῆς εἰκόνος τοῦ υἱοῦ αὐτοῦ

**직 역**: 그는 미리 아신 자들을 그의 아들의 형상을 이루시기 위해 미리 정하셨다.

이 구절에 따르면, 예정의 대상이 "미리 아신 자들"(οὓς προέγνω, quos praescivit)이기 때문에 많은 사람들이 예지를 예정의 원인으로 간주한다. 그러나 여기에서 미리 알았다는 것은 그 내용에 있어서 로마서 9장 11절에 비추어 보면 그들의 믿음이나 선행 혹은 믿음과 선행의 지속을 예정의 근

---

7 고백서 III.ii.

거로서 미리 보았다는 그런 종류의 예지가 아니라 그들이 태어나기 이전에 이미 그들을 알았다는 '존재에 대한 선행적인 인지'를 의미한다. 이제 초기의 국역본을 살펴보자.

〈1887〉하나님이 밀이 아는 바 쟈는 밀이 뎡ᄒ여 그 아달의 모양을 본밧게 ᄒ고

〈1900〉하ᄂᆞ님이 미리 알으신 사름을 미리 뎡ᄒ샤 그 아ᄃᆞᆯ의 모양을 본밧게 ᄒ심은

〈1906ㄱ〉이는 하ᄂᆞ님이 미리 아신 사름을 미리 뎡ᄒ샤 그 아ᄃᆞᆯ의 모양을 본밧게 ᄒ시고

〈1906ㄴ〉此는 上帝가 豫知ᄒ신 人을 豫定ᄒ샤 其子의 貌樣을 效ᄒ게 ᄒ시고

〈1925〉이는 하ᄂᆞ님이 미리 아신 者를 미리 定ᄒ샤 그 아ᄃᆞᆯ의 貌樣을 本밧게 ᄒ시고

원문의 "미리 아신 자들"(οὓς προέγνω, quos praescivit)에 대하여 "미리 알–"의 활용 형태로 다섯 가지 역본이 원문에 충실하게 번역되었다. 다만 국한 혼용 번역본(1906ㄱ)에서 "예지"라는 표현을 사용하고 있어서, 이로 인해 예지가 예정에 선행하며 예정의 원인이나 근거로 해석할 여지를 남긴다는 것은 분명한 사실이다. 그러나 예지의 내용에 있어서 어떤 공로에 대한 예지가 아니라 존재에 대한 예지로 본다면, 그런 해석의 가능성은 쉽게 불식된다.

**예정의 이중성**

고백서는 예정이 이중적인 것이라고 3항에서 진술한다.

자기 영광의 표상을 위한 하나님의 작정에 의해 어떤 사람들과 천사들은 영원한 생명으로 예정되고 다른 사람들과 천사들은 영원한 죽음으로 미리 정해졌다.[8]

고백서에 따르면, 하나님의 작정은 선택과 유기로 구성되어 있다. 여기에서 선택은 어떤 사람들과 천사들을 "영원한 생명"(*aeternam vitam*)으로 정하시는 것을 의미하고, 유기는 다른 사람들과 천사들을 "영원한 죽음"(*mortem aeternam*)으로 미리 정하시는 것을 의미한다. 선택이든 유기이든 하나님의 작정이 지향하는 목적은 자기 영광의 표상이다. 사람들의 선택과 유기 즉 이중적인 예정을 주장하는 근거는 로마서 9장 13절과 22~23절이다.[9]

〈로마서 9장 13절〉

**헬라어**: Τὸν Ἰακὼβ ἠγάπησα, τὸν δὲ Ἠσαῦ ἐμίσησα.

**직 역**: 내가 야곱은 사랑했다, 그러나 에서는 미워했다.

〈로마서 9장 22–23절〉

**헬라어**: εἰ δὲ θέλων ὁ θεὸς ἐνδείξασθαι τὴν ὀργὴν καὶ γνωρίσαι τὸ δυνατὸν αὐτοῦ ἤνεγκεν ἐν πολλῇ μακροθυμίᾳ σκεύη ὀργῆς κατηρτισμένα εἰς ἀπώλειαν, καὶ ἵνα γνωρίσῃ τὸν πλοῦτον τῆς δόξης αὐτοῦ ἐπὶ σκεύη ἐλέους, ἃ προητοίμασεν εἰς δόξαν.

**직 역**: 만일 하나님이 그의 진노를 보이시고 그의 능력을 알게 하시려고 멸망

---

8   고백서 III.iii.
9   이 구절을 이중적인 예정으로 보는 견해에 반대하는 입장도 있으나, 본 연구자는 이중 예정론의 성경적인 근거 텍스트들 중의 하나라고 생각한다. 반대하는 입장의 한 사례로는 부르스 밀른, 『복음주의 조직신학개론』(서울: 크리스천다이제스트, 1999), 201쪽 이하를 참조하라.

에 이르도록 예비된 진노의 그릇을 오랜 인내로 참으시고, 또한 영광
에 이르도록 예비하신 긍휼의 그릇에 대하여 그 영광의 풍성함을 알게
하시려고 하셨다면.

먼저 로마서 9장 13절은 하나님께서 야곱을 사랑의 대상으로(ἠγάπησα,
dilexi), 에서를 미움의 대상으로(ἐμίσησα, odio habui) 삼으셨는데, 그들이 태어
나기 전에 어떠한 선이나 악을 행하기도 전에 그렇게 정했다고 기술한다.
분명히 특정한 인물이 거명되어 있고 사랑과 미움의 대상이 하나의 개인
임을 나타낸다. 그러나 하나님의 주권에 의한 정하심이 야곱과 에서만이
아니라 모든 사람에게 적용되는 보편적인 예정임을 나타내기 위해 바울은
영광에 이르도록 예비된 "긍휼의 그릇"(σκεύη ὀργῆς, vasa misericordiae)과 파멸
에 이르도록 예비된 "진노의 그릇"(σκεύη ἐλέους, vasa irae)[10]을 언급하며, 두 종
류의 불특정한 개인들이 있음을 로마서 9장 22~23절에서 표명한다. 이처
럼 바울은 구체적인 개인과 불특정한 사람의 특정한 종류를 동시에 언급
하면서 인간에 대한 선택과 유기가 개체성과 보편성을 모두 가지고 있음
을 확증한다. 그리고 바울에 따르면, 하나님의 영광 즉 그분의 속성과 성
품이 표상되는 방식은 진노와 긍휼이다. 진노를 통해서는 하나님의 능력
과 정의와 인내가 드러나고 긍휼을 통해서는 하나님의 사랑과 그 영광의
풍성함이 드러난다. 이러한 내용이 초기의 한역본 텍스트에서는 어떻게
표현되었는지 살펴보자.

〈1887〉 닉가 야곱을 사랑ᄒ고 이소를 미워ᄒ노라 ᄒ니 야곱은
〈1900〉 야곱은 내가 ᄉ랑ᄒ고 이소ᄂ 뮈워ᄒ엿다 ᄒ셧ᄂ니라

---

10   진노의 그릇과 관련하여 지혜자는 "악인도 악한 날에 적당하게" 창조된 것이라고 기록한다
     (잠 16:4).

<1906ㄱ> 야곱은 내가 ᄉ랑ᄒ고 에서는 뮈워ᄒ엿다 ᄒ셧ᄂ니라

<1906ㄴ> 야곱은 我가 愛ᄒ고 에서는 厭惡ᄒ엿다 ᄒ셧ᄂ스니

<1925> 내가 야곱은 ᄉ랑ᄒ고 에서는 뮈워ᄒ노라(말一0二, 三) ᄒ셧ᄂ니라

<1887> 하ᄂ님이 그 노ᄅ 빗ᄂ이고 그 능ᄒ믈 보이고 더ᄒ여 노ᄒ며 훼멸ᄒ ᄅ 글으슬 참으무로써 만이 관용ᄒ고, ᄯ 그 큰 영화ᄅ 나타ᄂ이ᄂ데 은혜의 글웃시 전에 예비ᄒ 바로써 영화의게 닐의게 ᄒ여스니

<1900> 만일 하ᄂ님이 그 노ᄒ심을 내시고 그 능ᄒ심을 나타내고져 ᄒ시면 훼명ᄒ ᄅ 그릇슬 ᄎᆷ음으로 만이 관용ᄒ시고<22> ᄯᄒ 영광 밧기ᄅ 위ᄒ야 밧게 예비ᄒ신 바 어엿비 녁이시ᄂ 그릇세 그 풍셩ᄒ 영광을 알게 ᄒ고져 ᄒ셧시면 우리가 무슴 말 ᄒ리오

<1906ㄱ> 만일 하ᄂ님이 그 노ᄒ심을 발ᄒ시고 그 능ᄒ심을 나타내고져 ᄒ실지라도 그 노ᄒ심을 밧아 맛당히 멸ᄒ 그릇을 ᄎᆷ음으로 만이 관용ᄒ시고<22> ᄯᄒ 영광 밧기를 위ᄒ야 예비ᄒ신바 긍휼이 녁이시ᄂ 그릇의게 그 풍셩ᄒ 영광을 알게 ᄒ고져 ᄒ셧슨즉 우리가 무슴 말ᄒ리오

<1906ㄴ> 萬一 上帝가 其 怒ᄒ심을 發ᄒ시고 其 能ᄒ심을 願ᄒ고져 ᄒ실지라도 其 怒ᄒ심을 受ᄒ야 맛당히 滅ᄒ 器를 忍홈으로 만히 寬容ᄒ시고<22> ᄯᄒ 榮光을 受ᄒ기를 爲ᄒ야 豫備ᄒ신 바 矜恤히 녁이시ᄂ 器의게 其 豊盛ᄒ 榮光을 知ᄒ게 ᄒ고져 ᄒ셧슨즉 我等이 何言을 ᄒ리오

<1925> 하ᄂ님은 그 怒를 發ᄒ시고 그 能을 나타내고져 ᄒ실지라도 그 怒ᄒ심을 밧아 光으로 預備ᄒ신 바 矜恤히 녁이시고 榮光을 엇게 ᄒ신 그릇의게 나타내셧슨즉 우리가 무어시라 말ᄒ리오


로마서 9장 13절의 경우에는 번역이 원문의 직역과 동일하기 때문에 사

랑의 선택과 미움의 유기라는 '이중 예정론'이 뚜렷하게 드러난다. 그러나 로마서 9장 22~23절의 경우에는 약간의 차이점을 드러낸다. 두 종류의 사람들을 표현하는 "진노의 그릇"과 "긍휼의 그릇"에 대한 번역어를 보면, 1887년 번역본에서는 "훼멸ᄒᆞᆫ 글읏"과 "은혜의 글읏"으로, 1900년 번역본에서는 "훼멸홀 그릇"과 "어엿비 녁이시ᄂᆞᆫ 그릇"으로, 1906년 번역본에서는 "멸홀 그릇"과 "긍휼이 녁이시ᄂᆞᆫ 그릇"으로, 1906년 국한 혼용문 번역본에서는 "滅홀 器"와 "矜恤히 녁이시ᄂᆞᆫ 器"로, 게일의 번역본(1925년)에서는 "矜恤히 녁이시고 榮光을 엇게 ᄒᆞ신 그릇"으로 후자만을 그릇으로 번역하였다. 두 부류의 인간이 두 종류의 그릇에 비유된 원문을 직역하는 대신 더 쉽게 표현하여 이해를 돕는 방식의 의역으로 독자의 편의를 도모한 것으로 보인다. 게일의 이러한 시도가 성서공회의 공인을 받을 수 없는 요소로 드러났을 것이다. 이 부분에서의 그릇은 그릇이라는 범주는 같지만 그 종류가 다른 두 그릇, 즉 두 부류의 인간이 이 세상에 있다는 사실을 나타내는 것이며, 이러한 이중 예정론을 게일 번역본 이외의 초기 한역본에서는 분명하게 보존하고 있다.

예정에 있어서 천사들의 선택과 유기에 대한 주장의 근거는 디모데전서 5장 21절과 마태복음 25장 41절이다.

헬라어: διαμαρτύρομαι ἐνώπιον τοῦ θεοῦ καὶ Χριστοῦ Ἰησοῦ καὶ τῶν ἐκλεκτῶν ἀγγέλων

직　역: 하나님과 그리스도 예수와 택하심을 받은 천사들 앞에서 내가 엄히 선언한다

헬라어: Πορεύεσθε ἀπ᾽ ἐμοῦ οἱ κατηραμένοι εἰς τὸ πῦρ τὸ αἰώνιον τὸ ἡτοιμασμένον τῷ διαβόλῳ καὶ τοῖς ἀγγέλοις αὐτοῦ

직　역: 저주를 받을 자들아 나에게서 떠나 마귀와 그의 천사들을 위하여 준비

된 영원한 불에 들어가라

디모데전서 5장 21절에서 바울은 모든 일을 편견이 없이 공평하게 처리할 것을 당부하는 문맥에서 하나님과 그리스도 예수만이 아니라 "택하심을 받은 천사들"(ἐκλεκτῶν ἀγγέλων) 앞에서도 엄히 말한다고 기록한다. 그리고 마태복음 25장 41절에서 예수님은 선택된 천사만이 아니라 영원한 불에 들어갈 존재로서 "마귀와 그의 천사들"(τῷ διαβόλῳ καὶ τοῖς ἀγγέλοις αὐτοῦ)도 언급한다. 여기에서 저주를 받은 자들이 들어가는 영원한 불은 마귀와 그의 천사들을 위하여 준비된 곳이라고 한다. 이상에서 우리는 사람만이 아니라 천사들도 영원한 생명으로 들어가는 선택과 영원한 죽음으로 들어가는 유기의 대상임을 확인한다. 즉 천사의 이중적인 선택이 위의 두 구절에서 입증된다. 이 구절들에 대한 초기의 한역본을 보면 특이한 사항이 없고 지금의 개역 개정본과 거의 동일하여 번역들의 인용은 생략한다.

**예정의 불변성**

고백서는 영원 전부터 정해진 하나님의 예정은 결코 변경되지 않는다고 선언한다.

이렇게 예정되고 미리 정하여진 천사들과 사람들은 개별적이면서 불변적으로 의도되었고, 그들의 숫자는 너무도 확실하고 확정되어 많아짐과 적어짐의 가능성이 없다.[11]

이 조항은 예정의 불변성을 주장한다. 이는 천사들과 사람들의 예정이

---

11    고백서 III.iv.

개별적인 것이면서 불변적인 것이며, 그러하기 때문에 예정된 천사들과 사람들의 숫자는 확실하고 확정되어 줄어들 수도 없고 늘어날 수도 없다는 주장이다. 그리스도 예수는 성부께서 자기에게 보내시고 이끄시는 사람들만 자기에게 나아오고(요 6:44), 그들은 하나도 빠짐없이 모두 자신에게 올 것이고 자신은 결코 내쫓지 않을 것이며(요 17:24), 그들 중에 지극히 작은 자들 중 하나라도 잃는 것은 아버지의 뜻이 아니기에(마 18:14), 자신은 그들 중에 하나라도 잃지 않았다고 진술한다(요 18:9). 예정을 받은 자들의 숫자는 그리스도 예수의 이러한 성취로 말미암아 현실에서 그대로 유지된다.

이러한 내용을 잘 보여 주는 성경 텍스트는 요한복음 13장 18절이다.

**헬라어**: οὐ περὶ πάντων ὑμῶν λέγω· ἐγὼ οἶδα τίνας ἐξελεξάμην

**직　역**: 나는 너희 전체에 대해서 말하는 게 아니다. 나는 내가 선택한 자들을 안다.

그리스도 예수는 자신과 제자들을 주인과 종의 관계로 설정한 이후에, 이 구절에서 자신을 따르는 제자들을 가르치며 그들과 함께 다니지만 그들 중에는 자신이 선택하지 않은 인물도 있음을 표명한다. 그리고 선택한 자와 선택하지 않은 자를 인지하고 있음도 명시한다. 주인과 종의 관계성은 가시적인 제자들 모두에게 적용되는 것이 아니라 자신이 택한 자들에게 해당되는 것이라고 한다. 그러므로 이 구절에서 우리는 비록 선택을 받지 않은 자가 제자들의 외형적인 무리에 속해 있다고 할지라도, 그들은 주님의 제자나 주님의 종이 아니며 그들이 같이 다닌다고 해도 선택된 자들의 숫자가 바뀌는 것은 아님을 확인한다.

〈1887〉 ᄂᆡ 말이 너희ᄅᆞᆯ 다 갈아치미 ᄋᆞᆫ이라 ᄂᆡ의 ᄐᆡᆨᄒᆞᆫ 쟈ᄅᆞᆯ ᄂᆡ가 아되 다뭇 글에 말이 응험할 거시 ᄂᆡ ᄯᅥᆨ 먹ᄂᆞᆫ 쟈 발뒤축ᄋᆞᆯ 들어 나ᄅᆞᆯ 차리라 ᄒᆞ미라

〈1900〉 내가 너희ᄅᆞᆯ 다 ᄀᆞᄅᆞ쳐 말ᄒᆞᆫ 거시 아니라 내가 ᄲᅢ여낸 쟈ᄂᆞᆫ 내가 다 아노니 셩경에 내 ᄯᅥᆨ을 먹ᄂᆞᆫ 사ᄅᆞᆷ이 발굼치ᄅᆞᆯ 틀어 나ᄅᆞᆯ 찬다ᄒᆞᄂᆞᆫ 말이 응ᄒᆞ엿도다

〈1906ㄱ〉 내가 너희를 다 ᄀᆞᄅᆞ쳐 말ᄒᆞᆫ 거시 아니라 내가 ᄐᆡᆨᄒᆞᆫ 쟈는 내가 다 아노니 셩경에 내 ᄯᅥᆨ을 먹ᄂᆞᆫ 사ᄅᆞᆷ이 발굼치를 들어 나를 찬다ᄒᆞᄂᆞᆫ 말이 응ᄒᆞ엿도다

〈1906ㄴ〉 我가 爾等을 皆指ᄒᆞ야 言ᄒᆞᆫ 거시 아니라 我가 擇ᄒᆞᆫ 者가 다 知ᄒᆞ노니 聖經에 我餅을 吃ᄒᆞᄂᆞᆫ 人이 趾를 擧ᄒᆞ야 我를 踢ᄒᆞᆫ다 ᄒᆞᄂᆞᆫ 言이 應ᄒᆞ엿도다

〈1925〉 내가 너희를 다 ᄀᆞᄅᆞ쳐 말ᄒᆞᆷ이 아니라 내가 擇ᄒᆞᆫ 者ᄂᆞᆫ 내가 다 아노니 聖經에 내게셔 먹ᄂᆞᆫ 사ᄅᆞᆷ이 발굼치를 들어 나를 찬다(詩四一0九)ᄒᆞᄂᆞᆫ 말이 應ᄒᆞᆯ지라

초기의 한국어 번역 성경에서는 "ᄐᆡᆨᄒᆞᆫ 쟈"(1887), "ᄲᅢ여낸 쟈"(1900), "ᄐᆡᆨᄒᆞᆫ쟈"(1906ㄱ), "擇ᄒᆞᆫ 者"(1906ㄴ), "擇ᄒᆞᆫ 者"(1925)로 표현되었다. 그리고 헬라어 원문의 "선택한 자들을 안다"는 부분은 그들을 "아되"(1887), "다 아노니"(1900), "다 아노니"(1906ㄱ), "다 知ᄒᆞ노니"(1906ㄴ), "다 아노니"(1925)로 표현되었다. 택한 자들 중에 주님께서 모르는 자가 하나도 없음이 더욱 강조된 표현이다. 이러한 초기 국역본의 번역 양상을 보면 선택된 자들에 대한 주님의 완전한 인식을 강조하고 택함을 받은 자들만이 주님의 제자이며 종이라는 사실을 강조한 태도가 읽혀진다.

## 선택의 예정

고백서는 선택에 관한 예정을 다음과 같이 설명한다.

인류 가운데서 생명으로 예정된 사람들을 하나님은 세상의 기초가 다져지기 이전에 자기의 영원하고 불변적인 목적과 비밀한 의논과 의지의 선한 기뻐하심 따라 그리스도 안에서 영원한 영광에 이르도록 그의 순수하고 값없는 사랑과 은혜로부터 택하시되, 믿음이나 선행 혹은 각각의 견인에 대한 어떠한 예지나 피조물 안에 있는 다른 어떠한 것을 그 영광으로 이끄시는 조건들 혹은 원인들로 여기심 없이 택하셨고, 그들 모두를 그의 영광스런 은혜의 찬미가 되도록 택하셨다.[12]

이 조항에 따르면 예정의 대상은 "인류"(*humano genere*)이고 그들 중에 일부는 선택으로, 나머지 일부는 유기로 작정된다. 선택의 대상이 타락의 유무가 고려되지 않은 "인류"이기 때문에 이 대목은 타락 전 선택설을 지지한다. 예정이 이루어진 시점은 "세상의 기초가 다져지기 이전"이다. 즉 시간과 공간의 틀이 생기기도 전에 영원 속에서 이루어진 하나님의 내적인 사역이다. 그래서 시간과 공간과 피조물이 작용할 수 없는 사역이다. "자기의 영원하고 불변적인 목적과 비밀한 의논과 의지의 선한 기뻐하심 대로"라는 대목에서 우리는 시간이나 공간이나 피조물이 예정의 조건이나 원인으로 전혀 작용하지 않았다는 점을 확인한다. 이 조항은 또한 2항에서 언급한 것처럼 시공간 속에서 이루어질 믿음이나 선행이나 믿음의 지속적인 유지에 대한 어떤 예관 혹은 예지(*foresight, praevisis*)도 예정의 조건이나 원인에서 분명하게 배제한다.

---

12 고백서 III.v.

믿음이나 선행이나 믿음의 지속에 대한 예지가 선택의 원인이 되지 않음을 알려 주는 가장 명료한 성경 구절은 로마서 9장 11절이다.

**헬라어:** μήπω γὰρ γεννηθέντων μηδὲ πραξάντων τι ἀγαθὸν ἢ φαῦλον, ἵνα ἡ κατ’ ἐκλογὴν πρόθεσις τοῦ θεοῦ μένῃ οὐκ ἐξ ἔργων ἀλλ’ ἐκ τοῦ καλοῦντος

**직 역:** 선택에 관한 하나님의 작정이 행위로 말미암지 않고 부르시는 이로 말미암아 서도록 하시려고 그들이 아직 출생도 아니하고 무슨 선이나 악을 행하지도 아니한 때에

이 구절에서 우리는 "선택"(ἐκλογή, *electio*, election)에 관한 "하나님의 작정"(πρόθεσις τοῦ θεοῦ)이 시점에 있어서 존재의 시작을 나타내는 출생 이전에 이루어진 것이며 선행이든 악행이든, 믿음이든 불신이든, 의로운 행위이든 불의한 행위이든 그 어떠한 행위도 발생하기 이전에 이루어진 것임을 확인한다. 그리고 조건 혹은 원인에 있어서 존재와 행위가 전혀 고려되지 않고 오직 하나님의 뜻에만 근거한 하나님의 예정이 시공간 속에 세워지는(μένω) 것은, 어떠한 행위로 말미암지 않고 부르시는 하나님 자신으로 말미암는 것이라고 한다. 그래서 이 구절은 예정의 확립만이 아니라 예정의 성취에 있어서도, 선이든 악이든 인간의 행위는 결코 예정의 근거나 조건으로 작용하지 않는다고 주장한다. 이 구절에 대해 초기의 국역본은 다음과 같이 진술한다.

〈1887〉 낫치 못하며 션악을 일우지 못하여 하나님의 퇴하물 안찰한 쯧이 셔게 하여스니 힝하무로 은코 오직 이불은 바로 하미니라
〈1900〉 그 ᄌᆞ식들이 아직 나지도 아니하고 션악을 무어시던지 힝하지도 아니한 째에 하ᄂᆞ님의 ᄲᅢ신 쯧은 그 힝실노 말이암이 아니오 오직 그 부르

시ᄂᆞᆫ 이의게로 말ᄆᆡ암이니

〈1906ㄱ〉 그 ᄌᆞ식들이 아직 나지도 아니ᄒᆞ고 션악을 무어시던지 힝ᄒᆞ지도 아니ᄒᆞᆫ ᄣᅢ에 하ᄂᆞ님의 ᄐᆡᆨᄒᆞ신 ᄯᅳᆺ은 그 힝실노 말ᄆᆡ암음이 아니오 오직 그 부르시ᄂᆞᆫ 이의게로 말ᄆᆡ암음이

〈1906ㄴ〉 그 子息들이 아직 生ᄒᆞ지도 아니ᄒᆞ고 善惡을 무엇시던지 行ᄒᆞ지도 아니ᄒᆞᆫ 時에 上帝의 擇ᄒᆞ신 意는 其行實노 由ᄒᆞᆷ이 아니오 오직 그 召ᄒᆞ시ᄂᆞᆫ 者의게로 由ᄒᆞᆷ이니

〈1925〉 하ᄂᆞ님의 擇ᄒᆞ시ᄂᆞᆫ ᄯᅳᆺ은 그 行實노 말ᄆᆡ암지 아니ᄒᆞ고 그 부르시ᄂᆞᆫ 이의게로 말ᄆᆡ암음으로 그 子息들이 아즉 나지도 아니ᄒᆞ고 善惡間 무어시던지 行ᄒᆞ지도 아니ᄒᆞᆫ ᄣᅢ에

초기의 국역본에서는 "선택에 관한 하나님의 작정"을 "하나님의 ᄐᆡᆨᄒᆞ물 안찰ᄒᆞᆫ ᄯᅳᆺ"(1887), "하ᄂᆞ님의 ᄲᅡ신 ᄯᅳᆺ"(1900), "하ᄂᆞ님의 ᄐᆡᆨᄒᆞ신 ᄯᅳᆺ"(1906ㄱ), "上帝의 擇ᄒᆞ신 意"(1906ㄴ), "하ᄂᆞ님의 擇ᄒᆞ시ᄂᆞᆫ ᄯᅳᆺ"(1925)으로 표기한다. 여기에서 먼저 하나님의 "작정"과 "뜻"을 구분하지 않고 동의어로 사용한 것이 확인된다. Horace Grant Underwood(1890)의 『한영ᄌᆞ뎐』을 보면, 'ᄯᅳᆺ(志)'은 'opinion, intention, resolution, desire'라고 풀이되어 있고, James Scarth Gale(1931)[13]의 『韓英大字典』에는 'ᄯᅳᆺ(志)'이 'sense, thought, idea, meaning'으로 풀이되어 있다. 초기의 영한사전 의미에 비추어 보더라도, "작정"과 "뜻"의 개념이 다름에도 불구하고 동의어로 사용했는데, 여기에서도 작정의 교리에 대한 퇴색의 흔적이 발견된다.

"선택"에 대해서도 초기의 국역본들 중에서는 〈1887〉 역본만 명사형

13 초판 『韓英字典』은 1897년에 간행되었고, 제2판은 1911년에 간행하였다. 제2판은 초판을 수정증보하여 어휘 수를 1만 5천 여 개를 확장하였다. 이것을 다시 수정증보하여 1931년에 제3판을 간행하였는데, 풀이하여 수록한 어휘 수가 초판보다 2.5배 가량 늘어 8만 2천 여 개였고, 제3판에서 표제를 『韓英大字典』으로 바꾸었다.

을 사용하고 나머지는 동사의 관형사형으로 표현되어, "선택"이 영원 전에 이미 이루어진 일이 아니라 시간 속에서 이루어질 사건인 것처럼 묘사되어 있다. 그리고 선택에 대한 하나님의 작정이 이 땅에서 성취될 것이라는 "서도록"(μένη)의 내용은, 초기의 국역본 중에서 1887년 번역본에서만 '셔게 (ᄒ여ᄉ니)'로 번역되고 다른 번역본에서는 사라졌다. 영원 전부터 이루어진 선택에 대한 하나님의 작정이 시간 속에서 확고하게 세워지는 것도 인간의 존재나 선행의 유무에 달려 있지 않고 선택을 이루시기 위해 친히 "부르시는 이로 말미암아" 되는 것이라는 점, 즉 선택의 작정과 선택의 실행 모두가 택하시고 부르시는 하나님에 의해 성취되는 것임을 분명하게 알기에는 번역이 다소 미흡하다. 그러나 출생과 선행의 문제에 있어서는 초기의 번역본이 헬라어 원문에 충실하다.

선택과 관련한 하나님의 작정이 오직 하나님의 의지에 의해서만 이루어진 일이라는 사실을 정확하게 보여 주는 또 하나의 성경 구절은 로마서 9장 15절이다.

**헬라어:** *τῷ Μωϋσεῖ γὰρ λέγει· Ἐλεήσω ὃν ἂν ἐλεῶ, καὶ οἰκτιρήσω ὃν ἂν οἰκτίρω.*

**직 역:** 왜냐하면 그가 모세에게 말하시기 때문이다. "나는 긍휼히 여기는 자를 긍휼히 여길 것이고 불쌍히 여기는 자를 불쌍히 여길 것이다."

이 구절은 하나님이 긍휼을 베푸셔서 누군가를 택하시는 작정에 대해 다른 어떠한 것도 언급하지 않고 오직 자신이 긍휼히 여기는 것 자체가 근거라고 설명한다. 하나님이 누군가를 긍휼히 여기시는 이유는 긍휼의 대상이 긍휼히 여김받을 자격이나 조건이나 원인을 가지고 있기 때문이 아니라 오직 하나님이 "긍휼히 여기시기"(ἐλεῶ) 때문이다. 이 구절에 대해 초기의 국연본은 다음과 같이 번역한다.

〈1887〉 모쇼게 갈오되 너가 은혜ᄒᆞᄂᆞᆫ 바 쟈ᄂᆞᆫ 은혜ᄒᆞ고 어엽비 녜기ᄂᆞᆫ 바 쟈ᄂᆞᆫ 어엽비 녜긴다 ᄒᆞ여스니

〈1900〉 하ᄂᆞ님ᄭᅴ셔 모셰의게 닐너 글ᄋᆞ샤되 내가 어엿비 넉일 쟈롤 어엿비 넉이고 불상히 넉일 쟈롤 불샹히 넉이라리 ᄒᆞ셧시니

〈1906ㄱ〉 하ᄂᆞ님이 모셰의게 닐너 글ᄋᆞ샤되 누구던지 내가 긍휼이 녁이랴면 긍휼이 녁이고 불샹히 녁이랴면 불샹히 녁이리라 ᄒᆞ셧스니

〈1906ㄴ〉 上帝ᄭᅴ셔 모세의게 論ᄒᆞ야 曰 誰던지 我가 矜恤히 녁이랴면 矜恤히 녁이고 惻隱히 녁이랴면 惻隱히 녁이리라 ᄒᆞ셧스니

〈1925〉 하ᄂᆞ님이 모세의게 닐너 글ᄋᆞ샤되 누구던지 내가 矜恤히 녁이려면 矜恤히 녁이고 惻隱히 녁이려면 惻隱히 녁이리라(出卅三〇十九) ᄒᆞ셧스니

"긍휼히 여기는 자"와 "불쌍히 여기는 자"에 대해 초기의 국역본은 두 가지의 번역으로 갈라진다. 〈1887〉 역본은 "은혜ᄒᆞᄂᆞᆫ 바 쟈"와 "어엽비 녜기ᄂᆞᆫ 바 쟈"로 표기하고, 〈1900〉 역본은 "어엿비 넉일 쟈"와 "불상히 넉일 쟈"로 표기하여 긍휼히 여기고 불쌍히 여길 대상을 뚜렷하게 표현한다. 그러나 이후의 역본들은 "긍휼이 녁이랴면" "불샹히 녁이랴면"(1906ㄱ), "矜恤히 녁이랴면" "惻隱히 녁이랴면"(1906ㄴ), "矜恤히 녁이려면" "惻隱히 녁이려면"(1925) 등으로 표기되어 있다. 이 세 가지의 역본은 의도형 조건문을 사용하며 긍휼히 여김의 대상을 언급하지 않고, 긍휼히 여기시는 하나님의 의도와 행위에 강조점을 둔다. 즉 긍휼히 혹은 불쌍히 여기고자 한다면 하니님은 그렇게 하시는 분이라는 뉘앙스를 강조한다.

이와 같이 기술된 로마서 9장 15절이 혹시라도 긍휼히 여길 이유가 있기 때문에 지금 긍휼히 여기고(현재), 앞으로 긍휼히 여길(미래) 것이라는 오해의 소지가 될 수도 있다는 것을 의식이라도 한 듯, 로마서 9장 18절에

서는 예정의 유일한 이유가 하나님의 의지 자체라는 사실을 극명하게 보여 준다.

**헬라어**: ὃν θέλει ἐλεεῖ, ὃν δὲ θέλει σκληρύνει

**직  역**: 그는 원하시는(하고자 하시는) 자를 긍휼히 여기시고 원하시는(하고자 하시는) 자를 강퍅하게 하신다.

이 구절은 로마서 9장 15절에 인용된 모세의 말에 대한 바울의 해석이다. 여기에서 바울은 모세의 글에 잘 나타나지 않은 부분 즉 하나님의 의지가 작정의 이유라는 사실을 보다 선명하게 하고자 "그가 원하신다" 혹은 "그가 하고자 하신다"(θέλει)는 단어를 사용해서 하나님의 의지 자체가 긍휼히 여기심과 강퍅하게 하심의 원인임을 분명하게 진술한다. 즉 바울은 모세의 "긍휼히 여긴다"(ἐλεέω)와 "불쌍히 여긴다"(οἰκτερέω)는 단어를 "하고자 한다" 혹은 "원한다"(ἐθελέω)는 단어로 해석했고, 이로써 긍휼히 혹은 불쌍히 여길 만한 인간 편에서의 조건이나 원인이나 자격을 긍휼히 여기심의 원인에서 확실히 배제했다. 오직 하나님의 원하심 혹은 의지만이 작정의 원인임을 확정했다. 이 구절에 대한 초기 한국어 번역 성경의 표현을 보면 다음과 같다.

〈1887〉 이 갓타면 하나님이 즐겨ᄒᆞᄂᆞᆫ 쟈를 은혜ᄒᆞ고 즐겨ᄒᆞᄂᆞᆫ 쟈를 완픠ᄒᆞᄂᆞ 니라

〈1900〉 그런즉 하ᄂᆞ님끠셔는 누구를 불샹히 녁이고져 ᄒᆞ신즉 불샹히 녁이시고 누구를 왠패케 ᄒᆞ고져ᄒᆞ신즉 완패케 ᄒᆞ시ᄂᆞ니라

〈1906ㄱ〉 그런즉 하ᄂᆞ님끠셔 누구를 긍휼이 녁이고져 ᄒᆞ신즉 긍휼이 녁이시고 누구를 강퍅케 ᄒᆞ고져ᄒᆞ신즉 강퍅케 ᄒᆞ시ᄂᆞ니라

〈1906ㄴ〉然흔 則 上帝끠셔 誰를 矜恤히 녁이고져 ㅎ신즉 矜恤히 녁이시고 誰
를 剛愎케 ㅎ시ᄂ니라〈1906 新約全書국한문〉
〈1925〉그런즉 하ᄂ님이 누구를 矜恤히 녁이고져 ㅎ신즉 矜恤히 녁이시고 누
구를 剛愎게 ㅎ고져 ㅎ신즉 剛愎게 ㅎ시ᄂ니라

초기의 한국어 번역 성경에서는 헬라어 원문에 나오는 "원하시는 혹은
하고자 하시는"과 같이 번역되는 "에뗄레오"(ἐθελέω) 개념을 있는 그대로
살리지 못하고 그 단어에 수식어를 부과한다. 즉 모든 역본들이 "에뗄레
오"를 "즐겨ㅎᄂ"(1887), "불샹히 녁이고져 ㅎ신즉"(1900), "긍휼이 녁이고져
ㅎ신즉"(1906ㄱ), "矜恤히 녁이고져 ㅎ신즉"(1906ㄴ, 1925)으로 번역한다. 그
리고 헬라어 원문은 긍휼히 여기시는 것과 강퍅하게 하시는 것의 두 대상
이 동일하게 "하고자 하시는 자"로 명시되어 있는데, 한국어 번역 성경에
서는 두 가지의 의지만 표명되어 있다. 즉 누구를 긍휼히 여기고자 하신즉
긍휼히 여기시고 누구를 강퍅케 하시고자 하신즉 강퍅케 하신다고 한다.
그러나 이러한 표현은, 긍휼히 여기고자 함을 하나님의 의지로 이해하고
긍휼히 여김을 하나님의 행위로 이해할 가능성이 높다. 원문에 따르면 '의
지'나 '행위'의 문제가 아니라, '긍휼히 여김'과 '강퍅하게 여김'은 하나님의
이중적인 예정이고, 하나님의 의지를 나타내는 '하고자 하심 혹은 원하심'
은 그 예정의 원인 혹은 근거로서 이해된다.

예정이 하나님의 의지에서 비롯된 것이기는 하되 그 의지가 강제에 의
한 것이 아니고, 슬프거나 악하지 않고 선하고 자유롭고 기쁜 것이라는 의
지의 특성까지 밝히며 하나님의 예정이 기쁘고 선하고 자발적인 의지에
따라 이루어진 일임을 가장 잘 설명하는 성경 텍스트는 에베소서 1장 5절
이다.

**헬라어:** προορίσας ἡμᾶς εἰς υἱοθεσίαν διὰ Ἰησοῦ Χριστοῦ εἰς αὐτόν, κατὰ τὴν
εὐδοκίαν τοῦ θελήματος αὐτοῦ

**직  역:** 그리스도 예수를 통하여 자신의 의지의 기뻐하심 대로 우리를 그의 입
양자로 예정하사

이 구절은 선택의 근거인 하나님의 뜻을 보다 정밀하게 표현한다. 즉 하나님은 "자신의 의지의 기뻐하심(εὐδοκία, beneplacitum) 대로" 우리를 예정하사 그리스도 예수를 통하여 자신에게 입양된 아들로 삼았다고 한다. 여기에서 우리는 예정에 대한 하나님의 의지는 강요나 강제나 조건이나 본성의 필연성에 의해 결과된 것이 아니라 그 자체로 자유롭고 기쁜 신적 자발성의 발로임을 확인한다. 이 구절이 초기의 한국어 성경에는 다음과 같이 번역되어 있다.

⟨1887⟩ 그 죠흔 뜻   안찰ᄒ여 예수 키리쓰토롤 말무암아 양자 되게 뎡ᄒ여써
⟨1900⟩ 그 아룸다온 뜻대로 우리롤 미리 쟉뎡ᄒ샤 예수 그리스도를 인ᄒ샤 ᄌ긔 아ᄃᆞᆯ을 삼으시니
⟨1906ㄱ⟩ 그 깃브신 뜻대로 우리를 미리 쟉뎡ᄒ샤 예수 그리스도로 말미암아 ᄌ긔 아ᄃᆞᆯ을 삼으셧스니
⟨1906ㄴ⟩ 其喜ᄒ신 旨대로 我等을 豫定ᄒ샤 예수 그리스도로 由ᄒ야 自己의 子를 삼으셧스니
⟨1925⟩ 그 깃브신 뜻대로 예수 그리스도 말미암아 自己의 子를 삼으시기를 豫定ᄒ셧스니

초기의 국역본은 "의지의 기뻐하심"을 "죠흔 뜻"(1887), "아룸다온 뜻"(1900), "깃브신 뜻"(1906ㄱ), "喜ᄒ신 旨"(1906ㄴ), "깃브신 뜻"(1925)으로

번역한다. 즉 "의지의 기뻐하심"의 번역은 처음에 "좋은 뜻"으로 하였다가 "아름다운 뜻"으로 바꾸고 다시 "기쁘신 뜻"으로 바꾸었다. 이는 하나님의 뜻이 예정의 근거로서 부정적이거나 상태 기술적인 의미가 아니라 긍적적이고 능동적인 의미라는 사실을 나타냄에 있어서 아무런 문제가 없는 번역이다. '-ᄅᆞᆯ 말무암아', '-를 인ᄒᆞ샤', '-로 말ᄆᆡ암아', '-로 由ᄒᆞ야', '말미암아'라는 이유와 도구적 의미를 나타내는 동사의 활용형을 통하여 우리를 하나님의 아들로 삼는다는 것 내용을 드러냄에 있어서, 〈1900〉, 〈1906ㄱ〉, 〈1906ㄴ〉 역본에서는 '우리'를 '작정'의 대상으로 삼았다는 뜻이 강조되어 있다. 현대의 개역 개정본에서 "그 기쁘신 뜻대로 우리를 예정하사 예수 그리스도로 말미암아 자기의 아들들이 되게 하셨으니"라고 표현되어 있는 것을 보면, 공인역본에서의 의미를 계승한 것으로 사료된다.

### 수단들의 예정

고백서는 예정의 대상이나 목적만이 아니라, 예정된 대상이 목적에 이르도록 돕는 수단들도 예정된 것이라는 주장을 다음과 같이 진술한다.

하나님은 택자들을 영광으로 정하신 것처럼 자신의 뜻의 영원하고 지극히 자유로운 목적을 따라 거기에 이르는 모든 수단들을 또한 미리 정하셨다. 이로부터, 택함을 받고 아담 안에서 타락한 그들은 그리스도에 의해 구속되고 적합한 때에 역사하는 성령에 의해 유효한 부르심을 받아 그리스도에 대한 믿음에 이르고 의롭게 되고 입양되고 거룩하게 되며 그의 권능으로 인해 믿음을 통하여 구원으로 들어간다. 택자들 이외에는 그 누구도 그리스도에 의해 구속되고 유효하게 부르심을 받고 의롭게 되고 입양되고 거룩하게 되고 구원되는 일이 결단코 없다.[14]

---

14 고백서 III.vi.

이 항목에 의하면, 택자들로 하여금 영광에 이르게 하는 목적을 달성하는 "수단들"(media)도 예정의 대상이다. 여기에서 목적을 예정하는 주체와 수단을 예정하는 주체는 동일하다. 두 예정의 논리적인 순서는 목적에 대한 예정이 수단에 대한 예정에 선행한다. 이는 수단에 따라서 목적이 정해지지 않고 목적에 따라서 수단이 정해지기 때문이다. 고백서가 말하는 수단들 중에 구속의 수단은 그리스도 예수의 죽음이고, 유효적 부르심과 믿음과 의로움과 거룩함과 구원의 수단은 성령의 역사라고 한다. 이러한 수단들을 통하지 않고서는 누구도 예정된 영광으로 들어가지 못하며, 이러한 수단들이 있더라도 오직 선택의 대상만 그 영광으로 들어간다. 이러한 수단의 예정에 대한 성경적 근거는 베드로전서 1장 2절이다.

**헬라어**: κατὰ πρόγνωσιν θεοῦ πατρός, ἐν ἁγιασμῷ πνεύματος, εἰς ὑπακοὴν καὶ ῥαντισμὸν αἵματος Ἰησοῦ Χριστοῦ·

**직 역**: 하나님 아버지의 미리 아심을 따라 성령의 정결함 안에서 순종과 그리스도 예수의 피의 뿌림에 이르도록 (선택된 자들)

이 구절에 따르면, 예정된 수단들은 성령의 정결함과 그리스도 예수의 피 뿌림이다. 택함을 받은 자들이 구원의 영광에 이르기 위해서는 "하나님 아버지의 미리 아심을 따라" 예정된 성령의 정결함과 예수의 피 뿌림이 필요하다. 동일한 수단들이 에베소서 1장에도 등장한다. 즉 바울도 베드로와 동일하게 택자들이 이르도록 예정하신 영광의 찬미가 구현되는 것은 그리스도 예수의 구속과 성령의 인치심이 없이는 이루어질 수 없다고 선언한다. 베드로전서 1장 2절을 초기의 국역본은 다음과 같이 번역한다.

⟨1887⟩ 예수 키리쓰토의 쑬린 피로 슌복ᄒ고 령의 졍케ᄒ신 바니

〈1900〉 아바지 하느니ᄭᅴ셔 미리 아시는되로 셩신의 셩결홈을 힘닙고 순복 ᄒᆞ여 예수 그리스도의 피로 ᄲᅳ림을 엇은 쟈의게 편지ᄒᆞ노니

〈1906ㄱ〉 이 틱ᄒᆞ심은 하느님 아버지ᄭᅴ셔 미리 아시고 셩신이 거륵ᄒᆞ게 ᄒᆞ샤 슌죵케 ᄒᆞ며 예수 그리스도의 피로 ᄲᅳ림을 엇게 ᄒᆞ심이니

〈1906ㄴ〉 此 擇ᄒᆞ심은 天父 ᄭᅴ셔 預知ᄒᆞ고 聖神이 聖케 ᄒᆞ샤 順從케 ᄒᆞ여 예 수 그리스도의 血노 灑홈을 득케 ᄒᆞ심이니

〈1925〉 아바지 하느님이 미리 아시고 셩신으로 거륵ᄒᆞ게 ᄒᆞ샤 슌죵케 ᄒᆞ며 예 수 그리스도의 피로 ᄲᅳ림을 엇게 ᄒᆞ시려고 擇ᄒᆞ심을 받은 자의게 보 내노니

헬라어 원문에 나오는 "미리 아심 혹은 예지"를 초기 국역본들 중에 그 표현을 아예 생략하는 〈1887〉 역본 외에는 모든 역본들이 동사("미리 아시 는," "미리 아시고")로 번역한다. 그리고 "택하심"은 세 가지의 역본에서(1906 ㄱ, 1906ㄴ, 1925) 명사로 사용되고 있고, 게일의 역본만 "택하심"이 아니라 택하심의 대상을 강조하며 "擇ᄒᆞ심을 받은 자"로 표기하여 원문에 충실함 을 보여 준다. "택하심"은 하나님의 행위에 초점을 둔 말이지만 "택하심을 받은 자"는 택하심의 수혜자가 강조된 표현이다.

### 유기의 예정

이중 예정론을 주장하는 고백서는 선택만이 아니라 유기에 대해서도 확고하게 진술한다.

하나님은 자신의 기뻐하심 대로 자비를 펼치기도 하시고 제하기도 하시는 자 기 뜻의 추적할 수 없는 의논을 따라, 피조물에 대한 자신의 주권적인 권능의

영광을 위하여 인류의 나머지를 간과하고 그들의 죄 때문에 그들을 불명예와 진노에 이르도록 정하사, 그의 영광스런 정의의 찬양이 되게 하시기를 기쁘게 여기셨다.[15]

이 항목에서 고백서는 선택에서 제외된 "인류의 나머지"(*reliquos humani generis*)를 유기의 대상으로 간주한다. 여기에서 고백서는 인류의 나머지를 선택하지 않는다고 표현할 때에 "버리다 혹은 유기하다"(*reprobare*)[16] 같은 단어를 사용하지 않고 "지나가다 혹은 간과하다"(*praeterire*)라는 단어를 사용한다. 고백서는 비록 유기의 예정을 별도의 항목으로 다루는 적극성을 보이기는 하지만, 하나님이 죄의 저자로 오해되는 일이 없도록 동사의 선택에 신중을 기한 것으로 이해된다.

이 항목은 "인류의 나머지를 간과하고 그들의 죄 때문에 … 정하사"는 부분 때문에 고백서가 타락 후 선택설을 지지하고 있다는 주장도 제기된다. 그러나 동시에 다른 해석도 가능하다. 자세히 보면, 선행이나 악행이 고려되지 않은 "인류의 나머지"가 간과의 대상이 된다는 언급은 그들의 죄 때문에 불명예와 진노에 이르도록 정한다는 부분과 구별된다. 즉 간과의 정하심에 있어서는 죄가 고려되지 않고 불명예와 진노로의 정하심에 대해서만 죄가 원인으로 고려되고 있어서, 죄가 유기의 근거라는 말은 성립되지 않는다는 주장이 가능하다.

이 항목에 나타난 유기의 예정을 지지하는 성경 텍스트는 베드로전서 2장 8절이다.

---

15 고백서 III.vii.
16 고백서는 이 단어를 한 번 사용한다. 그러나 예정에 대한 항목이 아니라 마지막 심판을 논하는 자리에서 "유기자들 혹은 버려진 자들"(the reprobate)를 표현할 때에 사용된다.

**헬라어:** οἳ προσκόπτουσιν τῷ λόγῳ ἀπειθοῦντες· εἰς ὃ καὶ ἐτέθησαν

**직 역:** 그들은 믿지 않음으로 넘어지는 자들이다. 이는 그들이 그렇게 정해졌기 때문이다.


이 구절은 말씀을 믿지 않는 사람에게 그 말씀은 걸림돌이 되어 넘어지게 되었는데, 이는 그들에게 정하여진 일이라고 진술한다. 베드로와 유사하게 요한은 일부의 유대인이 그리스도 예수를 믿지 아니하는 것은 그들이 그의 양이 아니기 때문에 그러는 것이라고 기록한다(요 10:26). 또, 같은 맥락에서 바울은 바로가 하나님의 진노와 능력을 알게 하고자 진노의 그릇으로 예비된 자라고 규정한다(롬 9:17, 22). 이처럼 사도들은 하나님의 사랑을 나타내어 그에게 영광이 되는 선택의 예정 이외에도, 하나님의 정의로운 진노와 능력을 나타내어 그에게 영광이 되는 유기의 예정을 고백한다. 이 구절에 대해 초기의 국역본은 다음과 같이 번역한다.


〈1887〉 ᄒᆞ여ᄉᆞ문 뎌가 슌복지 안은 고로 도으로 써구러치미니 쏘흔 이를 위ᄒᆞ여 명흔 바니라

〈1900〉 대개 뎌희가 돌롤 슌죵치 아니 ᄒᆞ는 쟈는 붓으치ᄂᆞ니 이 일노 인ᄒᆞ여 두심을 밧엇ᄂᆞ니라

〈1906ㄱ〉 뎌희가 도를 슌죵치 아니홈으로 너머지ᄂᆞ니 이는 뎌희를 이러케 명ᄒᆞ신 거시라

〈1906ㄴ〉 你等이 石을 順從치 아니홈으로 蹶ᄒᆞᄂᆞ니 此ᄂᆞᆫ 你等을 如此히 定ᄒᆞ신 거시라

〈1925〉 뎌희가 너머짐은 뎌희를 이굿치 예정ᄒᆞ심이어니


초기의 국역본은 "ἀπειθοῦντες"을 "믿지 않음"이 아니라 "도에 순종치 않

음"으로 번역한다. 그들이 말씀을 믿지 않아서 넘어지는 것은 신의 정하심의 결과라는 사실을 주장함에 있어서 초기의 국역본은 일치한다. 특별히 게일의 국역본은 "예정"이라는 단어를 사용한다. 그냥 그렇게 정하여진 것이 아니라 미리 정하여진 것임을 강조한다. 즉 게일 국역본은, 어떤 사람들이 믿지 않아서 영적으로 넘어져 멸망하게 되는 이유는 바로 시간의 시작 이전의 영원 속에서 미리 정하여진 하나님의 예정임을 암시하고 있다.

## 예정의 신비

고백서는 예정이 너무도 신비로운 교리이기 때문에 신중해야 함을 가르친다.

예정이라는 이 고결한 신비의 교리는 특별한 신중함과 주의를 기울여서 다루어야 한다. 성경에 계시된 하나님의 뜻을 받들고 그것에 순종하려 하는 사람들은 유효적 부르심의 확실성에 의해 그들의 영원한 선택에 대해 확신하게 된다. 그래서 이 교리는 하나님에 대한 찬양과 경배와 존경의 기반을 제공하고 복음에 신실하게 순종하는 모든 이들에게 겸손과 성실과 풍성한 위로의 기반을 제공한다.[17]

예정은 영원 속에서 이루어진 삼위일체 하나님의 공통 사역이다. 이 사역에 대한 성경의 언급은 제한되어 있다. 그러므로 성경이 드러낸 계시의 경계선을 넘어가지 않도록 고도의 신중함과 주의가 필요하다. 성경의 계시는 말씀에 순종하기 원하는 우리가 영원한 선택에 대해 확신할 정도로 충분하다. 그러므로 예정에 대한 지나친 호기심과 과도한 추론은 금물이

---

17 고백서 III.viii.

다. 예정의 교리가 그런 우리에게 주는 실천적인 유익은 하나님에 대한 찬양과 경배와 존경 및 순종하는 자들에게 주어지는 풍성한 위로와 겸손과 성실이다. 이에 대한 성경적 근거는 로마서 11장 5절이다.

> **헬라어:** οὖν καὶ ἐν τῷ νῦν καιρῷ λεῖμμα κατ' ἐκλογὴν χάριτος γέγονεν.
>
> **직 역:** 그런즉 이와 같이 지금도 은혜의 택하심을 따라 남은 자가 있느니라

아무리 캄캄한 절망의 상황이라 해도, 믿음의 사람들이 눈앞에 아무도 없는 듯해도 "은혜의 택하심을 따라"(κατ' ἐκλογὴν χάριτος) 남은 자가 있다는 사실은 그 자체로 확고한 소망이다. 하나님의 사람이 일평생 복음을 전파하고 회심의 열매가 하나도 보이지 않는다고 할지라도, 절망하지 않고 세상 끝까지 그리고 세상 끝날까지 복음을 증거할 근거가 바로 은혜의 택하심을 따라 남은 자가 있다는 사실이다. 이 구절은 또한 창세 전에 이루어진 하나님의 선택이 인간의 공로나 그 공로에 대한 하나님의 예지에 근거하지 않고 전적인 하나님의 은혜로 말미암은 결과라고 가르친다. 이 구절에 대한 초기 한국어 성경의 번역을 보면 다음과 같다.

〈1887〉 이제 오히려 은총의 퇴ᄒ무로써 깃팀이 이ᄉ니

〈1900〉 이와 ᄀ치 이제도 ᄯᅩᄒᆫ 은혜로 쌔신대로 눕지지 사름이 잇ᄂ니라

〈1906ㄱ〉 이와 ᄀ치 이제도 ᄯᅩᄒᆫ 은혜로 퇴ᄒ심을 의지ᄒ야 눕은 사름이 잇
　　　　 ᄂ니라

〈1906ㄴ〉 이와 ᄀ치 今에도 ᄯᅩᄒᆫ 恩惠로 擇ᄒ심을 依ᄒ야 餘ᄒᆫ 人이 有ᄒ니
　　　　 라

〈1925〉 이와ᄀ치 이제도 恩惠로 擇ᄒ심을 닙은 者가 눕아 잇거니와

초기 한국어 성경에서는 헬라어 원문의 "은혜의 택하심을 따라"를 "은총의 틱ㅎ무로써"(1887), "은혜로 쌔신대로"(1900), "은혜로 틱ㅎ심을 의지ㅎ야"(1906ㄱ), "恩惠로 擇ㅎ심을 依ㅎ야"(1906ㄴ), "恩惠로 擇ㅎ심을 닙은"(1925) 등으로 번역한다. 이렇게 함으로써 하나님의 택하심이 은혜와 연관되어 있다는 사실을 확실하게 보여 준다. 그러나 로스 번역본을 제외하고는 "은혜"에 소유격 조사 "의"가 아니라 도구격 조사 "로"를 결합시켜 은혜가 갖는 선택의 도구적 성격은 강조되고 있지만 선택의 성향적 성격은 다소 희석되어 안타깝다.

로마서 11장 5절과 더불어 선택의 은혜와 위로를 보여 주는 성경 텍스트는 베드로후서 1장 10절이다.

**헬라어**: σπουδάσατε βεβαίαν ὑμῶν τὴν κλῆσιν καὶ ἐκλογὴν ποιεῖσθαι· ταῦτα γὰρ ποιοῦντες οὐ μὴ πταίσητέ ποτε

**직 역**: 더욱 힘써 너희 부르심과 택하심을 확실하게 하도록 노력하라. 너희가 이것을 행한즉 절대로 실족하지 않으리라

이 구절은 "부르심과 택하심"(κλῆσιν καὶ ἐκλογήν, vocatio et electio)의 실천적인 유익, 즉 그것을 확고하게 붙들면 결코 실족함이 없을 것임을 가르친다. 하나님의 택하심은 결코 신학적인 관념의 유희가 아니며 오히려 무수히 많은 변수들로 말미암아 휘둘릴 수 있는 이 땅에서의 신앙을 지탱하는 버팀목이 된다. 그리고 베드로의 이러한 권면은 택함을 받은 자들이 자신에 대한 하나님의 택하심에 대해 확신을 갖도록 가르친다. "부르심과 택하심"에 대한 초기 한국어 성경의 번역 양상을 보면 다음과 같다.

〈1887〉 이런 고로 동싱아 힘써 너희 부름과 틱ㅎ물 명ㅎ문 이를 힝ㅎ면 써구

러지지 은이미니

〈1900〉 그런고로 형뎨들아 너희롤 부르심과 튁ᄒ심을 굿게홈을 위ᄒ여 더옥 열심홀지어다 만일 너희가 이 모든 일을 ᄒᆼᄒᆫ즉 반ᄃ시 믿그러지지 아니 ᄒ리니

〈1906ㄱ〉 그런고로 뎡뎨들아 더욱 힘써 너희 부르심과 튁ᄒ심을 굿게 ᄒ라 만일 너희가 이 모든 거슬 ᄒᆼᄒᆫ즉 언제던지 실죡ᄒ지 아니 ᄒ리니

〈1906ㄴ〉 然ᄒᆫ 故로 兄弟들아 더욱 勉勵ᄒ야 爾等을 검ᄒ심과 擇ᄒ심을 堅 케 ᄒ라 萬一 爾等이 此諸事를 行ᄒᆫ즉 何時던지 失足ᄒ지 아니 ᄒ 리니

〈1925〉 그런 故로 兄弟들아 더욱 힘써 너희 부르심과 擇ᄒ심을 굿게 ᄒ라 너 희가 이 모든 일을 行ᄒᆫ즉 언제던지 失足ᄒ지 아니 ᄒ리니


헬라어 원문의 "부르심과 택하심"에 대하여 초기 한국어 성경에서는 "부름과 튁홈"(1887), "부르심과 튁ᄒ심"(1900), "부르심과 튁하심"(1906ㄱ), "검ᄒ심과 擇ᄒ심"(1906ㄴ), "부르심과 擇ᄒ심"(1925)으로 원문과 일치되고 있으며, 우리가 부르심과 택하심을 굳게 할 때에 모든 종류의 실족을 면한다는 의미를 살리는 번역어를 택하였다.

## 결론

지금까지 본고는 웨스트민스터 신앙고백서 제3장에 언급된 예정의 의미를 논하면서, 관련된 성경 구절들의 헬라어 원문과 그것의 직역과 다섯 가지의 초기 한국어 역본들(1887, 1900, 1906ㄱ, 1906ㄴ, 1925)을 비교하며, 이 교리에 대한 웨스트민스터 신앙고백서와 초기 국역본의 일치점과 차이점을 논하였다.

작정과 예정의 기본적인 개념을 소개하는 에베소서 1장 11절에 있어서는 시간적인 측면에서 초기의 국역본이 하나님의 뜻, 하나님의 의논, 하나님의 작정, 하나님의 예정을 인과적인 순서대로 이해할 수 있을 정도로 충실한 번역을 제공하지 못하여, "의논"과 "작정"이라는 용어가 본문 안에서 제자리를 찾지 못하는 지금의 상황을 가져왔을 가능성이 있다. 외관상 예지 예정론을 두둔하는 듯한, 그러나 내용에 있어서는 거절하는 로마서 8장 29절에 대해서는 초기의 국역본이 원문의 직역에 가까운 번역을 제공한다. 예정의 이중성을 가르치는 로마서 9장 13절과 22~23절에 대해서는 초기의 국역본들 중에 대체로 "예정"이란 단어를 적절하게 사용하는 게일 국역본(1925)이 "그릇"이라는 단어를 생략하여 다른 역본들이 더 원문에 충실함을 보여 준다. 천사들의 이중적인 예정을 가르치는 디모데전서 5장 21절과 마태복음 25장 41절에 대해서는 초기의 국역본들 모두가 원문에 충실하다. 예정의 불변성을 가르치는 요한복음 13장 18절에 대해서는 초기의 국역본이 원문에 없는 단어 "다"를 추가하여 택자들의 수가 외형적인 제자들의 증감에 의해 변경되지 않는다는 사실을 더욱 강조한다. 예정의 구체적인 내용에 있어서 믿음과 선행과 믿음의 지속에 대한 예지가 선택의 원인이 아니라는 사실을 알려 주는 로마서 9장 11절에 대해, 초기의 국역본은 "선택에 관한 하나님의 작정"에서 "작정"을 "뜻"으로 대체하고 "선택"이라는 명사가 가지는 영원 전 사건의 성격을 희석시켜 선택이 시간 속에서의 일인 것처럼 번역했고, "서도록"을 생략하여 선택의 집행도 하나님의 몫이라는 사실이 선명하게 드러나지 않게 만들었다. 예정의 유일한 근원이 하나님의 의지라는 사실을 강조하는 로마서 9장 15절과 18절에 대해 초기의 국역본은 "원하시는 혹은 하고자 하시는"에 해당하는 헬라어 단어(ἐθελέω)를 번역하지 않아서 순전한 의지를 "긍휼히 여김"이나 "불쌍히 여김"이 대체하고 있다. 예정의 근거로서 하나님의 의지가 자유롭고 기쁜 것이라는 구체적 속성을 표현하는 에베소서 1장 5절에 대해서는 초기의 국역본이 원문에 충실함을 보여 준다. 수단들에 대한 예정을 가르치는 베드로전서 1장 2절에 대한 초기 국역본의 번역은 원문에 충실하다. 유기의 예정을 가르치는 베드로전서 2장 8절에 대해서도 초기의 국역본은 원문의 의미를 충실히 담아내는 번역을 제공한다. 예정의 실질적인 유익을 가르치는 로마서 11장 5절과 베드로후서 1장 10절에 대한 초기 국역본의 번역은 대체로 원문에 충실하나 기구격 조사의 사용으로 말미암아 은혜를 예정의 원천이 아니라 예정의 도구로 보도록 유도한다.

예정론과 관련된 성경 텍스트에 대한 초기의 국역본은 웨스트민스터 신앙고백서가 가르치는 예정의 내용(무예정론 거절, 이중 예정론 승인, 단일 예정론 거절, 타락 전 예정론 허용, 타락 후 예정론 허용, 예지 예정론 거절)을 충실하게 담아내고 때로는 헬라어 원문보다 더 강조하는 경우도 있지만 번역을 주도한 선교사가 가진 국어의 한계와 번역에 도움을 준 조사들의 한계 때문에 헬라어 원문에 충실한 번역을 이루지 못한 부분들도 있다. 특별히 예정의 인과율적 순서에 해당하는 하나님의 "뜻"과 "의논"과 "작정"과 "예정"의 번역이 정확하지 않아 초기 구역본의 번역어에 대한 아쉬움이 크다. "의논"과 "작정"에 대한 단어가 시간적인 면에서 초기의 국역본에 쓰였다면 이후의 한글 역본들 안에서도 담겼을 가능성이 높기 때문이다. 아주 민감한 교리와 관련된 성경 텍스트에 대해서는 직역의 중요성이 지대하다. 이러한 아쉬움 속에서도 번역의 초기 단계에서 예정의 가르침이 내용에 있어서 거의 훼손되지 않도록 충실하게 보존한 점에 있어서는 초기 국역본의 우수성과 기여를 인정해야 한다. 예정에 관한 성경 텍스트의 초기 국역본만 원문과 비교하는 것을 목적으로 삼은 본고의 한계는 성경의 번역을 주도한 선교사들 및 보조한 조사들의 언어적 한계에 대한 자료 수집과 분석과 연구를 통해 보완될 수 있으리라 생각한다. 웨스트민스터 신앙고백서에 비추어 초기의 한국어 번역 성경에 나타난 예정론을 연구한 본 글은 이런 방법론적 유형에 있어서 최초의 시도이며 앞으로 예정론 이외에도 초기의 한국어 번역 성경에 나타난 다양한 교리들을 연구함에 있어서 연구 방법론의 한 모델로 활용할 수 있으리라 생각한다.

# Appendix

# 부록

# 01
# 칼뱅의 자필 예정론

(칼뱅전집 9권, 713~4쪽에서 번역함)

첫 번째 인간이 창조되기 전 하나님은 영원한 의논에 의해 모든 인류에 대하여 행하기 원하시는 것을 정하셨다.

*Ante creatum primum hominem statuerat Deus aeterno consilio quid de toto genere humano fieri vellet.*

아담이 그 본성의 순수한 상태에서 타락하고 그의 결함으로 인해 그의 모든 후손들이 영원한 죽음의 죄책 가운데로 이끌린 것은 하나님의 은밀한 의논에 의해 발생했다.

*Hoc arcano Dei consilio factum est ut Adam ab integro naturae suae statu deficeret ac sua defectione traheret omnes suos posteros in reatum aeternae mortis.*

택자들과 유기자들 사이의 구별은 이러한 작정에 의존하고 있다. 이는 어떤 이들을 구원으로 택하시고 다른 이들을 영원한 멸망으로 정하셨기 때문이다.

*Ab hoc eodem decreto pendet discrimen inter electos et reprobos: quia alios sibi adoptavit in salutem, alios aeterno exitio destinavit.*

비록 유기된 자들은 하나님의 공의와 징벌의 그릇이고 선택된 자들은 자비의 그릇이나, 그 구별의 원인은 하나님 안에서 발견되는 다른 것이 아니라 정의의 최고 규범인 그의 순전한 의지이다.

*Tametsi iustae Dei vindictae vasa sunt reprobi, rursum electi vasa misericordiae, causa tamen discriminis non alia in Deo quaerenda est quam mera eius voluntas, quae summa est iustitiae regula.*

비록 택자들이 믿음으로 채택의 은혜를 받지만, 선택은 믿음에 의존하지 않고 시기와 순서에 있어서 믿음보다 선행한다.

*Tametsi electi fide percipiunt adoptionis gratiam, non tamen pendet electio a fide sed tempore et ordine prior est.*

믿음의 시작과 보존이 하나님의 은혜로운 선택에서 흘러나온 것처럼, 하나님께서 택하신 자들 외에 다른 이들은 믿음으로 참된 조명을 받거나 중생의 영을 받지 못한다. 오히려 유기된 자들은 필히 눈멀음 가운데 머물거나, 만약 그들 안에 있는 믿음의 조각이 있다면 그것조차 필히 제거된다.

*Sicut initium et perseverantia fidei a gratuita Dei electione fluit, ita non alii vere illuminantur in fidem, nec alii spiritu regenerationis donantur, nisi quos Deus elegit: reprobos vero vel in sua caecitate manere necesse est, vel excidere a parte fidei, si qua in illis fuerit.*

비록 우리가 그리스도 안에서 택함을 받았어도, 순서에 있어서는 주께서 우리를 자신의 것들로 정하시는 것이 그가 그리스도의 지체들로 삼으시는 것보다 우선한다.

*Tametsi in Christo eligimur, ordine tamen illud prius est ut nos Dominus in suis censeat, quam ut faciat Christi membra.*

비록 하나님의 의지가 모든 것들의 첫째 그리고 최고의 원인이고, 하나님
은 마귀와 모든 불경건한 자들을 자신의 결정에 복종하게 하시지만, 그럼
에도 불구하고 하나님은 죄의 원인이나 악의 저자로 불려질 수는 없고 어
떠한 죄악에 대해서도 죄책이 없으시다.

*Tametsi Dei voluntas summa et prima est rerum omnium causa, et Deus*
*diabolum et impios omnes suo arbitrio subiectos habet, Deus tamen neque*
*peccati causa vocari potest, neque mali autor, neque ulli culpae obnoxius est.*

비록 하나님은 진실로 죄에 대하여 적대적인 분이시고 인간들 안에 있는
불의에 속한 것이라면 무엇이든 불쾌하게 여기시기 때문에 정죄를 하시지
만, 그럼에도 불구하고 인간의 모든 일은 그의 순수한 허락 속에서 다스림
을 받을 뿐만 아니라 허용과 은밀한 작정에 의해서도 그러하다.

*Tametsi Deus peccato vere infensus est et damnat quidquid est iniustitiae in*
*homimbus, quia illi displicet, non tamen nuda eius permissione tantum, sed*
*nutu quoque et arcano decreto gubernantur omnia hominum facta.*

비록 마귀와 유기된 자들은 하나님의 사환이고 도구이며 그분의 은밀한
심판으로 종결될 것이지만, 그럼에도 불구하고 하나님은 이해할 수 없는
방식으로 그렇게 그들 안에서 그들을 통하여 역사를 이루시되 그들의 부
패성에 의해 어떠한 손상도 받지 않으신다. 이는 비록 그 방식이 종종 우
리에게 감추어져 있지만 그들의 악을 선한 목적을 위하여 바르고 정당하
게 사용되기 때문이다.

*Tametsi diabolus et reprobi Dei ministri sunt et organa, et arcana eius iudicia exsequuntur, Deus tamen incomprehensibili modo sic in illis et per illos operatur ut nihil ex eorum vitio labis contrahat, quia illorum malitia iuste recteque utitur in bonum finem, licet modus saepe nobis sit absconditus.*

하나님이 의지하고 정하시는 방식으로 모든 것들이 생긴다고 하여 하나님이 죄의 저자가 된다고 말하는 자들은 무지하고 거짓되게 행하는 자들이다. 이는 그들이 인간의 명백한 부패와 하나님의 신비로운 심판 사이를 구별하지 않기 때문이다.

*Inscite vel calumniose faciunt qui Deum fieri dicunt autorem peccati, si omnia eo volente et ordinante fiant: quia inter manifestam hominum pravitatem et arcana Dei iudicia non distinguunt.*

# 02

# 제롬 잔키우스 예정론

(『*De religione christiana fides*』 1588, 제3장을 번역함)

## 1. 하나님은 영원부터 모든 것을 미리 아시고 미리 보셨다.

*Deum omnia ab aeterno praecognivisse & praevidisse.*

하나님은 세상을 창조하기 전에 심지어 영원부터 자신의 측량할 수 없는 지혜를 따라 모든 것, 즉 자신이 스스로 행하실 선한 것이나 타인이 행하도록 허용하실 악한 것을 미리 아셔서 진실로 그에게 숨겨져 있거나 숨겨질 수 있는 것이 존재하지 않을 정도이다. 행하여진 것이든 심지어 행해지지 않았으나 행하여질 것이든 모든 것이 있는 그대로 그의 눈에 항상 노출되어 있었고 노출되어 있다는 것을 우리는 의심하지 않는다.

*Credimus Deum antequam creasset mundum, iam inde ab aeterno pro sua immense sapientia, praecognovisse omnia, quae porro aut facturus erat ipse bona, aut permissurus ab alijs fieri mala: usque adeo, ut nihil eum unquam latuerit, latereve possit: sed omnia, tam quae facta sunt, fiunt, futurave sunt, quam quae fieri possunt, etiamsi nunquam fiant, nuda & aperta semper fuisse & esse oculis eius, non dubitamus.*

## 2. 하나님은 자신의 영원한 의논에서 모든 것을 결정하고 최상의 목적을 향해 미리 정하셨다.

*Deum omnia in suo aeterno consilio praefinivisse, & ad optimos fines praeordinasse.*

하나님은 모든 것을 미리 보시고 그의 시야에는 현존으로 모든 것을 가지고 계셨을 뿐만 아니라 자신의 지극히 지혜롭고 영원한 의논에서 세상의 창조와 통치에 대하여, 혹은 다른 인간들을 부패에서 교회로 모으시는 것에 대하여, 구속과 영원한 구원에 속하였고 속하는 모든 것들에 대하여, 미리 정하셨다는 것을 우리는 믿는다. 게다가 하나님의 뜻 없이 그리고 이유 없이는, 머리털 하나라도 우리의 머리에서 떨어지지 않게 하시려고 지극히 지혜롭게 발생할 수 있도록 허용하실 모든 악한 것들도 최상의 목적을 따라 자신의 무한한 선을 위하여 미리 정하셨다.

*Nec solum praevidisse omnia Deum, habereq; praesentia in suo conspectus credimus: verum etiam in sapientissimo suo illo & aeterno consilio, quaecunque aut ad mundi creationem & gubernationem, aut ad Ecclesiae ex aliorum hominum colluvie collectionem, redempionem salutemque aeternam, pertinebant, ac pertinent, praefinivisse: ac mala etiam omnia, quae fieri sapientissime erat permissurus, ad optimos fines, pro infinita bonitate sua praeordinasse: ita ut ne capillus quidem cadat de capite nostro, sine voluntate Patris & sine causa.*

## 3. 모든 인간들 중에 일부는 생명으로, 다른 일부는 죽음으로 예정된다.

*Omnium hominum alios ad vitam, alios ad mortem praedestinatos esse.*

이러한 이유로 하나님은 의로운 아담 안에서 창조되고 또한 그 안에서 타락하게 될 것을 미리 보신 모든 인간들(우리는 천사에 관해서 어떠한 것도 말하지 않는다) 가운데서, 일부는 그리스도 안에서 택하사 그가 보시기에 거룩하고 흠없게 하시려고 사랑 가운데서 자신의 순전한 은총으로 말미암아 자신의 고유한 의지를 따라 그들을 영원한 생명으로 예정하셨고, 다른 일부는 이 은혜가 사려되는 것을 원하지 않으사 그들을 자신의 의로운 판단을 위해 멸망에 이르는 진노의 그릇으로 예비하셨다. 이로써 자신의 영광을 향해 전자에 있어서는 자신의 무한한 자비를, 후자에 있어서는 자신의 의로움을 온 세상에 알리신 것을 우리는 의심하지 않는다.

*Qua propter etiam non dubitamus, Deum, omnium hominum* (*ut de Angelis nil dicamus*) *quos creaturus in Adamo iustos, praviderat etiam in eo omnes peccaturos, alios in Christo elegisse, ut essent sancti, & immaculate in conspectu eius, in caritate, eoque ad aeternam vitam, ex mera gratia, & secundum propositum voluntatis suae, praedestinasse: alios autem hac gratia noluisse dignari, eoque tamquam vasa irae ad interitum, pro iusto suo iudicio, praeparasse: ut in illis infinita ipsius misericordia, in his autem iustitia toti mundo patefeceret ad ipsius gloriam.*

## 4. 거룩한 자들의 선택은 값없이 이루어진 일이다.

*Sanctorum electionem esse gratuitam.*

그리스도에게로 부르심을 받고 그리스도 안에서 의롭다 함을 얻는 것은 우리의 행위에서 비롯되지 않고 전적인 은혜로 이루어진 일이듯이, 성자들의 모든 예정도 전적인 은혜로 이루어진 일이다. 왜냐하면 그것은 그리스도 안에서 이루어진 일이며 그리스도 때문에 실행으로 옮겨져서, 누구도 자신 안에서 자랑하지 못하고 자랑하는 자는 주 안에서 자랑하게 된다.

*Quemadmodum enim vocation ad Christum, & iusti ficatio in Christo, tota gratuita est, non autem ex operibus nostris: sic etiam intelligimus, totam praedestinationem sanctorum, gratuitam esse, quia in Christo facta est, & propter Christum executioni mandatur: ut nemo possit in seipso, sed qui gloriatur, in Domino glorietur.*

## 5. 우리는 목적에 대해서만이 아니라 수단들에 대해서도 예정된 자들이다.

*Praedestinatos nos esse non solum ad finem, sed etiam ad media.*

하나님은 당신이 보시기에 우리를 신실하고 거룩하고 흠없게 하시려고 그리스도 안에서 택하셨고, 우리는 영원한 생명과 영광이라는 목적으로 예정이 되었을 뿐만 아니라 우리로 하여금 그 목적에 이르도록 특별히 믿음에 이르게 하사 그리스도 안에 심겨지게 하시고 중생과 참된 회개에 이르게 함으로써, 그리스도 안에서 새로운 피조물이 되어 그의 영광과 이웃의 건덕을 위하여 살게 하는 수단들에 대해서도 예정이 되었음을 우리는 믿는다.

*Unde & credimus, cum Deus nos elegerit in Christo, ut essemus fideles & sancti, & inculpate, in conspectu ipsius, nos praedestinatos esse, non solum ad finem, hoc est ad aeternam vitam & gloriam: verum etiam ad media, per quae ad finem peruenitur: atque in primis ad fidem, qua inseramur Christo: & ad regenerationem, veramque resipiscentiam, qua facti nova creatura in Christo, sancta vivamus ad eius gloriam, & proximi aedificationem.*

**6. 택함을 받지 않은 사람들은 구원을 받지 못하며, 그리스도 안에 그의 영과 참된 믿음으로 심겨지지 않는 자들이다,**

*Non esse electos, eoque nec servari posse, qui nunquam Christo per ipsius Spiritum, fidemque vivam inseruntur.*

그러므로 그들은 불행하게 자신의 멸망으로 떨어지나, 자신들은 선택을 받았으며 그래서 구원을 받을 것이라고 생각한다. 하지만 그들은 믿음으로 그리스도 안으로 심겨지지 않으며, 자신들의 죄에 대하여 회개치도 않으며, 하나님의 뜻도 멸시하고 선도 행하지 아니한다. 그들은 하나님이 연결되게 하시려는 것을 분리시킨 자들이기 때문이다.

*Proinde illi turpiter, & in suam perniciem falluntur, qui putant se electos esse, & ideo saluos fore, etiamsi non sint Christo per fidem insiti, neque resipiscant a peccatis, nec student voluntati Dei, bonisque operibus faciendis. Disiungunt enim, quae Deus coniuncta esse vult.*

**7. 모든 사람은 자신이 그리스도 안에서 택함을 받았다고 믿어야 한다. 그러나 우리는 그리스도에 대한 믿음의 감지력에 의해 더 확고하게 될 수 있다.**

*Debere quemque considere, se esse electrum in Christo: certiores autem fieri nos posse ex fidei nostrae in Christum sensu.*

여기에서 분명한 것은 성경이 그렇게 증언하고 있듯이 어떠한 일반적인 사람도 자신을 택자들의 수에서 제거하지 말아야 하지만, 보다 중요한 것은 그리스도께로 부름을 받을 때 하나님의 영원한 작정과 선택을 따라 부름을 받는 것이라고 신뢰해야만 한다는 것이다. 그럼에도 불구하고 만약 어떤 사람이 자신의 분명한 선택에 대해 보다 확실하게 되기를 원한다면,

자신이 그리스도를 진실로 믿고 있다는 것을 지각하든 안하든, 자신이 하나님과 자신의 이웃을 향한 진실한 사랑을 수행하든 안하든 믿음과 양심의 증거에 의존해야 한다. 비록 그가 확고하고 철저하게 인식하지 못한다고 할지라도 불신하지 말고, 보다 확실하게 될 것을 미리 기대하며 자신의 불신앙을 도와 달라고 하나님께 간구해야 한다.

*Hinc etiam liquet, quanquam nemo in genere eximere se debet e numero electorum, cum neque scriptura hoc faciat, sed potius confidere, se, cum vocatur ad Christum, secundum aeternum Dei propositum & electionem vocari: si quis tamen velit de certa sui electione fieri certior, huic recurrendum esse ad fidem, & ad conscientiae testimonium an sentiat se vere in Christum credere, sinceroq; amore affectum esse arga Deum & proximum, nec ne sentiat. Quod si etiam hoc non solide & efficaciter sentiat ne diffidat tamen, sed roget Deum, ut suam adiuvet incredulitatem: sperans fore, ut fiat certior.*

## 8. 예정론이 성경에서 전해지는 이유.

*Causae, propter quas tradita est doctrina de praedestinatione in Sacris literis.*

영원하고 자유롭고 불변적인 예정의 교리가 성경에서 가르쳐진 것은 우리가 그리스도를 간과하고, 구원에 대해 절망하고, 안심하고서 우리의 정욕에 고삐를 풀고 오만하게 되라고 함이 아니라, 다음과 같은 특별한 이유들 때문이다. 첫째, 세상의 창조가 시작되고 확립되기 이전에 우리의 완전한 구원의 기초가 그리스도 자신 안에 있었기 때문에, 그리스도 밖에서는 누구도 구원을 받지 못한다는 사실을 우리로 알게 하기 위함이다. 둘째, 그리스도 예수를 믿는 우리가 시험을 당할 때에 우리가 구원의 확실성 속에 견고하며, 그것(우리의 구원)이 하나님의 영원한 작정 안에서 확실하고 확고하기 때문에 절망이나 불신에 빠지지 않도록 하기 위함이다. 셋째, 우리가 하나님께서 보시기에 신실하고 거룩하고 흠이 없고 선을 행하며 살도록 택하심을 받았기에 우리가 그리스도 예수에 대한 믿음과 거룩과 선행에의 열심을 불러 일으키기 위함이다. 끝으로, 우리가 그리스도를 믿고 거룩하게 살더라도 오만하지 않고 모든 것이 그리스도 안에서 신적인 은혜에 의해 주어진 것임을 고백하고 자랑하는 자는 주 안에서 자랑하게 하기 위함이다. 이는 우리로 그러한 사람이 되도록 하나님께서 만세 전부터 그리스도 안에서 자신의 은총을 따라 정하셨기 때문이다.

*Neque enim doctrina de aeterna, gratuita, & immutabili praedestinatione in Sacris literis tradita est, ut aut Christum negligamus, aut de salute desperemus, aut securi concupiscentiae fraena laxemus, aut denique insolescamus: sed contra, has praecipuas ob causas. Primum, ut sciamus, extra Christum sevari posse neminem: quando fundamentum totius salutis nostrae, in ipso Christo ante mundi creationem iactum & firmatum fuit. Deinde, ut in tempore tentationum, nos, qui in Christum credimus, sustentemus nos in certitudine salutis, nec aut desperemus, aut etiam diffidamus: quando ea certa & firma est in aterno Dei decreto. Tertio, ut inde ad stadium fidei in Christum, sanctitatis, bonorumque operum incitemur: quando electi fuimus, ut fideles essemus, & sancti, & inculpate in conspectu eius, & ut in bonis operibus ambulemus. Denique ne insolescamus, si credimus in Christum, & sancta vivimus: sed totum soli gratiae divinae in Christo acceptum feramus: & ut, qui gloriatur, in Domino glorietur: quando, ut tales essemus, Deus quoque pro sua gratia ab aeterno constituit in Christo.*

# 03
# 웨스트민스터 신앙고백서의 예정론
(Westminster Confession of Faith[1647] 3장을 번역함)

III.i. 모든 영원부터 하나님은 자기 뜻의 지극히 지혜롭고 거룩한 의논을 따라 오는 모든 것들을 무엇이든 자유롭고 불변하게 정하셨다. 그럼에도 불구하고 이로써 하나님이 죄의 저자가 된다거나 피조물의 의지에 폭력이 가해지는 것은 아니고, 이차적인 원인들의 자유 혹은 우발성이 제거되는 것도 아니며 오히려 확립된다.

God from all eternity did, by the most wise and holy counsel of his own will, freely and unchangeably ordain whatsoever comes to pass; yet so as thereby neither is God the author of sin, nor is violence offered to the will of the creatures, nor is the liberty or contingency of second causes taken away, but rather established.

III.ii. 하나님은 모든 전제된 조건들 하에서 일어나고 혹은 일어날 수 있는 모든 것을 아심에도 불구하고, 어떤 것이 미래에 일어날 일 혹은 그런 조건들 하에서 발생하게 될 것으로 미리 보셨기 때문에 그것을 작정하신 것은 아니었다.

Although God knows whatsoever may or can come to pass upon all supposed conditions, yet hath he not decreed anything because he foresaw it as future, or as that which would come to pass upon such conditions.

III.iii. 자기 영광의 표상을 위한 하나님의 작정에 의해 어떤 사람들과 천사들은 영원한 생명으로 예정되고, 다른 사람들과 천사들은 영원한 죽음으로 미리 정해졌다.

By the decree of God, for the manifestation of his glory, some men and angels are predestinated unto everlasting life, and others fore-ordained to everlasting death.

III.iv. 이렇게 예정되고 미리 정하여진 천사들과 사람들은 개별적이고 불변적으로 의도되고, 그들의 숫자는 너무도 확실하고 확정되어 많아짐과 적어짐의 가능성이 없다.

These angels and men, thus predestinated and fore-ordained, are particularly and unchangeably designed; and their number is so certain and definite that it can not be either increased or diminished.

III.v. 하나님은 인류 가운데서 생명으로 예정된 사람들을 세상의 기초가 다져지기 이전에 자기의 영원하고 불변적인 목적과 비밀스러운 의논과 의지의 선한 기뻐하심 따라 그리스도 안에서 영원한 영광에 이르도록 그의 순수하고 값없는 사랑과 은혜로부터 택하시되, 믿음이나 선행 혹은 각각의 견인에 대한 어떠한 예지나 피조물 안에 있는 다른 어떠한 것을 그 영광으로 이끄시는 조건들 혹은 원인들로 여기심 없이 택하셨고, 그들 모두를 그의 영광스런 은혜의 찬미가 되도록 택하셨다.

Those of mankind that are predestinated unto life, God, before the foundation of the world was laid, according to his eternal and immutable purpose, and the secret counsel and good pleasure of his will, hath chosen in Christ, unto everlasting glory, out of his mere free grace and love, without any foresight of faith or good works, or perseverance in either of them, or any other thing in the creature, as conditions, or causes moving him thereunto; and all to the praise of his glorious grace.

III.vi. 하나님은 택자들을 영광으로 정하신 것처럼 자신의 뜻의 영원하고 지극히 자유로운 목적을 따라 거기에 이르는 모든 수단들을 또한 미리 정하셨다. 이로부터, 택함을 받고 아담 안에서 타락한 그들은 그리스도에 의해 구속되고 적합한 때에 역사하는 성령에 의해 유효한 부르심을 받아, 그리스도에 대한 믿음에 이르고 의롭게 되고 입양되고 거룩하게 되며 그의 권능으로 인해 믿음을 통하여 구원으로 들어간다. 택자들 이외에는 그 누구도 그리스도에 의해 구속되고 유효하게 부르심을 받고 의롭게 되고 입양되고 거룩하게 되고 구원되는 일이 결단코 없다.

As God hath appointed the elect unto glory, so hath he, by the eternal and most free purpose of his will, fore-ordained all the means thereunto. Wherefore they who are elected, being fallen in Adam, are redeemed by Christ, are effectually called unto faith in Christ by his Spirit working in due season; are justified, adopted, sanctified, and kept by his power through faith unto salvation. Neither are any other redeemed by Christ, effectually called, justified, adopted, sanctified, and saved, but the elect only.

III.vii. 하나님은 당신의 기뻐하심 대로 자비를 펼치기도 하시고 제하기도 하시는, 자기 뜻의 추적할 수 없는 의논을 따라 피조물에 대한 자신의 주권적인 권능의 영광을 위하여 인류의 나머지를 간과하고 그들의 죄 때문에 그들을 불명예와 진노에 이르도록 정하사 그의 영광스런 정의의 찬양이 되게 하시기를 기쁘게 여기셨다.

The rest of mankind God was pleased, according to the unsearchable counsel of his own will, whereby he extendeth or withholdeth mercy as he pleaseth, for the glory of his sovereign power over his creatures, to pass by, and to ordain them to dishonor and wrath for their sin, to the praise of his glorious justice.

III.viii. 예정이라는 이 고결한 신비의 교리는 특별한 신중함과 주의를 기울여서 다루어야 한다. 성경에 계시된 하나님의 뜻을 받들고 그것에 순종하려 하는 사람들은 유효적 부르심의 확실성에 의해 그들의 영원한 선택에 대해 확신하게 된다. 그래서 이 교리는 하나님에 대한 찬양과 경배와 존경의 기반을 제공하고 복음에 신실하게 순종하는 모든 이들에게 겸손과 성실과 풍성한 위로의 기반을 제공한다.

The doctrine of this high mystery of predestination is to be handled with special prudence and care, that men attending the will of God revealed in his Word, and yielding obedience thereunto, may, from the certainty of their effectual vocation, be assured of their eternal election. So shall this doctrine afford matter of praise, reverence, and admiration of God; and of humility, diligence, and abundant consolation to all that sincerely obey the gospel.

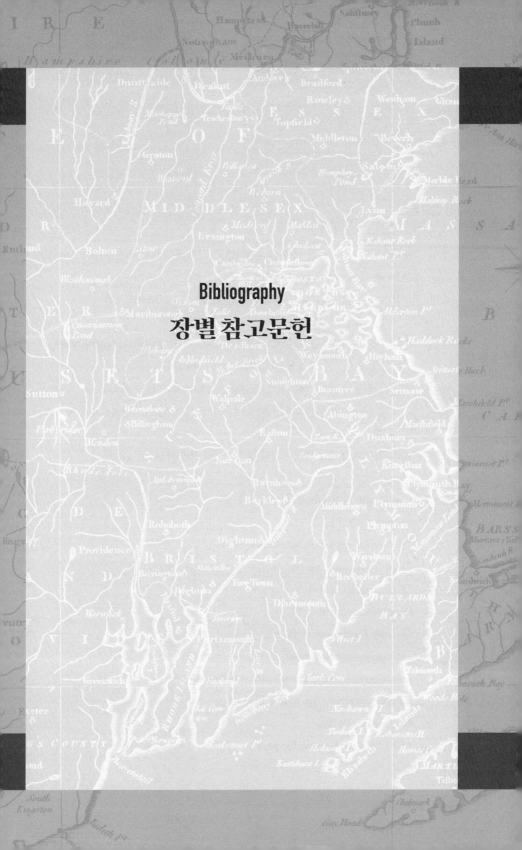

# Bibliography
## 장별 참고문헌

## 3장 참고문헌

공성철. "어거스틴의 은총론과 예정론 관계 연구." 「한국조직신학논총」 3 (1998): 275-358.

김종희. "어거스틴의 예정론의 성격." 「개혁논총」 33 (2015): 117-143.

오리게네스. 이두희 옮김. 『기도론』. 서울: 새물결플러스, 2018.

우병훈. "도르트 회의와 아우구스티누스: 파레우스의 "조사"와 영국 특사들의 "의견서"를 중심으로." 「한국개혁신학」 59 (2018): 133-174.

임원택. "아우구스티누스의 예정론." 「역사신학논총」 4 (2002): 143-166.

장재호. "아우구스티누스와 토마스 아퀴나스의 예정론 비교 연구." 「한국조직신학논총」 54 (2019): 171-207.

헤르만 바빙크. 박태현 옮김. 『개혁교의학』 2권. 서울: 부흥과개혁사, 2011.


Augustinus. *In Joannis Evangelium Tractatus*. PL 35.

_____. *Confessionum*. PL 32.

_____. *Contra duas epistolas Pelagianorum*. PL 44.

_____. *De bono viduitatis*. PL 40.

_____. *De civitate Dei*. PL 41.

_____. *De correctione et gratia*. PL 44.

_____. *De Dono perseverantiae*. PL 45.

_____. *De nuptiis et concupiscentia*. PL 44.

_____. *De peccatorum meritis et remissione et de baptism parvulorum*. PL 44.

_____. *De praedestinatione sanctorum*. PL 44.

_____. *De trinitate*. PL 35.

_____. *Enarrationes in psalmos*. PL 36.

_____. *Enchiridion*. PL 40.

_____. *In Evangelium Ioannis tractatus*. PL 45.

Backus, Irena. Et al. Ed. *The Reception of the Church Fathers in the West: From the Carolingians to the Maurists*. 2 Vols. Boston and Leiden: Brill, 2001.

Brotherton, Joshua. "A Contemporary (Catholic) Approriation of Augustine's massa damnata Theory of Predestination." *International Journal of Systematic Theology* 21/4 (2019): 431–456.

Bulgakov, Sergius. "Augustinianism and Predestination." *Journal of Orthodox Christian Studies* 2/1 (2019): 65–99.

Chrysostus, Ioannes. *Homiliae in Epistolam ad Ephesios*. PG 62.

_____. *Homiliae in Epistolam ad Romanos*. PG 60.

Cyprianus. *Ad Quirinum: Testimonium libri tres adversus Judaeos*. PL 4.

De Boer, E.A. "Augustine on Election: The Birth of an Article of Faith." *Acta Theologica* 32/2 (2013): 54–73.

Gill, John. *The Cause of God and Truth: Being the Judgment of the Ancient Christian Church*. London: Aaron Ward, 1738.

Irenaeus. *Adversus haereses*. PG 7.

Justinus. *Apologia prima*. PG 6.

Origenes. *De principiis*. PG 11:230.

Polanus, Amandus. *Symphonia catholica seu consensus catholicus*. Basel: Conrad Waldkirch, 1607.

Rist, John M. "Augustine on Free Will and Predestination." *The Journal of Theological Studies* 20/2 (1969): 420–447.

Scultetus, Abraham. *Medulae theologiae partum Syntagma*. Ambergae, 1598; Frankfurt: Haeredes Jonae Rhodii, 1634.

Tertullianus. *Ad nations*. PL 2.

_____. *Adversus Judaeos*. PL 2.

_____. *Adversus Marcionem*. PL 2.

Ticciati, Susannah. "Reading Augustine Through Job: A Reparative Reading of Augustine's Doctrine of Predestination." *Modern Theology* 27/3 (2011): 414–441.

# 4장 참고문헌

유지황. "인식과 자유 선택: 토마스 아퀴나스의 이성과 의지 관계 이해." 「한국교회
　　　사학회지」 17 (2005):135-165

한병수. "언약의 중세적 통일성: 토마스 아퀴나스 견해에 대한 연구." 「교회와 문화」
　　　33 (2014): 187-215.

Aquinas, Thomas. *Summa Theologiae.*

_____. *Super Epistolam B. Pauli ad Ephesianos lectura.*

_____. *Super Epistolam B. Pauli ad Romanos lectura.*

Bernard, McGinn. "The Development of the Thought of Thomas Aquinas on the
　　　Reconciliation of Divine Providence and Contingent Action." *Thomist: A*
　　　*Speculative Quarterly Review* 39/4 (1975): 741-752.

Boguslawski, Steven C. *Thomas Aquinas on the Jews: Insights into His Commentary on*
　　　*Romans 9-11.* New York: A Stimulus Book, 2008.

Evans, G. R. "The Grammar of Predestination in the Ninth Century." *The Journal of*
　　　*Theological Studies* 33/1 (1982): 134-145.

Furlong, Peter. "Indeterminism and Freedom of Decision in Aquinas." Ph.D.
　　　Dissertation. The Catholic University of America, 2013.

Genke, Victor & Gumerlock, Francis X. *Gottschalk & A Medieval Predestination*
　　　*Controversy: Texts Translated from the Latin.* Mediaeval Philosophical Texts in
　　　Translation. Vol. 47. Milwaukee: Marquette University Press, 2010.

Gumerlock, Francis X. "Predestination in the Century before Gottschalk (Part I),"
　　　*Evangelical Quarterly* 81/3 (2009): 195-209.

_____. "Predestination in the Century before Gottschalk (Part II)." *Evangelical*
　　　*Quarterly* 81/4 (2009): 319-337.

Halverson, James. "Franciscan Theology and Predestinarian Pluralism in Late-
　　　Medieval Thought." *Speculum* 70/1 (1995): 1-26.

Hebblethwaite, B. L. "Some Reflections on Predestination, Providence and Divine
　　　Foreknowledge." *Religious Studies* 15/4 (1979): 433-448.

Hincmar. *De praedestinatione Dei et libero arbitrio.* Patrologia Latina 125.

Isidore of Seville. *Sententiae,* Patrologia Latina 83.

Johannes Scotus Erigena. De *praedestinatione*. Patrologia Latina 122.

Levering, Matthew. "Aquinas on Romans 8: Predestination in Context." In *Reading Romans with St. Thomas Aquinas*. Ed. Metthew Levering and Michael Dauphinais (Washington, DC: Catholic University of America Press, 2012): 196−215.

Levering, Matthew. *Paul in the Summa Theologiae*. Washington, DC: Catholic University of America Press, 2014.

MacIntosh, J. J. and MacIntosch, J. J. "Aquinas and Ockham on Time, Predestination and the Unexpected Examination." *Franciscan Studies* 55 (1998): 181−220

Normore, Calvin G. "Compatibilism and Contingency in Aquinas." *The Journal of Philosophy* 80/10−2 (1983): 650−652.

Oberman, H. A. "De Praedestinatione et Praescientia: An Anonymous 14th− Century Treatise on Predestination and Justification." *Nederlands archief voor kerkgeschiedenis* 43 (1960): 195−220.

Petrus Lombardus. *Sententiarum*. Patrologia Latina, 192.

Polman, A. D. R. *De praedestinatieleer van Augustinus, Thomas Aquinas en Calvijn*. Franeker, 1936.

Remigius of Lyons. *Liber de tribus epistolis*. Patrologia Latina 121

Ryan, Christopher. *Dante and Aquinas: A Study of Nature and Grace in the Comedy*. London: Ubiquity Press, 2013.

Stefanczyk, Andrzej P. "Doctrinal Controversies of the Carolingian Renaissance Gottschalk of Orbais' Teachings on Predestination." *Roczniki Filozoficzne* 65/3 (2017): 53−70.

Vorontsov, Sergey. "The Teaching of Isidore of Seville on Predestination." *Vestnik Pravoslavnogo Svâto-Tihonovskogo Gumanitarnogo Universiteta* 43/5 (2012):95−108.

White, Paul W. "Predestinarian Theology in the Mid−Tudor Play 'Jacob and Esau.'" *Renaissance and Reformation* 12/4 (1988): 291−302.

# 5장 참고문헌

지원용. "예정관에서 본 루터와 칼뱅." 「신학연구」 8 (1962.3): 45-60.

신혜경. "마틴 루터의 예정사상 연구." 목원대학교 신학대학원 석사학위 논문. 2004.

김주한. "루터와 에라스무스의 자유의지 논쟁의 재해석." 「한국기독교사학회지」 17 (2005): 31-50.

한병수. "교회의 통일성: 루터의 교회론을 중심으로." 「한국조직신학연구」 23 (2015): 119-143.

양신혜. "칼뱅의 예정론 이해." 「한국개혁신학」 49 (2016): 101-131.

Beeke, Joel R. *Debated Issues in Sovereign Predestination Early Lutheran Predestination, Calvinian Reprobation, and Variations in Genevan Lapsarianism.* Göttingen: Vandenhoeck & Ruprecht, 2017.

Boettner, Loraine. *The Reformed Doctrine of Predestination.* Phillipsburg: Presbyterian & Reformed, 1932.

Cunningham, William. *The Reformers & the Theology of the Reformation.* London: Banner of Truth, 1967.

Elert, Werner. *The Structure of Lutheranism.* Vol. 1. St. Louis: Concordia, 1962.

Kolb, Robert. *Bound Choice, Election, and Wittenberg Theological Method: From Martin Luther to the Formula of Concord.* Grand Rapids: Eerdmans, 2005.

Luther, Martin. "Ad librum eximii Magistri Nostri Magistri Ambrosii Catharini, defensoris Silvestri Prieratis acerrimi, responsio," WA 7.

Luther, Martin. "Auff des königs zu Engelland lesterschrift titel Martin Luthers Antwort," WA 23.

_____. "Die S. Iohannis sermo," WA 1.

_____. "Martinus Lutherus Iohanni Hervagio Typographo Argentinensi, Gratiam et pacem," WA 19.

_____. "Tredecim conclusiones de Christi incarnatione et humani generis reparation," WA 6.

_____. *Anno: D. M. in Epis: Ioan,* WA 20.

_____. *Annotationes in Ecclesiasten,* WA 20.

_____. *Annotationes in Ecclesiasten*, WA 20.

_____. *Asterisci Lutheri adversus Obeliscos Eckii*, WA 1.

_____. *Commentaries in epistolam Pauli ad Galatas*, WA 2.

_____. *De abroganda missa privata Martini Lutheri sententia*, WA 8.

_____. *De servo arbitrio*, WA 18.

_____. *Decem praecepta*, WA 1.

_____. *Declamationes in Genesin Mosi librum sanctissimum*, WA 24.

_____. *Deuteronomion Mosi cum annotationibus*, WA 14.

_____. *Die Zirkulardisputation de veste nuptial 1537*, WA 39-1.

_____. *Disputatio contra scholasticam theologiam*, WA 1.

_____. *Enarratio capitis noni Esaiae*, WA 40-3.

_____. *Epistola beati Pauli apostoli ad Romanos*, WA 56

_____. *Genesisvorlesung (cap. 1-17) 1535/38*, WA 42.

_____. *Genesisvorlesung (cap. 18-30) 1538/42*, WA 43.

_____. *Genesisvorlesung (cap. 31-50) 1543/45*, WA 44.

_____. *In XV Psalmos gradium*, WA 40-3.

_____. *Operationes in Psalmos 1519-1521*, WA 5.

_____. *Praelectio in librum Iudicum*, WA 4:579.

_____. *Predigten über das erste Buch Mose*, WA 14.

_____. *Psalmenvorlesung 1513/15*, WA 55-1.

_____. *Scholia in librum Genesios*, WA 9.

_____. *Tractatus de libertate christiana*, WA 7.

_____. *Vorlesungen über Micha*, WA 13.

_____. *Vorlesungen über Micha*, WA 14.

Mattox Mickey L. and Roeber, A. G. *Changing Churches: An Orthodox, Catholic, and Lutheran Theological Conversation*. Grand Rapids: Eerdmans, 2012.

Mattson, Brian G. "Double Or Nothing: Martin Luther's Doctrine of Predestination" (1997). https://www.monergism.com/thethreshold/articles/onsite/double_luther.html.

McGrath, Alsiter. *Iustitia Dei: A History of the Christian Doctrine of Justification*. Cambridge: Cambridge University Press, 2005.

Niesel, Wilhelm. *Reformed Symbolics: A Comparison of Catholicism, Orthodoxy and Protestantism.* Translated by David Lewis. Edinburgh: Oliver and Boyd, 1962.


## 6장 참고문헌

김광묵. "장 칼뱅의 기도 신학과 한국교회의 영성적 과제." 「한국조직신학논총」 42 (2015. 9), 121-160

김재성. "기도와 언약, 성령의 도우심." 『성령의 신학자 존 칼뱅』 (서울: 생명의말씀사, 2004): 333-377

신윤복. "칼뱅의 祈禱論." 「신학정론」 5/1 (1987.5), 69-85.

유재경. "칼뱅의 기도에 대한 이해와 독특성." 「신학과 목회」 44 (2015.11), 77-99.

이은선. "은혜의 수단인 기도로서의 시편 찬송에 대한 칼뱅의 이해." 「한국개혁신학」 18 (2011), 149-180.

장훈태. "칼뱅의 기도론." 『칼뱅의 구원론과 교회론』 (서울: SFC, 2011): 371-395

최윤배. "깔뱅의 기도이해." 「칼뱅연구」 6 (2009), 61-90

한철하. "칼뱅과 칼 바르트에 있어서의 祈禱論의 비교." 「신학정론」 1/2 (1983.10), 260-272.

Augustine. *De civitate Dei.* PL 41.

Calhoun, David B. "Prayer: 'The Chief Exercise of Faith.'" In *Theological Guide to Calvin's Institutes: Essays and Analysis,* edited by David W. Hall and Peter A. Lillback (Phillipsburg, NJ: P & R Publishing, 2008): 347 - 67.

Calvin, John. *Catechismus ecclesiae Genevensis.* Geneva : Jean Crespin & Conrad Badius & Conrad Bade, 1550.

_____. *Commentarii in librum psalmorum pars prior.* CO 31.

_____. *Commentarius in epistolam Pauli ad Romanos.* CO 49.

_____. *Commentarius in epistolam Pauli ad Timotheum I.* CO 52.

_____. *Commentarius in evangelium Ioannis.* CO 47:341.

_____. *Commentarius in harmonium evangelicam.* CO 45.

_____. *Institutio religionis christianae 1559.* CO II.

_____. *Praelectionum in Danielem prophetam*. CO 41.

_____. *Praelectionum in Ieremiam prophetam*. CO 37.

_____. *Praelectionum in Ieremiam prophetam*. CO 38.

Crisp, Oliver. "John Calvin and Petitioning God." In *Retrieving Doctrine: Essays in Reformed Theology* (Downers Grove, IL: IVP Academic, 2010): 133 – 55.

Hansen, Gary N. "Praying with John Calvin: Studious Meditation on the Psalms." In *Kneeling with Giants: Learning to Pray with History's Best Teachers* (Downers Grove, IL: IVP Books, 2012): 75 – 95.

Hesselink, John. "Introduction: John Calvin on Prayer." In *John Calvin, On Prayer: Conversation with God* (Louisville: Westminster John Knox Press, 2006): 1 – 31.

Joel R. Beeke, "John Calvin on Prayer as Communion with God." In *Taking Hold of God: Reformed and Puritan Perspectives on Prayer*, edited by Joel R. Beeke and Brian G. Najapfour (Grand Rapids: Reformation Heritage Books, 2011): 27 – 42.

Loggie, Robert D. "Chief Exercise of Faith—An Exposition of Calvin's Doctrine of Prayer." *The Hartford Quarterly* 5/2 (1965), 65 – 81.

Mazaheri, John H. "John Calvin's Teaching on the Lord's Prayer." In *The Lord's Prayer: Perspectives for Reclaiming Christian Prayer*, edited by Daniel L. Migliore (Grand Rapids: Eerdmans, 1993): 88 – 106.

Mesa, Ivan E. "John Calvin's Trinitarian Theology of Prayer." *PRJ* 7/2 (2015), 179 – 192.

Parsons, Michael. "John Calvin on the Strength of Our Weak Praying." *Evangelical Review of Theology* 36/1 (2012), 48 – 60.

Pitkin, Barbara. "Imitation of David: David as a Paradigm for Faith in Calvin's Exegesis of the Psalms." *The Sixteenth Century Journal* 24/4 (1993), 843 – 64.

Ware, Bruce A. "The Role of Prayer and the Word in the Christian Life According to John Calvin." *Studia Biblica et Theologica* 12 (1982), 73 – 91.

## 7장 참고문헌

Andreae, Samuel. *Disquisitio theologica de decreto absolute*. Marburg, 1689.

Athanasius. *Orationes adversus Arianos*. PG 26.

Augustine. *De civitate Dei*. PL 41.

_____. *De genesi contra Manichaeos*. PL 34.

_____. *De praedestinatione et gratia*. Basel, 1528–1529.

_____. *De praedestinatione sanctorum*. PL 44.

_____. *De trinitate*. PL 42.

_____. *Enarrationes in psalmos*. PL 37.

_____. *In Joannis evangelium tractatus*. PL 35.

_____. *Retractationum*. PL 32.

Barth, Karl. *Church Dogmatics*. Edited by G. W. Bromiley and T. F. Torrance. Translated by H. Knight et al. Edinburgh: T&T Clark, 1956 – 1975.

Beza, Theodore. *De praedestinationis doctrina*. Geneva: Eustachius Viqnon, 1582.

Calvin, John. *De aeterna Dei praedestinatione*. CO 8.

Cyprian. *Testimoniorum adversus Iudaeos ad Quirinum*. D. Caecilii Cypriani opera 2. Geneva, 1593.

Daillé, Johannes. *Apologia pro duabus ecclesiarum*. Gallia protestantium Synodis 2. Amsterdam, 1655.

Gerhard, Johann. *Loci theologici*. Berolini: Schlawitz, 1863 – 1885.

Gregorius Magnus. *Moralium in librum B. Job*. PL 76.

Grynaeus, Johann Jacob. *Theoremata duo, alterum quidem de fidei actione propria, alterum vero de praedestinatione sanctorum*. Basel, 1592.

Han, B. Soo. *Symphonia Catholica: The Merger of Patristic and Contemporary Sources in the Theological Method of Amandus Polanus (1561-1610)*. Göttingen: Vandenhoeck & Ruprecht, 2015.

Hincmar of Rheims. *De praedestinatione et libero arbitrio*. PL 125.

Hunnius, Aegidius. *Articulus de providentia Dei, et aeterna praedestinatione*. Frankfurt, 1603.

Isidorus. *De summo bono*. Basel, 1505.

Luther, Martin. *De servo arbitrio*. WA 18.

_____. *Biblia, das ist, Die gantze heilige Schrifft Deudsch*. Wittenberg, 1562.

Muller, A. Richard. *Christ and the Decree: Christology and Predestination in Reformed*

*Theology from Calvin to Perkins*. Grand Rapids: Baker Academic, 2008.

NJ: P&R, 1992.

Polanus, Amandus. *De aeterna Dei praedestinatione*. Basel, 1598.

_____. *Partitiones theologicae*. Basel: Waldkirch, 1589; Geneva: Petrus Albertus, 1623.

_____. *Sylloge thesium theologicarum ad method leges conscriptarum*. Basel, 1597.

_____. *Symphonia catholica seu consensus catholicus*. Basel: Conrad Waldkirch, 1607.

_____. *Syntagma logicum Aristotelico-Ramaeum, ad usum inprimis theologicum accommodatum*. Basel: Waldkirch, 1605.

_____. *Syntagma theologiae christianae*, 2 vols. Hanoviae, 1609 – 1610.Augustine, Enchiridion, in PL 40

Preus, Robert. "The Doctrine of Election as Taught by the Seventeenth Century Lutheran Dogmaticians." *Quartalschrift: Theological Quarterly* 55 (October, 1958): 229–261.

Schmid, Heinrich. *Die Dogmatik der evangelisch-lutherischen Kirche*. Gütersloh, 1893.

Theophylactus. *Expositio ad Ephesios*. PG 124.

Turretin, Francis. *Institutes of Elenctic Theology*. Translated by George M. Giger. Phillipsburg, NJ: P&R, 1992.

Twisse, William. *Vindicaie, gratiae, potestatis ac providentiae Dei*. Amsterdam, 1648.

Zanchius, Jerome. *De natura Dei. In Omnium operum theologicorum*. Vol. 1. Geneva, 1619.

## 8장 참고문헌

Acronius, Ruardus. Et al. *Collatio scripto habita Hagae...1611*. Middelburg, 1615.

Arminius, Jacobus. *Declaratio sententiae de predestinatione, in Opera theologica*. Lugduni Batavorum: Apud Godefridum Basson, 1629.

Barth, Karl. *Church Dogmatics. The Doctrine of God*. Vol. 2. Translated by G. W. Bromiley et al., ed. G. W. Bromiley and T. F. Torrance. Edinburgh: T. &

T. Clark, 1957.

Episcopius, Simon. "Disputatio ix. Appendix de Reprobatione." In *Opera Theologica*. Roterdam, 1665

Hoenderdaal, G. J. "Remonstrantie en Contraremonstrantie." *Nederlands Archief voor Kerkgeschiedenis* 51 (1970-71), 49–96.

Muller, Samuel. "An Introductory Essay." In Thomas Scott, *The Articles of the Synod of Dort* (Philadelphia: Presbyterian Board of Publication, 1856), 27

Polman, A. D. R. "De Leer der Verwerping van Eeuwigheid op de Haagse Conferentie van 1611." In R. Schippers, et al., *Ex Auditu Verbi* (Kampen, 1965), 176–193.

Praestantium ac eruditorum virorum epistolae ecclesiasticae et theologicae. Amsterdam, 1684.

Reitsma, J. and S. van Veen. Eds. *Acta der Provinciale en Particuliere Synoden: gehouden in de Noordelijke Nederlanden Gedurende de Jaren 1572-1620*. Groningen, 1895

Sinnema, Donald. "The Issue of Reprobation at the Synod of Dort (1618-19) in Light of the History of This Doctrine." Ph.D. dissertation. University of St. Michael's College, 1985.

Synod of Dort. *Acta Synodi nationalis*. Dortrechti : Typis Isaaci Joannidis CaninI & Sociorum, 1620.

Talbott, Thomas. "On Predestination, Reprobation, and the Love of God." *The Reformed Journal* 33 (February 1983): 11–15.

Typographus Synodalis. *Acta et Scripta Synodalia Dordracena*. Antwerpen, 1620.

Vandergugten, S. "The Arminian Controversy and the Synod of Dort." *Clarion* 37/19–20 (Sept., 1989), 16–30.

## 9장 참고문헌

Aquinas, Thomas. *Summa Theologiae*. Blackfriars; New York. 1964–

Arminius, Jacob. *The Writings of James Arminius*, vol.III. trans. James Nichols. Grand

Rapids: Baker Book House, 1956.

Aristotle, *The Metaphysics*. Cambridge: Harvard University Press, 1933.

Augustine, *De praedestinatione sanctorum, in Patrologia Latina*, vol.44.

Baillie, Robert. *The Letters and Journals*, vols., I., II. Edinburgh: Bannatyne Club, 1841.

Barlee, William. *A Necessary Vindication of the Doctrine of Predestination*, formerly asserted. London, 1658

Bell, Michael D. *Propter potestatem, scientiam, ac beneplacitum Dei: the doctrine of the object of predestination in the theology of Johannes Maccovius*. Philadelphia: Westminster Theological Seminary, 1986.

Bradwardine, Thomas. *De cavsa Dei, contra Pelagivm, et de virtvte cavsarvm, ad suos Mertonenses*, ed. Henry Savile. London: Officina Nortoniana, 1618.

Calvin, John. *Calvin's Calvinism: Treatises on the eternal predestination of God and the secret providence of God*, trans. Henry Cole. Grand Rapids: Reformed Free Publishing Association, 1987.

_____. *The Institution of Christian Religion*, trans. Thomas Norton. London: Reinolde Wolfe & Richarde Harison, 1561.

Clark, Samuel. *The Lives of sundry Eminent Persons in this Later Age*, vol.I. London: Thomas Simmons, 1683.

Dijk, K. *De strijd over Infra- en Supralapsarisme in de Gereformeerde Kerken van Nederland*. Kampen: J.H.Kok, 1912.

Du Moulin, Pierre. *The Anatomy of Arminianisme: or The Opening of the Controversies lately handled in the Low-Countryes, concerning the Doctrine of Prouidence, of Predestination, of the Death of Christ, of Nature and Grace*. London: T.S., 1620.

Fesko, J. V. *Diversity within the Reformed tradition: supra-infralapsarianism in Calvin, Dort, and Westminster*. Aberdeen: University of Aberdeen, 1999.

Heppe, Heinlich. *Die Dogmatik der evangelisch-reformierten Kirche*. Neu durchgesehen und herausgegeben von Ernst Bizer. Neukirchen: Moers, 1935.

Hoard, Samuel. *Gods Love to Mankind manifested, by disprooving his Absoluted Decree for their Damnation*. 1633.

Hutton, Sarah. "Thomas Jackson, Oxford Platonist, and William Twisse, Aristotelian," *Journal of the History of Ideas* 39/4 (Oct.-Dec., 1978): 635–652.

Leff, Gordon. *Bradwardine and the Pelagians: A Study of his 'De causa Dei' and its opponents*. London: The Syndics of the Cambridge University Press, 1957.

Mede, Joseph. *The Works of the pious and profoundly-learned Joseph Mede*. London: James Flesher, 1664.

Muller, Richard A. "Vera Philosophia cum sacra Theologia unsquam pugnat: Keckermann on Philosophy, Theology, and the Problem of Double Truth," *Sixteenth Century Journal* 15/3 (Autumn, 1984): 341–365.

Muller, Richard A. *Dictionary of Latin and Greek Theological Terms: Drawn principally from Protestant Scholastic Theology*. Grand Rapids: Baker Book House, 1985.

Nichols, James. *Calvinism and Arminianism compared in their Principles and Tendency or the Doctrines of General Redemption*. London: Longman et al., 1824.

Pierce, Thomas. *Autokatakrisis, or Self-condemnation, exemplified in Mr. Whitfield, Mr. Barlee, and Mr. Hickman, with occasional reflextions on Calvin, Mr Beza, Mr Zuinglius, Mr Piscator, Mr Rivet, and Mr Rollock: but more especially on Doctor Twisse, and Master Hobbs*. London: J.G., 1658.

Pierce, Thomas. *The Divine Philanthropie Defended ... in Vindication of some Notes concerning God's Decrees, especially of Reprobation*. London: Richard Royston, 1657.

Pierce, Thomas. *The Divine Purity Defended, or A Vindication of some Notes concerning God's Decrees, especially of Reprobation, from the Censure of D. Reynolds in his Epistolary Praeface to Mr. Barlee's Correptory Correction*. London: S. Griffin, 1659.

Storms, Sam. *Chosen for life: The Case for Divine Election*. Wheaton: Crossway Books, 2007.

Trueman, Carl R. "Puritan Theology as Historical Event: A Linguistic Approach to the Ecumenical," in *Reformation and Scholasticism*, edited by Willem J. van Asselt & Eef Dekker (Grand Rapids: Baker Academic, 2001): 253–275.

Turretin, Francis. *Institutes of elenctic Theology*, vol. I. trans., by George Musgrave Giger and ed., by James T. Dennison. Jr. P&R: New Jersey. 1992.

Twisse, William. *A Treatise of Mr. Cottons Clearing Certaine Doubts concerning Predestination together with an Examination thereof.* London: F.D. 1646.

_____. *Ad Jacobi Arminii Collationem cum Francisco Junio; & Johan. Arnoldi Corvini Defensionem sententiae Arminianae, de praedestinatione, gratia, & libero arbitrio, &c. Quam Adversus Danielis Tileni Considerationem edidit, Animadversiones.* Amsterdam: Johannes Janssonius. 1649.

_____. *Dissertatio de scientia media.* Arnhemii: Jacobum à Biesium, 1639.

_____. *The Doctrine of the Synod of Dort and Arles.* London: s.n., 1650.

_____. *The Riches of Gods Love unto the Vessells of Mercy, consistent with His Absolute Hatred or Reprbation of the Vessels of Wrath, or an Answer unto a book entiuled Gods Love unto Mankind, Manifested by Disproving His Absolute Decree for their Damnation.* Oxford: L.L. and H.H. Printers, 1653.

_____. *Vindiciae gratiae, potestatis, ac providentiae Dei hoc est, ad examen libelli Perkinsiani de praedestinatione modo et ordine, institutum a J. Arminio, responsio scholastic.* Armsterdam, 1632.

Walton, Izaak. "Dr. Pierce's letter," in *The Life of Dr. Sanderson, late Bishop of Lincoln* (London, 1678).


## 10장 참고문헌

김재성. "하이델베르크 요리문답과 웨스트민스터 신앙고백서의 언약 사상." 「한국개혁신학」 40 (2013): 40-82.

안상혁. 『언약신학: 쟁점으로 읽는다』. 서울: 영음사, 2014.

우병훈. "데이빗 딕슨의 구속언약의 특징과 그 영향." 「개혁총론」 34 (2015): 63-112.

한병수. "언약의 통일성: 칼뱅과 러더포드 중심으로." 「개혁총론」 31 (2014): 79-121.

Barth, Karl. *Church Dogmatic.* Translated by G. W. Bromiley. Vol.4. Edinburgh: T. & T. Clark, 1936-1969.

Beach, J. Mark. "The Doctrine of the Pactum Salutis in the Covenant Theology of Herman Witsius." *Mid-America Journal of Theology* 13 (2002): 101-142.

Dickson, David. *Therapeutica Sacra, seu de curandis casibus conscientiae circa*

regenerationem, per foederum divinorum prudentem applicationem, libri tres.
London: Christophorus Higgins, 1656.

Fesko, John V. *The Covenant of Redemption: Origins, Development, and Reception*.
Göttingen: Vandenhoeck & Ruprecht, 2015

Fesko, John. *The Trinity and the Covenant of Redemption*. Fearn, UK: Christian Focus
Publications, 2016.

Muller, Richard A. "Toward the Pactum Salutis: Locating the Origins of a Concept."
*Mid-America Journal of Theology* 18 (2007): 11–65.

Peterkin, Alexander. Ed. *Records of the Kirk of Scotland*. 4 Vols. Edinburgh: John
Sutherland, 1838.

Robert Letham. *The Westminster Assembly: Reading Its Theology in Historical Context*,
*The Westminster Assembly and the Reformed Faith*. Phillipsburg, NJ: P&R
Publishing, 2009.

Robertson, Palmer. *The Christ of the Covenants*. Philippsburg, NJ: Presbyterian and
Reformed Publishing Co., 1980.

Rutherford, Samuel. *Letters of Samuel Rutherford*. Edinburgh and London: Olifant
Anderson & Ferrer, 1891.

_____. *The Covenant of Life Opened*. Edinburgh: Andro Anderson, 1655.

_____. *The Tryal and Triumph of Faith*. London: John Field, 1645.

Schilder, Klaas. *Heidelbergsche Catechismus*. Vol.2. Goes: Oosterbaan & Le Cointre,
1947–51.

_____. *Points of the Doctrine of the Covenant: A Speech given by Dr. K. Schilder in the
Waalsche Church in the Delft, the Netherlands on August 31, 1944*. Translated
by T. van Laar. Canada: 1992.

Willard, Samuel. *The Covenant of Redemption*. Coconut Creek, FL: Puritan
Publications, 2014.

Woo, B. Hoon. *The Promise of the Trinity: The Covenant of Redemption in the Theologies
of Witsius, Owen, Dickson, Goodwin, and Cocceius*. Göttingen: Vandenhoeck
& Ruprecht, 2018.

Woznicki, Christopher. "The Son in the Hands of a Violent God? Assessing Violence
in Jonathan Edwards's Covenant of Redemption." *Journal of the Evangelical*

Theological Society 58/3 (2015): 583–597.


## 11장 참고문헌


Adams, Thomas. *A commentary or, exposition upon the divine second epistle generall, written by the blessed apostle St. Peter*. London: Jacob Bloome, 1633.

Anselm. *Proslogion*, in *Opera Omnia* vol.I. Edingurgh: Nelson, 1946.

Aretius, Benedictus. *S.S. theologiae problemata*. Bern, 1617.

Arminius, Jacob. *Examen modestum libelli in Opera theological*. Leiden, 1629.

Baxter, Richard. *The Unreasonableness of Infidelity*. London, 1655.

Bonaventure. *Commentaria in Quatuor Libros Sententiarum* in *Opera Omnia* vol.I. Ad Claras Aquas, 1882.

Bradwardine, Thomas. *De causa Dei, contra Pelagivm, et de virtvte cavsarvm, ad suos Mertonenses*, ed. Henry Savile. London: Ioannes Billius, 1618.

Burgersdijck, Franco. *Idea philosophiae tum moralis, tum naturalis (1631)*. Oxford, 1641.

Calov, Abraham. *Systema locorum theologicorum*. Wittenberg: Sumptibus Andreae Hartmanni, 1655.

Calvin, John. *Commentarius in acta apostolorum*, in CO 48.

_____. *De aeterna Dei praedestinatione*, in CO 8.

_____. *Institutio christianae religionis*, in CO 2.

_____. *Praelectionum in Ieremiam prophetam*, in CO 38.

Daneau, Lambert. *Christianae isagoges*. Geneva: Apud Eustath. Vignon, 1588.

De Moulin, Pierre. *The Anatomy Of Arminianisme*. London: Nathaniel Newbery, 1620.

Duns Scotus, Johannes. *Ordinatio*, in *Opera Omnia* vols.10, 20. Pariis: Apud Ludovicum Vives, Bibliopolam Editorem, 1894.

Edwards, John. *Theologia reformata: or, the body and substance of the Christian religion*. London, 1713. Gillespie, Patrick. The ark of the covenant opened. London, 1661.

Essenius, Andreas. *Synopsis controversiarum theologicarum*. Utrecht: Ex Officina Meinardi à Dreunen, 1677.

_____. *Triumphus crucis sive fides catholica de satisfactione domini nostri Iesu Christi*. Amsterdam: Apud Ludovicum Elzevirium, 1649.

Gomarus, Francis. *Disputationes theologicae*. Amsterdam, 1644.

Heidanus, Abraham. *Corpus Theologiae Christianae*. Leiden: Apud Iohannem de Vivié & Iordanum Luchtmans, 1686.

Keckermann, Bartholomeaus. *Systema ethicae*. London, 1607.

_____. *Systema theologiae*. Hanau, 1602.

Lombard, Peter. *Theologica et philosophica* in PL 178.

Maresius, Samuel. *Elenchus praecipuarum controversiarum*, in *Collegium theologicum*. Groningen: Typis Francisci Bronchorstii, 1659.

Muller, Richard A. *Post-Reformation Reformed Dogmatics*, vol.III. Grand Rapids: Baker Academic, 2003c.

Owen, John. *Diatriba de justitia divina seu Iustitiae vindicatricis vindiciae*. Oxford, 1653.

_____. *The Works of John Owen*. Edinburgh: The Banner of Truth Trust, 1965－1968.

Pareus, David. *Collegiorum theologicorum*. Heidelberg, 1611.

Perkins, William. *A christian and plaine treatise of the manner and order of predestination, and of the largeness of Gods grace*. London, 1606.

Scharp, Johann. *Cursus theologicus*. Geneva: Apud Franciscum Nicolaum, 1628.

Trueman, Carl. "John Owen's Dissertation on Divine Justice," *Calvin Theological Journal* 33 (1998): 87－103.

Twisse, William. *A Discovery of D. Jackson's Vanity*. London, 1631.

_____. *A Treatise of Mr. Cottons Clearing Certaine Doubts concerning Predestination*. London, 1646.

_____. *The doctrine of the Synod of Dort and Arles*. Arsterdam, 1631.

_____. *The Riches of Gods Love*. London, 1653.

_____. *Vindiciae gratiae, potestatis, ac providentiae Dei*. Armsterdam, 1632.

Van Mastricht, Peter. *Theoretico-Practica Theologia*. Utrecht: Ex officinâ Thomae

Appels, 1699.

Victor of Hugh, *Summa sententianorum* in PL 176.

Walaeus, Antonius. *Compendium ethicae Aristotelicae (1627)*. Leiden, 1647.

Witsius, Herman. *De oeconomia foederum Dei*. Utrecht, 1694.

Zanchi, Girolamo. *De natura Dei*. Neustadt, 1590.

## 12장 참고문헌

부르스 밀턴, 『복음주의 조직신학개론』(서울: 크리스천다이제스트, 1999)

유경민. "국한혼용문 성경과 현대 한국어 문체의 상관성". 「반교어문연구」 38 (2014. 12): 164-194.

유경민. "제임스 게일의 국한혼용문 번역 성경(1925)의 문체 연구". 「국어국문학」 173 (2015. 12): 5-47.

유경민. "최초의 완역본 『신약젼셔』(1900-1904-1906)의 완성 과정에 대한 국어학적 연구". 「한국언어문학」 90 (2014. 09): 67-100.

유경민. "國漢混用文 聖經의 定着 過程: 『簡易鮮漢文 新約聖書』(1913/1936)를 중심으로". 「국어사연구」 13 (2011. 10): 263-301.

소기천. "1911년 『신약젼셔』의 히브리서와 요한계시록에 나타난 제사와 예배에 관한 문화사적 연구". 「성경원문연구」 27 (2010.10): 94-112.

조영호. "신앙고백 속의 예정론 고찰". 「신학지평」 30 (2017. 12.): 161-185.

한국교회사문헌연구원 편. 『예수셩교젼셔』(1887). 한국성경대전집. 4권. 2002.

한국교회사문헌연구원 편. 『신약젼셔』(1900). 한국성경대전집. 9권. 2002.

한국교회사문헌연구원 편. 『신약젼셔』(1906). 한국성경대전집. 12권. 2002.

한국교회사문헌연구원 편. 『新約全書 국한문』(1906). 한국성경대전집. 13권. 2002.

한국교회사문헌연구원 편. 『寄一新譯 신구약전서』(1925). 한국성경대전집. 27권. 2002.

Beck, Andreas. "Reformed Confessions and Scholasticism: Diversity and Harmony," *The Theological Journal of Emanuel University* 14/3 (2016): 17-43.

Fergusson, David A. S. "Predestination: A Scottish Perspective," *Scottish Journal of Theology* 46/4 (1993, November): 457-478.

Gale, James Scarth. 『韓英大字典』. 1931.

IconDixhoorn, Chad van. "The Strange Silence of Prolocutor Twisse: Predestination and Politics in the Westminster Assembly's Debate over Justification," *Sixteenth Century Journal* 40/2 (2009 Summer): 395–418.

Richard, Guy M. "Samuel Rutherford's supralapsarianism revealed: a key to the lapsarian position of the Westminster Confession of Faith?" *Scottish Journal of Theology* 59/1 (2006): 27–44.

SBL Greek New Testament

Underwood, Horace Grant. 『한영ᄌᆞ뎐』. 1890